明清宫藏丝绸之路档案图典

草原之路卷

4

中国第一历史档案馆　中国历史研究院◎编著

国家社会科学基金重点项目
中国历史研究院重大学术项目
国家出版基金资助项目

总主编　李国荣　鱼宏亮
副总主编　王澈　杨海英
伍媛媛　李华川

国家出版基金项目
NATIONAL PUBLICATION FOUNDATION

国家图书馆出版社

Ѳ Матиь Прес[...]

Великого Гдрѧ Црѧ и

всеа Великия и малыя и бѣл[ыя]

Гдрств и земель Восточны[х]

Отчича и Дедича и наследника и

Црского Величества Сибирские

ниѧ Столник и Воевода

Пресветлейшаго Азиати[...]

Ѡбладателя Бодды ханова В[...]

тех Сандука Шанахаб Сто[...]

лнаго моего правителства Заравна и

Кехаб

Манюшнехаб Ѡтдества Хр[...]

Вел. ѕ. Црского Пресветлого

Нерчинску Василию Перфонов[у]

Сандука Шанахаба Стоварыщи

…свѣтлѣйшаго и державнѣйшаго
…великаго князя Петра Алексѣевича
…ия Росии самодержца и многих
…х и западных и сѣверных
…государя и обладателя его
…земли порубежного города [illegible]
…михайлов [illegible] сын Шишкин

…в китайских и никитских утра
…сочества [illegible] реки Скори
…вщи по объявлению [illegible]
…ланого бгопоспѣшения получи

м

…ва ҂ЗЦИТ году мца июля
величества [illegible] порубежного граде
…ходы канопа [illegible] сочества [illegible]
…при сланные и приде [illegible] сто

《明清宫藏丝绸之路档案图典》
编纂委员会

主　任

高　翔　中国社会科学院副院长、党组副书记（正部长级）
　　　　中国历史研究院院长、研究员
孙森林　中国第一历史档案馆馆长、研究馆员

副主任

李国荣　中国第一历史档案馆副馆长、研究馆员
李国强　中国历史研究院副院长、研究员
卜宪群　中国历史研究院古代史所所长、研究员

总主编

李国荣　鱼宏亮

副总主编

王　澈　伍媛媛　杨海英　李华川

档案统筹

王　征

陆上丝绸之路编主编

王　澈　杨海英

海上丝绸之路编主编

伍媛媛　李华川

核心作者

过江之路卷　王　澈　杨海英
高山之路卷　吴剑锋　石竞琳　徐到稳
沙漠之路卷　郭　琪　吴四伍
草原之路卷　王　征　鱼宏亮
东洋之路卷　刘文华　李立民
南洋之路卷　刘文华　解　扬
西洋之路卷　伍媛媛　李华川　李　娜
美洲之路卷　朱琼臻　王士皓
地图提要　孙靖国

明清时期的中国与世界

新解 15—19 世纪丝绸之路的八条线路

李国荣

丝绸之路是中国古代东西方著名的商贸通道，是沟通中外经济文化的重要桥梁。所谓明清宫藏丝绸之路档案，是指中国第一历史档案馆（以下简称“一史馆”）所藏明清时期中央政府档案中反映 15—19 世纪中国与世界各国通过海上航线、陆上交通进行经济文化交流的档案文献。明清两朝宫藏档案涉及 53 个国家，有汉、满、蒙古、藏、日、俄、英、法、德等各种中外文字，其中具有丝绸之路涵义的有关中外经济文化交往的档案 7 万余件。这些宫藏档案，从王朝角度记载了明清时期的中国与世界各国交往的历史详情，既具有中央政府的权威性，又具有原始文献的可靠性，同时也具有档案独存与价值独特的唯一性，是全面研究明清时期丝绸之路实况最为翔实的珍贵文献。对明清宫藏丝绸之路档案进行系统整理研究，具有重要的现实意义和特殊的学术价值。

一、明清宫藏丝绸之路档案整理研究的历史背景

明清时期的丝绸之路，是中国古代对外商贸文化交流的特殊形态。对明清宫藏丝绸之路档案的整理与研究，有着特定的历史背景。

一是时代背景。2013 年，国家主席习近平借用中国古代“丝绸之路”的概念，提出建设“新丝绸之路经济带”和“21 世纪海上丝绸之路”的合作倡议。这是关乎国家战略发展和人类命运共同体构建的宏远谋略，也是对社会科学工作者提出的重大命题。

二是学术背景。长期以来，学界丝绸之路研究成果甚为丰厚，但明清时期丝绸之路研究一直略显薄弱。这主要表现在：第一，谈起丝绸之路，往往认为主要存在于汉唐时期，将丝绸之路固化为中古以前的历史名片，明清时期的丝绸之路被严重弱化，甚至不认可近代中国丝绸之路的存在。第二，学界对出新疆而西行的陆上丝绸之路和出南海而西行的海上丝绸之路这两条经典线路的研究较为丰富，对其他线路的研究还不够充分，相对而言成果较少。第三，对明清时期丝路文献的挖掘，以往关注和利用的主要是地方性档案和民间文献，存在着地域性、分散性的特点，对明清中央政府这一最具权威性、系统性的档案文献却没有给予足够的利用与研究，从王朝视角和国家层面来透析明清时期丝绸之路还远远不够。整体看来，对明清时期丝绸之路个案化、碎片化和局部的研究比较多，系统的、整体的研究

还远未形成，而这恰恰有赖于明清宫藏丝绸之路档案的深层挖掘。

三是文献背景。2016年，一史馆与中国社会科学院历史研究所合作，正式启动“明清时期丝绸之路档案编研出版工程”。2019年，“明清宫藏丝绸之路档案整理与研究”列为国家社科基金重点项目，同时列为中国历史研究院重大学术项目。该课题项目成果主要包括：其一，在档案整理方面，对一史馆所藏明清丝绸之路档案进行系统化的全面梳理，建立明清宫藏丝绸之路档案专题数据库。其二，在编纂出版方面，精心组织、系统编纂《明清宫藏丝绸之路档案图典》，陆上丝绸之路四卷，海上丝绸之路四卷，由国家图书馆出版社出版。其三，在学术交流方面，一史馆与中国历史研究院自2016年开始，每年联合主办一次“一带一路”文献与历史研讨会，截至2020年已举办五次，这一研讨机制将继续推进下去。其四，在成果推介方面，核心期刊《历史档案》自2019年第1期起开设《明清丝路》专栏，持续刊发课题组系列研究成果。其五，在学术著述方面，一史馆与中国历史研究院的专家学者联合编写《明清宫藏丝绸之路档案研究》专著。明清时期丝绸之路档案的珍贵价值和独特作用越来越得以彰显。

二、明清宫藏档案中的陆上丝绸之路

陆上丝绸之路，传统意义上讲，是古代横贯亚洲连接欧亚大陆的商贸要道。它起源于西汉时期汉武帝派张骞出使西域，开辟了以都城长安（西安）为起点，经中亚、西亚，并连接地中海各国的陆上交通线路。这条通道被认为是古代东西方文明的交汇之路，而中国出产的丝绸则是最具代表性的货物，因此自19世纪末，西方学者开始称之为“丝绸之路”，作为一个专用概念，被广泛认可使用，产生了世界性的影响。一史馆档案揭示，明清时期的陆上丝绸之路并不仅仅是传统的自新疆西行亚欧的一条线路，而是分为四条线路，即东向过江之路、南向高山之路、西向沙漠之路、北向草原之路。

1. 陆上东向过江之路。这条线路主要是指横跨鸭绿江与朝鲜半岛的经济文化交流。中朝两国在地域上唇齿相依，隔江相望。明清时期，朝鲜是东亚地区与中国关系最为密切的藩属国，不仅有相沿成例的朝贡道路，也有定期开市的边境贸易。明崇祯四年（1631）正月初三日的礼部题稿非常明确地记载，从京师经辽阳东行再渡鸭绿江陆路至朝鲜的贡道。清乾隆九年（1744）四月二十三日户部尚书海望呈报中江地区朝鲜贸易纳税情形的奏折，则详细记载了朝鲜在中江采购的物品种类包括绸缎、丝帛、灰貂、棉花、毡帽等等，且有“在边门置买货物”“朝鲜人等不纳税课”的特殊优惠规定。这件奏折还记载了朝鲜为请领时宪书（当时的年历）而派遣使者的情况。又如，道光二十一年（1841）十月十五日礼部尚书色克精额的题本，反映了清政府对会宁、庆源边境贸易的管理，其中详细开列了兽类毛皮贸易的准许清单，“凡貉、獾、骚鼠、鹿、狗等皮，准其市易；貂皮、水獭、猞猁狲、江獭等皮，不准市易”。

2. 陆上南向高山之路。这条线路主要是从四川、云南、西藏等地出发，到达东南亚、南亚地区的经济文化交流，其中与安南、缅甸、印度、廓尔喀等国交流比较频繁。例一，乾隆五十七年（1792）十二月初一日，大将军福康安等大臣有一件联衔奏折，内容是与廓尔喀商议在西藏地区进行贸易通商之事，其中记载了清政府确定的对廓尔喀贸易基本原则：第一，允准贸易。“廓

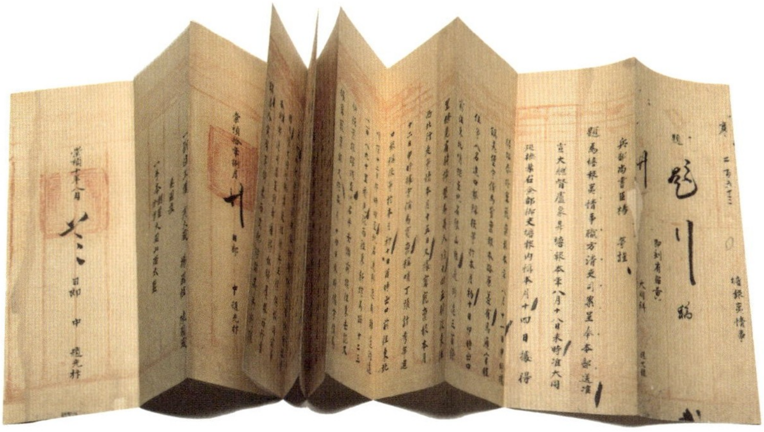

尔喀业经归命投诚，准其仍通买卖。”第二，官府统办。“所有贸易等事，竟应官为办理，不准噶布伦等私自讲说。”第三，确保公平。“一岁中酌定两次四次，予以限制。驻藏大臣仍不时稽查，亲加督察该处银钱，亦可公平定价，不致再有争执。”例二，乾隆五十八年（1793）八月初二日，署理两广总督郭世勋上奏说，安南除在原定通商贸易章程中规定的高平镇牧马庯和谅山镇驱驴庯设立市场之外，又在谅山镇花山地方设立市场。经查，花山地方确实交通便利，且人口稠密，利于双方贸易。郭世勋的奏折认为，安南“因地制宜”添设花山地方市场确是可取，并提议在贸易章程中正式添设花山地方市场。可见，清代中越边境贸易是十分频繁的。例三，光绪三十一年（1905）十二月，署理两江总督周馥向外务部递送咨呈，主要陈述了南方诸省种植的本土茶叶受到从锡兰、印度进口茶叶的冲击，将会导致茶商破产、茶户改种、本土茶叶被排挤出市场。经派员到锡兰、印度对英国人种植茶叶的方法进行考察，发现“我国茶叶，墨守旧法，厂号奇零，商情涣散，又好作伪，掺杂不纯”，如此局面必无法与进口的锡兰、印度茶叶相抗衡。同时还提出了“设机器厂，立大小公司”等应对措施。这里提出了如何在对外贸易中保护和改进民族产业的问题。

3. 陆上西向沙漠之路。这条线路是传统意义上丝绸之路的延续，它在漫长的中外交往史上发挥了巨大作用。自汉代通西域以后，中原与西北边疆的经济文化交流一直存在。唐中期以后，海上丝绸之路兴起，宋明两朝更因为不能有效掌控西域，西北的中外官方交往受到很大限制，因此学界对这条丝路的研究也往往详于唐以前而略于后。但档案揭示，在明清时期，漫漫黄沙铺出的丝绸之路一直十分活跃。明朝档案中，有一件崇祯十年（1637）八月初五日关于张家口开市买马及闭市日期的揭帖，记载了钦差御马监太监到张家口开市买马，闭市后与各部头领盟誓，“永开马市，以为彼此长久之利”，并以茶布等物品对各部头目进行犒赏。有清一代，尤其是乾隆二十二年（1757）彻底平定西北边陲后，逐步恢复西部贸易，中亚许多与新疆接壤的国家开始与清政府建立往来，并派出使者前往北京。乾隆二十七年（1762），爱乌罕（今阿富汗）汗爱哈默特沙遣使进京朝觐乾隆帝，沿途受到各地督抚的热情接待，而乾隆帝在接见使者时，得知爱哈默特沙抱恙在身，还特意赏赐药品及药方。正是在这种积极友善的氛围中，清政府与中亚诸国的来往呈现出良性化的态势，这条古老的丝绸之路再次焕发出勃勃生机。从清代档案可以看到，清政府长期从江南调集丝绸布匹经陕甘运至新疆地区，用来交换马匹等物，当时新疆地区主要的通商地点在塔尔巴哈台、喀什噶尔、库伦、伊犁等地，贸易对象除了当地部落，还有哈萨克、俄罗斯、浩罕等国。乾隆二十二年（1757）十一月二十八日，陕甘总督黄廷桂上奏朝廷说，哈萨克等地“为产马之区，则收换马匹，亦可以补内地调拨缺额”。由此可知，乾隆朝恢复西部贸易，一个重要目的是要获取哈萨克等地的马匹。乾隆二十四年（1759）十一月十一日，驻乌鲁木齐办事三等侍卫永德的满文奏折，主要内容就是呈报与哈萨克交换马匹及所用银两数目的详情。清政府与哈萨克贸易中，十分注意哈方贸易需求，如在绸缎的颜色方面，哈萨克人喜欢青、蓝、大红、酱色和古铜、茶色等，乾隆帝谕令贸易缎匹“悉照所开颜色办解”。档案还记载，乾隆四十三年（1778），理藩院侍郎索琳作为钦差前往库伦办理与“鄂啰斯”商人交易事宜，面对俄罗斯商人改变贸易地点和减少交税等情况，钦差大臣索琳草率下令关闭栅门断绝贸易。乾隆帝对索琳擅自做主关闭中俄贸易通道很是愤怒，当即将其革职。可见，乾隆帝对中俄贸易还是很看重的。在这期间，西北边陲的民间经济文化交流也很频繁，从清廷屡次颁布严查私自买卖玉石、马匹、茶叶等货物的谕令中，可看出民间商贸活动是广泛存在的。

4. 陆上北向草原之路。这条线路主要是由内地经漠北蒙古草原、中亚草原与俄罗斯等国的经济文化交流。在清代，俄皇多次派遣使团来华商谈贸易事宜。康熙时期，清政府在北京专门设立俄罗斯馆，以安置俄国使团和商队。雍正年间，还曾派出官方使团参加俄皇即位典礼。由于清朝分别在康熙和雍正年间与俄罗斯签订了划界及贸易条约，尼布楚、恰克图、库伦等地获得了合法的贸易地位，传统的草原丝绸之路进入了鼎盛时代。现存档案中有一件康熙三十八年（1699）正月十二日俄罗斯的来文档，是俄国西伯利亚事务衙门秘书长致送清朝大臣索额图的咨文，其内容就是奉俄皇旨令派遣商帮至北京贸易，“请予以优待”。康熙五十八年（1719）十一月三十日，俄国西伯利亚总督切尔卡斯基致函清廷说：俄国皇帝已得悉若干俄国商人在贵国经商确有某种越轨举动，嗣后俄商一概不容有任何损害中国政府之行为，如有任何俄国属民为非作歹，定予惩处。同时，恳请允准派往商队，照旧放行，允其进入内地直至北京。这类有关日常贸易纠纷的档案内容，说明中俄贸易已经呈现常态化，也从一个侧面反映了当时中俄贸易的广度和深度。一史馆现存的俄商来华贸易执照、运货三联执照、货物估价清册、进出口货物价值清单等档案，更详尽反映了中俄贸易的规模和内容。

三、明清宫藏档案中的海上丝绸之路

海上丝绸之路，一般说来是指从南海穿越印度洋，抵达东非，直至欧洲的航线，是古代中国与外国交通贸易和文化交往的海上通道。该路以南海为中心，所以又称“南海丝绸之路”。因海上船运大量陶瓷和香料，也称“海上陶瓷之路”或“海上香料之路”。海上丝绸之路的起点主要是广州和泉州，历史上也曾一度被称为“广州通海夷道”。一史馆档案揭示，明清时期的海上丝绸之路并不仅仅是传统的自南海下西洋的一条线，而是分为东洋、南洋、西洋、美洲四个方向。

1. 海上东洋之路。这条线路主要是与东亚各国之间的经济文化交流。东亚是明清时期朝贡体系的核心地区，自明初开始，朝鲜、琉球与中国延续了长达五百余年的宗藩关系及朝贡贸易。日本虽游离于朝贡体系边缘，但与中国也一直保持着密切的贸易往来。一史馆所藏档案中有一幅彩绘地图，墨笔竖书《山东至朝鲜运粮图》。经考证，这是康熙三十七年（1698）十二月十五日侍郎陶岱进呈的，是一幅从山东向朝鲜运送赈济粮米的地图。当时朝鲜连年饥荒，此图应是在运送赈济粮米到朝鲜后，为向朝廷呈报情况而绘制的。该图所示船只，从山东沿着海路将粮米运到鸭绿江，再转运上岸，是清代北洋海域海上交通的鲜活例证。康雍乾年间，清廷曾一直鼓励商船前往日本购运洋铜，中日间的海上贸易迅猛增长。雍正九年（1731）三月初三日江苏巡抚尹继善有一件奏折，请求派员前往日本采办洋铜，其中谈到“采办洋铜商船入洋，或遇风信不便，迟速未可预定”。尹继善同时奏报朝廷，正与各省督抚广咨博访，细心筹划，“通计各省需办之铜”。由此可见，前往日本采购洋铜的数量不在少数。档案记载，明清时期北京的国子监专门设有琉球官学，琉球国中山王“遣官生入监读书”，乘船到闽，然后登陆北上京师。琉球国派遣官生留学，在明清两朝一直没有间断，这反映了明清时期海上丝绸之路文化交流的一个侧面。

2. 海上南洋之路。这条线路主要是与菲律宾、印度尼西亚、澳大利亚、新西兰等南洋国家的经济文化交流，以朝贡、贸易、派驻领事与商务考察等事务居多。东南亚各国是明清朝贡体系的重要组成部分，自明初以来，东南亚各国逐渐建立了对中国的朝贡关系。菲律宾古称苏禄，明清时期朝贡商贸往来一直不断，雍正十三年（1735）九月初六日福建水师提督王郡的奏折，向朝廷具体呈报苏禄国吕宋各处到厦门贸易的船只数目。乾隆二十六年（1761）十一月初一日福州将军社图肯的奏折报告说，苏禄国番目吧啰绞缎来厦，呈请在贡期内所携带货物可否照例免税，得到乾隆帝允准。清政府一直鼓励沿海福建、广东等省从暹罗、安南等东南亚国家进口稻米，以纾解粮食压力。乾隆八年（1743）九月初五日，乾隆帝传谕闽粤督抚，“米粮为民食根本”，外洋商人凡船载米粮者，概行蠲免关税，其他货物则照常征收。光绪中期以后，在驻外使臣和地方督抚的奏请之下，清政府对南洋地区事务日益重视，先后选派官员前往考查商民情形。光绪十三年（1887）十月二十四日两广总督张之洞的奏折，就是呈报派遣官员前往南洋访查华民商务情形。从这份档案来看，调查殊为细致，认为小吕宋（马尼拉）华人五万余人，“贸易最盛，受害亦最深”，“非设总领事不可”；槟榔屿则“宜添设副领事一员”；仰光自英据之后，“为中国隐患”，“宜设置副领事”；苏门答腊华民七万余人，“宜设总领事”等。光绪时期的外务部档案还记载，清政府在澳洲设总领事馆，梁澜勋任总领事；在新西兰设领事馆，黄荣良为领事。由此，晚清政府在南洋各处先后设立了领事机构，处理侨民事务，呈递商务报告。清廷也多次派遣官员随舰船前往东南亚游历考察，光绪三十三年（1907）七月初三日直隶总督袁世凯的奏折，便是奏报派舰船前往南洋各埠巡视，当地侨民“睹中国兵舰之南来”，“欢声雷动”。一史馆档案中，还有《东洋南洋海道图》和《西南洋各番针路方向图》，是清政府与东南亚各国交往而绘制的海道图，图中绘有中国沿海各口岸通往日本、越南、柬埔寨、文莱、印尼、菲律宾等国的航线、针路和需要的时间，并用文字说明当地的物产资源，是南洋区域海上丝绸之路的鲜活体现。

3. 海上西洋之路。这条线路是传统的海上丝绸之路，主要是中国与西亚、非洲、欧洲通过海路的经济文化交流。明清时期，随着西方大国新

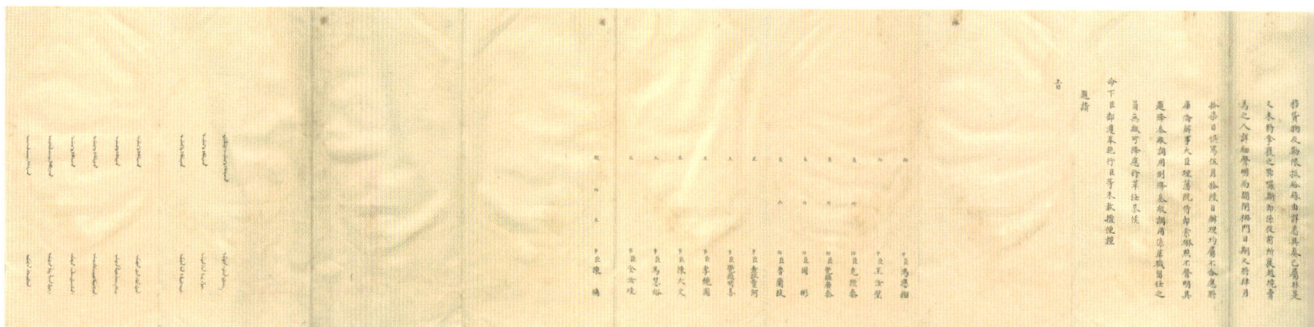

航路的开辟与地理大发现，以及借助于工业革命的技术成果，海上丝绸之路已由区域性的海上通道延伸为全球性的贸易网络。永乐三年（1405）到宣德八年（1433）间，郑和船队七下西洋，遍访亚非 30 多个国家，是中国古代规模最为宏大、路线最为长远的远洋航行，是海上丝绸之路在那个时代一个全程式的验证活动，也是海上丝绸之路发展史上的一次壮举。一史馆所藏明代《武职选簿》，就记载了跟随郑和下西洋船队中的随从水手等人物的情况。清初实行海禁，康熙二十三年（1684）七月十一日的《起居注册》记载，康熙帝召集朝臣商议解除海禁。次年，清政府在东南沿海创立粤海关、闽海关、浙海关、江海关四大海关，正式实行开海通商政策。由此，清代的中国通过海路与英国、法国、德国、意大利、比利时、瑞典等国的经济文化交流日益频繁。于是，法国的"安菲特里特号"商船、瑞典"哥德堡号"商船、英国马嘎尔尼使团纷纷起航来华。对西洋的科技、医药及奇异洋货等，康熙、雍正、乾隆几个皇帝都是极感兴趣。在康熙五十七年（1718）七月二十七日两广总督杨琳的奏折上，康熙帝御批："西洋来人内，若有各样学问或行医者，必着速送至京城"，并下令为内廷采购奇异洋货"不必惜费"。大批在天文、医学、绘画等领域学有专长的传教士进入皇宫，包括意大利画家郎世宁、德国天文学家戴进贤、主持建造圆明园大水法殿的法国建筑学家蒋友仁等等。值得一提的是，乾隆二十九年（1764），清宫西洋画师郎世宁等绘制《平定西域战图》，次年海运发往西洋制作铜版画，历经种种波折，在 12 年后由法国承做的铜版画终于送到乾隆帝眼前，这是海上丝绸之路演绎的一起十分典型的中西文化交汇佳话。档案中还有大量外国商船和贡船遇难救助的记载，如乾隆二十六年（1761）九月十五日广东巡抚托恩多的奏折反映，瑞典商船遭风货沉，水手遇难，请求按照惯例抚恤救助。这说明清政府已经形成了一套有关维护海上贸易秩序的措施与政策。

4. 海上美洲之路。这是海上丝绸之路最远的线路，其航线最初是从北美绕非洲好望角到印度洋，再过马六甲海峡驶往中国广州，后来也通过直航太平洋经苏门答腊到广州。明万历元年（1573），两艘载着中国丝绸和瓷器的货船由马尼拉抵达墨西哥的阿卡普尔科港，这标志着中国和美洲贸易的正式开始。从此之后的 200 多年，以菲律宾为中转的"大帆船贸易"是中国和美洲之间最重要的贸易通道。清乾隆四十九年（1784），美国"中国皇后号"商船首航中国，驶入广州黄埔港，船上装载的西洋参、皮货、胡椒、棉花等货物全部售出，然后购得大量中国茶叶、瓷器和丝绸等商品。次年，"中国皇后号"回到美国时，所载中国商品很快被抢购一空。中美航线的直接

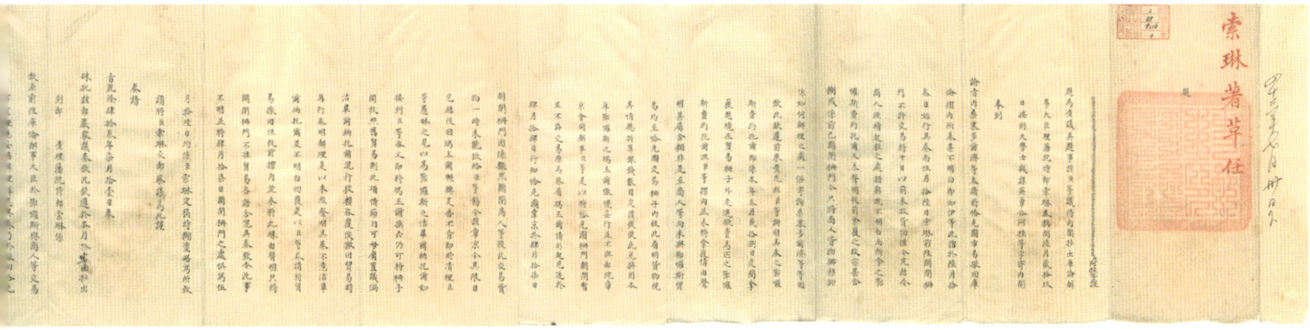

开通，开辟了中美间互易有无之门，促使中美之间的贸易迅速发展。道光二十三年（1843）闰七月十二日两江总督耆英等人的联衔奏折记载，“各国来粤贸易船只，惟英吉利及其所属之港脚为最多，其次则米利坚（美国），几与相埒”。这说明对华贸易，在当时美国仅次于英国。在美洲的开发和经济发展中，华侨及华工也做出了贡献。道光二十八年（1848）美国加利福尼亚州发现金矿，急需大量劳动力进行开采，大批华侨及华工涌入美国，拉丁美洲国家也在华大量招工。光绪元年（1875）七月初十日李鸿章奏报说，华工像猪仔一样运送美洲，澳门等处就设有“猪仔馆”。光绪七年中国与巴西签订《和好通商条约》，第一条就约定“彼此皆可前往侨居”，“各获保护身家财产”，从而为巴西在华招工提供了合法性。除了经济上的贸易往来，中美在文化上也相互交流，清末的“庚款留学”即是其中之一。宣统元年（1909）至宣统三年（1911），清政府共派遣三批庚款留美学生，为近代中国培养了一大批著名人才。从宫藏赴美留学生名录可以看到，后来成为清华大学终身校长的梅贻琦、中国现代物理学奠基者之一胡刚复、新文化运动倡导者胡适等均在其列。

四、明清宫藏丝绸之路档案的重要价值和独特作用

明清宫藏丝绸之路档案的系统整理，从王朝政府和国家层面为丝绸之路研究提供了更为丰富、更加权威的文献基石。透过对明清宫藏档案的考察，将有助于我们匡正和重新认识明清时期丝绸之路的历史定位。

第一，丝绸之路在明清时期并没有中断，而是实实在在地一直在延续和伸展。我们注意到，国内外学界高度认可，丝绸之路是中华民族走向世界的标志，丝绸之路的起伏与中华民族的兴衰息息相关，丝绸之路把古代的中华文化与世界各个区域的特色文化联系起来，对促进东西方之间的交流发挥了极其重要的作用。然而，在较长一段时间内，学界对丝绸之路的研究主要停留在汉唐时期，明清时期的丝绸之路被严重忽视和扭曲，甚至不认可近代中国丝绸之路的存在。为什么明清时期的丝绸之路被淡化？原因大致有两个：一是，人们受到清朝闭关锁国的传统认知的影响，一度不认可近代中国丝绸之路的存在，乃至认为丝绸之路出现了历史空白期。有的学者即使承认明清时期还有丝绸之路，也感到那是穷途末路，无足轻重。由此，往往严重弱化了明清时期丝绸之路的历史作用。二是，近代以来西方列强大肆殖民侵略带来的新的世界贸易规则和秩序，与传统中国同远近邻邦的贸易交往活动有着

截然不同的内涵和影响，列强这种新的带有殖民色彩的贸易秩序逐渐推广的过程，也是传统中国互利贸易秩序被排挤并逐渐被遗忘的过程。通过挖掘与梳理，翔实的宫藏档案充分揭示，明清时期的丝绸之路并没有中断，而是一直延续下来，尽管不同时间段有起有伏。透过这些王朝档案和历史记忆，让我们听到了明清时代的陆上丝绸之路仍是驼铃声声，看到了明清时代的海上丝绸之路仍是帆影片片。

第二，明清时期的丝绸之路并不限于传统说法的两条经典之路，而是形成了纵横交错的诸多线路，就目前档案文献研究，至少可开列出八条线路。长期以来，提起丝绸之路，大多认为只是自新疆西行的陆上丝路和自南海下西洋的海上丝路。明清丝绸之路档案的挖掘，印证了明清丝绸之路不仅存在和延续，而且还有其自身特色，乃至构成了特定历史时期的丝绸之路网络。这就是远远不限于传统的简单的陆上一条路、海上一条线，而是随着古代科技的发展、轮船时代的到来，多线并举，展现的是明清时期中国与世界交往的大格局。应该看到，近代以来，虽然海洋远程贸易逐渐成为连接世界的主要形式，但以中国为中心的东亚地区依然活跃着通过陆上线路进行的外交与贸易活动，也就是说，在明清时期，海上丝绸之路与陆上丝绸之路一直是并行的，只是不同阶段各有侧重罢了。同时，中国传统朝贡体系中的朝鲜、琉球、越南等国，在晚清中国朝贡体系解体以前，依然保留着传统的朝贡贸易，这些藩属国的传统贡道与丝绸之路的某些线路也大多契合，是丝绸之路的特殊存在形式。传承至今的档案文献为我们铺陈了明清时期的丝路轮廓，那就是陆上丝绸之路和海上丝绸之路又各分为纵横交错的四个方向。明清时期海陆丝绸之路的八条线路，是基于一史馆所藏明清档案的挖掘而得出的丝路历史阐释，是古代丝绸之路在工业时代、轮船时代的扩展。这个丝路框架，基本涵盖了明清时期所有以中国为中心的贸易路线与贸易活动，是对丝绸之路历史尾声的一个新的解读，也将大大丰富和改变学界对丝绸之路的传统认知。

第三，明清宫藏丝绸之路档案勾勒了历史与现实相通的时空走廊，为“一带一路”国家倡议提供了重要的历史依据和文献支撑。通过对明清时期丝绸之路档案的考察，让我们大致还原了明清时期中国与世界的贸易联系，并加深了我们对这块古老大地上所发生的丰富多彩的人类交往活动的历史理解，这也正是这些珍贵档案的价值所在。我们从中看到明清时期丝绸之路的万千气象，那是古代丝绸之路的延伸，那是一个纵横交错的远程贸易圈，那是一个四通八达的中外交汇网。大量明清时期中国与丝绸之路沿线国家和地区进行经济文化交流的档案记载，充分说明了东西方交流是相互的这种双向性，阐释了明清时期丝绸之路的特殊存在形式及其重要的历史地位。从某种角度上讲，作为立意高远的“一带一路”倡议，与其时间距离最近、历史关联最直接的，就是明清时期的丝绸之路。通过对明清宫藏档案的历史价值和文化内涵的深入挖掘，进一步充实了“一带一路”倡议的历史文化内容。可以说，明清时期的丝绸之路构成了与当今“一带一路”框架相贯通契合的中外海陆交通脉络，明清宫藏丝绸之路档案是对“一带一路”倡议的历史诠释。

丝绸之路与世界贸易网络

鱼宏亮

16、17 世纪起，中国历史就全面进入了世界历史研究的视野之中。17 世纪德国数学家莱布尼茨（G. W. von Leibniz，1646—1716）在《中国近事》一书中说：“在这本书中，我们将带给读者一份发回欧洲的有关最近中国政府允许传播基督教的报告。此外，本书还提供许多迄今为止鲜为人知的信息：关于欧洲科学的作用，关于中国人的习俗和道德观念，特别是中国皇帝本人的道德观念，以及关于中国同俄国之间的战争与媾和。”尽管莱布尼茨通过法国来华传教士白晋（Joachim Bouvet，1656—1730）等人获得了有关中国的第一手资料，但他的重点主要在中国的道德、礼仪、经典等方面。直到 19 世纪黑格尔《历史哲学》一书，才全面考察了中国历史与世界各民族历史的诸多同异与特性。黑格尔认为：“历史必须从中华帝国说起。因为根据史书的记载，中国实在是最古老的国家，它的原则又具有那一种实体性，所以它既是最古老的、同时又是最新的帝国。中国很早就已经进展到它今日的情状。但是因为它客观的存在和主观运动之间仍然缺少一种对峙，所以无从发生变化，一种终古如此的固定的东西代替了一种真正的历史的东西。”黑格尔的历史哲学以人的绝对意志和人类精神的发展作为历史发展的标尺，在他的眼中，中国历史因为在宗教和精神方面受制于专制王权，所以是停滞的，没有历史的，也是封闭的：“这个帝国早就吸引了欧洲人的注意，虽然他们所听到的一切都渺茫难凭。这个帝国自己产生出来，跟外界似乎毫无关系，这是永远令人惊异的。”黑格尔对中国历史进行过深入研究，对先秦到清代的礼制、皇权、地理、北方民族都有论述。在他的《历史哲学》体系中，中国占有重要的地位。黑格尔的《历史哲学》影响了以后一个多世纪欧洲历史学对中国的历史叙事。直到 20 世纪七八十年代，人们才重新开始从世界历史的角度来重新看待中国历史，尤其是明清时期中国与世界各地的贸易联系。

一

第二次世界大战以后，欧洲汉学开始明显分化，原来欧洲中心论的一系列理论和观点遭到质疑。德国历史学家贡德·弗兰克（A. G. Frank）1998 年出版的《白银资本》认为从航海大发现直到 18 世纪末工业革命之前，是亚洲时代。欧洲之所以最终在 19 世纪成为全球经济新的中心，

是因为欧洲征服了拉丁美洲并占有其贵金属，使得欧洲获得了进入以亚洲为中心的全球经济的机会。《白银资本》一书描绘了明清时期广阔的中外贸易的宏大画面，将中国拉回到世界历史的中心。

美国历史学家彭慕兰（Kenneth Pomeranz）于2000年出版的《大分流：欧洲、中国及世界经济的发展》一书详细考察了18世纪欧洲和东亚的社会经济状况，对欧洲的英格兰和中国的江南地区做了具体的比较，以新的论证方法提出了许多创新性见解。认为1800年以前是一个多元的世界，没有一个经济中心，西方并没有任何明显的、完全为西方自己独有的内生优势；只是19世纪欧洲工业化充分发展以后，一个占支配地位的西欧中心才具有了实际意义："一个极为长期的观点提醒我们考虑怎样把东亚西欧之间十九世纪的分流放到全球历史的背景中。"

与此相关联，王国斌（Wong R. Bin）和罗森塔尔（J. Lauvent Rosenthal）合著的《大分流之外：中国与欧洲经济变迁中的政治》，围绕着1500—1950年之间的各种世界经济的要素进行讨论。李伯重《火枪与账簿：早期经济全球化时代的中国与东亚世界》亦从全球化的角度来描述明清以来中国与世界的贸易与政治联系。

2006年，彭慕兰与史蒂文·托皮克（Steven Topik）新出版《贸易打造的世界：1400年至今的社会、文化与世界经济》，作者通过此书表达了"中国的历史和世界贸易的历史已经通过各种途径交织在一起"的思想。

实际上，早在19世纪后期，西方汉学家已经开始利用第一手的调查资料与中西方文献来重建中古时期的中外历史了。1868年（清同治七年）11月，德国地理学家李希霍芬（Ferdinand von Richthofen）从上海出发，开始在中国境内进行地质考察。到1872年5月底，李希霍芬在中国境内总共进行了七次长短不一的地理地质考察，搜集了大量资料和数据。同年他回到德国，开始整理研究这些资料，到1877年，开始出版《中国：亲身旅行和据此所作研究的成果》（*China: Ergebnisse eigener reisen und darauf gegründeter studien*）一书。在第一卷中，他将公元前 114 年至 127 年中国与中亚、印度之间的贸易通道称为“丝绸之路”（德文 Seidenstrasse 或 Sererstrasse）。根据俄罗斯历史学家叶莲娜·伊菲莫夫娜·库兹米娜的研究，“伟大的丝绸之路的名字第一次出现于公元 4 世纪早期的马赛林（Ammianus Marcellinus）的《历史》第 23 册中”。李希霍芬使用“丝绸之路”一词属于再发现。但是由于李希霍芬在此后的西方地理学界的重要影响和地位，他的这一用语成为学界公认的名称，从此“丝绸之路”就被公认为指称公元前后连接中国与中亚、欧洲的交通线路的专用概念，产生世界性的影响。由此，欧亚古代的贸易与文化联系通道也引起人们的重视。

二

从古典时代起，欧亚大陆虽然从地理条件上来说是连为一体的，但是高原和大山将这块大陆分隔开来，使得古希腊地理学家将其划分为两个大洲。但是欧亚大陆中部地区拥有一块广阔的大草原，从东亚的中国东北部一直延伸到西欧的匈牙利。“它为由欧亚大陆边缘地区向外伸展的各文明中心进行交往提供了一条陆上通道。靠大草原养活的游牧民们总是赶着他们的牧群，到处迁徙，并随时准备着，一有机会，就去攫取北京、德里、巴格达和罗马的财富。肥沃的大河流域和平原创造了欧亚大陆古老的核心文明，而大草原则便利了这些文明之间的接触和联系。”贯穿在这个连接体的贸易通道，也就是为世人熟知的丝绸之路。从更广阔的范围来看，丝绸之路从亚洲东部的中国，一直延伸到西欧和北非，是建立欧亚非三个地区间最为著名的联络渠道。“沿着它，进行着贸易交往和宗教传播；沿着它，传来了亚历山大后继者们的希腊艺术和来自阿富汗地区的传播佛教的人。”中国先秦文献《管子》《山海经》《穆天子传》等书中对昆仑山、群玉之山的记载，经 20 世纪殷墟考古发掘对来自和田地区的玉器的鉴定，证实了古文献中记载的上古时代存在西域地区从中原获取丝绸而输出玉器的交换关系，早期的中国与中亚地区的玉石—丝绸之路为人所认知。

从 16 世纪中后期以来，传统上属于欧洲地区的罗斯国家逐渐开始向东殖民，进入了广袤的亚欧大陆北部西伯利亚地区活动。这样，俄罗斯的哥萨克人开始活跃于蒙古北部边界地带，与明朝、蒙古各部发生各种政治、经济联系。在官方建立正式联系前，由这些地区的人民开展的贸易活动实际上早已经存在。俄国档案显示，“俄国同中国通商是从和这个国家交往的最初年代开始的。首先是由西伯利亚的商人和哥萨克自行开始同中国进行贸易。人们发现从事这种贸易非常有利可图，于是西伯利亚各城市的行政长官也参与此项活动”。由于俄罗斯处于西欧通往中国的中间地位，所以英国也多次派使节前往俄罗斯要求开通前往中国贸易的商路。俄罗斯外交事务部保存的档案记录的 1616 年、1617 年间英国使节麦克利与俄方会谈纪要显示，尽管俄罗斯设法阻止了英国的请求，但却下令哥萨克军人调查通往中国的商路。这些活动通过莫斯科的英国批发商约翰·麦利克传递到英国，引起王室和政治家的注意。英国地理学家佩尔基斯记录了俄罗斯人开辟的通过北方草原通往中国的商路。从官方的记录来看，除了活跃的民间贸易外，至少从明代末年起，以明朝北方卫所为节点的南北交流通道已经非常活跃。中国文献《朔方备乘》曾经记录蒙古喀尔喀、车臣二部都曾经进贡俄罗斯鸟枪一事，认为“谦河菊海之间早有通商之事”，即指叶尼塞河上游与贝加尔湖之间的贸易路线。

18世纪俄国著名的文献学家、历史学家尼古拉·班蒂什根据俄罗斯外交事务部档案编著的《俄中两国外交文献汇编1619—1792》一书，收录了两件中国明代皇帝致俄皇的“国书”，其中一件标以万历皇帝，一件标以万历皇帝之子，文书记载了两名俄罗斯使臣因通商事前往中国，中国皇帝则表达了鼓励之意。不管这两件文书的真实程度如何，该文件收录在俄皇米哈伊洛维奇的外务衙门档案中，在反映中俄早期贸易关系的文献中具有一定价值［两件文书收录在尼古拉·班蒂什·卡缅斯基编《俄中两国外交文献汇编（1619—1792）》一书中，但根据耶稣会传教士的识读，认为这两件文书时间更早，为明成祖时代致北方王公的册封诏书。但两件诏书何以保存在俄皇的外交档案中，亦为不解之谜。另外，由于明清时代中国特有的天下观，直至晚清之前，中国皇帝致外国的文书从未以国书的形式冠名。因此西方各国外交档案中的中国皇帝“国书”，都是翻译明清时代皇帝的诏书、上谕而来］。

根据俄方档案记载，第一个从莫斯科前往中国的使节团是巴依科夫使团，1654年前往办理商务，并奉有探明“中华帝国可以购买哪些货物，可以运去哪些货物，由水路或陆路达到这个国家有多远路程”等信息的使命。可见，到17世纪中期官方的外交路线已经畅通。17世纪早期的探险活动是后来《尼布楚条约》和《恰克图条约》得以签订的地理背景。到了17世纪中后期，通过中俄条约的形式将明末以来形成的北方贸易路线固定下来。从此，库伦和恰克图成为官方贸易的正式场所。

在中国第一历史档案馆所藏的官方档案中，从顺治到乾隆期间至少有50件档案内容为与俄罗斯贸易的，其中贸易线路涉及从东北的黑龙江到北京、张家口、鄂尔多斯、伊犁、哈萨克整条草原丝绸之路的商道。这反映在明清时代，传统的草原丝绸之路进入了鼎盛时代。由于清朝分别在康熙与雍正年间与俄罗斯签订了划界和贸易条约，尼布楚、恰克图、库伦等地获得了合法的贸易地位，这条线路虽然被俄罗斯所垄断，传统亚欧大陆的商道中间出现了代理商性质的梗阻，但北方丝绸之路并未衰落，甚至还更加兴盛。根据两件内阁和理藩院档案［《为遣员至蒙古会盟处传谕蒙古各众做贸易不得行骗等事（满文）》《函达俄商在中国境内所有妄为举动定加惩处请仍旧照约将俄商放行入境由》］，可以看出，中俄贸易从顺治到康熙间已经呈现常态化，中央部院题奏中这类日常贸易纠纷的内容显示了贸易的广泛和深度。

北方贸易路线上的主要商品为茶叶。据研究最早进入俄国的茶叶是崇祯十三年（1640）俄国使臣瓦西里·斯达尔科夫从中亚卡尔梅克汗廷带回的茶叶二百袋，奉献给沙皇。这是中国茶叶进入俄国之始。即使在海运大开之后，通过陆路进入欧洲的茶叶依然占有重要地位。其中一个重要原因在于，陆路运输茶叶的质量要远远高于海洋运输茶叶的质量。这一点，《海国图志》中也有解释：“因陆路所历风霜，故其茶味反佳。非如海船经过南洋暑热，致茶味亦减。”这种中国茶质量的差异，在19世纪的欧洲，已经成为人所共知的常识。马克思在《俄国的对华贸易》一文中专门指出，恰克图贸易中的中国茶叶“大部分是上等货，即在大陆消费者中间享有盛誉的所谓商队茶，不同于由海上进口的次等货。俄国人自己独享内地陆路贸易，成了他们没有可能参加海上贸易的一种补偿”。

三

以海洋航线为纽带的世界贸易体系的形成。新航路将欧洲与撒哈拉沙漠以南的非洲、欧洲与亚洲、美洲、大洋洲都联系在了一起。“欧洲航海者创造了一个交通、交流、交换的环球网络，跨文化之间的互动比以往更为密集和系统了。”在传统航路与新航路上，欧洲商船把波斯地毯运往印度，把印度棉花运往东南亚，再把东南亚的香料运往印度和中国，把中国的丝绸运往日本，把日本的银和铜运往中国和印度。到16世纪，在印度洋的贸易世界，欧洲人已经占有了一席之地。而西班牙人、荷兰人在加勒比海、美洲建立的殖民地，使得欧洲的产品越过大西洋换来墨西哥的白银、秘鲁的矿产、巴西的蔗糖和烟草进入欧洲市场和亚洲市场。非洲的土著居民则被当作奴隶而贩运到各大殖民地。

传统的地区性贸易网络“已经扩大为而且规模愈来愈大的扩大为世界市场”。根据一个从1500—1800年间7个欧洲国家抵达亚洲船只数量的统计来看，从最初的700多艘的总量增长到了6600多艘。而美洲到欧洲的金、银贩运量在这300年间则分别增长了20倍和10倍，中国的白银进口量则从1550年的2244吨增长到1700年的6951吨。葡萄牙人在记录他们的东方贸易时说：“欧洲与东洋的贸易，全归我国独占。我们每年以大帆船与圆形船结成舰队而航行至里斯本，满载上毛织物、绯衣、玻璃精制品、英国及富朗德儿出产的钟表以及葡萄牙的葡萄酒而到各地的海港上换取其他物品……最后，在澳门滞留数月，则又可满载金、绢、麝香、珍珠、象牙精制品、细工木器、漆器以及陶器（瓷器）而返回欧洲。”

这反映了无论从数量还是种类上，进入国际市场的商品都大幅增加。固定的商品交易所、证券市场开始出现亦有重要意义。1531年安特卫普商品交易所开业，“供所有国家和民族操各种语言的商人使用”。阿姆斯特丹、伦敦此后也分别成立粮食交易所和综合交易所。最后，处于新航路之上的港口开始成为世界贸易中心，取代大陆体系时代的陆路交通枢纽城市的地位，开始在世界经济体系中扮演重要角色。

起先是技术的进步带来的探险与新航路的开辟，然后是商品与人员的全球性流动，最后是法律与文化在各地区的碰撞，一个以海上贸易路线为纽带的海洋时代开始兴起并主导了世界历史的走向。

四

这样一个商品和货币、物资与人员、知识与宗教频繁而紧密往来的时代，中国明、清时期的中央与地方政府不可能自外于世界。万历时期曾任福建巡抚的许孚远在评论嘉、万时期的海禁政策时说：“然禁之当有法而绝之则难行，何者？彼其贸易往来、籴谷他处，以有余济不足，皆小民生养所需，不可因刖而废屦者也。不若明开市舶之禁，收其权而归之上，有所予而有所夺，则民之冒死越贩者固将不禁而自止。臣闻诸先民有言，市通则寇转而为商，市禁则商转而为寇。禁商犹易，禁寇实难。此诚不可不亟为之虑。且使中国商货通于暹罗、吕宋诸国，则诸国之情尝联属于我，而日本之势自孤。日本动静虚实亦因吾民往来诸国侦得其情，可谓先事之备。又商船坚固数倍兵船，临事可资调遣之用。商税二万，不烦督责，军需亦免搜括之劳。市舶一通，有此数利。不然，防一日本而并弃诸国，绝商贾之利、启寇盗之端，臣窃以为计之过矣。”明、清两代都实行过海禁政策，明代是因为倭患，清代则由于郑氏。海禁“虽禁不严，而商舶之往来亦自若也”，但长期来看，给沿海人民甚至国计民生都带来严重后果，所以地方大员多以“开洋”为主要筹划：“莫若另为立法，将商人出洋之禁稍为变通，方有大裨于国计民生也。”

通过数件珍贵的明代天启、崇祯年间兵部尚书有关海禁事宜的题行稿，可知明朝皇帝长期坚守的海禁政策至明末清初已与日益增多的对外贸易需求相悖。康熙二十三年（1684）七月十一日，在内阁起居注中有康熙帝召集朝臣商议开海贸易的记录。翌年即1685年，清政府在东南沿海创立粤、闽、浙、江四大海关，清廷实行开海通商政策。

乾隆二十六年（1761）九月十五日，广东巡抚托恩多上奏“瑞典商船遭风货沉抚恤遇难水手折”，请求按照惯例，对朝贡各国或外洋各国来中国贸易的商船予以灾难救助。从明清时代对朝贡体系和外洋贸易的维护来看，中国明确制定了有关维护这一范围广阔的贸易秩序的措施与政策。无论是陆路贡使和商客的接待、陪护、贸易纠纷、借贷的规定，还是海路贸易中由于漂风、漂海等遇难船只、人员、货物的抚恤、资助，都颁布有详细的措施和法令。《大清会典》在“朝贡”条目下设有专门的“周恤”“拯救”等内容，具体规定了朝贡贸易或者自由贸易中发生的疾病、死难、漂风、漂海等灾难事件中的救助责任与赏罚措施（参阅《嘉庆朝钦定大清会典事例》卷四百“礼部·朝贡”“周恤、拯救”等内容）。这些由中国制定、各国遵守的法令与政策，是前近代世界贸易秩序存在并得以维持、延续的重要因素。从鸦片战争以后，以海、陆丝绸之路为主体的世界贸易秩序开始被以西方近代国际法为主导的世界贸易秩序所取代，但其间蕴含的互通、平等、周济的贸易精神，在现代依然有重要的价值。

对于历史的描述，从封闭停滞的中国到世界贸易中心的中国的巨大变迁，反映了中西方历史学界不同时期的中国认识观。现在我们通过中国自身的历史文献与档案史料来重新看待这一时期的中国历史，是在这些路径之外的一种全新的中国历史观。从明清档案来看，中国与世界的贸易联系在陆路、海路都存在多条路线，陆地上除了传统的西向、北向的两条丝绸之路外，还有东向的朝鲜贸易，南向的通往印度、安南、暹罗的高山之路等四条主要线路，海上除了传统通往欧洲的海路外，尚可细分为南洋、美洲、东洋等四条海路，这样，以明清档案还原的八条丝绸之路贸易网络，重新展现了明清以来中外的联系途径。八条丝绸之路远远不能涵盖所有以中国为中心的贸易路线与贸易活动，但是这是一个新的解释框架，我们希望这个框架能够描绘一部中国本位的中外贸易与文化交流史，也为我们重新认识明清以来的中国与世界，提供一个新的视角。

前　言

鱼宏亮　王　澈

在先秦至秦汉时代，丝绸之路是中国与中亚、地中海区域最为重要的联系纽带。中国丝绸制造有着悠久的历史。作为一种重要商品，其外传也可以追溯到公元前。在阿尔泰山北麓，今俄罗斯南西伯利亚发掘的一个叫巴泽雷克的墓地出土的刺绣和织锦，考古年代为公元前500年左右。这个墓地还出土了战国时期的铜镜，都反映出早在先秦时期，此地就与华夏地区有着联系。新疆托克逊阿拉沟墓地出土的丝织物，年代被定为战国时期。考古发现证实，至少战国时代就有中国丝绸西传。公元前后罗马时期的文献记录更为丰富。汉武帝时期张骞出使西域，通过艰苦卓绝的外交努力，开辟了一条官方维护的中西贸易通道后，中国的丝绸就源源不断地流入到罗马帝国，罗马逐渐成为中国丝绸外销的最大市场，中国的丝绸在当时成为一种流行的时尚品，古罗马的皇室、贵族均以拥有丝绸服饰而自豪，用中国丝绸制作的衣服，成了最时髦、最讲究的服装。华丽的丝绸被视为最珍贵的衣料，价比黄金，丝绸成了遥远的东方的象征物。因此，希腊、罗马时期的历史学家以“赛里斯”(Seres)——“丝绸之国”来指代中国。

一

传统意义上的“丝绸之路”是一条横贯亚欧大陆、以丝绸和多种商品贸易为主的古代陆上商路。以中国的古都长安（今陕西省西安市）为起点，经过河西走廊，经天山南北麓分为南北两条道路，北路翻越葱岭（今帕米尔高原），抵达现在的伊朗和中亚，直到地中海沿岸。南路穿越今天的巴基斯坦、阿富汗等地，抵达印度或者波斯湾。这是陆上丝绸之路的传统路线，我们称之为沙漠丝绸之路。从汉到唐，穿越西域的沙漠丝绸之路一直是联系东西方世界的主要通道。汉武帝时期统一西域，保证了这条大通道的秩序与稳定。东西方国家纷纷通过这条道路进行商业与外交活动，促进了丝绸之路的繁荣，也将亚欧大陆联系起来，成为古代世界最大的跨越大洲的世界网络。

穿过蒙古高原抵达伏尔加河、多瑙河、亚美尼亚以及中亚，可以抵达西欧，形成了著名的草原丝绸之路。16、17世纪以来，俄罗斯开始形成统一国家，成为横亘在亚欧大陆上最主要的国家。随着17世纪俄罗斯向西伯利亚的扩张，俄罗斯逐渐与中国发生直接的贸易与外交联系。中国第一历史档案馆藏清顺治十二年（1655）《为俄罗斯察罕汗派遣使节前来上贡事》（满文）等档案，显示了清朝与俄罗斯最早的使节往来，也不断延绵着北方草原丝绸之路的历史。此后俄罗斯占据了欧洲与中国外交与贸易的中间商的地位，并一直延续到鸦片战争以后。

除了传统的沙漠丝绸之路与草原丝绸之路外，西南的茶马古道，以及从西南穿越高山丛林的出境线路，也是另外一条古代丝绸之路——高山丝绸之路。通过西南的茶马古道，能够到达印度洋，加入海上丝绸之路。

同时，由于特殊的地缘关系，中国与朝鲜之间一直维护着一种紧密的封贡关系。尤其是明清以来，作为中国的藩属国，朝鲜与中国的贸易关系从未中断。跨越鸭绿江抵达朝鲜地区，形成陆上的过江丝绸之路，这也是一种以贸易与外交连接的重要通道，且更为稳固而久远。

二

在地理大发现以前，亚欧大陆的联系主要依靠陆上丝绸之路，也就是传统的沙漠丝绸之路与草原丝绸之路。对东西方联系道路的探索与开通，促进了商品、交通甚至战略物资在丝绸之路上的流通。除丝绸、布匹等珍贵货物外，交通工具及其相关的知识与技术，就逐渐成了中西交流的主要物品。在漫长的亚欧大陆商业线路上，主要是通过骆驼、马、驴等交通工具传输物品和人员。但在汉代开辟丝绸之路的时候，骆驼的普及不如马匹。西方学者薛爱华认为，“汉代在开拓西域时，商业性与军事性驼队中使用了成千上万的大夏驼”，中亚来的商队主要也是驼队。但是，汉朝在经营西域时，人员往来、货物运送与文书传递，主要以马匹为主。《居延汉简》和《肩水金关汉简》中都记载有“吏马驰行”的文字。总体上，马在古代战争中具有更为重要的战略地位，两汉时期，在国内地区主要以车、马为交通工具；在西域等长途贸易中，主要以骆驼为交通工具。而西域和中亚地区生产的良种马匹——天马，在两汉时期，一直是中原王朝统治集团梦寐以求的战略物资。

在内蒙古鄂尔多斯等多个地区发现的战国、秦、汉时期的墓室壁画中，绘有载着外交使节的“轺车出行”，正反映出秦汉时代派出乘坐着“轺车”的使节往来于亚欧大陆上的情景。西汉张骞开通西域后，中原王朝的使节最远抵达西罗马地区和地中海沿岸。交通的开辟，使得各国人员与物品得以进行世界性的交流与传播。西汉“文景之治”以后，汉朝成为东西方人员、物品荟萃之所：“养民五世，天下殷富，财力有余，士马强盛。故能睹犀布、玳瑁则建珠崖七〔郡〕，感枸酱、竹杖则开牂柯、越巂，闻天马、蒲陶则通大宛、安息。自是之后，明珠、文甲、通犀、翠羽之珍盈于后宫，蒲梢、龙文、鱼目、汗血之马充于黄门，巨象、师子、猛犬、大雀之群食于外囿。殊方异物，四面而至。”西汉国家设有专门的“酒池肉林”来招待西域与中亚各国的使节，使节们带来的各种奇珍异物都汇聚长安。东汉桓帝延熹九年（166），罗马皇帝马可·奥勒留（Marcus Aurelius）派使节出访汉朝到达洛阳，向汉桓帝献上礼物。南北朝时期，由于战争等多种不稳定因素，陆上丝绸之路出现短暂衰落，不过到了唐代很快再度繁荣。贞观十四年（640），唐太宗在西域设立安西都护府，保证了陆上丝绸之路的畅通，沿途商旅团队得以安全和正常地运转，造就了后来盛唐时期长安城万国来朝的繁华景象。

在亚欧大陆上行走的，除了作为主要交通工具和战略物资的马、骆驼等动物外，商品与物种也是丰富多彩。输出的商品，除耳熟能详的丝绸、茶叶、瓷器等三大商品外，还有谷子、高粱、樟脑、桂皮、姜黄、生姜、水稻、麝香和大黄等，更有陶器以及其他手工业品等。张骞第一次出使西域到大夏（中亚地区塞种人的部落国家），看见市场上有出产于蜀地的竹杖和细布。当然，人种、书籍、技术、文化的西流更呈现了一幅广阔的画面。

通过丝路输入中国的更多，首先是人种，汉武帝时安息（即波斯，今伊朗）王就送了两个犁轩（东罗马）魔术师给中国，时称幻人。文献记载他们"蹙眉峭鼻，乱发拳须"，是典型的欧洲人。西域各部族的人员源源不断地进入中原地区，在长安、洛阳、扬州、泉州等地定居生活，成为中国人中的一部分，杂技、魔术（幻人）、角抵等游戏、竞技活动充斥日常。其次是宗教与文化，经过中亚传来的景教（基督教）、佛教、袄教等宗教对中国的文化产生了重大影响。动物、植物、金属、矿石等物品更是部分改变了中国人的食物结构和风俗习惯。美国学者谢弗撰写的《唐代的外来文明》一书，罗列了从人种、家畜、野兽到香料、金属、书籍等19大类，非常丰富。

明代以后，茶叶开始传入欧洲，充当了亚欧大陆上的主要商品和文化使者。17世纪荷兰著名医师尼克拉斯·迪鲁库恩作为第一个热情推广饮茶的西方人，在《医学论》一书中，着力描述了茶的药用效果。在德国，虽然传教士激烈反对饮茶，说中国人之所以面黄肌瘦，就是太爱饮茶的缘故；在瑞典，人们起初对茶和咖啡的引入都抱怀疑态度，不敢贸然享用，但后来茶叶在欧洲大陆还是逐渐得到普及。

近代有史可考的文献记录表明，茶叶输入欧洲始于明万历四十年（1612）荷兰东印度公司运送了第一批茶叶到首府阿姆斯特丹。法国人到1636年才开始饮茶。英国最初是从荷兰输入茶叶的，到1669年英国东印度公司才直接从中国输入茶叶。此后饮茶成为英国人的"国俗"，"下午茶"成为各个阶层人士的习惯，甚至变成英国人的标志之一。

从现存的资料来看，大航海以前，无论是从陆上丝绸之路西传还是海上转口西传的茶叶消费，都停留在中亚和阿拉伯地区，欧洲人开始饮茶的记录都比较晚。这可能与中亚阿拉伯地区垄断了欧亚大陆两端的直接贸易有关，也是促使欧洲人探索新的通往东方的道路、出现地理大发现的原因。

17世纪以后，机器动力一举从力量和速度上都超越了自然的人与动物，依靠骑兵的机动性屡次毁灭农业文明与商业城市的游牧组织，从此也逐渐退出历史舞台。所以，17世纪也是游牧部落毁灭传统王朝的最后世纪。此后，世界历史舞台上的主角就变成了工业化国家。以马匹和骆驼为标志的传统丝绸之路迎来了新的主角与流通方式，开启了丝绸之路的新时代。

为了反映明清时期欧亚大陆的主要交流通道，我们将陆上丝绸之路分为四条主要道路，选取相关档案与文献来加以展示：

东路过江之路，即与朝鲜半岛的交往。撷取档案76件，主要反映了中朝之间的封贡关系、边境贸易和文化交融，包括相沿成例的朝贡道路、定期开市的边贸、年复一年领取中国皇帝颁行的历书等。

西路沙漠之路，是传统意义上的"丝绸之路"。撷取档案92件，主要反映了清朝与俄罗斯及中亚各国的贸易往来、维护国家领土完整统一的措施、对西北地区的治理开发、维护各民族团结稳定等。

南路高山之路，将中国与东南亚、南亚诸国紧密联系在一起。撷取档案85件，主要反映了东南亚藩属国在封贡体系下的朝贡活动、经贸往来以及贸易管理等。

北路草原之路，主要涉及了现在的俄罗斯和蒙古。撷取档案105件，主要反映了库伦、恰克图贸易促成的蒙汉贸易和中俄经济联系的兴盛繁荣以及中俄间政治、商贸和边界事务等。

三

审视陆上丝绸之路的历史变迁，我们发现，在近代海洋时代到来以前，亚欧大陆存在着通过多个方向的丝绸之路连接形成的大陆体系。这个大陆体系包括了亚洲、欧洲、非洲的众多国家和民族，是近代以前范围广泛、影响深远、历史悠久的世界体系。

从中国周边来讲，中国与朝鲜半岛政治、经济联系紧密，东南地区的安南、缅甸等国也从制度上和贸易上都纳入了同一政治共同体的朝贡体系，所以双方往来的事务中具有特别的内容和意义。朝鲜和安南都使用汉字或者处于汉字文化圈，而作为藩属国，则与中国共享“历法”甚至某些法律制度。明清时期，中原王朝的“历书”通过定期的“赐历”“颁历”进入藩属国，以规范各国的农事、节令等活动，是共同体内享受文明成果的重要“权利”。因此彼时朝鲜、安南都有“小中华”的意识，显示了这一共同体于政治、经济联系之外在文化上的反映。

进入近代以来，亚洲朝贡体系受到新兴的国际关系的冲击，在将近半个世纪的列强侵略中，东亚和东南亚地区的藩属国最终都走上民族国家的道路，传统朝贡体系让位于现代国际关系。现存的众多条约、章程与档案，比较完整地反映了这个过程。传统上通过陆上丝绸之路连接起来的俄罗斯、中亚地区各国，与明清王朝形成的关系也发生了本质的变化。

近代以来的科学革命也深刻地影响着亚欧大陆的贸易与交往模式。1826年英国修建从利物浦到曼彻斯特的铁轨，出现了世界上第一条铁路。从1891年开始修建直至1916年全线通车的俄罗斯西伯利亚大铁路，成为第一条横贯欧亚的陆上新型运输线路，俄罗斯于1900年就出版了围绕西伯利亚大铁路的社会资源的全面调查报告。陆上运输方式的革命，深刻地改变了人类的行为模式，并且对全球的生产、经济产生深远影响。

近代的地理大发现，促进了海洋航路的开辟和全新的海洋体系的形成，并催生了一系列近代资本主义革命和政治经济新秩序。

海洋时代将世界扩大为一个全面联系的世界，也将近代才产生的社会制度与生产方式推广到了全球。这种改变历史发展速率与广度的变迁，遮蔽了人类曾经依靠大陆所创造的共同财富与文明。封贡体系的形式固然与单个民族国家为核心的世界体系格格不入，但在古代社会，正如美国历史学家彭慕兰所言：“朝贡制度的设计和基本运作力量，源自对文化、政治、身份地位的关注，而非源自对追求最大利益的关注。”中华封贡体系的核心意识形态“天下观”中最关注的，是以道德标准来规范各国的利益与冲突，所谓“化干戈为玉帛”，以礼乐教化来组织国家关系，最大限度地减少通过战争与屠杀来解决争端，以捍卫人类社会的文明成果。这是大陆体系与海洋秩序相区别的本质所在。利益最大化是新兴的资本主义带给世界的新理念，在19世纪前这种理念在中国还不具有道德上的正当性，以此来衡量古代丝绸之路上结成的古老关系，难以认识到真正的丝绸之路精神。

以此来看，丝绸之路作为中西方交往的重要桥梁，曾经对古代亚欧大陆的人类历史进程起到重要的推动作用，也将在新的历史时期焕发出新的活力，为人类命运共同体的实现贡献新的功能和价值。

草原之路卷·导言

鱼宏亮　王　征

一

陆上丝绸之路的北线，也就是传统上所称的草原丝绸之路。这条贸易通道具有悠久的历史。早在先秦时期，北方地区的游牧民族斯基泰人、塞种人就在这条路线上从事玉石与黄金的开采与流通。整个欧亚草原地带，都留下了丰富的贵金属与青铜文化的遗存。秦汉时期，由于匈奴的大规模流动，造成了世界古代史上影响深远的民族大迁徙，匈奴西迁引起了亚欧草原上一系列族群大迁徙，也造成了罗马帝国和欧洲版图的巨大变迁。随着这个世界性的进程，草原丝绸之路上充满了往来行动于东西方之间的商旅、军队以及商品、文化。在蒙古国诺言乌拉、高乐毛都匈奴墓葬中出土的玉饰件、漆耳觞、汉式铜镜以及棺椁葬具，还有写着汉字的丝绸与青铜文物，都是草原丝绸之路上商品交换与文化交流的重要实物例证。魏晋以后，北方民族大融合，横贯东西的草原大商道与内地连接更加紧密。

草原丝绸之路在元朝发展与繁荣达到顶峰。元王朝正式建立驿站制度，以上都、大都为中心，设置了帖里干、木怜、纳怜三条主要驿路，构筑了连通漠北至西伯利亚、西经中亚达欧洲、东抵东北、南通中原的发达交通网络。草原丝绸之路既是政令、军令上传下达的重要通道，也是对外进行商贸往来的主要线路。这三条通往欧洲的驿路，构成元代草原丝绸之路最为重要的组成部分。“帖里干”道属东道，起点站为元大都，北上经元上都、应昌路（今克什克腾旗达里湖西岸）至翕陆连河（今克鲁伦河）河谷，再西行溯土拉河至鄂而浑河上游的哈剌和林地区。“木怜”道属西道，在元上都附近，西行经兴和路（今河北省张家口市张北县）、集宁路（今内蒙古集宁市）、丰州（今内蒙古呼和浩特市白塔子古城）、净州路（今内蒙古乌兰察布市四子王旗净州路古城），北溯汪吉河谷（今蒙古国南戈壁翁金河）至哈剌和林。“纳怜”道，又称“甘肃纳怜驿”，自元大都西行经大同路东胜州（今内蒙古呼和浩特市托克托县大荒城），溯黄河经云内州至甘肃行省北部亦集乃路北上，绕杭爱山东麓至哈剌和林。由于哈剌和林地区地处蒙古高原的腹地，草原丝绸之路的三条主干线大多通过这里再向西北经中亚纵向延伸，直至欧洲。

元代全国有驿站1519处，有站车4000余辆，这些站车专门运输金银、宝货、钞币、贡品等贵重物资。阿拉伯、波斯、中亚的商人通过草原丝绸之路往来中国，商队络绎不绝。此时最为著名的商贸城市是元上都。元上都城内的西关，是各国商人进行交易的地方。元代虞集在《贺丞相墓志铭》中记载:“(上都)自谷粟布帛，以至纤靡奇异之物，皆自远至。宫府需用百端，而吏得以取具无阙者，则商贾之资也。”可见当时商品交易之盛况。在元上都，外国使者、旅行家、商人、教士等频繁来访，如发郎国(元时对欧洲国家的统称，中文又称为佛郎国、富浪国)的使者最早在中统年间就在开平觐见过忽必烈。意大利商人马可·波罗在至元十二年(1275)来到元上都，受到忽必烈的接见，并在中国生活了多年，回国后写下了《马可·波罗行纪》，向西方详细介绍了中国的社会经济和制度、礼仪等情形。另外，印度、缅国、尼波罗国的使者、僧侣、工艺家、商人等都曾来到过元上都，元上都成为国际性的大都会。在北方草原地区的考古遗址当中，相继发现了这一时期商品交换的大量实物。在呼和浩特市东郊的万部华严经塔发现了世界上现存最早的钞票实物“中统元宝交钞”；在额济纳旗黑水城遗址相继发现“中统元宝交钞”“至元通行宝钞”；在元代集宁路古城遗址发掘出土了大量的窖藏瓷器，汇聚了中原七大名窑的精品，同时还出土四万余枚铜钱；另外，在元上都、德宁路、净州路等地还发现带有古叙利亚文字的景教墓顶石，这都反映出当时贸易的兴盛和东西方文化的交流与融合。

蒙古帝国的建立，贯通了亚欧大陆间的贸易大通道，北方草原之路成为亚欧大陆的主要纽带。蒙古帝国不但修建和维护四通八达的商道与驿站，还从法规与制度上保证了贸易之路的安全与正常运行。北方丝绸之路具有重要的世界性地位。

二

明朝建立初期，连续进行了多年的全国统一战争。从洪武年间到永乐年间，对东北、北方、西部、西南周边政权进行了系统性的征伐活动，并且首次形成了一个以大明为中心、周边政权以远近亲疏为等级、互相承担相应的权利义务关系的天下体系。在这个体系中，蒙古是最为重要的一极。但是，明朝建立初期对蒙古地区实行的禁边政策和军事征讨，以及后来一些蒙古部落为了生计在长城边关地带的抢夺和骚扰，都使得这一地区战事频发。明蒙的对峙局面严重影响了蒙古游牧经济与中原农耕经济的交流沟通，时断时续的朝贡贸易更远远不能满足蒙古地区对中原地区的经济需求，蒙古与明朝因此冲突不断，给双方都造成巨大的损失。蒙古人民生活困顿，明朝军费激增，这促使明朝的统治者和蒙古的首领们都开始转变态度，寻求双方可接受的民族商贸途径来避免战争，维护稳定。几经战和之后，终于在隆庆五年(1571)达成了“隆庆和议”，明廷接受了蒙古土默特部首领俺答汗的谢表和贡马，封其为顺义王，并对其所辖蒙古右翼各部落首领进行了封赏，明朝开放11处边境贸易口岸与蒙古互市，北方长城沿线开启了长时期的和平，明朝与蒙古的通商贸易得到进一步发展。

明朝初年虽然设立了北方九镇，实行了禁边政策，但如果我们从位于这一冲突地带上的九边重镇之一延绥镇榆林卫来看，民间和官方的贸易与交流也并未完全停止。榆林城又被称为驼城，位于北方农牧交错带的中部，也是沟通南北交通与贸易的重要枢纽。“榆林地险而防严，将士战不贯胄，虏呼为骆驼城”。由于地处内地与蒙古各部的交通要冲，在蒙古史上亦占有重要地位。明代的九边，虽然是边防重镇，但是又承担着重要的贸易职能。明代与蒙古战和不定，战争与互市实为以九边为代表的边防体系的重要主题:“有明之互市，惟于西番行之，和好最久。若开原、广宁、大同、宣府诸市，或开或罢。惟延宁之花马池市、

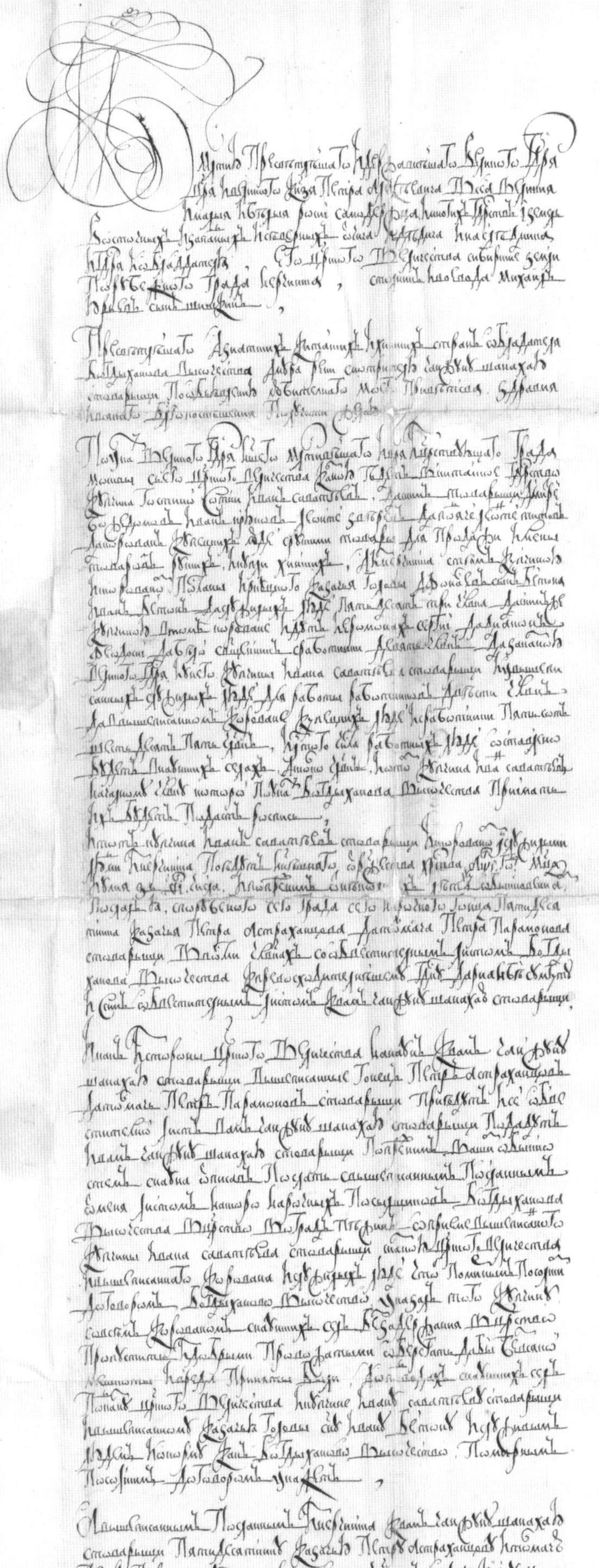

红山市颇有利。然未有如今日之盛者也。”这里提到的花马池、红山两市，即为榆林城北的红山与西部今为盐池的两个市场。由于明朝对藩属地区的互市贸易有着时间和地点方面的严格规定，比如前来互市的商队人数、时间、地点、不得留宿等，都有具体限制，但是由于番商远道而来，由于天气等原因，不得不在时间、居留方面有所变通。变通方法之一，就是在互市地点附近修建寺庙或者道观，以供番商住宿、喂养马匹。榆林卫红山市下有关帝庙，即承担此一功能，是互市时番人的补给之所。考此制度，乃延续唐宋旧制。北宋时期秦州为宋、番茶马贸易之所，仁宗天圣三年（1025），陕西转运使上疏：“秦州蕃官军主策拉等请于来远寨置佛寺，以馆往来市马人，从之。”宗教场所在古代冲突地区往往充当公共空间，番商和朝贡使团在寺庙逗留，是地方将官因俗而治的权变之法，保证了贸易和交流的实际运行。

此外，即便是战争期间，由于大量军需物资的转运依靠市场来筹集，边境地区还形成了一个特殊的军需贸易群体：“塞上商贾，多宣化、大同、朔平三府人。甘劳瘁，耐风寒，以其沿边居处，素习土著故也。其筑城驻兵处则筑室集货，行营进剿时亦必尾随前进，虽锋刃旁午人马沸腾之际，未肯裹足。轻生而重利，其情乎？”这说明军事驻防与贸易的真实情况，亦可看出从明朝以来的军镇向清朝以来的民镇转化的内在机制，也可以解释明代九边何以同时成为欧亚大陆贸易体系的重要节点。

战争与交流实际上是相辅相成的两个方面。即便是互相敌对的战争时期，双方的人员和物资都会遵循着传统的商路或者定居点来进行布局。攻守双方的路线与民人贸易生产的路线也多重合。《榆林府志》说：“河套地方千里，虏数万人居其中，趁逐水草，四散畜牧。欲大举南寇，则令人

№21.
Невскій Проспектъ. изъ ресторана Леженъ.

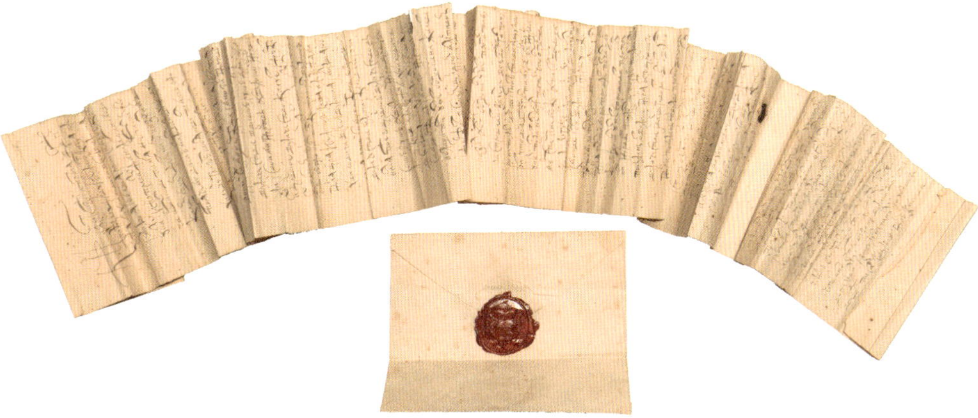

传示诸部落……约日聚众而进。既聚众至二三万，夜宿，火光连亘数十里，我之墩军夜不收，瞭望先知，我兵可设备矣。虏众临墙止宿，必就有水泉处安营饮马，今花马池墙外有锅底湖、柳门井，兴武营外有虾蟆湖等泉，定边营外有东柳门等井。余地无井泉又多大沙凹凸，或产蒿，深没马腹。贼数百骑或可委曲寻路，而行多则不能，故设备之处有限。”可见，战争的路线往往也是商贸的路线，这也就能够解释边防之地多为贸易之城的原因。

从16世纪中后期以来，由于中亚地区奥斯曼土耳其帝国的阻断，亚欧贸易大通道受到影响，欧洲人开始取道从海上抵达中国。这一时期，传统上属于欧洲地区的罗斯国家逐渐开始向东殖民，进入了广袤的亚欧大陆北部西伯利亚地区活动。这样，俄罗斯的哥萨克人开始活跃于蒙古北部边界地带，与明朝、蒙古各部发生各种政治、经济联系。在官方建立正式联系前，由这些地区的人民开展的贸易活动实际上早已经存在。“俄国同中国通商是从和这个国家交往的最初年代开始的。首先是由西伯利亚的商人和哥萨克自行开始同中国进行贸易。人们发现从事这种贸易非常有利可图，于是西伯利亚各城市的行政长官也参与此项活动。”由于俄罗斯处于西欧通往中国的中间位置，所以英国也多次派使节前往俄罗斯要求开通前往中国贸易的商路。俄罗斯外务部保存的档案记录了1616、1617年间英国使节麦克利与俄方的会谈纪要，显示尽管俄罗斯设法阻止了英国的请求，但却下令哥萨克军人调查通往中国的商路。这些活动通过莫斯科的英国批发商约翰·麦利克传递到英国，引起王室和政治家的注意。英国地理学家佩尔基斯记录了俄罗斯人开辟的通过北方草原通往中国的商路。从官方的记录来看，除了活跃的民间贸易外，至少从明代末年起，以明朝北方卫所为节点的南北交流通道已经非常活跃。中国文献《朔方备乘》曾经记录蒙古喀尔喀、车臣二部都曾经进贡俄罗斯鸟枪一事，认为“谦河菊海之间早有通商之事”，即指叶尼塞河上游与贝加尔湖之间的贸易路线。

18世纪俄罗斯著名的文献学家、历史学家尼古拉·班蒂什根据俄罗斯外务部档案编著的《俄中两国外交文献汇编1619—1792》一书收录的两件中国明代皇帝致俄皇的“国书”，其中一件标以万历皇帝，一件标以万历皇帝之子，文书记载了两名俄罗斯使臣因通商事前往中国，中国皇帝则表达了鼓励之意。尽管这两件文书被认为并非明朝与俄罗斯两国君主之间的文书，但从18世纪的俄国人来看，明朝与俄罗斯通使是早期中俄关系的重要事件。该文件收录在俄皇米哈伊洛维奇的外务衙门档案中，在反映中俄早期贸易关系的文献中具有一定价值。

根据俄方档案记载，第一个从莫斯科前往中国的使节团是巴依科夫使团，1654年前往办理商务，并奉有探明“中华帝国可以购买哪些货物，可以运去哪些货物，由水路或陆路达到这个国家有多远路程”等信息的使命。可见，到17世纪中期官方的外交路线已经畅通。17世纪早期的探险活动是后来《尼布楚条约》和《恰克图条约》得以签订的地理背景。到了17世纪中后期，通过中俄条约的形式将明末以来形成的北方贸易路线固定下来，从此库伦和恰克图成为官方贸易的正式场所。

三

在中国第一历史档案馆所藏的官方档案中，贸易线路涉及了黑龙江、嫩江、北京、张家口、鄂尔多斯等整条草原丝绸之路的商道，这反映出传统的草原丝绸之路上蒙汉贸易和中俄经济联系的兴盛和繁荣。与此同时，自顺治十二年（1655）俄罗斯察罕汗派使臣来京进贡开始，中俄间的官方交往也日益密切起来。沙皇多次派遣使团来华商谈贸易事宜。康熙时期设立俄罗斯馆，专门用来安置俄罗斯使团和商队。俄罗斯教士也随之来华定居，开设教堂。沙皇定期还要派遣喇嘛和学生来京换班学习满文和汉字。由于清政府分别在康熙与雍正年间与俄罗斯签订了划界和贸易条约，尼布楚、恰克图、库伦等地获得了合法的贸易地位，这条线路虽然被俄罗斯所垄断，传统亚欧大陆的商道中间出现了代理商性质的梗阻，但北方丝绸之路并未衰落，甚至还更加兴盛。根据内阁和理藩院关于《遣员至蒙古会盟处传谕蒙古各众做贸易不得行骗事》和《为俄商在中国境内所有妄为举动定加惩处请仍旧照约将俄商放行入境事》两件档案可以看出，中俄贸易从顺治到康熙间已经呈现常态化，中央部院题奏中这类日常贸易纠纷的内容显示了贸易的广泛和深度。

为了保证北方丝路的畅通，从顺治起到清末，清政府就不断制定有关法规、章程或者签订条约来维护商贸与外交活动的畅通。《中俄尼布楚条约》《恰克图条约》等早期对俄条约，都有对双方的贸易活动进行保障的专门条款。清朝的皇帝也多次谕令地方官员派员接护俄罗斯贡使和商队，为其提供了交通、居住、安全以及物质方面的种种方便条件。值得说明的是，清代对北方商道上的贸易有着严格的管理与维护。在中国第一历史档案馆所藏的《通商清册》以及三联执照的收缴、查验、发还等相关档案，完整地还原了清代对中俄贸易实行总量统计、核算以及贸易许可证（三联执照）审核制度。

北方丝绸之路从清中叶以后逐渐开始衰落，海路贸易逐渐成为主导。这一方面是海洋体系逐渐扩张与形成导致，另一方面也与沙俄列强依仗不平等条约所进行的不对等贸易对双方长远贸易关系的损害有关。宣统元年库伦办事大臣延祉致外务部咨呈内记载的俄人突征重税抵制华货导致恰克图商民行销困难的事例，清楚地揭示了这个过程。从近代中西贸易档案来看，正是这种在不平等条约庇护下的不平等贸易关系，使得传统丝绸之路的贸易关系，让位于弱肉强食的近代贸易秩序。

凡　例

1. 本书所辑档案，均为中国第一历史档案馆所藏明清两朝原始档案。

2. 本书依据所辑档案涉及的国家（地区），分为陆上丝绸之路编与海上丝绸之路编。陆上丝绸之路编分为四卷，即过江之路卷、高山之路卷、沙漠之路卷、草原之路卷；海上丝绸之路编分为四卷，即东洋之路卷、南洋之路卷、西洋之路卷、美洲之路卷。

3. 本书所辑档案，大抵按照档案文件形成时间依次编排。部分关于同一事件或主题的多件档案，编为一组，以最早时间进行排序。

4. 每件档案时间，以具文时间或发文时间为准；没有具文或发文时间者，采用朱批、抄录、收文时间；有文件形成时间过程者，标注起止时间。没有明确形成时间的档案，经考证推断时间；暂难考证时间者，只标注朝代。

5. 本书所辑档案标题，简明反映各件档案的责任者、文书种类、事由、中西历时间等信息，文字尽量反映档案原貌。

6. 本书所辑档案，一般以“责任者＋文书种类＋时间”的方式命名，如遇一件档案分排多页或一件档案内含多份者，则标注“之一”“之二”等。

7. 因版面所限，本书所收个别档案为局部展示。

8. 本书所辑档案，均撰拟相应释文，简要阐释档案的主要内容和相关历史背景。

目录

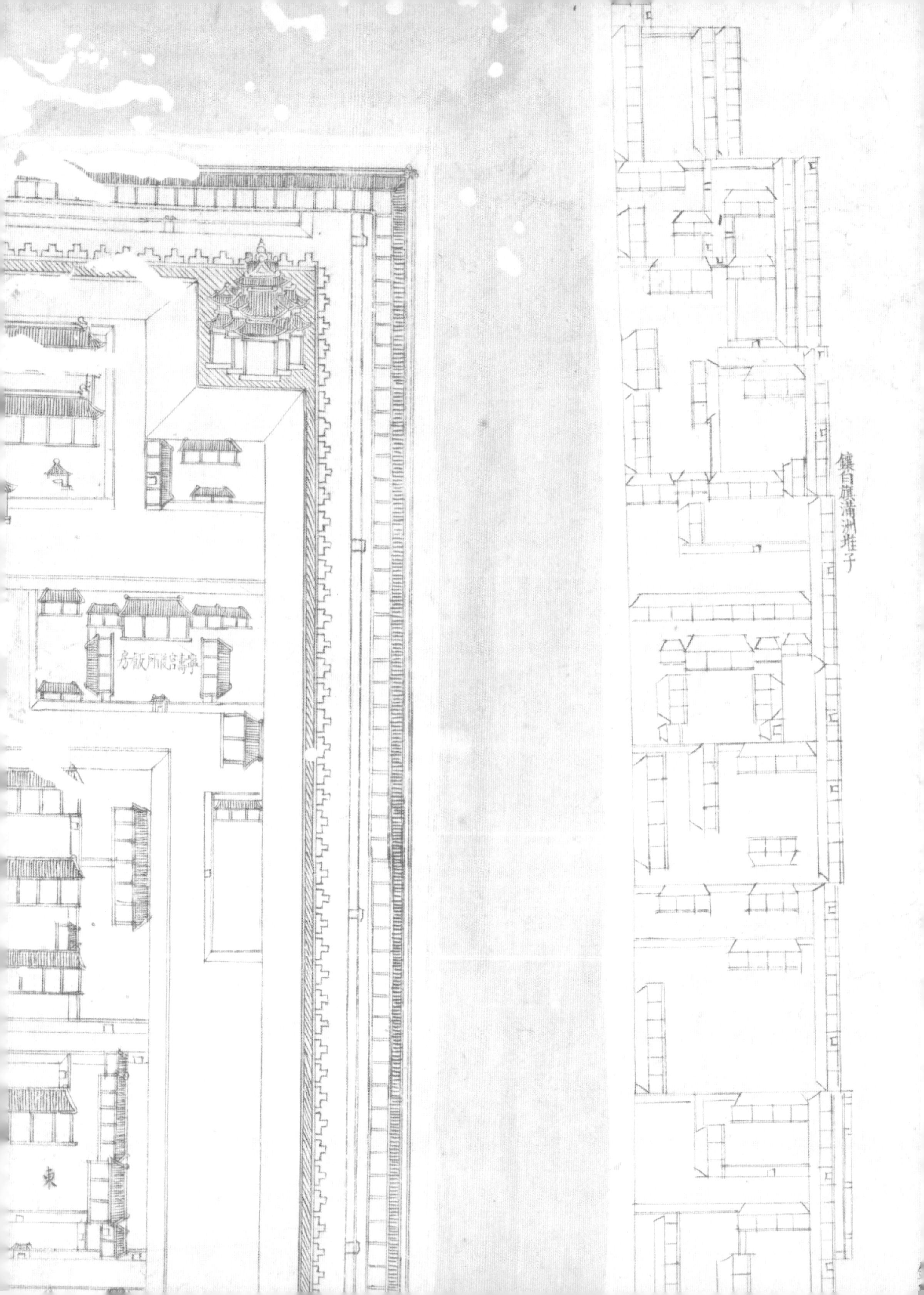
寧壽宮後所飯房
鑲白旗滿洲堆子
東

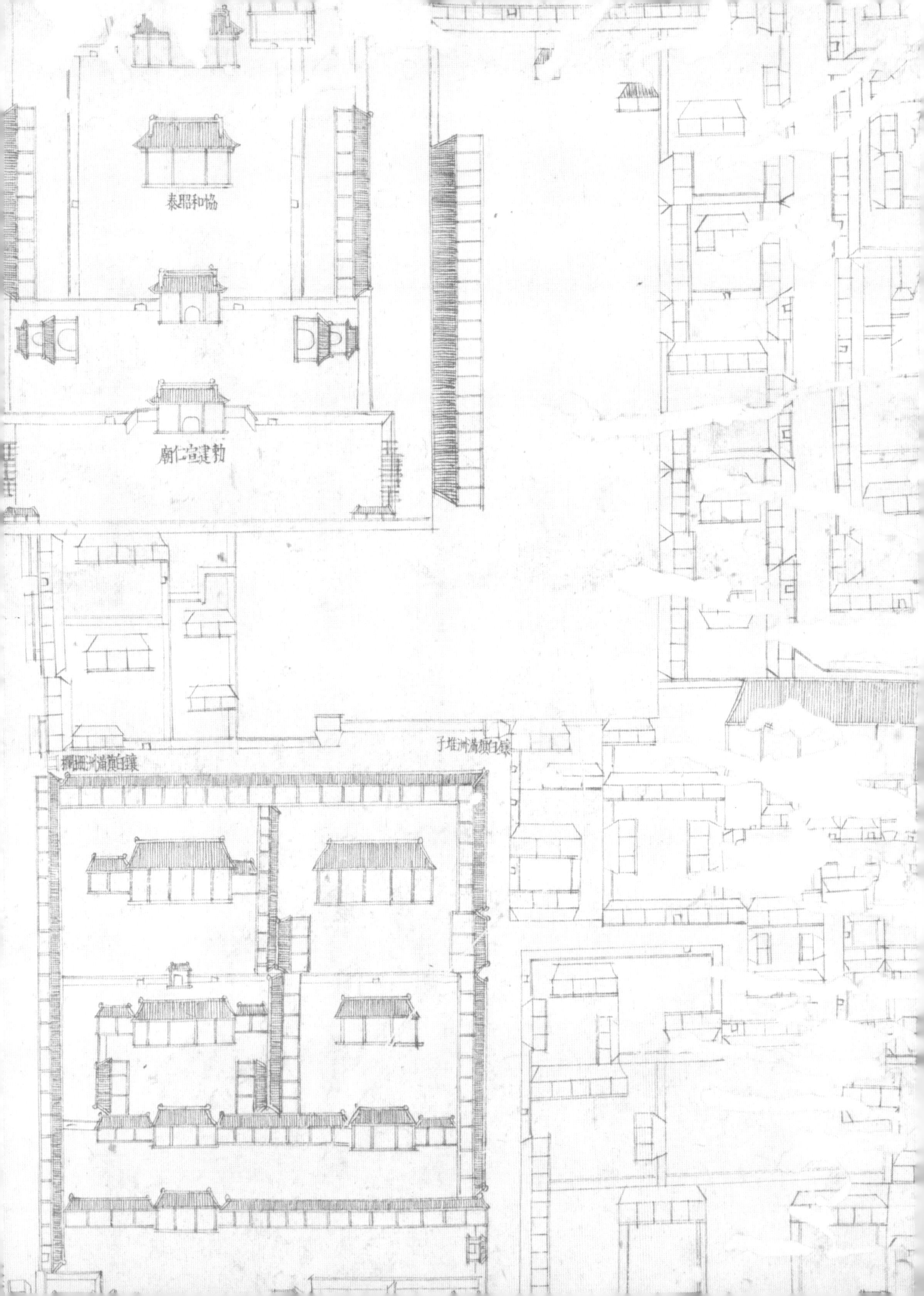

協和昭泰
勅建宣仁廟
鑲白旗滿洲堆子
白旗滿洲堆子

昌宣二镇御马监太监郑良辅揭帖：为报告张家口开市买马情形事

崇祯十年八月初五日（1637 年 9 月 22 日）

自永乐（1403—1424）以后，明政府开设马市与蒙古各部和女真进行互市贸易。马市由明朝指定地点，每年开市一至两次，每次三至十五日，明朝派官员管理并驻兵维持，各部头领也到市场监督自己的属下。明朝按照品种等级定出牲畜的价格，官方用银两、钞币收购马匹，或用绸缎、布匹、铁锅等物折价易马，因为是以官方方式进行的易换，故这种“马市”又称“官市”。如果互市顺利，明朝官员会在互市结束后设宴招待各部首领，颁发明廷的赏赐——市赏。如果互市时发生敌对行动或扰乱市场等行为，明朝则会采取革除市赏乃至关闭马市等措施，对各部进行制裁。随着互市的发展，明朝又准许在官市结束后，牧民将所剩的马、驼、驴、骡、牛、羊、毛皮等物向汉族商人换取绸缎、布匹、绢、针线、食品、药物、茶叶等物，进行民间的互市，称为“民市”或“私市”，交换的货物也拓展到了中原地区的粮食、生活用品以及蒙古地区的木材等。本件档案记载的是崇祯十年，钦差分守昌平和宣府两个军镇的御马监太监郑良辅到张家口开市买马，闭市后与各部头领“齐赴关圣神前钻刀盟誓，永开马市，以为彼此长久之利，誓毕即犒以羊酒果饼之类”，并欲以茶叶、布帛等物品对各部头目进行犒赏。

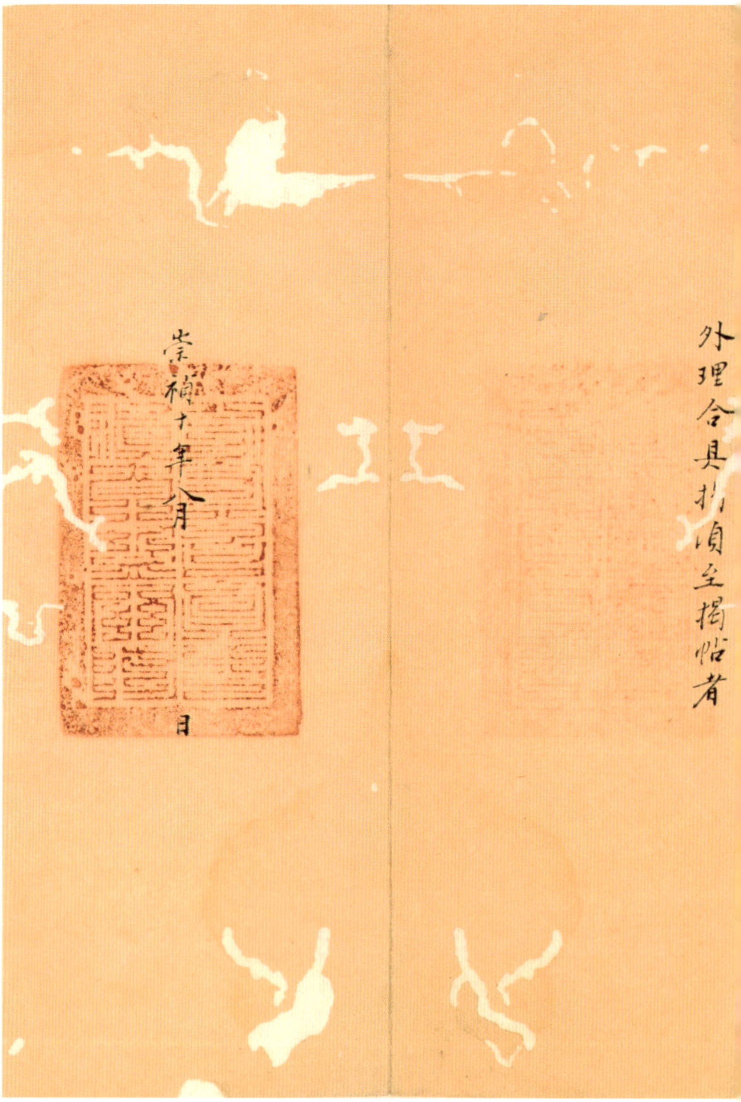
外理合具揭須至揭帖者
崇禎十年八月 日

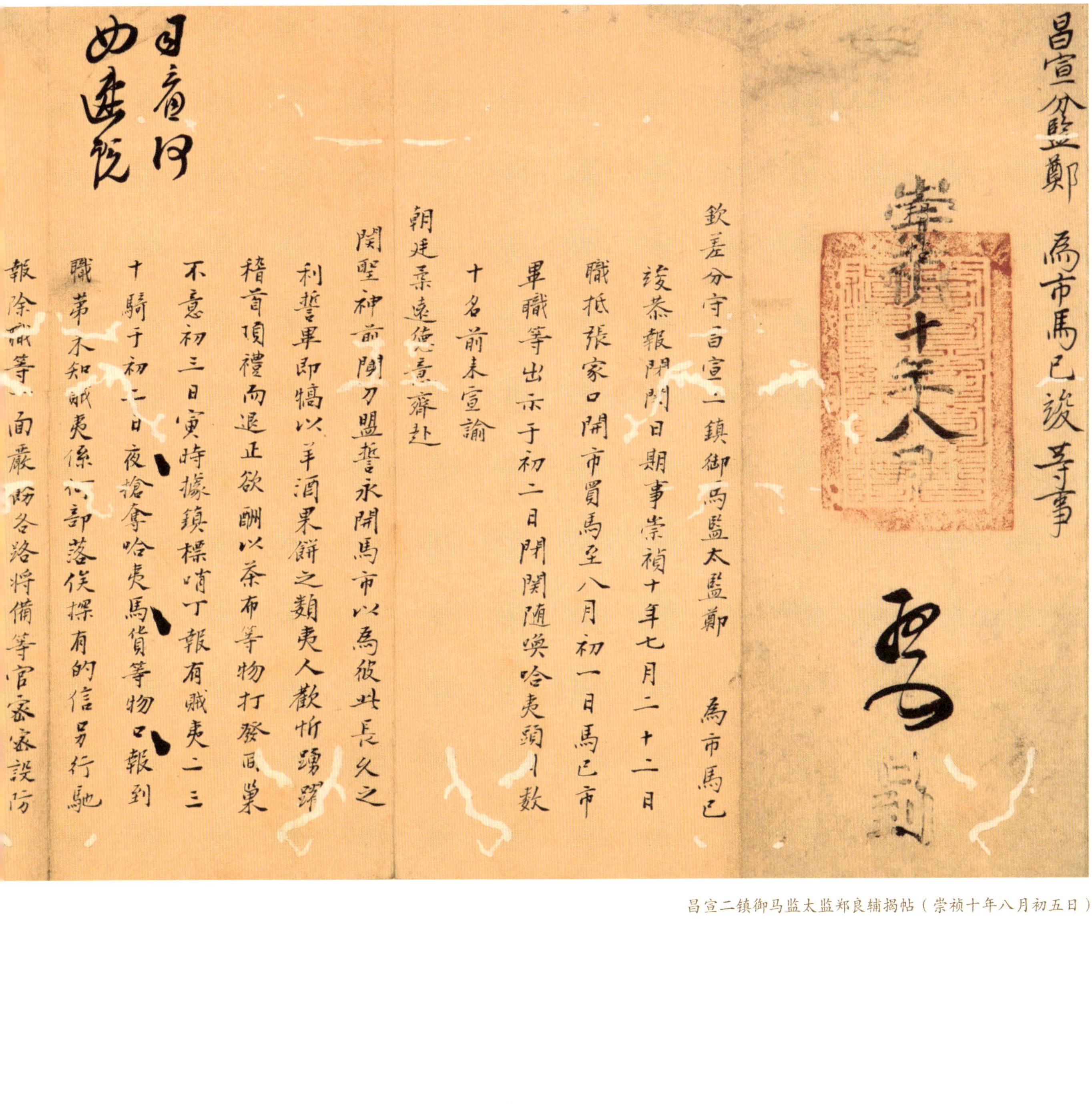
昌宣分監鄭　爲市馬已竣等事

崇禎十年八月

欽差分守昌宣二鎮御馬監太監鄭　爲市馬已
竣恭報開閉日期事崇禎十年七月二十二日
職抵張家口開市買馬至八月初一日馬已市
畢職等出示于初二日閉關隨喚哈夷頭目數
十名前來宣諭
朝廷柔遠德意齊赴
關聖神前閉刀盟誓永閉馬市以為彼此長久之
利誓畢即犒以羊酒果餅之類夷人歡忻踴躍
稽首頂禮而退正欲酬以茶布等物打發回巢
不意初三日寅時據鎮標哨丁報有賊夷二三
十騎于初二日夜搶奪哈夷馬貨等物口報到
職第不知賊夷係何部落俟探有的信另行馳
報除職等一面嚴飭各路將備等官密密設防

昌宣二镇御马监太监郑良辅揭帖（崇祯十年八月初五日）

兵部题行稿：

为东哈马匹千余续至张家口市卖事

崇祯十年八月十六日（1637年10月3日）

兵部尚书杨嗣昌题行稿：

为西哈喇嘛来大同贩卖马匹并报告边情事

崇祯十年八月二十五日（1637年10月12日）

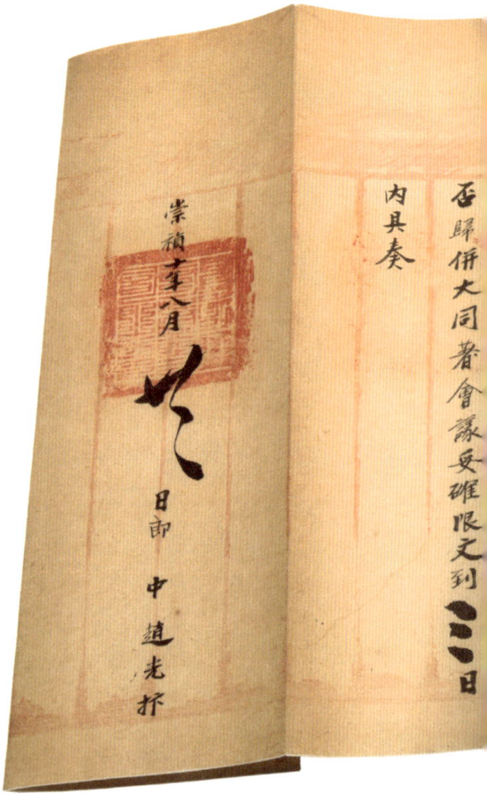

明代的汉蒙贸易，在满足蒙古族人民为维持基本生计对于内地粮食、布帛、茶叶和其他生活用品需求的同时，也满足了明朝组建和维持骑兵队伍及从事运输对于蒙古马匹的需要。在本组档案中，第一件档案记载，东哈土奢儿王子下七庆喇嘛，带领五百名族人，赶马一千有余，前来张家口市卖。兵部认为适逢“各镇需马甚多”，“乘时收买，实为两便”，应令“开关速市”，“随到随市”，“以免守候之苦”，并请“勅下边臣，首重明信，毋滋猜阻”，维持贸易秩序，以获“征战之利”。崇祯帝为此颁旨，令所在地方着速买卖，不得稽迟。另一件档案记载，西哈班的喇嘛赶马一千余匹至大同贸易，并向明军报告边外军情，有后金的骑兵三四千骑向西行走。崇祯皇帝于是颁旨，令该处官员严加戒备，以防后金骑兵冲入山陕地区。由于明代的“马市”建立在北方长城沿线的“九边”地区，因此，汉蒙间的民族贸易在买卖物品、互通所需的同时，还具有非常浓厚的军事色彩。张家口、大同等处不但是汉族与北方少数民族的互市贸易之地，同时作为北方的军事重镇，在明代的北部边防中占有非常重要的地位。

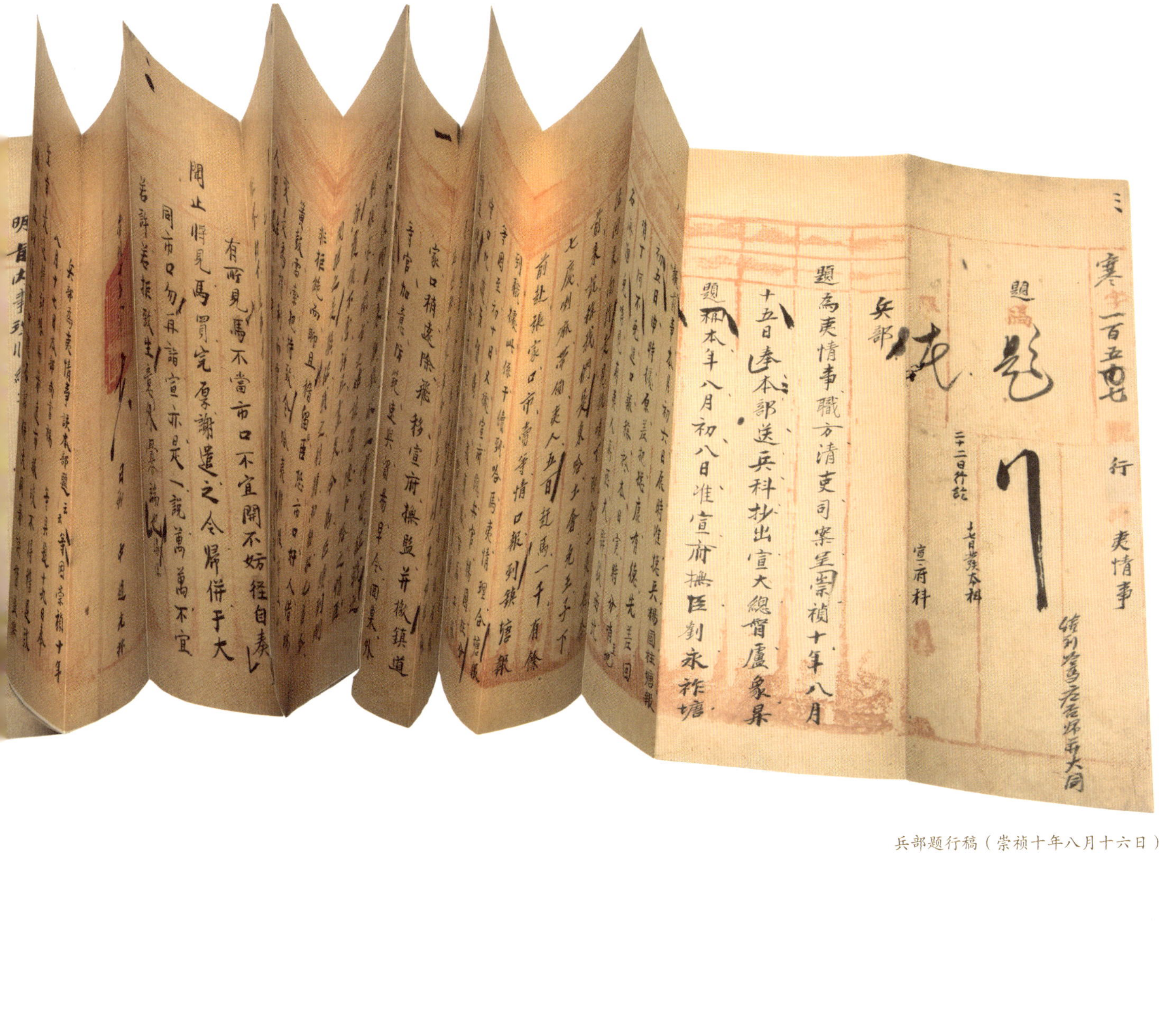
行
夷情事
兵部
題為夷情事職方清吏司案呈崇禎十年八月
十五日奉本部送兵科抄出宣大總督盧象昇
題稱本年八月初八日准宣府撫臣劉永祚塘

兵部題行稿（崇祯十年八月十六日）

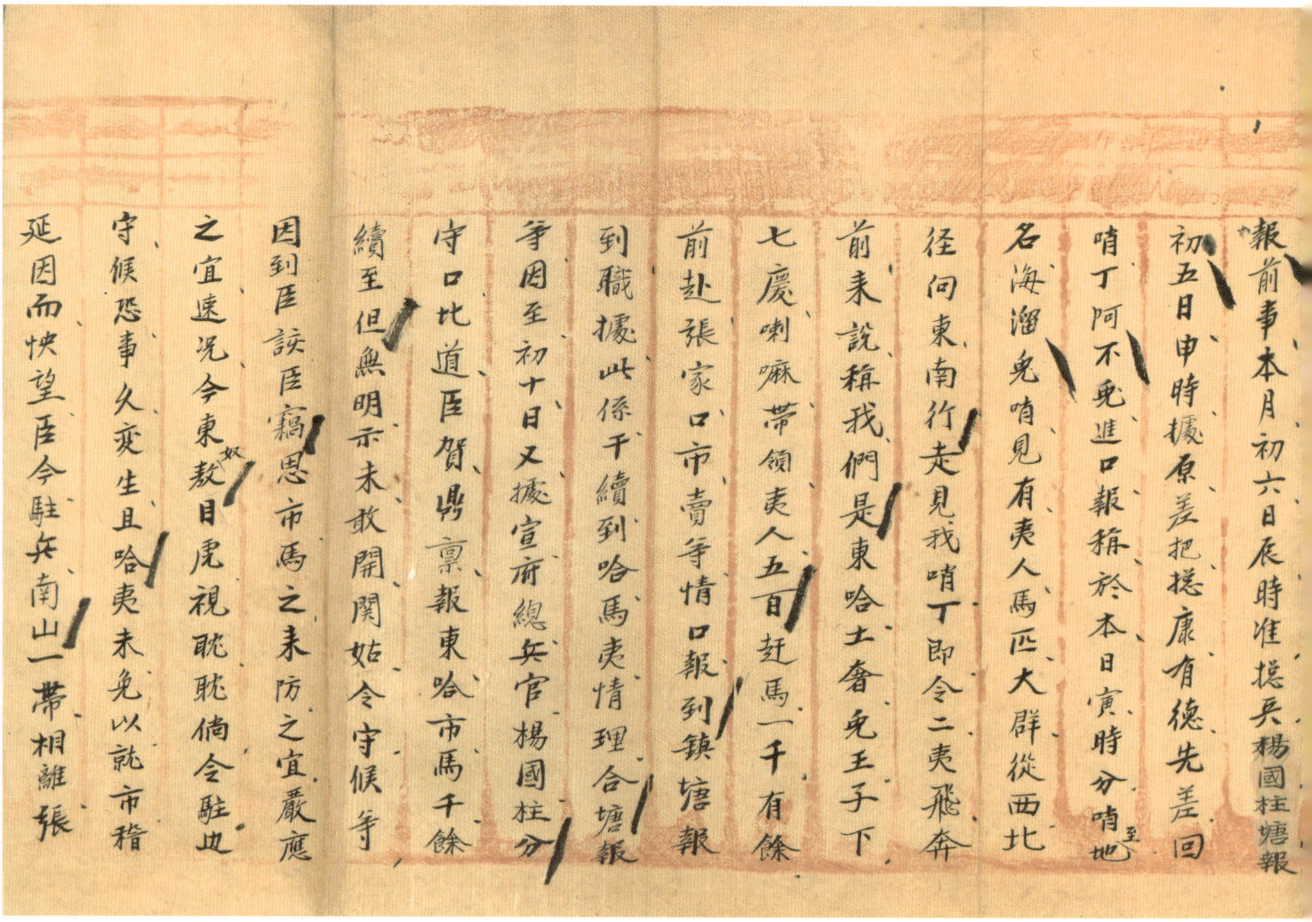
報前事本月初六日辰時准援兵楊國柱塘報
初五日申時據原差把總康有德先差回
哨丁阿不兔進口報稱於本日寅時分哨至地
名海溜兔哨見有夷人馬匹大群從西北
徑向東南行走見我哨丁即令二夷飛奔
前來說稱我們是東哈土奮兔王子下
七慶喇嘛帶領夷人五百趕馬一千有餘
前赴張家口市賣等情口報到鎮塘報
到職據此係千續到哈馬夷情理合塘報
等因至初十日又據宣府總兵官楊國柱分
守口北道臣賀昜稟報東哈市馬千餘
續至但無明示未敢開關姑令守候等
因到臣該臣竊思市馬之來防之宜嚴應
之宜速況今東奴數目虎視眈眈倘令駐邊
守候恐事久變生且哈夷未免以就市稽
延因而怏望臣今駐兵南山一帶相離張

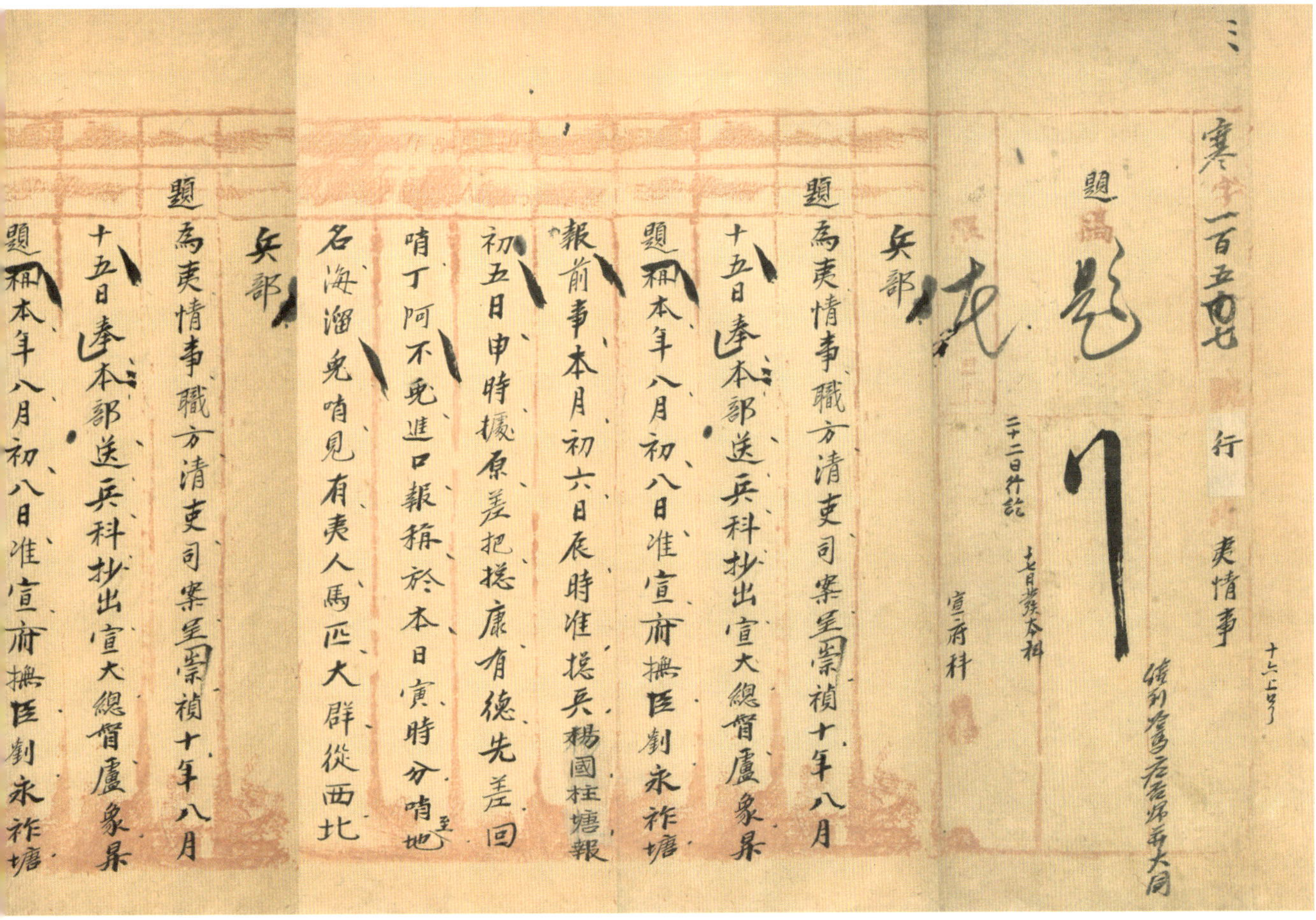

三
寒字一百五十七
題為
行
夷情事
二十二日行訖
宣府科

兵部
題為夷情事職方清吏司案呈崇禎十年八月
十五日奉本部送兵科抄出宣大總督盧象昇
題稱本年八月初八日准宣府撫臣劉永祚塘
報前事本月初六日辰時准總兵楊國柱塘報
初五日申時據原差把總康有德先差回
哨丁阿不兎進口報稱於本日寅時分哨至地
名海溜兎哨見有夷人馬匹大群從西北

兵部
題為夷情事職方清吏司案呈崇禎十年八月
十五日奉本部送兵科抄出宣大總督盧象昇
題稱本年八月初八日准宣府撫臣劉永祚塘

昌宣監臣鄭良輔宣大按臣張宸極合
詞具題請
旨等因崇禎十年八月十三日奉
聖旨已有旨了張家口以後應否開市該部
酌議具奏欽此欽遵抄出到部送司該本司
看得各鎮需馬甚多哈馬續到未已乘時收
買實為兩便倘稽延日久觖望易生教酋窺窃
他變可慮此番現到之馬開関速市不煩轉
計者也仍速將前後買過馬數用過價銀開
明報部以便稽查以後隨到隨市以免守
候之苦市畢即閉関以絶意外之虞可
也案呈到部該臣覆看得哈夷賣馬
酌議具奏欽此欽遵抄出到部送司該本司
看得各鎮需馬甚多哈馬續到未已乘時收
買實為兩便倘稽延日久觖望易生教酋窺窃

家口稍遠除飛移宣府撫監并檄鎮道
等官加意防範速與貿易早令回巢外
向後張家口一市應閉應閉似當從長酌
議妥確先期曉諭夷人以示
因到臣該臣竊思市馬之來防之宜嚴應
之宜速況今東(奴)敖目虎視耽耽倘令駐此
守候恐事久变生且哈夷未免以就市稽
延因而怏望臣今駐兵南山一帶相離張
家口稍遠除飛移宣府撫監并檄鎮道
等官加意防範速與貿易早令回巢外
向後張家口一市應閉應閉似當從長酌
議妥確先期曉諭夷人以示
中國之信免使既至而或許或拒致生意
外之釁端也(可)伏乞
勅部覆議行令臣等遵奉施行臣謹會同
昌宣總監臣魏國徵(宣府)撫臣劉永祚分守

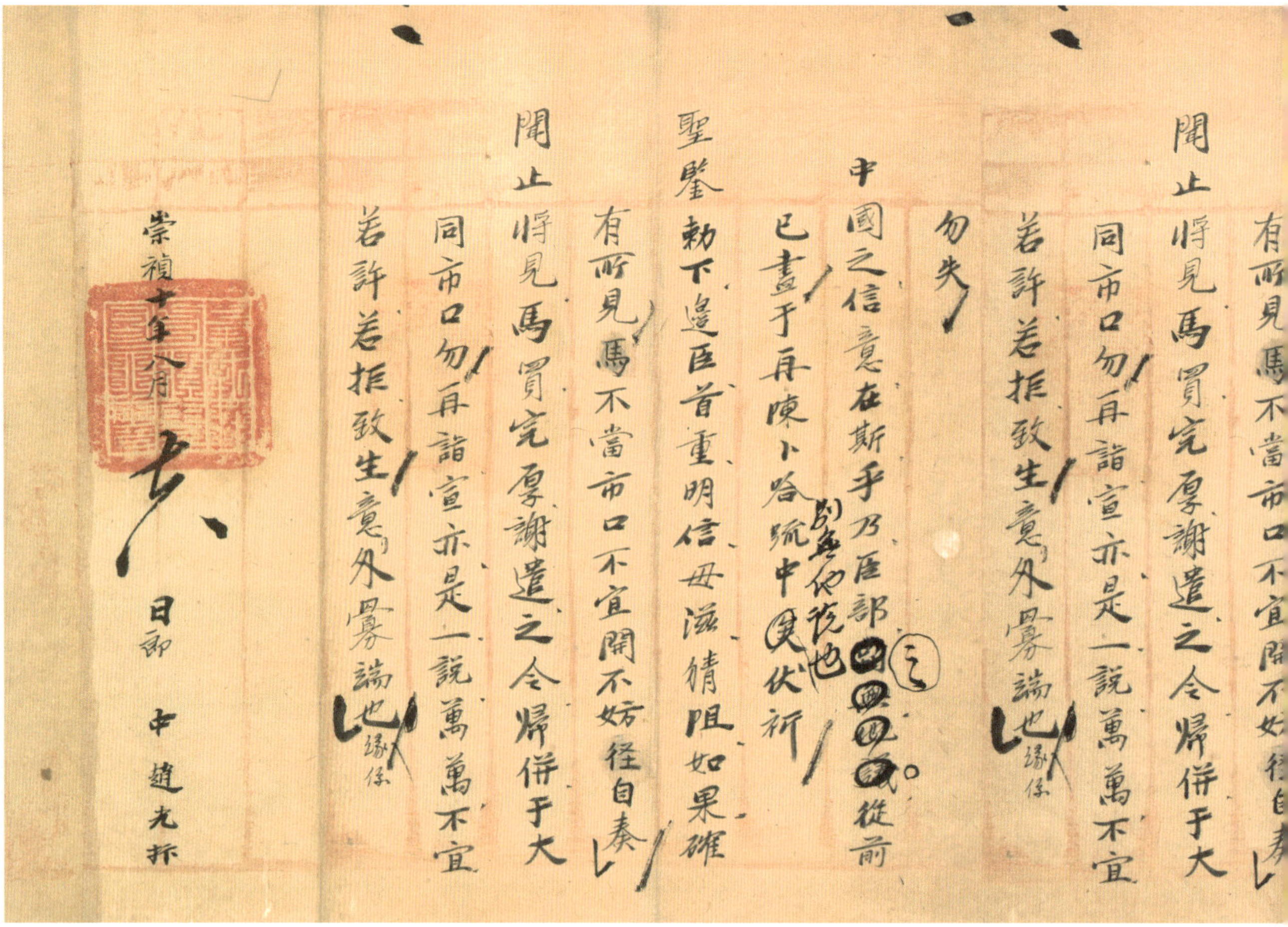
有所見馬不當市口不宜開不妨徑自奏
聞止將見馬買完厚謝遣之令歸併于大
同市口勿再詣宣亦是一說萬萬不宜
若許若拒致生意外釁端也（緣係）
勿失
中國之信意在斯乎乃臣部[redacted]從前（之）（則無仰從也）
已盡于再陳卜咨疏中具伏祈
聖鑒勅下邊臣首重明信毋滋猜阻如果確
有所見馬不當市口不宜開不妨徑自奏
聞止將見馬買完厚謝遣之令歸併于大
同市口勿再詣宣亦是一說萬萬不宜
若許若拒致生意外釁端也（緣係）
崇禎十年八月　日郎中趙光抃

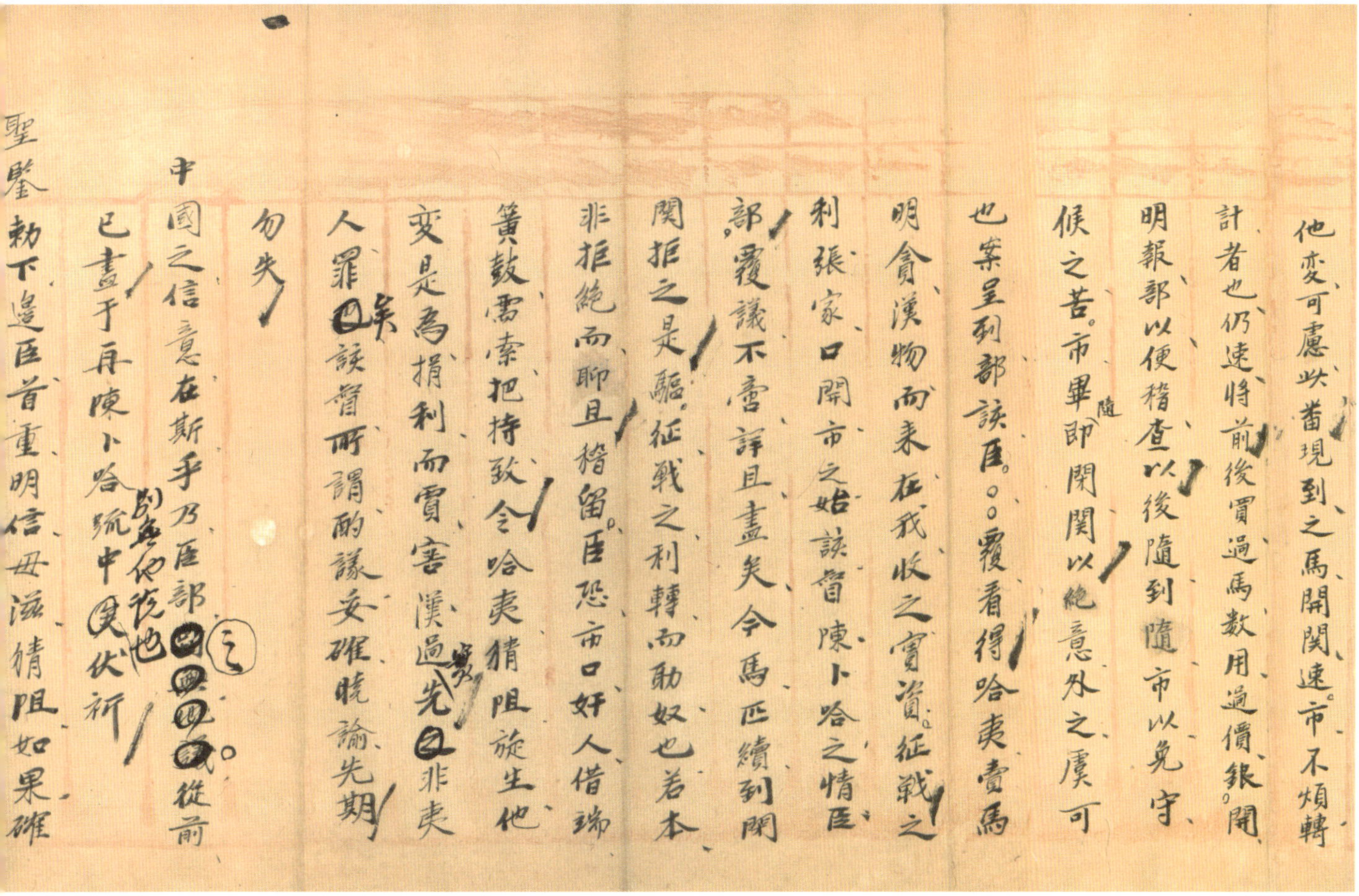
他变可慮此番現到之馬開關速市不煩轉
計者也仍速將前後買過馬数用過價銀開
明報部以便稽查以後隨到隨市以免守
候之苦市畢即（隨）閉關以絶意外之虞可
也案呈到部該臣霞看得哈夷賣馬
明貪漢物而来在我收之實省征戰之
利張家口開市之始該督陳卜哈之情臣
部霞議不啻詳且盡矣今馬匹續到閉
關拒之是驅征戰之利轉而勳奴也若本
非拒絶而聊且稽留臣恐市口奸人借端
簧鼓需索把持致令哈夷猜阻旋生他
变是為捐利而買害漢過先[redacted]非夷
人罪[redacted]矣該督所謂酌議妥確曉諭先期
勿失
中國之信意在斯乎乃臣部[redacted]（之）從前
已盡于再陳卜哈疏中（别無他說也）[redacted]伏祈
聖鑒勑下邊臣首重明信毋滋猜阻如果確

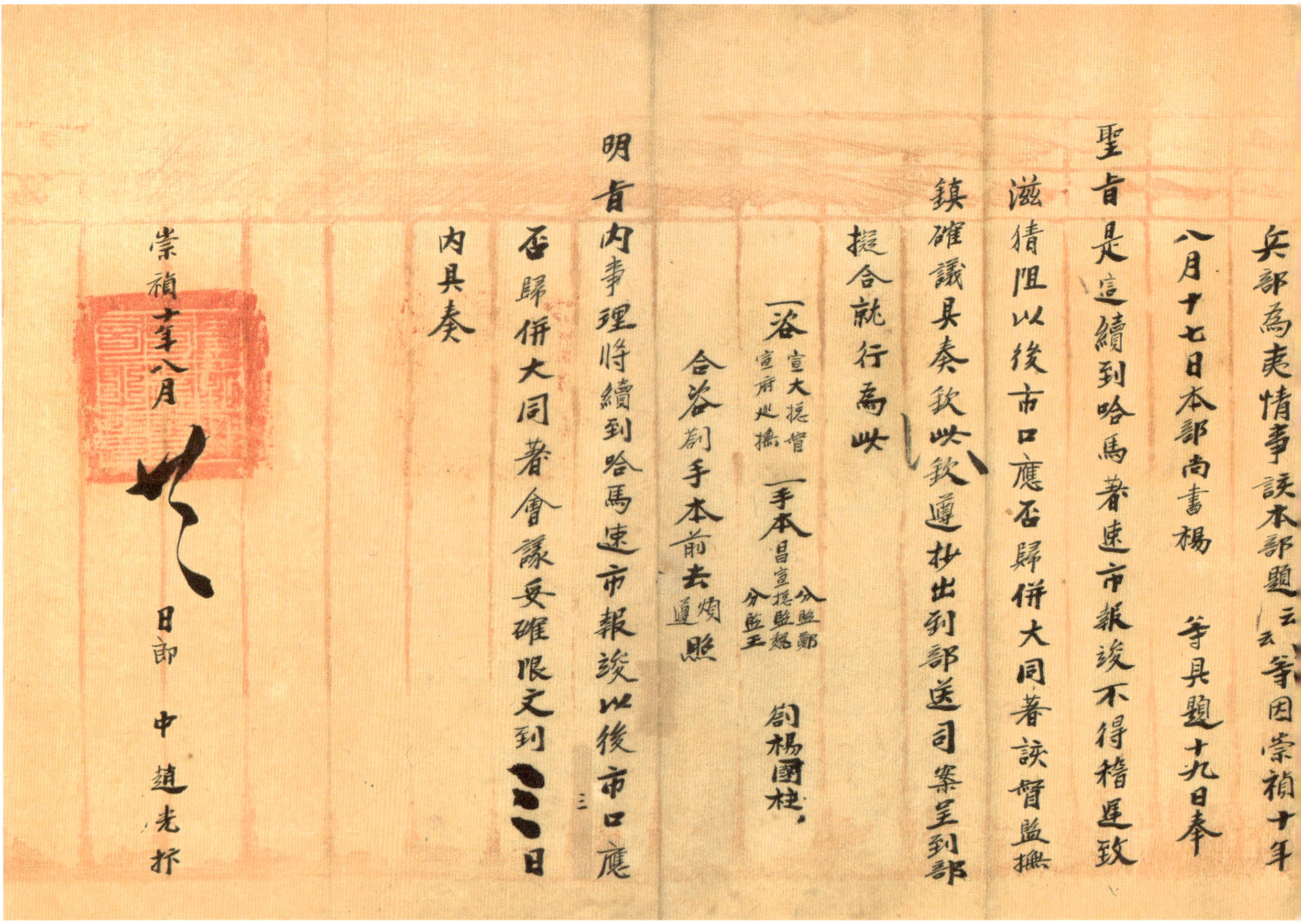

兵部為夷情事該本部題云云等因崇禎十年
八月十七日本部尚書楊 等具題十九日奉
聖旨是這續到哈馬著速市報竣不得稽遲致
滋猜阻以後市口應否歸併大同著該督監撫
鎮確議具奏欽此欽遵抄出到部送司案呈到部
擬合就行為此
一咨宣大總督 宣府巡撫 一手本昌宣總監 分監鄭 分監王 劄楊國柱
合咨劄手本前去煩遵照
明旨內事理將續到哈馬速市報竣以後市口應
否歸併大同著會議妥確限文到三日
內具奏
崇禎十年八月 日印 中 趙光抃

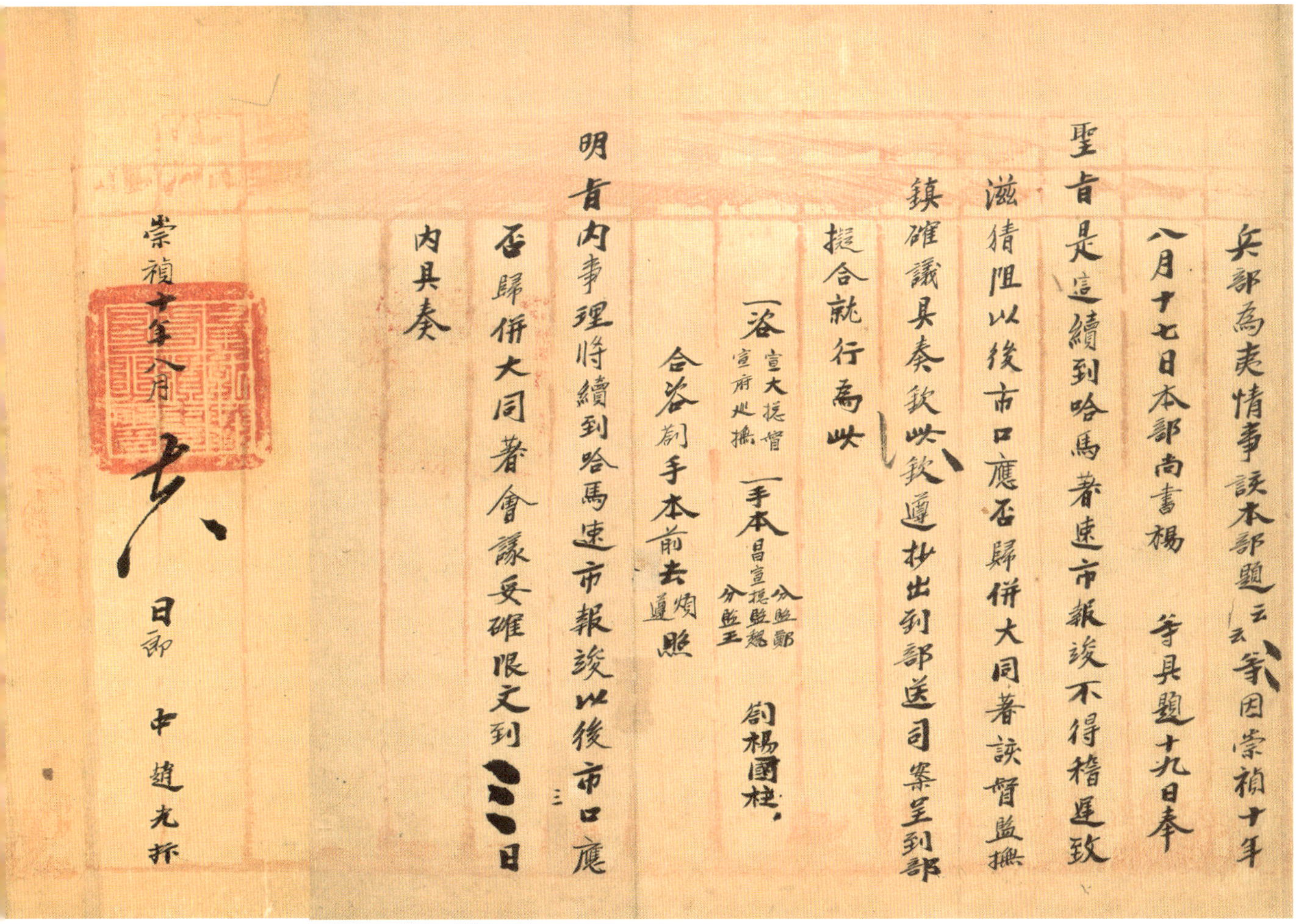
兵部為夷情事該本部題云云等因崇禎十年
八月十七日本部尚書楊　等具題十九日奉
聖旨是這續到哈馬着速市報竣不得稽遲致
滋猜阻以後市口應否歸併大同着該督監撫
鎮確議具奏欽此欽遵抄出到部送司案呈到部
擬合就行為此
一咨宣大提督 宣府巡撫　一手本分監鄧 昌宣提監魏 分監王　劄楊國柱
合咨劄手本前去煩照遵
明旨內事理將續到哈馬速市報竣以後市口應
否歸併大同着會議妥確限文到三日
內具奏
崇禎十年八月　行　日郎中趙光抃

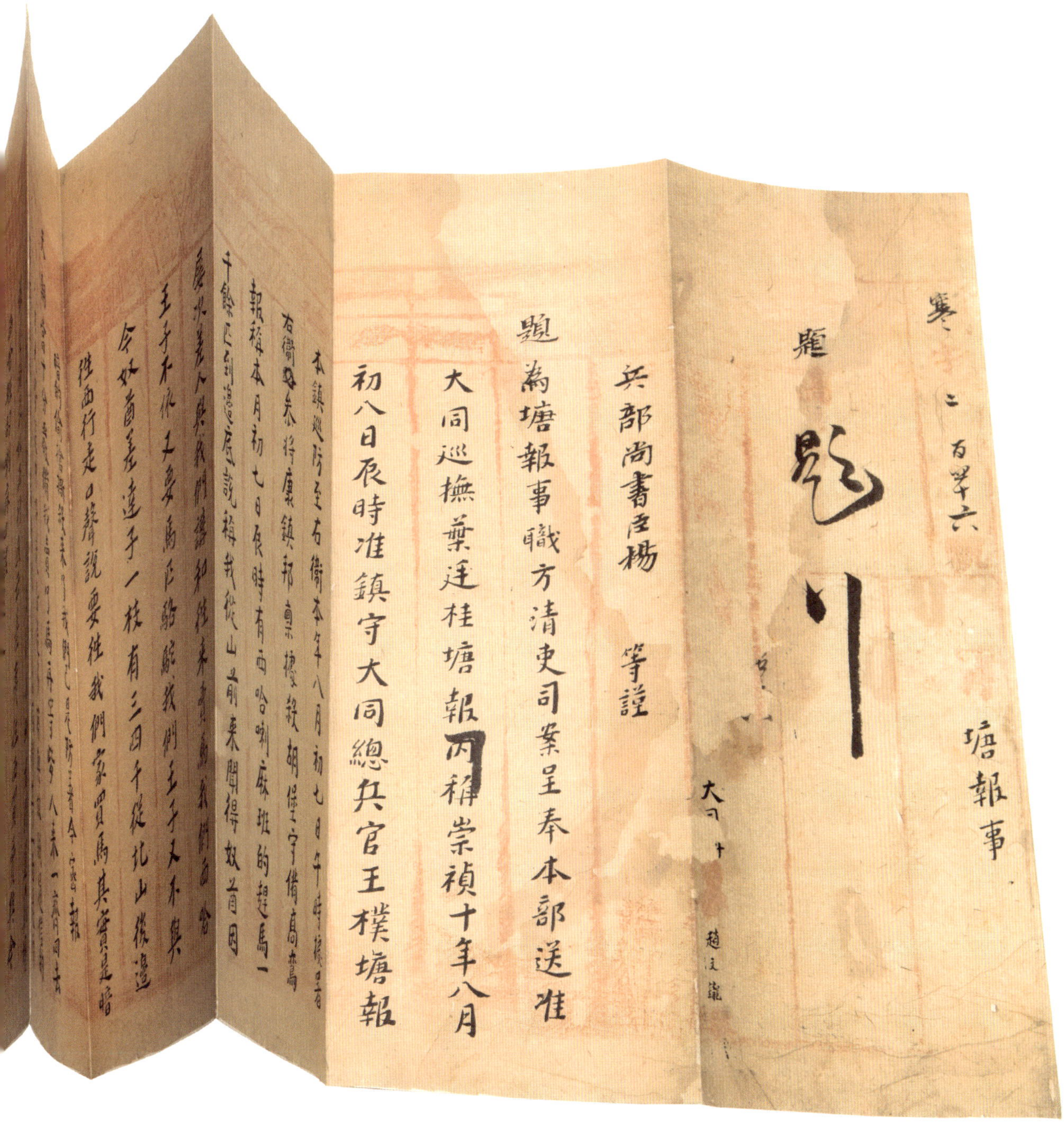
塘報事
兵部尚書臣楊　等謹
題為塘報事職方清吏司案呈奉本部送准
大同巡撫葉廷桂塘報內稱崇禎十年八月
初八日辰時准鎮守大同總兵官王樸塘報

兵部尚书杨嗣昌题行稿（崇祯十年八月二十五日）

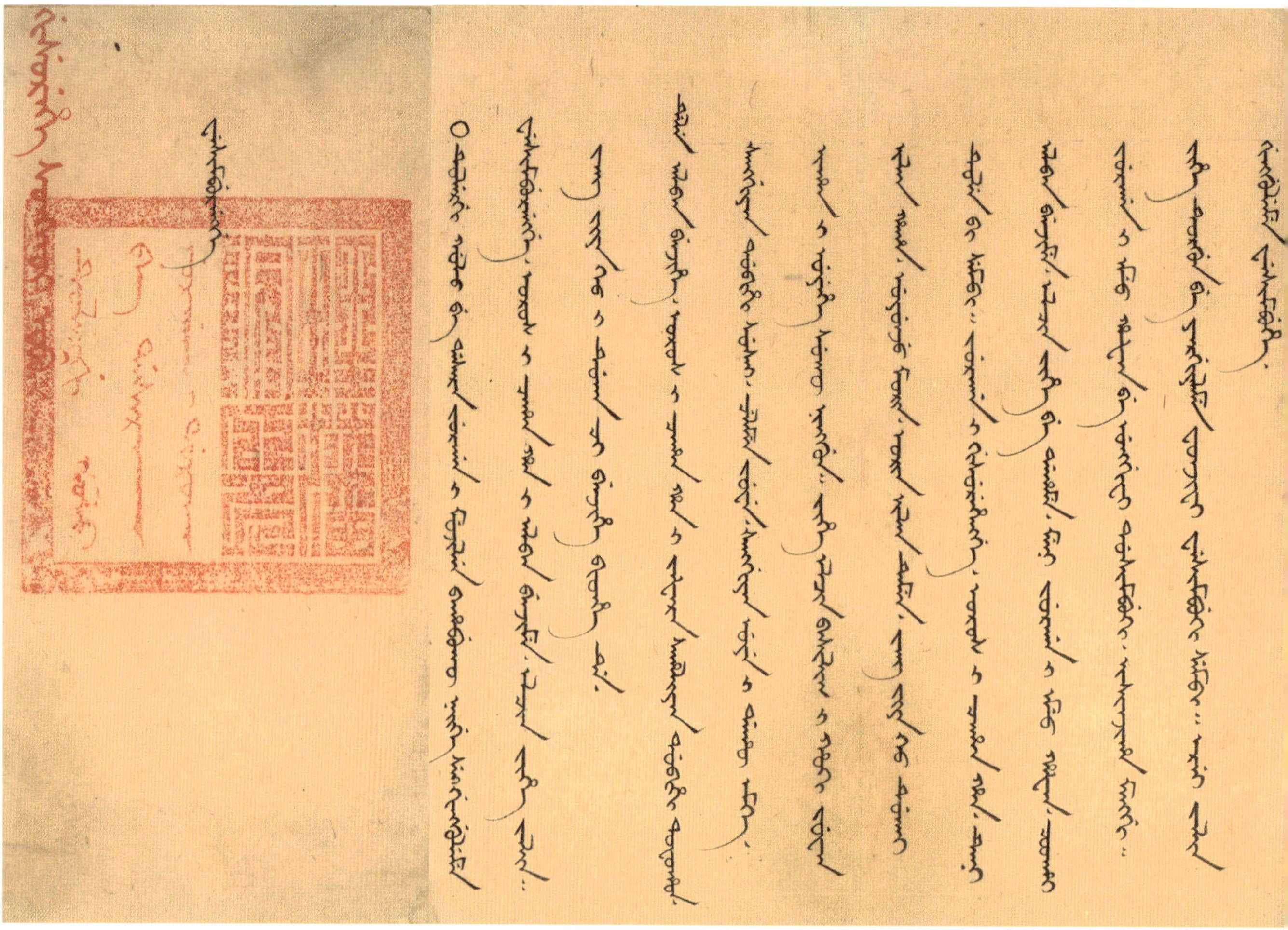

理藩院题本：

为俄罗斯察罕汗派遣使节前来上贡事

顺治十二年三月初九日（1655 年 4 月 15 日）

多罗贝勒杜兰等题本：

为议俄罗斯察罕汗遣使节前来请安上贡并赏赐等事

顺治十二年五月初一日（1655 年 6 月 4 日）

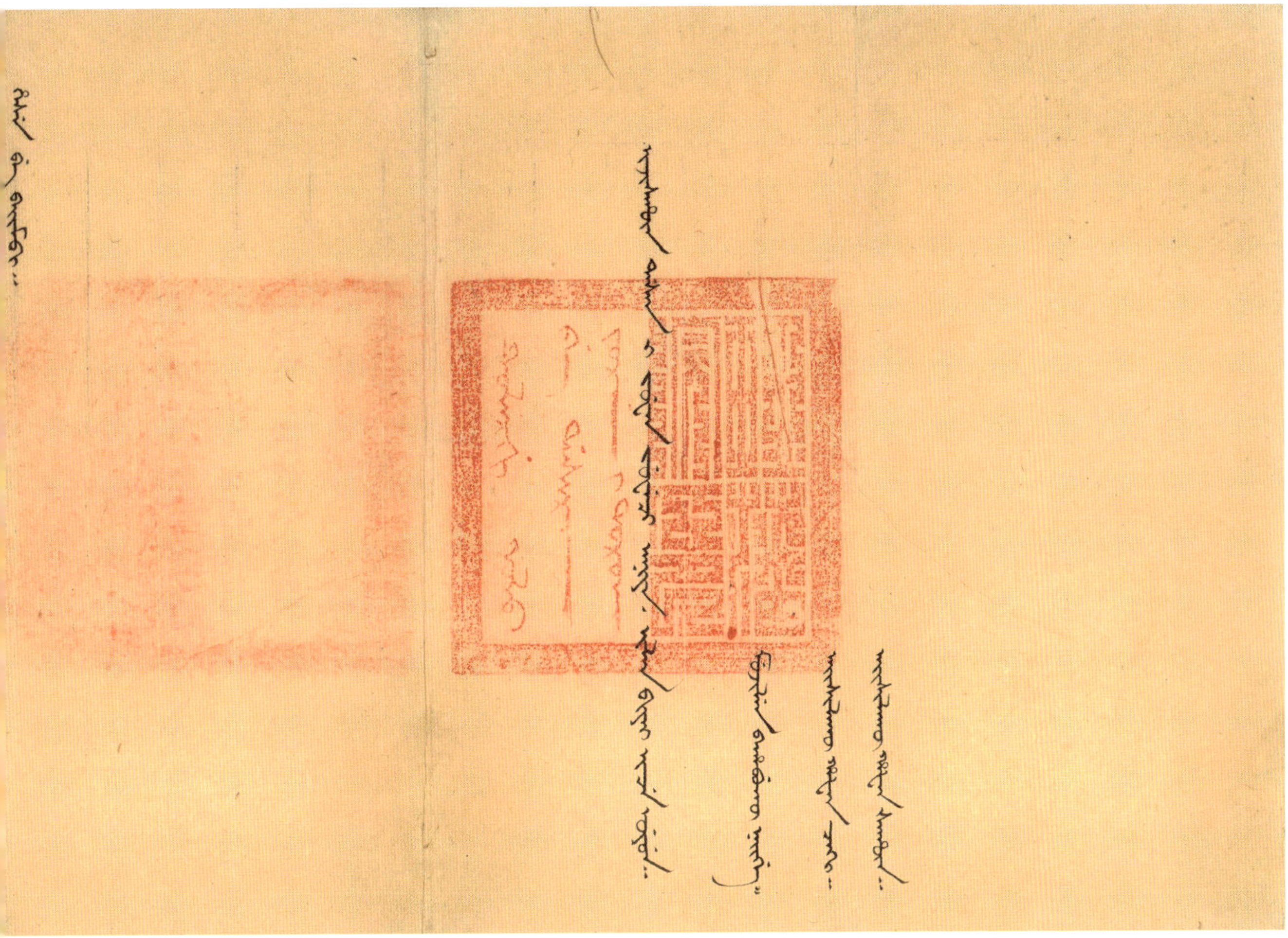

理藩院题本（顺治十二年三月初九日）

俄罗斯作为中国北部的近邻，长久以来，由于西伯利亚横亘于中，两国始终没有发生直接交往（除了蒙古人的远征）。直到明末清初，随着俄罗斯对西伯利亚的征服，中俄两国的陆路相通，俄罗斯人开始与中国黑龙江（俄罗斯称阿穆尔河）流域生活的少数民族发生接触。《清实录》和《上谕档》中都出现有俄罗斯察罕汗（即清朝对俄罗斯沙皇的称谓）于顺治十二年（1655）始遣使者前来朝贡方物的记载。一般认为，清政府与俄罗斯实质性的外交活动即始于此。清朝在对外关系的处理上实行的是宗藩体制，清政府并不承认与外邦有任何平等的政治关系，因此，在早期的中俄接触中，清朝自然而然地将俄罗斯视为朝贡国来对待，此组档案即是当时关于此事的满文题本，见证了俄罗斯首次寻求和清政府建立官方联系的历史。

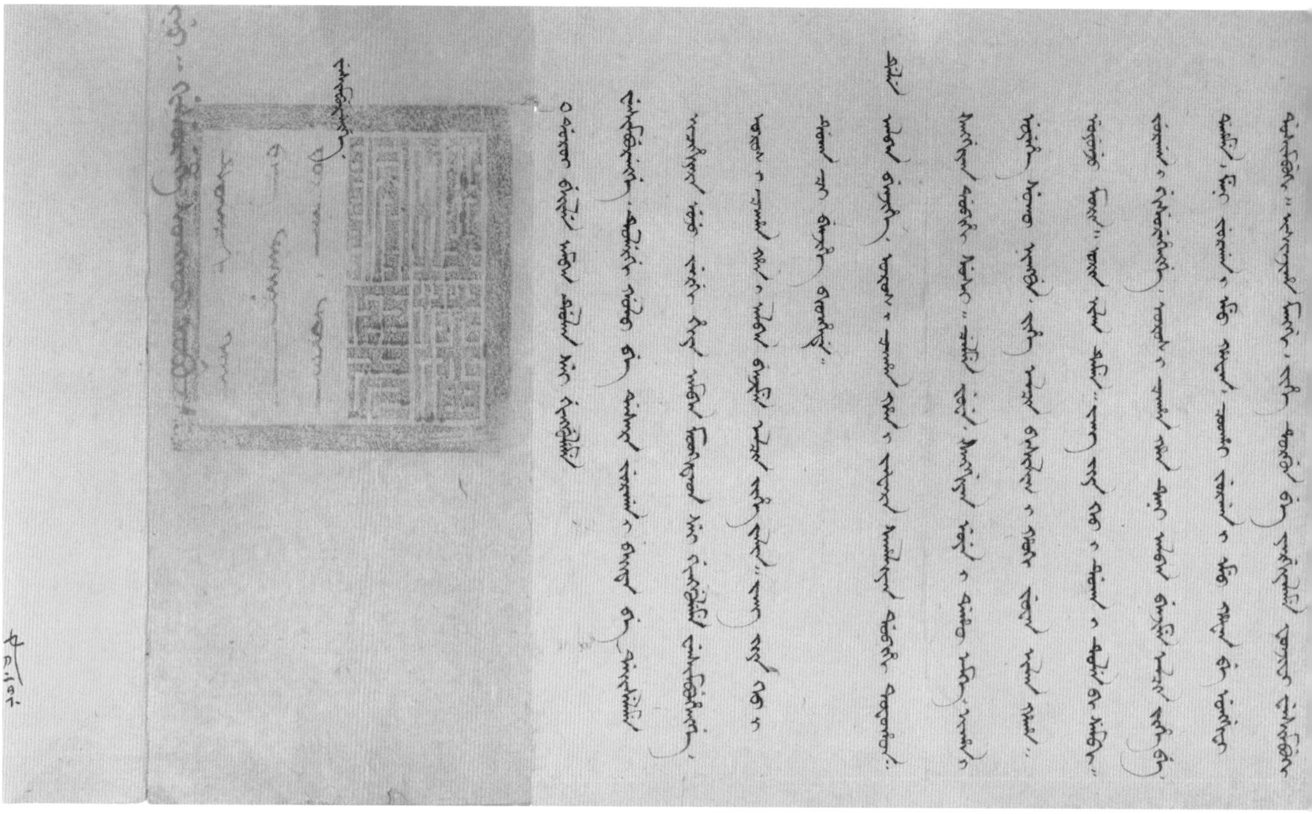

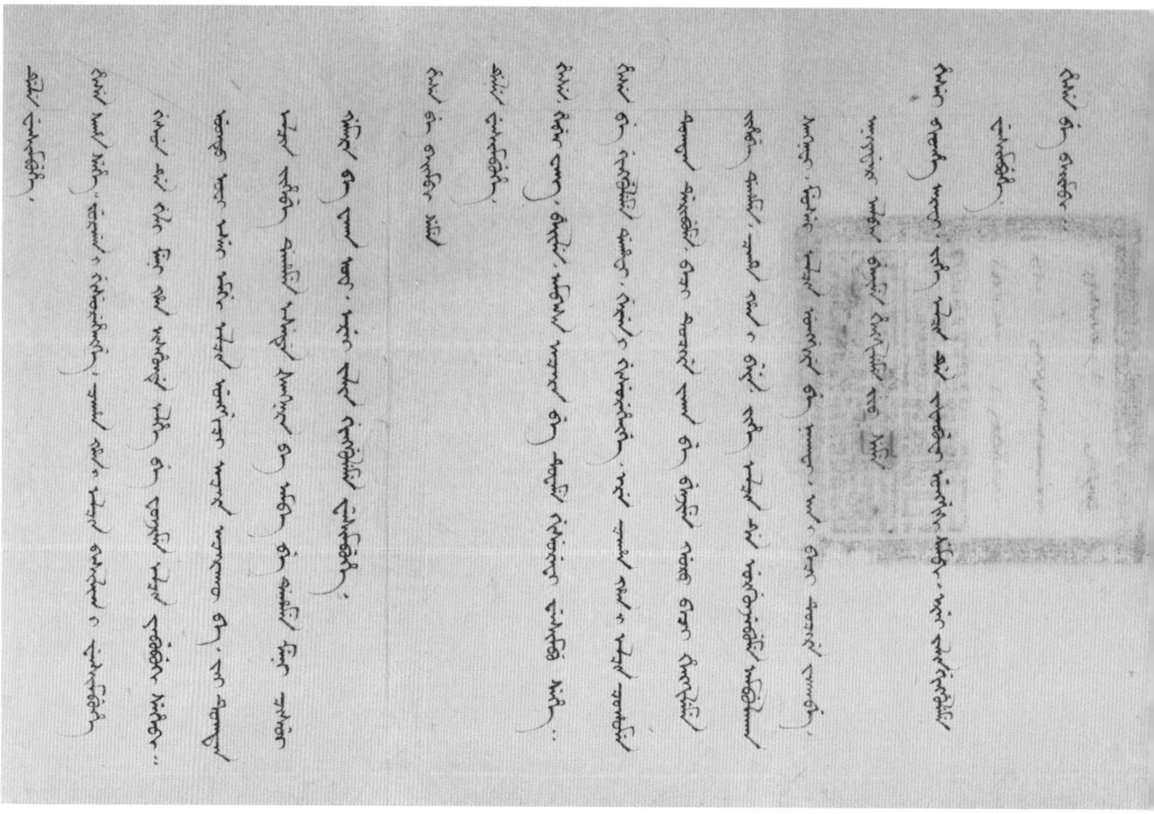

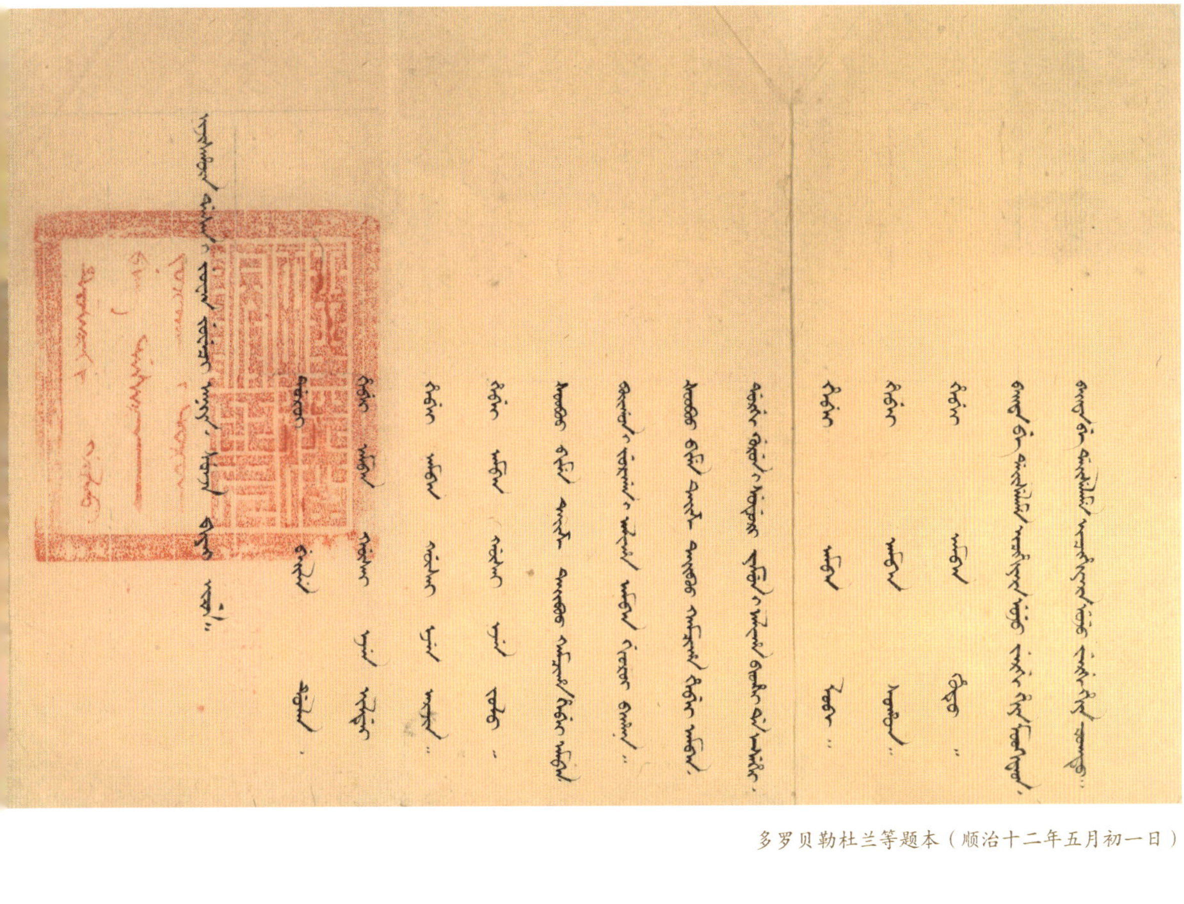

多罗贝勒杜兰等题本（顺治十二年五月初一日）

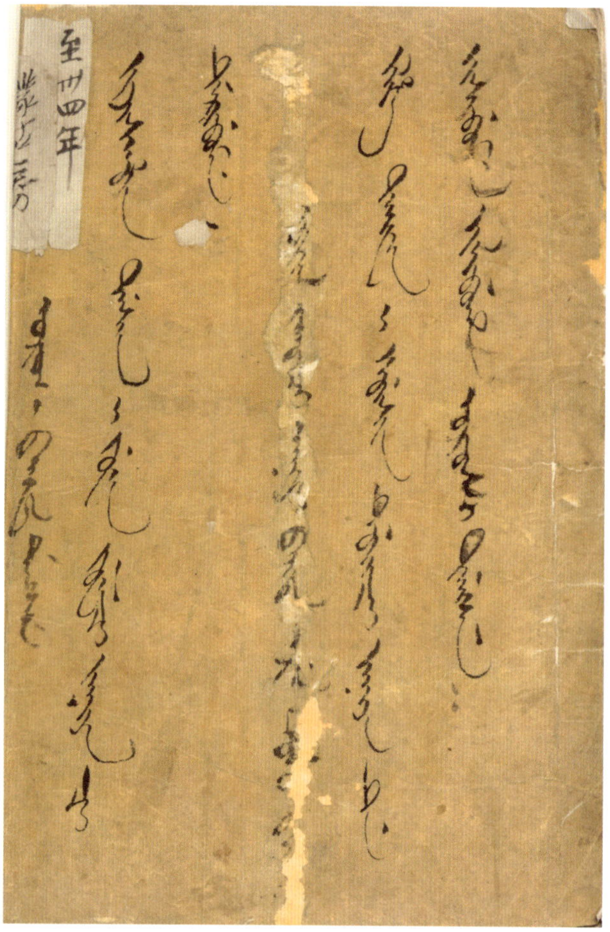

顺治帝敕书：

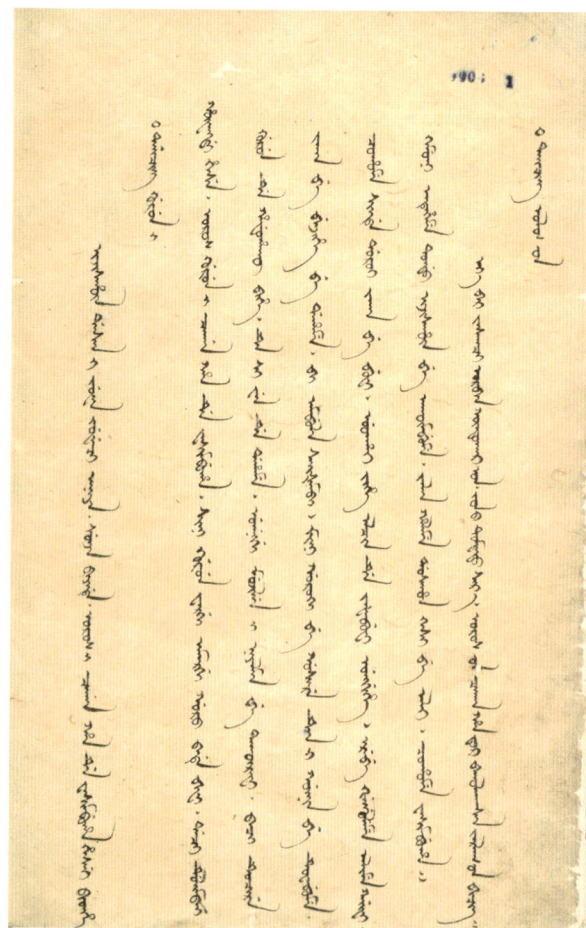

为俄罗斯察罕汗遣使进贡方物特颁恩赉事

顺治十二年五月二十二日（1655 年 6 月 25 日）

敕书大意：大清国皇帝敕谕俄罗斯国察罕汗：尔国远处西北，从未一达中国。今尔诚心向化，遣使进贡方物，朕甚嘉之。特颁恩赉，即俾尔使臣赍回，为昭柔远之至意。尔其钦承，永效忠顺，以副恩宠。特谕。

此组档案为俄罗斯事务档中的满文、蒙文敕书抄件，根据内阁原注记载，这是俄罗斯察罕汗初次遣使来朝请安并进贡方物。将给察罕汗敕书加盖降敕御宝二颗，用金龙香笺黄纸，缮写满、蒙两种文字，由内阁学士叶成额、能图、祁彻白，头等侍卫毛奇提特、绰克图，理藩院主事玛喇等，一同交付给俄罗斯

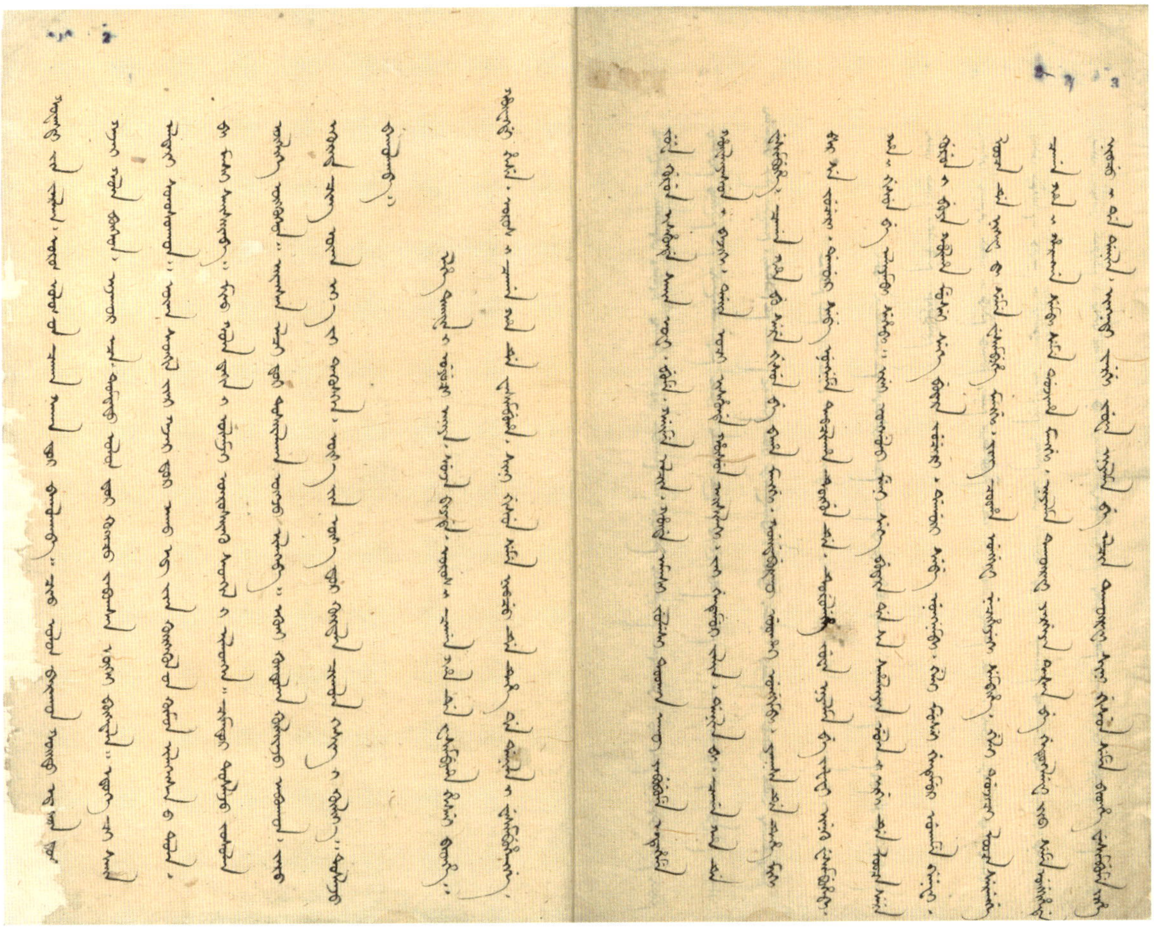

顺治帝敕书之一（顺治十二年五月二十二日）

来使毕西里克等带回。

此时的俄罗斯正值沙皇阿列克谢·米哈伊洛维奇（即罗曼诺夫王朝第二任沙皇）在位时期，他奉行在欧洲扩张的政策，已与波兰开战，俄使毕西里克也在这时携带沙皇的国书来华。顺治帝命内阁发给的敕书是中国古代皇帝专用的命令文书之一，对外一般用于谕诰外藩。中俄两国官方交往之初，清朝使用了对待藩属国的规制对俄使进行了接待和回文。从文书的使用规定了“降敕”御宝、金龙黄笺纸等具体形式，并由理藩院官员参与，反映了早期中俄关系中清朝对俄罗斯地位的认识。正是基于这种认识，清朝将俄罗斯纳入到了理藩院所辖的朝贡国行列，这使得俄中贸易得以顺利进行，俄罗斯借此特殊地位获得了超越其他任何欧洲国家的贸易地位。

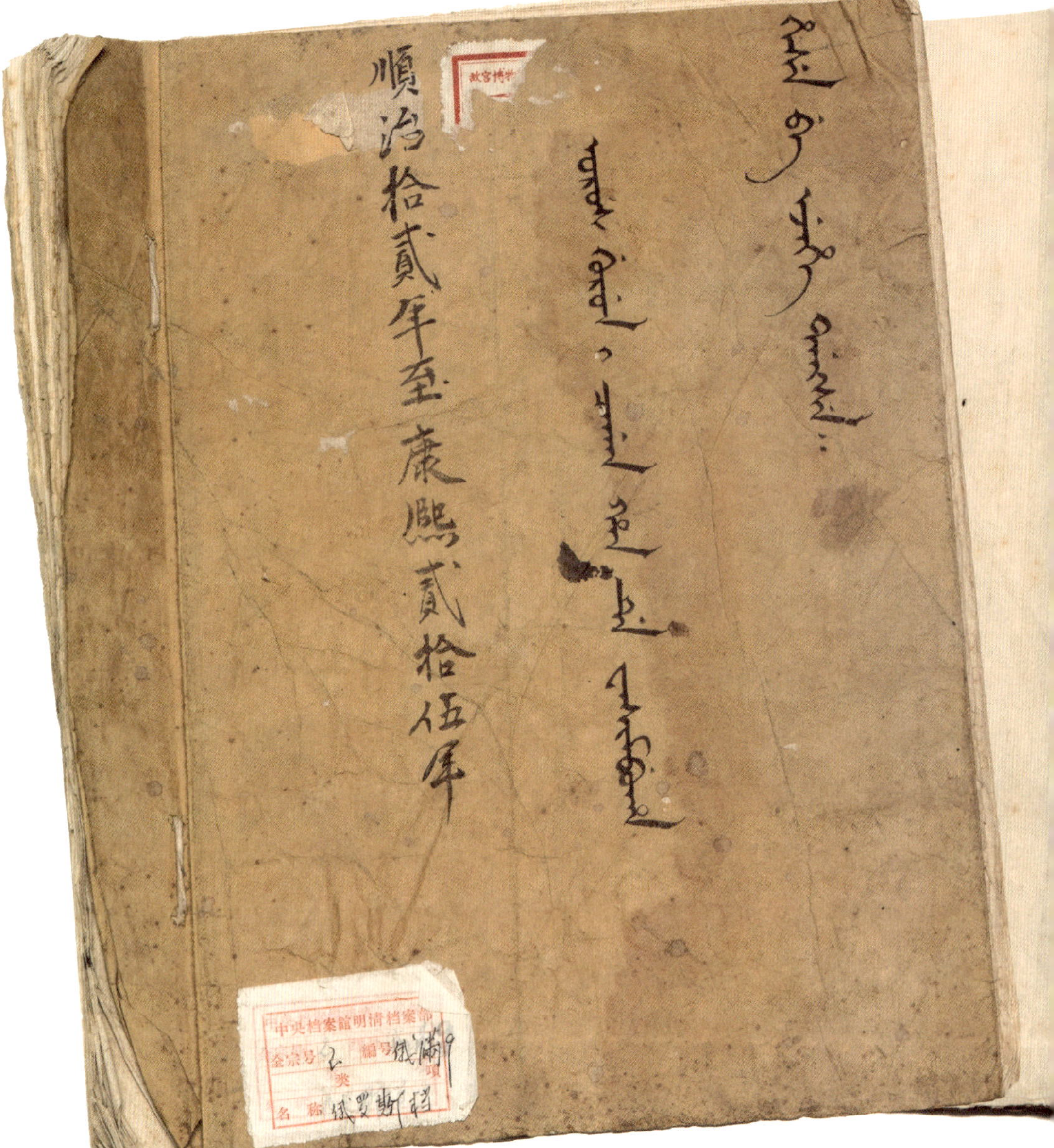
順治拾貳年至康熙貳拾伍年
中央档案館明清档案部
全宗号
编号 俄满
类
项
名称 俄罗斯档

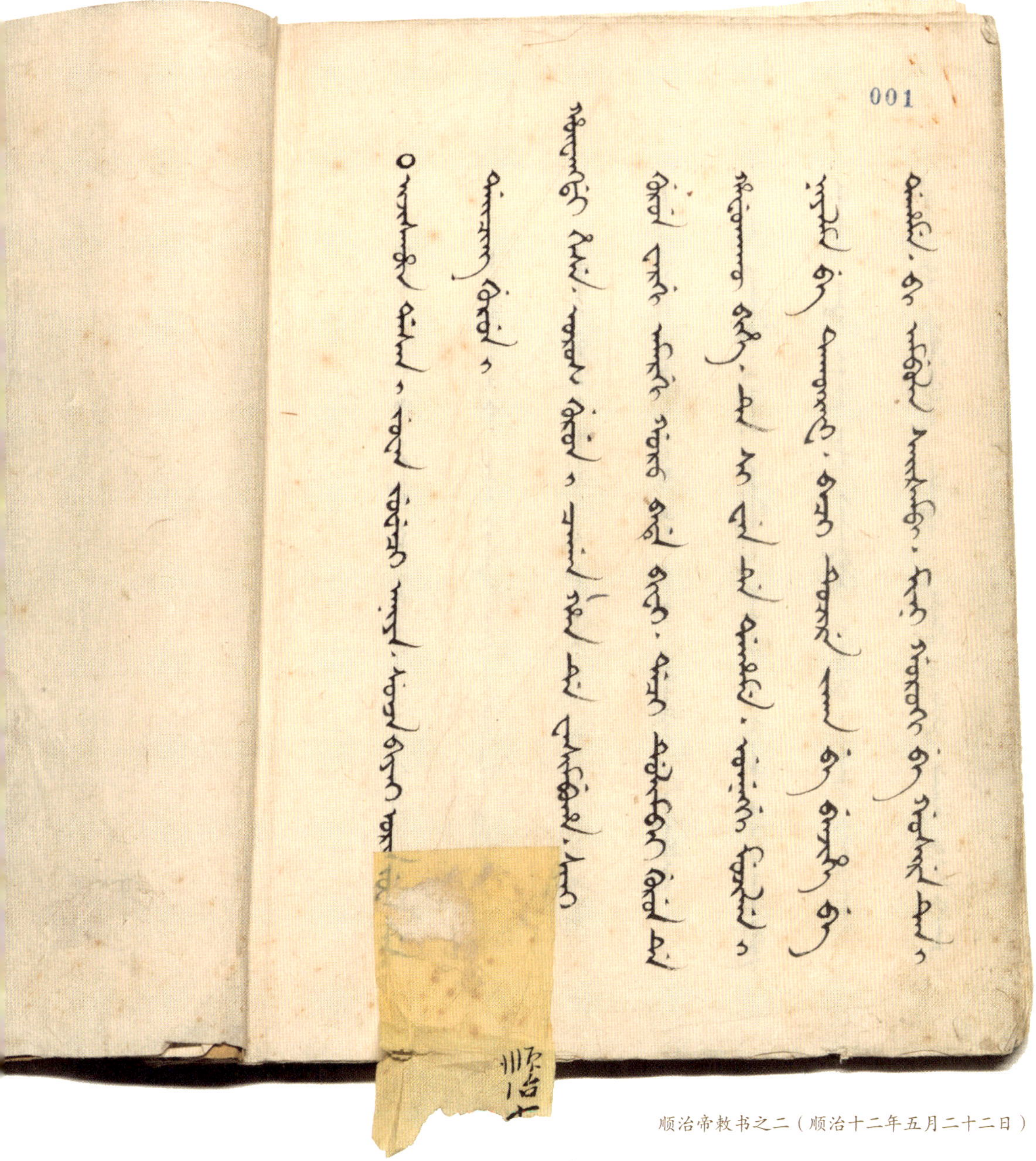

顺治帝敕书之二（顺治十二年五月二十二日）

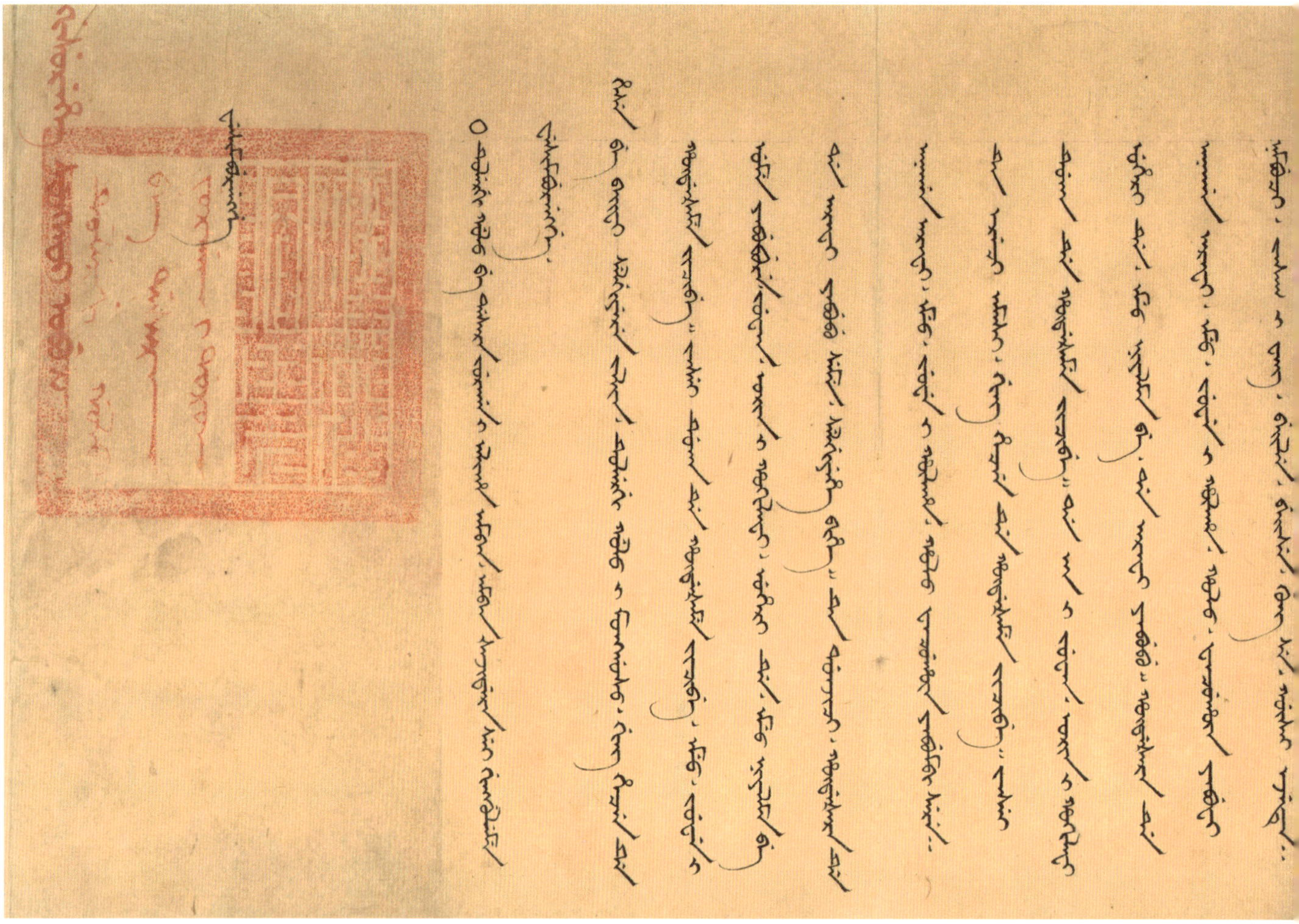

理藩院尚书沙济达喇等题本：

为遣员至蒙古会盟处传谕蒙古各众做贸易

不得行骗等事

顺治十二年十月初七日（1655 年 11 月 4 日）

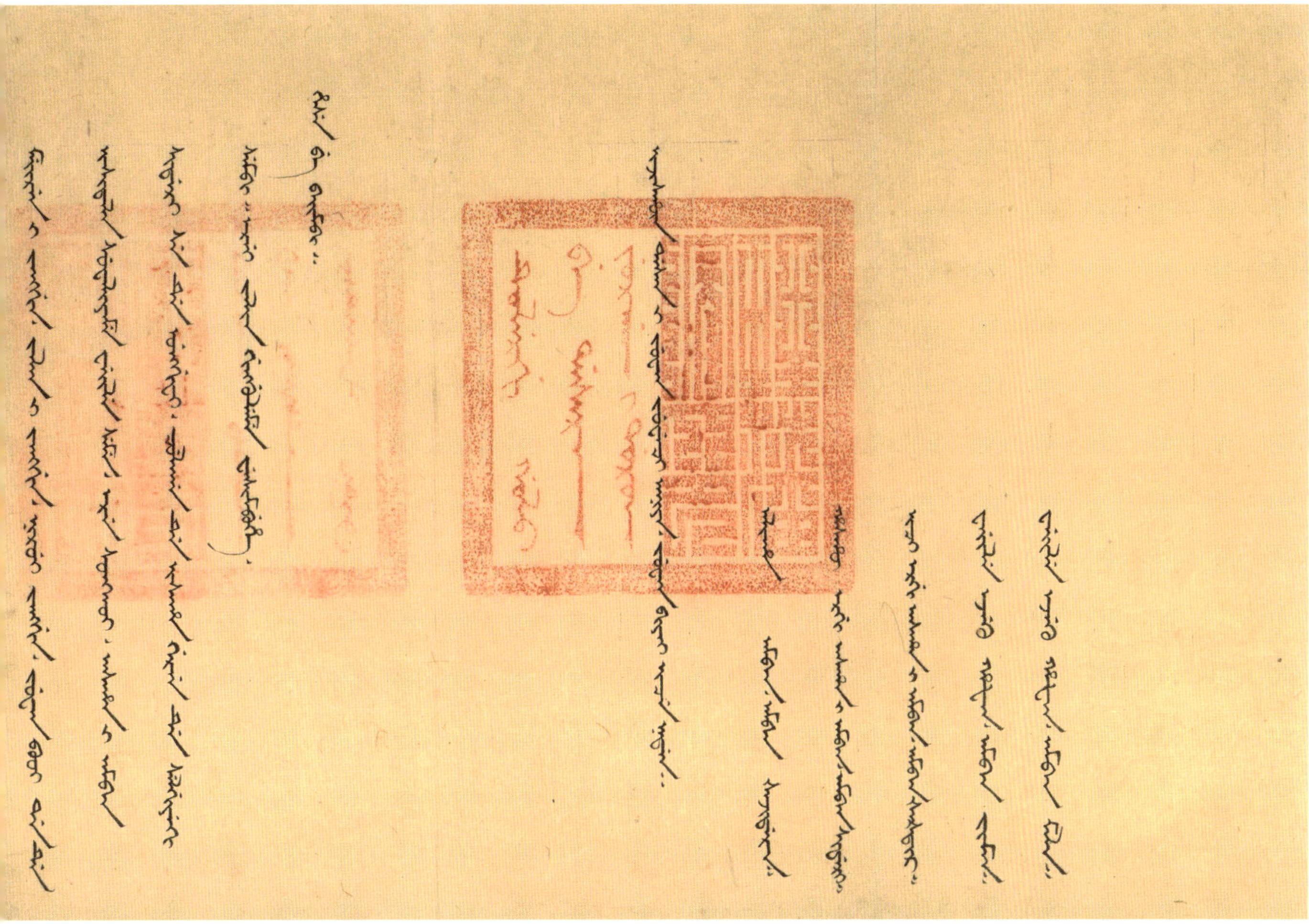

理藩院尚书沙济达喇等题本（顺治十二年十月初七日）

清代延续明代朝贡贸易体制，对参与贸易各国使团的贡期、行进路线等都有具体规定，同时也担负有维护使节和商队安全的责任。对传统丝路秩序的维护构成了古代中西贸易通道上的一个重要方面。此件满文档案的内容反映了清朝理藩院尚书沙济达喇等奏请会盟宣示各扎萨克王、贝勒、贝子、公、旗主、都统、副都统、参领、护军校尉等蒙古地方各级官员，凡有外省、蒙古人来京城经商或张家口大境门贸易，原有规定不能单独行动，须10人至20人结伴而行，其中1人为长负责，出现盗贼，要自上而下一体治罪。

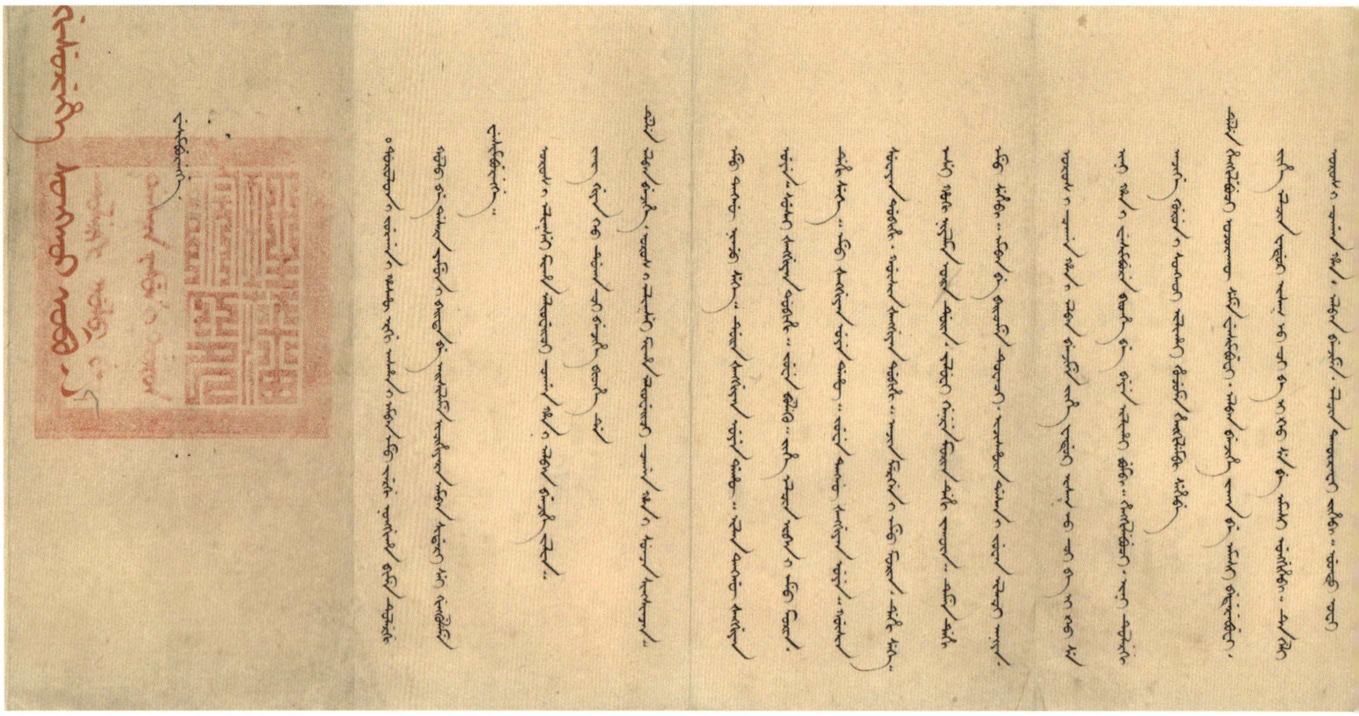

礼部左侍郎席达理等题本：

为派员详问俄罗斯使节来访缘由并议奏是否伊等入关事

顺治十七年三月初九日（1660 年 4 月 18 日）

俄罗斯来使呈进礼物及清廷回赠物品清单

顺治十七年五月二十七日（1660 年 7 月 4 日）

在顺治十二年成功派遣第一支使团之后，沙皇于顺治十三年再次遣使奉表来朝贡方物，但被清朝以“来使不谙朝仪”而拒收其礼物，将使团遣回。顺治十四年，沙皇再次派遣使团来华，根据档案的记载，这个使团途经三载，才于顺治十七年五月到华。俄皇此次派遣伊万·佩尔菲利耶夫、谢特库尔·阿布林以信使身份来京，《清实录》记载，由于所携察罕汗表文“不遵正朔，又自称大汗，语多不逊。下诸王大臣议，皆谓宜逐其使，却其贡物”。 礼部左侍郎的题本反映的是初次廷议的情况。当年五月，顺治帝颁下谕旨：“察罕汗虽恃为酋长，表文矜夸不逊，然外邦从化，宜加涵容，以示怀柔。”顺治帝没有接见

礼部左侍郎席达理等题本（顺治十七年三月初九日）

俄使，但仍准其来到北京，赐宴招待使团，并收受了俄罗斯使臣带来的贡物。满文档案记载：顺治十七年四月初六日送来俄罗斯察罕汗的礼物包括：“貂皮160 张、银鼠皮 300 张、白狐狸皮 50 张、镜子 2 面，白袖袍子 4 件，蓝猩猩毡 1 庹，红猩猩毡 3 庹，绿猩猩毡 1 庹 1 拃，紫色猩猩毡 1 庹 1 拃，使臣伊万进贡貂皮 40 张，银鼠皮 200 张，白狐狸皮 30 张，镜子 1 面，阿金墨尔根进貂皮 40 张，阿巴斯进绿猩猩毡 1 庹，巴奔进元狐皮 1 张，白狐狸皮 10 张，银鼠皮 120 张。”本年五月二十七日按照顺治帝的谕令对沙皇及其使臣予以恩赏，赏沙皇“银 200 两、缎 13 匹、茶 5 竹篓；赏来使伊万缎 12 匹、毛青布 40 匹、茶 3 竹篓；赏阿金墨尔根缎 3 匹，毛青布 25 匹；赏阿巴斯缎 4 匹，茶 1 篓；赏巴奔缎 3 匹，毛青布 15 匹，茶 1 篓”。这种互赠行为，也可以理解为是一种交易，但不等价，“赏”值往往超过“贡”值，这是清廷出于中国传统的“朝贡”观念，给予朝贡国家及其贡使的特别礼遇。此后，俄皇还数次向中国派遣使团，但由于俄使拒绝行双膝跪地叩首的觐见礼仪，同时在黑龙江流域等地区时有摩擦发生以及俄方派人收集中国情报等行为引起清廷的不安，贸易商谈并没有实质的进展，中俄政治关系更多地局限在了礼品交换上。

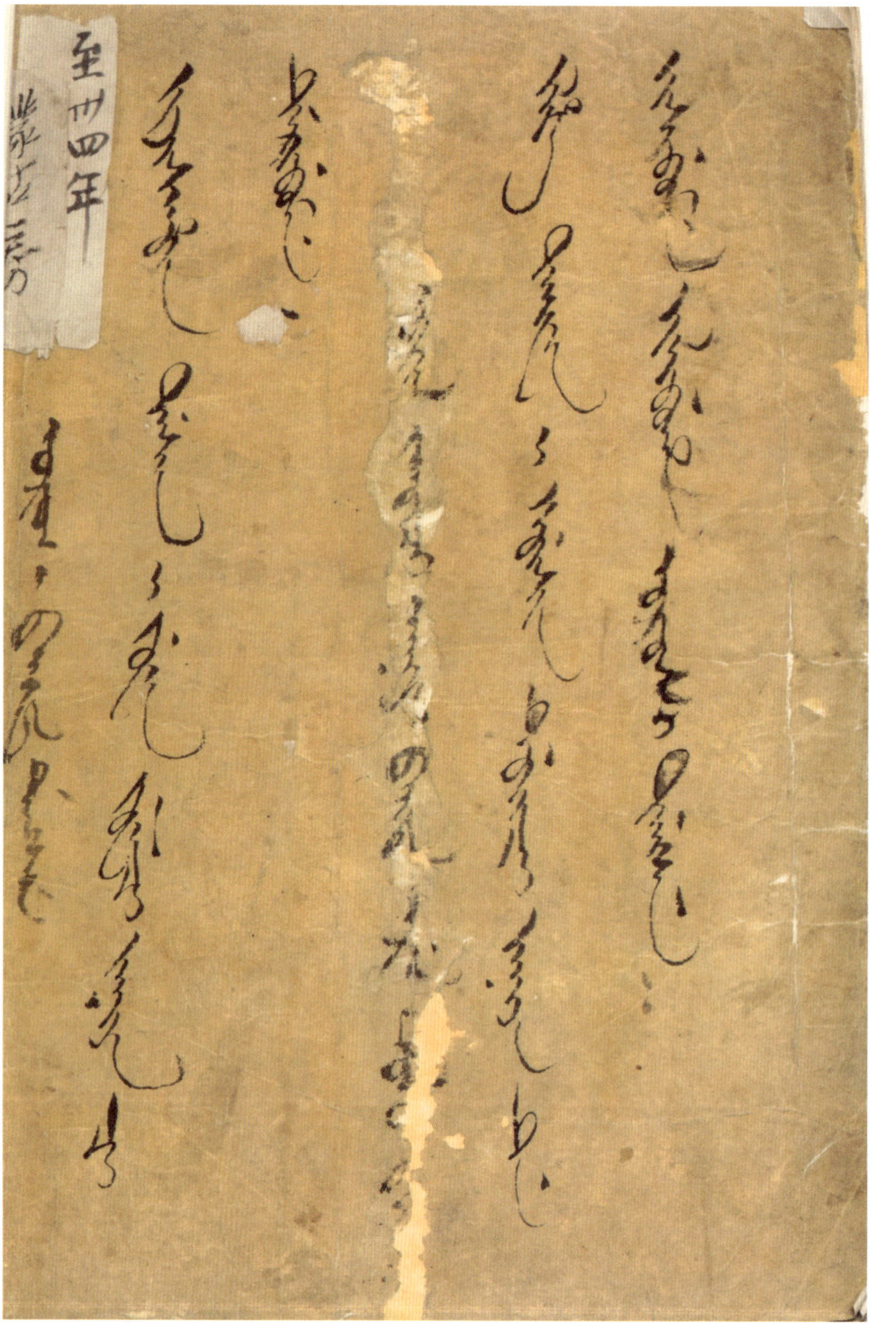
至卅四年

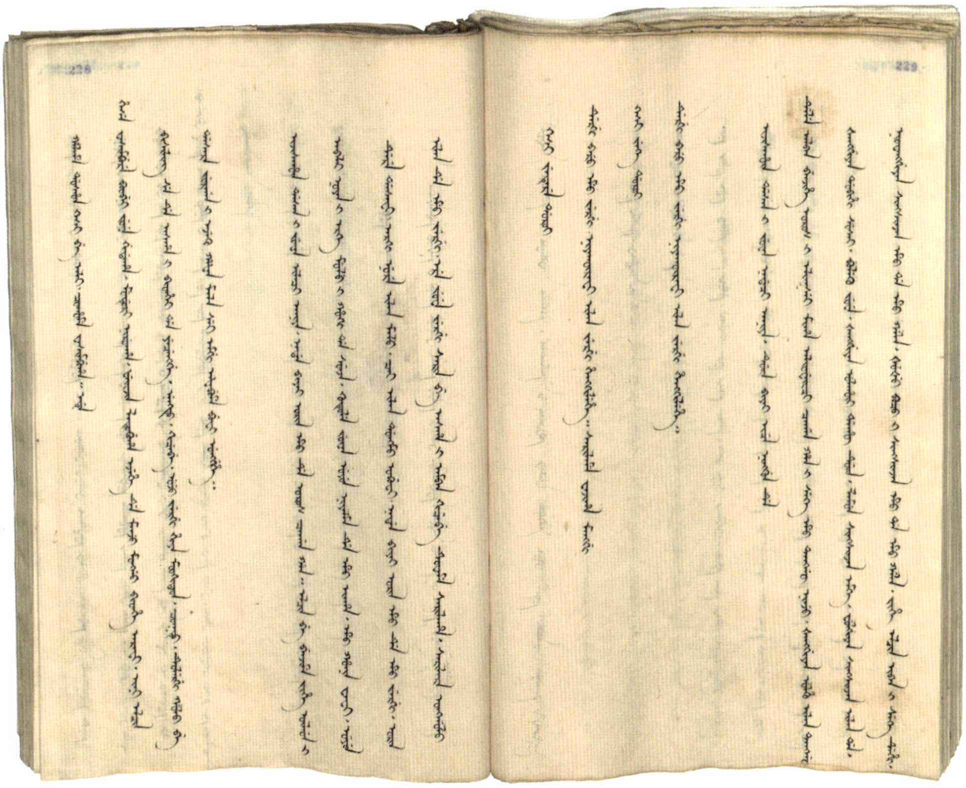

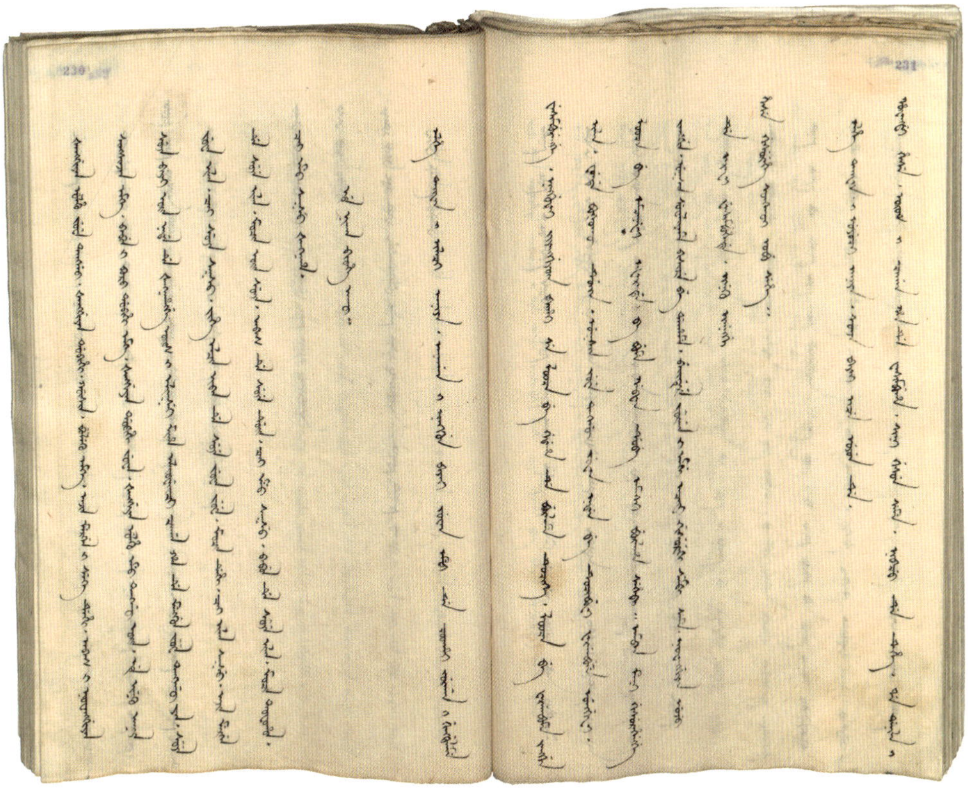

俄罗斯来使呈进礼物及清廷回赠物品清单（顺治十七年五月二十七日）

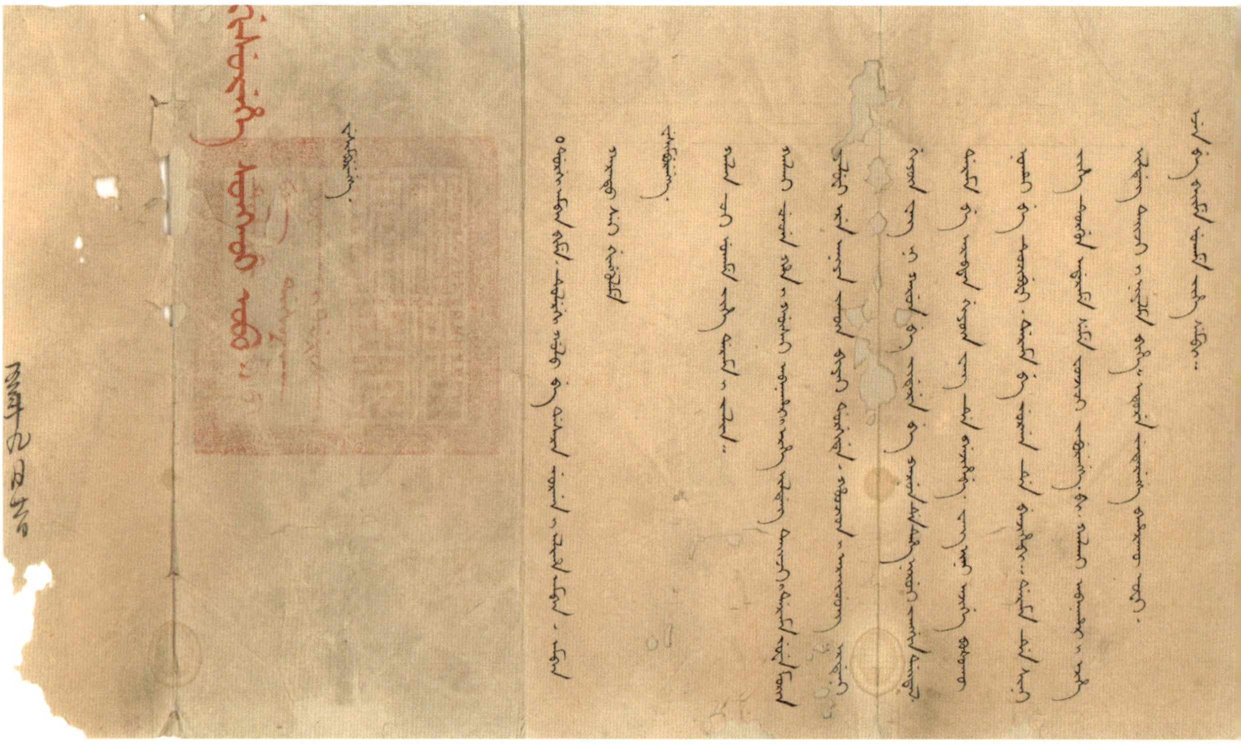

理藩院尚书喀兰图等题本：

为赏赐归附之喀尔喀车臣汗部达喇玛并编入蒙古正白旗事

康熙五年九月十九日（1666 年 10 月 16 日）

清朝实行八旗制度，满洲八旗、蒙古八旗和汉军八旗都属于清朝统治集团的核心。但是，一些特殊的部落和人群，也都会被编入八旗各部。其中满洲八旗下有俄罗斯佐领，属于雅克萨和尼布楚用兵期间归附清朝的俄罗斯人。还有一些朝鲜等部人也都编入八旗。本件满文档案所记载的是蒙古喀尔喀部车臣旗属阿巴那哈尔旗俄尔和伊勒登台吉属人达拉玛因不得衣食，骑着两匹马来到卡伦，投靠清朝。理藩院议覆将其带入卡伦，照三品定例予以赏赐，把达拉玛补进缺丁的正白旗蒙古部。由此可见，清朝八旗制度是一种以行政建制为主、兼顾民族归属的制度。

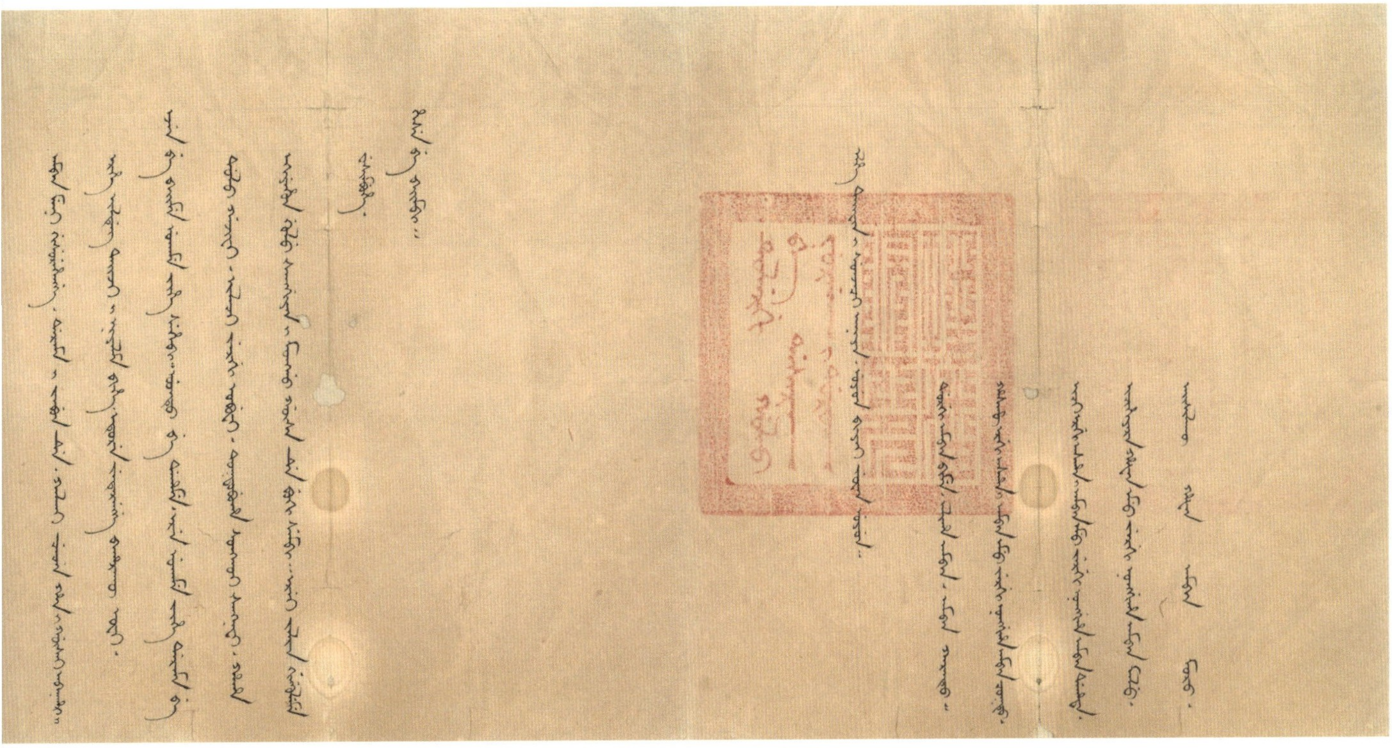

理藩院尚书喀兰图等题本（康熙五年九月十九日）

俄罗斯尼布楚军政长官训令：

为令劝说中国皇帝归依俄皇保护并解释雅克萨城事件事

康熙九年闰二月二十四日（1670年4月13日）

中俄两国交往之初，由于相互缺乏了解，清朝将沙俄视为北方的少数民族，而俄罗斯则企图让清朝臣服于沙皇。甚至到了康熙九年，俄罗斯涅尔琴斯克（即尼布楚）军政长官达尼洛·达尼洛维奇·阿尔申斯基在给派往大清帝国之涅尔琴斯克哥萨克班长伊格纳季·米洛万诺夫等人的训令中，还在要求其“向博格德汗（即俄罗斯对清朝皇帝的称谓）呈明，诸多国家之国君和国王已率其臣民归依于我大君主阿列克谢·米哈伊洛维奇大公，大俄罗斯、小俄罗斯及白俄罗斯全境之专制君主，众多国家之统治者沙皇陛下最高统治之下……望彼博格德汗本人归顺于我沙皇陛下最高统治之下，永世不渝，向我大君主纳贡，并允许我……沙皇陛下之臣民同彼国臣民在彼之国土及双方境内自由通商……”，文字中想让清朝皇帝臣服于自己之下的大国意识十分明显，更暴露出此时沙皇积极开展贸易和领土扩张的强烈欲望。但在清政府的认知里，俄罗斯仍然只是朝贡国。在康熙朝的《会典》中被记载到“理藩院”的“朝贡”栏下，且在康熙七年关于俄罗斯使节觐见座次的规定中，俄罗斯使臣的地位不仅不及准噶尔，甚至还被排在了当时尚未归属清朝的喀尔喀蒙古之后。此件档案系清代内阁蒙古堂保藏的俄罗斯来文原件，所用俄文文字与古寺院斯拉夫语较为接近，其文法、字法、书法及字义都与现代的俄文多有不同。

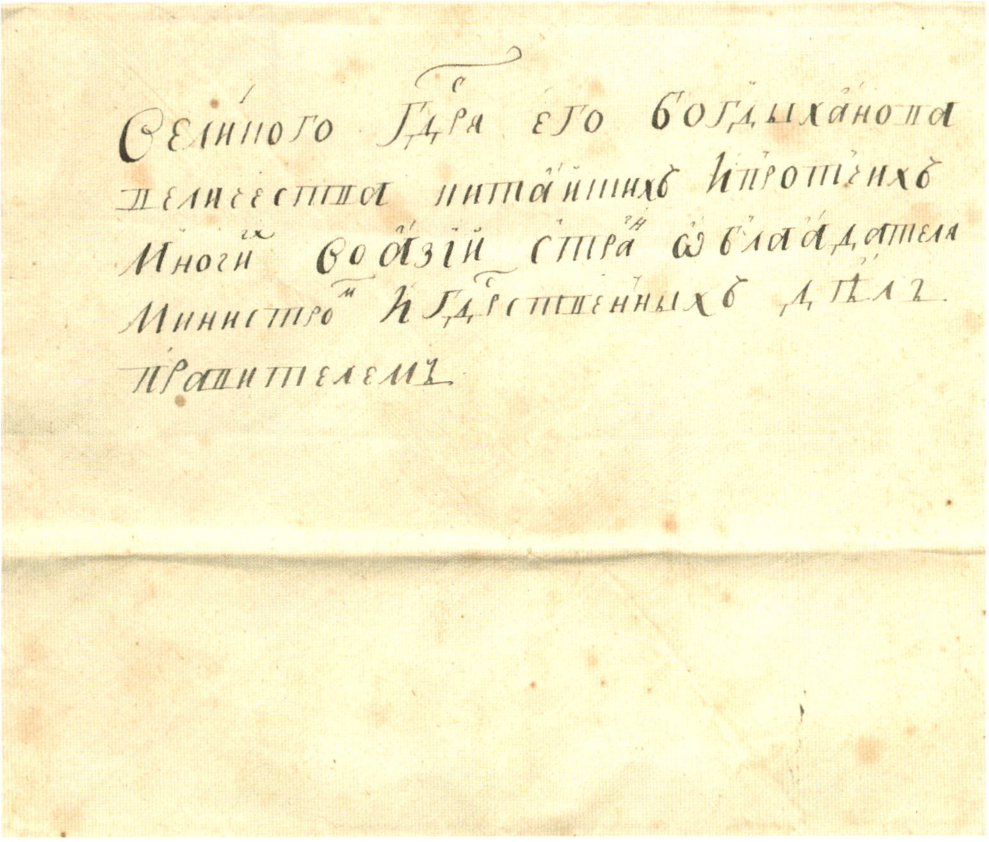

俄国尼布楚军政长官训令（康熙九年闰二月二十四日）

俄国尼布楚军政长官训令（康熙九年闰二月二十四日）

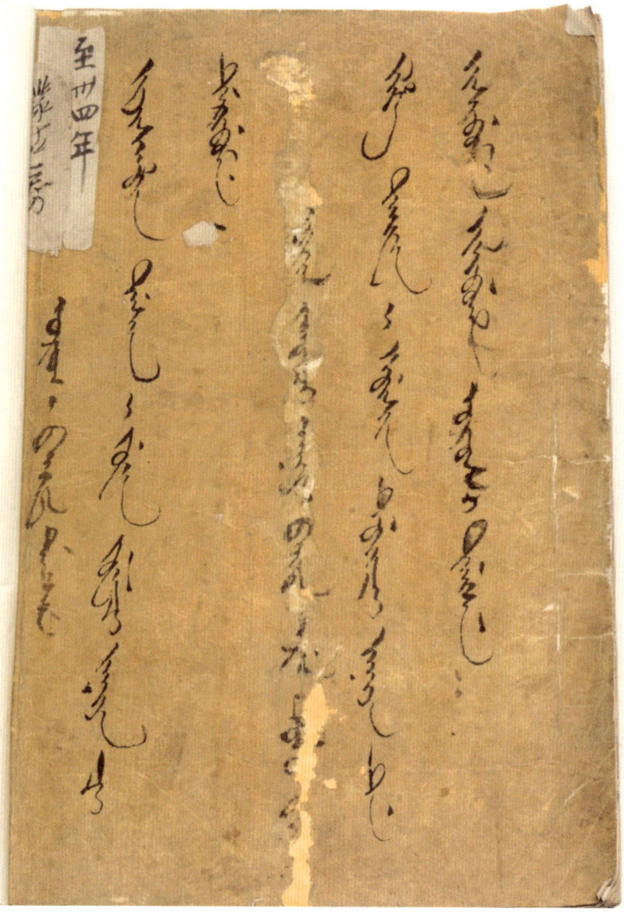

理藩院致内阁咨文：

遵旨复议和硕裕亲王福全等题请俄使所请各项事

康熙十五年七月初一日（1676年8月9日）

康熙十五年，俄皇阿列克谢·米哈伊洛维奇派遣使臣尼古拉·斯帕法里来华，清宫《起居册》中记载：康熙帝在太和殿接受了使臣的行礼并赐茶，之后又在保和殿接见了使臣并赐酒。俄使尼古拉呈递了俄皇关于中俄交往的诸多要求，如请嗣后行文兼写拉丁文，请派使臣与俄使一同赴俄京，请开放通路准两国互市，请派遣修筑河道桥梁能匠赴俄等等。本件满文档案记载，理藩院就俄使提出的俄中互市贸易等事，以及俄罗斯文书使用文字、格

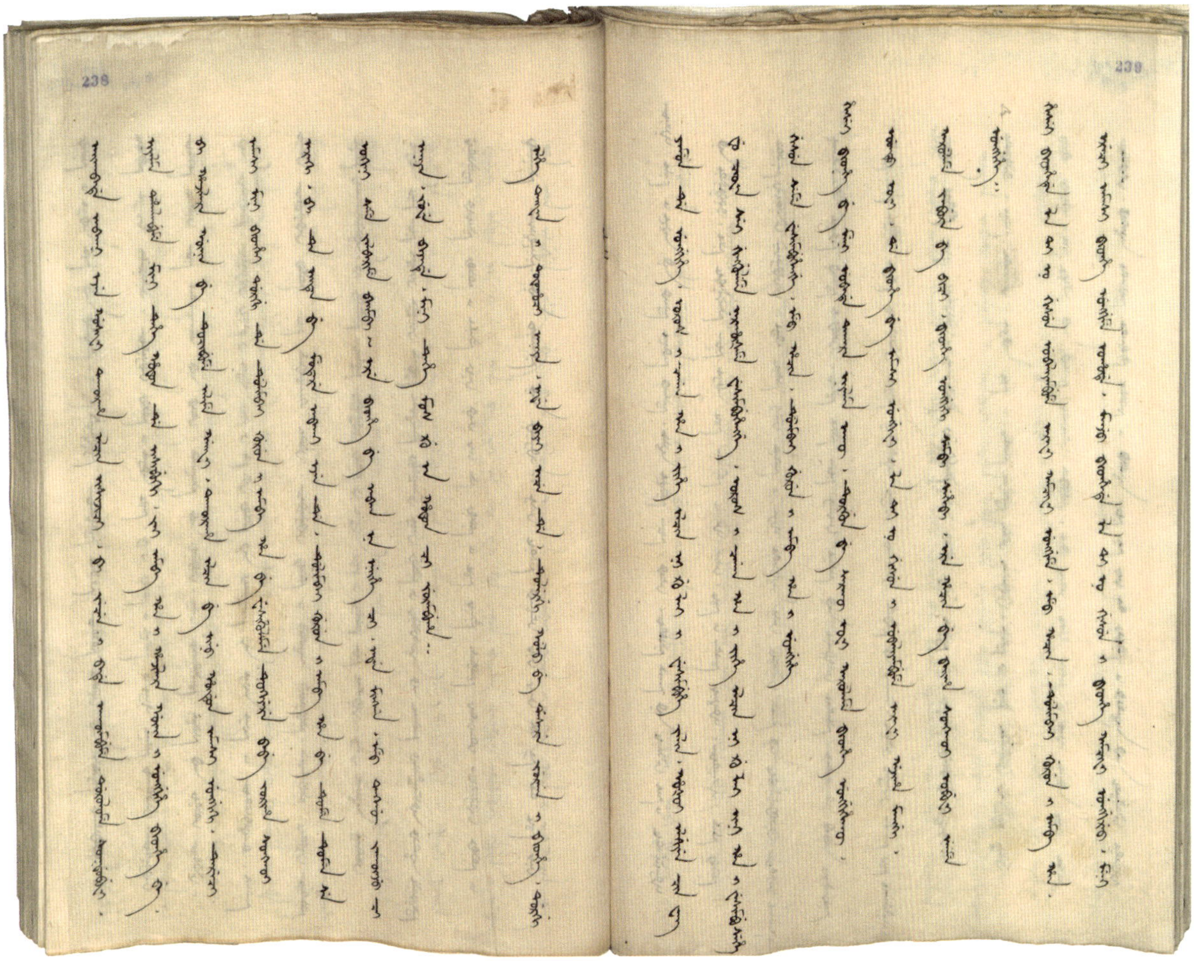

理藩院致内阁咨文（康熙十五年七月初一日）

式、对中国皇帝称呼等事进行了复议。此时的俄罗斯秉着东扩的战略，不断遣使往返于两国间，一方面从事贸易，另一方面探取情报。因此在这一时期中俄东部边境发生了一系列冲突。此件档案中叙述了俄皇遣使来华，并且希望中国皇帝加以礼遇等要求，其中涉及的逃人根忒木尔遭到俄罗斯扣留、清朝索还等事件，是康熙时期中俄关系重要的事件。此件档案反映了康熙初期对俄罗斯使节往来路线、管理等规定，俄方提出：今后双方行文，清廷使用满文、拉丁文，俄罗斯使用俄文、拉丁文，以便双方识读。康熙朝清宫中有欧洲传教士教授和翻译拉丁文字，因此理藩院议复依俄皇请求施行。康熙帝允准了议政王大臣等议奏，晓谕来使人等，既欲和好，应将逃人根忒木尔等送回，另派良使，遵行中国礼法，方可照常贸易。尼古拉使团遂离开北京回国。

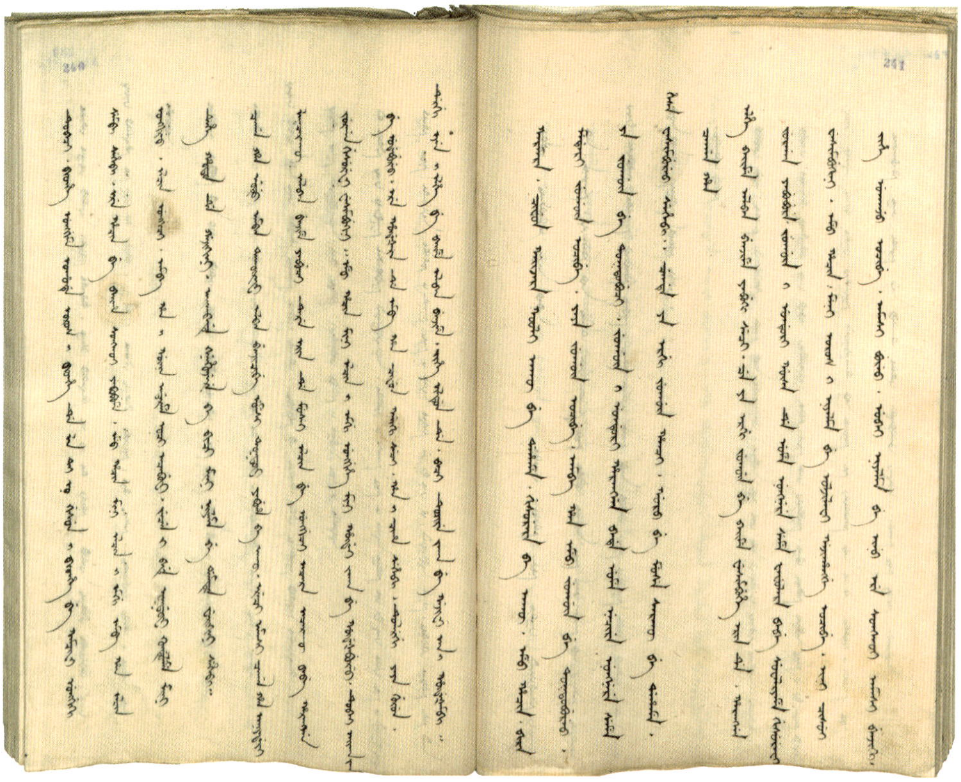

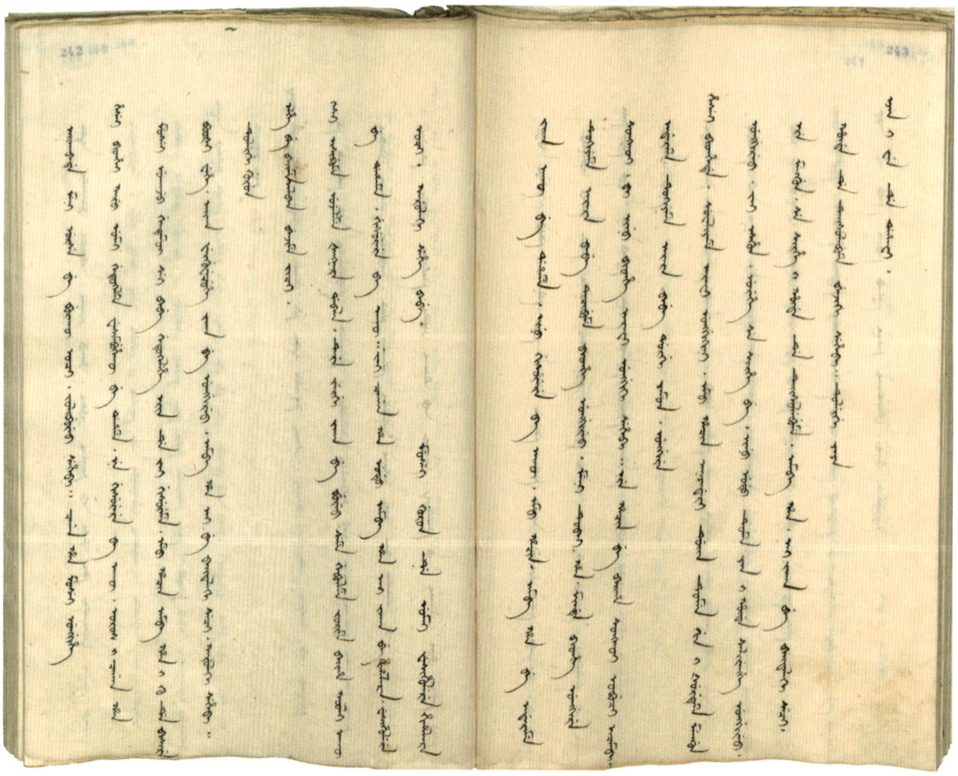

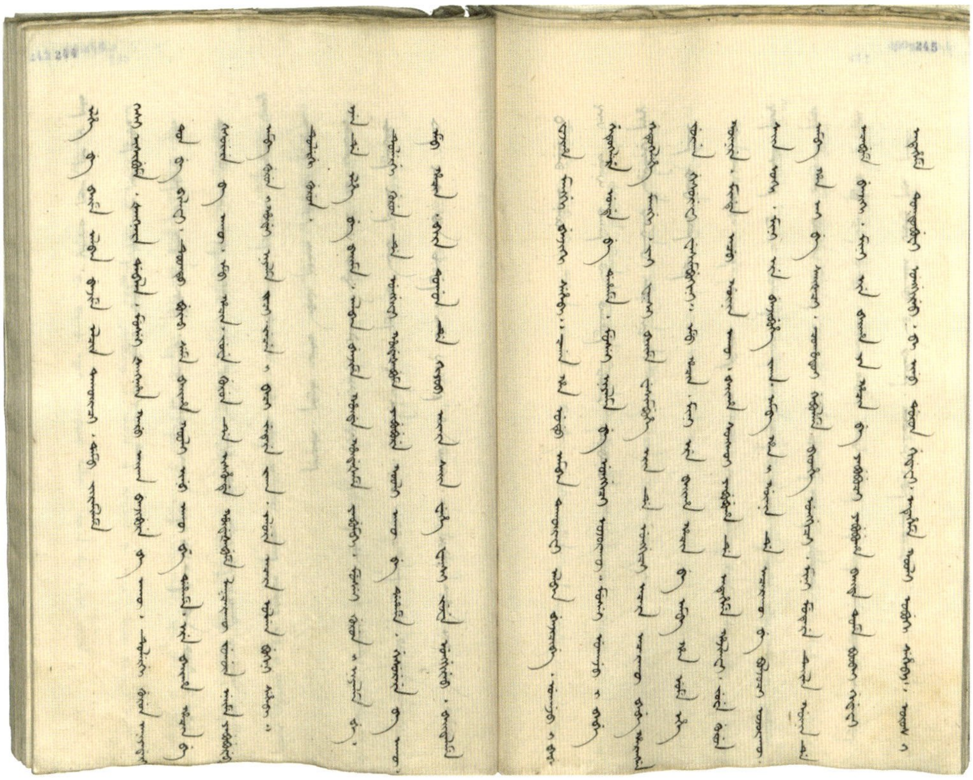

244
245

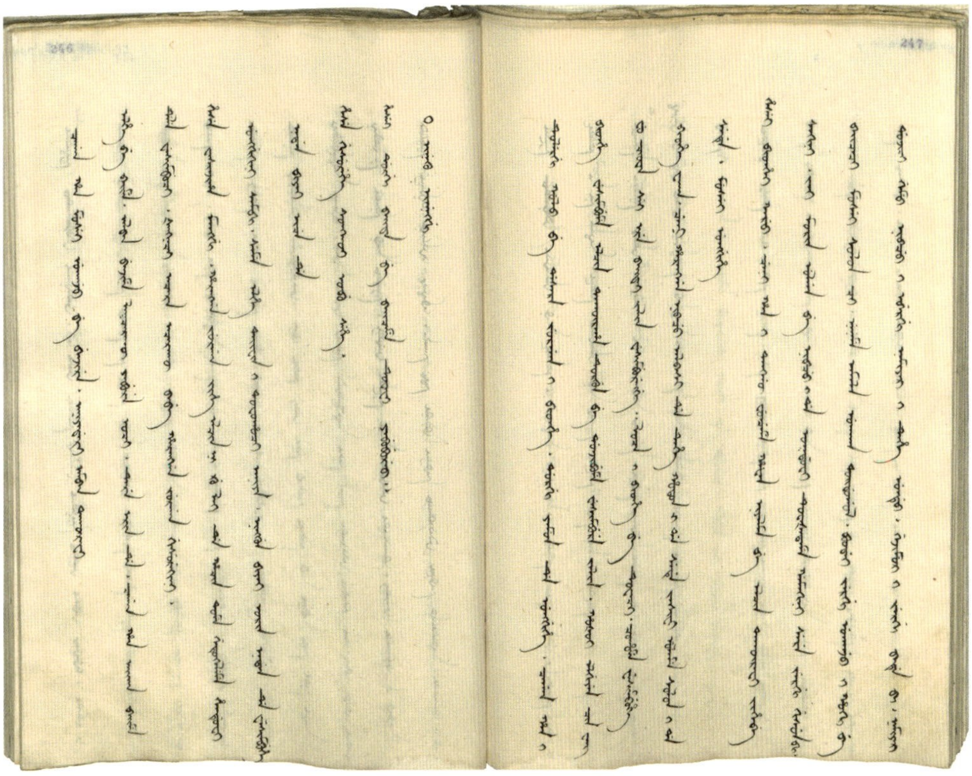

246
247

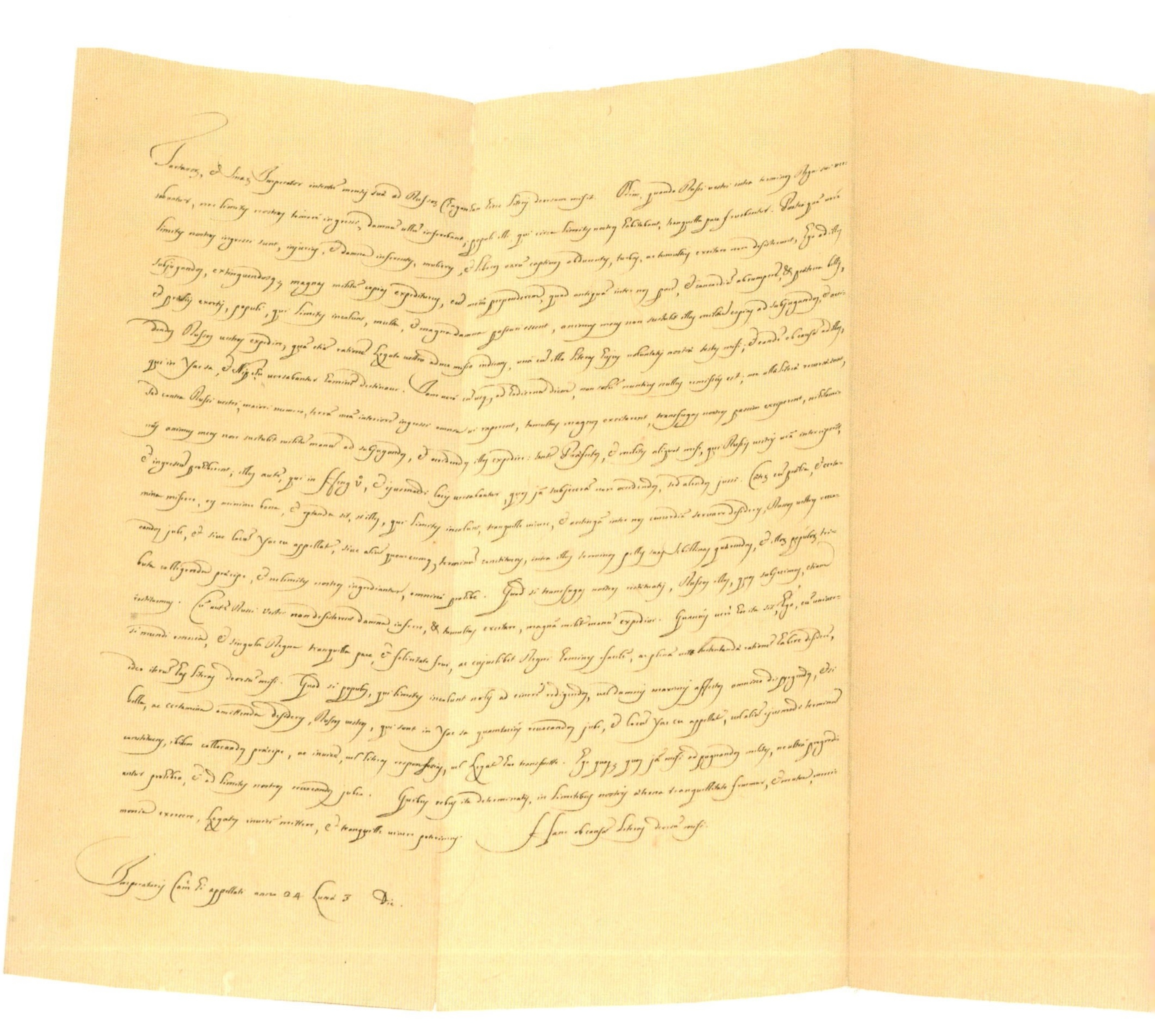

康熙帝致俄罗斯察罕汗文书（康熙二十四年三月）

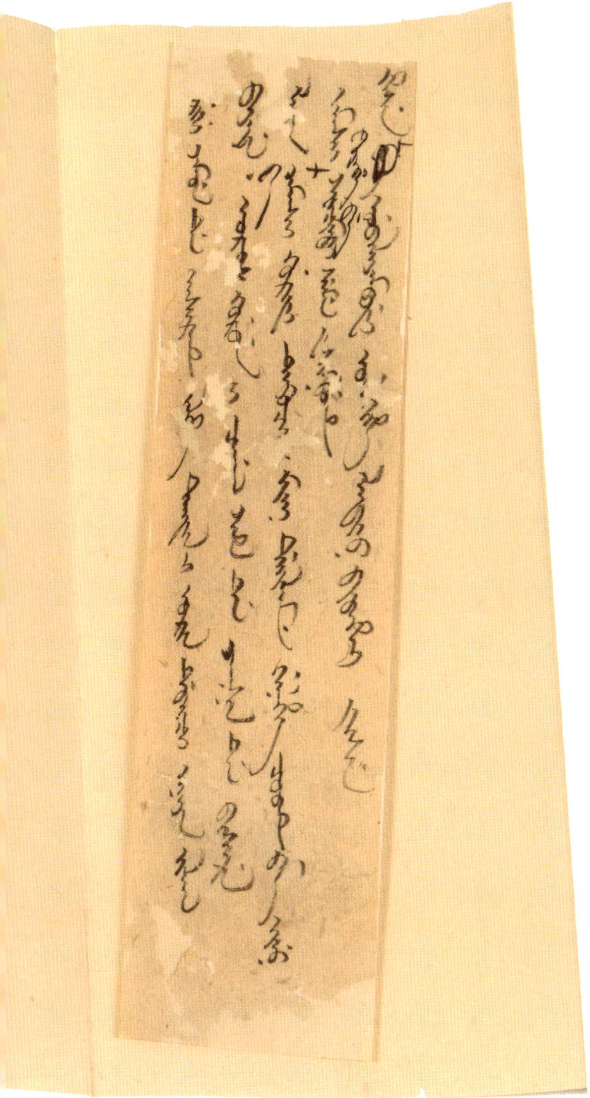

康熙帝致俄罗斯察罕汗文书：

着俄罗斯人撤出雅克萨

康熙二十四年三月（1685 年 4 月）

雅克萨位于黑龙江与额木尔河交界口东岸，俄罗斯人称其为“阿尔巴津诺”，西岸即为现在中国黑龙江省漠河县。车臣汗诺尔布属巴尔呼与俄接壤，以牲畜、貂皮等与俄交易。17 世纪末，俄罗斯人进入雅克萨地区活动并建立据点，沿途肆意掠夺，受到当地人民的反抗。清政府多次派人进行劝退并发文给沙俄政府，责令其退出中国领土，而沙俄对此始终置若罔闻。康熙二十二年，清军在当地各族的支持下很快收复了黑龙江中下游除去雅克萨城以外的所有据点，并致信给雅克萨的俄罗斯总督，劝其如果同意离开清朝土地，清廷便既往不咎，希望俄兵在不打仗的情况下主动撤离中国领土。但俄罗斯指挥官对咨文不予理睬，同时积极整顿军备。康熙二十四年在清军向雅克萨进发之前，清廷再次做出了外交努力。本件拉丁文档案反映出，康熙帝致俄罗斯沙皇信函，要求俄军撤出雅克萨，双方和睦相处，否则将出兵征讨。但俄方仍加紧加固城防，准备与清军进行武力对抗。于是康熙帝下达了武力收复雅克萨的命令，我国的汉、满、鄂伦春、达斡尔等族居民也都参与了雅克萨的战役，被沙俄入侵者盘踞 20 年之久的雅克萨城遂告收复。

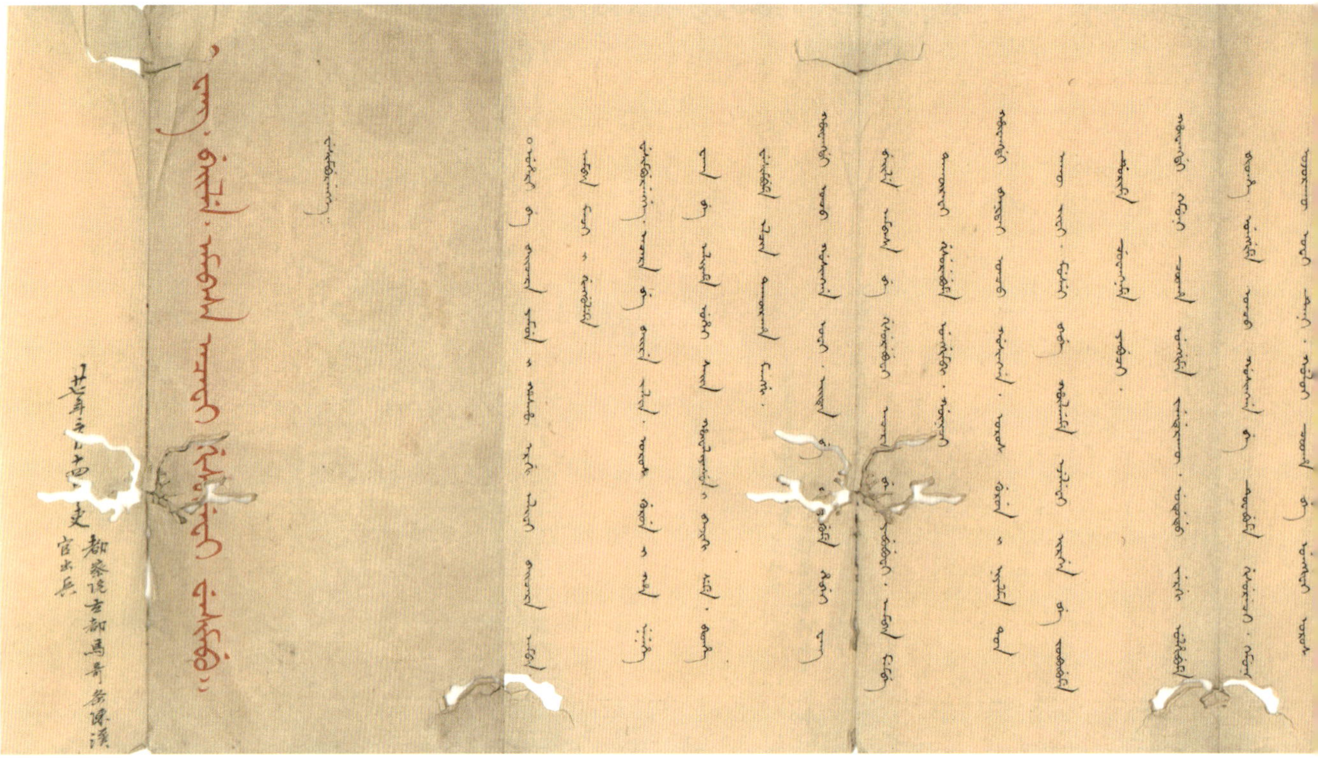

都察院左都御史马齐题本：

为差往俄罗斯大臣请不分满汉一体差遣事

康熙二十七年三月十二日（1688 年 4 月 12 日）

沙俄一直奉行向东征服西伯利亚以至中国东北等地的政策。根忒木尔原是中国东北鄂温克族的一个酋长，由于祖居地被沙俄哥萨克所占领，被迫南迁。后因地方矛盾，根忒木尔返回其已被沙俄占领的祖居地。清朝视其为逃人事件，因此一直与沙俄驻尼布楚、雅克萨城长交涉遣还等事。本件满文档案反映了清朝抵御沙俄在东北侵占中国领土的状况。康熙二十四年年底，俄军再次

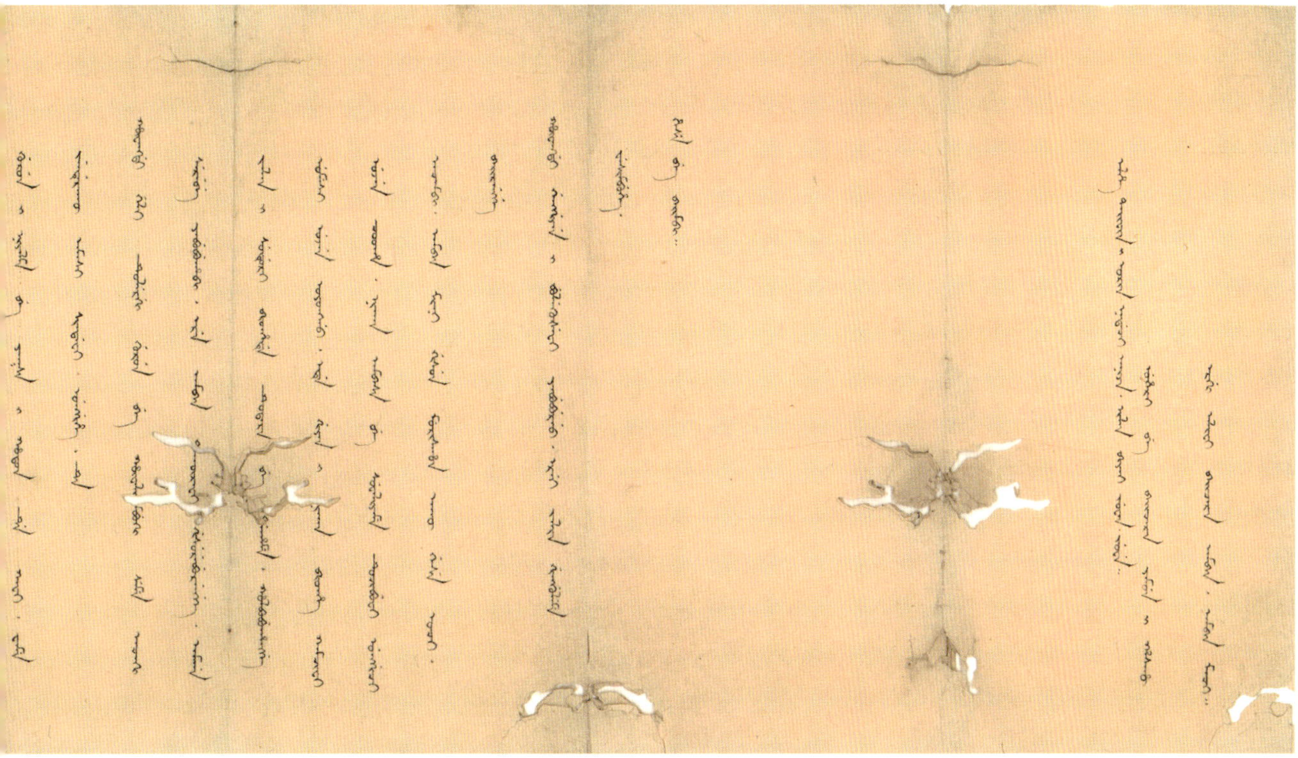

都察院左都御史马齐题本（康熙二十七年三月十二日）

窜到雅克萨，在旧堡的废墟重建城堡。都察院左都御史马齐题报：偷偷来了很多俄罗斯人占领了我们的土地，骚扰百姓，百姓苦之久矣。康熙帝遂派兵把俄罗斯人围在雅克萨城。康熙帝不忍杀之，欲与俄罗斯人和好，因此议及释放雅克萨城内俄人事宜，并派人查阅俄罗斯历史资料，让汉兵汉臣一起商议。沙俄政府也认识到通过武力征服是行不通的，遂声明派出使臣戈洛文前来边界谈判，当清政府得知俄罗斯谈判使团将到达边境的消息后，命令撤去雅克萨的围兵。档案反映了清廷倡议和平的主张和努力，也反映出中俄签订《尼布楚条约》的历史背景。

领侍卫内大臣索额图题本：

为会同俄使戈洛文勘定边界事

康熙二十八年七月二十七日（1689年9月10日）

康熙二十八年七月二十四日（1689年9月7日），领侍卫内大臣索额图与俄罗斯使臣戈洛文在尼布楚签署了中俄两国第一份关于边界的条约，称为中俄《尼布楚条约》（俄罗斯称《涅尔琴斯克条约》）。条约明确划分了中俄两国的东西边界，从法律上肯定了黑龙江和乌苏里江流域包括库页岛在内的广大地区都是中国的领土。沙俄同意把入侵雅克萨的军队撤回，清朝同意把贝加尔湖以东原属中国的尼布楚部分土地让给俄罗斯。（条约原件现藏于中国台北故宫博物院）本件档案是索额图向康熙帝奏报条约内容及签订前后具体情况的满文抄件。档案记载，索额图率领谈判使团奉旨于康熙二十八年六月十五日到达尼布楚城，七月初五日起与俄使戈洛文开始会议，索额图在谈判中强调了敖嫩河、尼布楚、雅克萨等皆为中国土地的事实，并向俄使历数两次雅克萨战役期间清廷屡次宣谕仁义、欲求和好的行为。索额图在奏报中抄录了双方勘明边界议定条款，其中规定“两国即永远和好，嗣后往来行旅如有路票，准其交易”。中俄《尼布楚条约》的签订意义深远，它是中俄签订的第一个条约，也是一个相对平等的条约，双方代表经过多次的谈判交涉，最后达成了符合两国政府要求的内容。条约的签订标志着中俄两国正式建立了国家关系。从此，中俄的东段边境转向安宁，两国人民成为和平往来的近邻，开始进行友好的贸易和文化往来。

皇清職貢圖
卷一

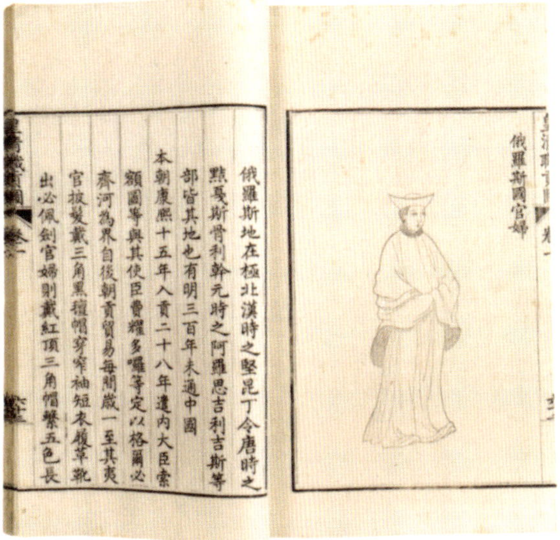
皇清職貢圖 卷一
俄羅斯國官婦
俄羅斯地在極北漢時之堅昆丁令唐時之
黠戛斯骨利幹元時之阿羅思吉利吉斯等
部皆其地也有明三百年未通中國
本朝康熙十五年入貢二十八年遣內大臣索
額圖等與其使臣費耀多囉等定以格爾必
齊河為界自後朝貢貿易每間歲一至其夷
官披髮戴三角黑氊帽穿窄袖短衣履革靴
出必佩劍官婦則戴紅頂三角帽繫五色長

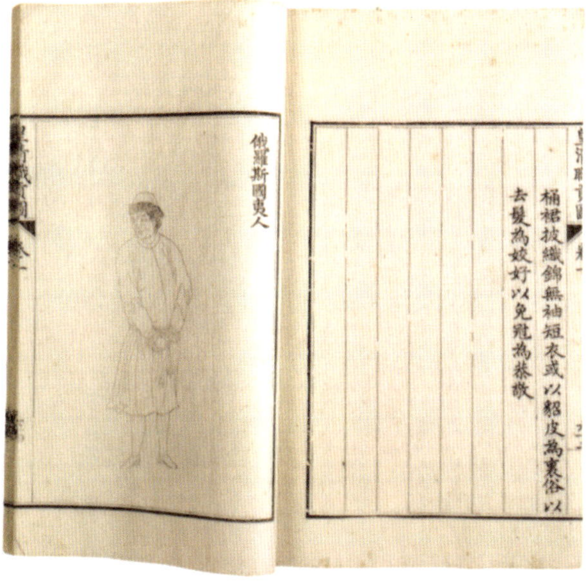
俄羅斯國夷人
桶裙披織錦無袖短衣或以貂皮為裏俗以
去髮為姣好以免冠為恭敬

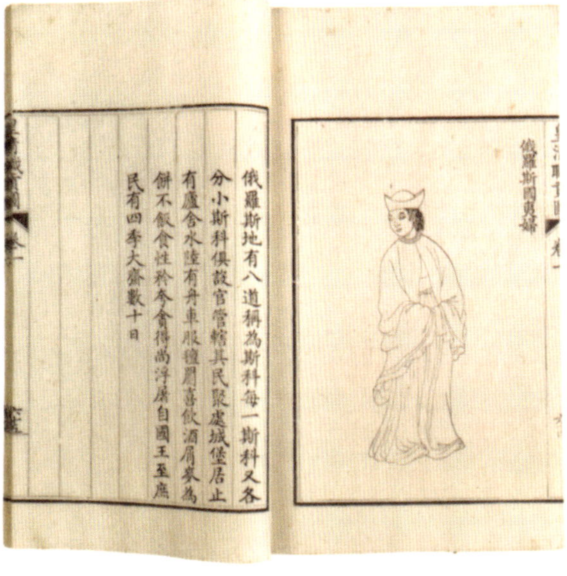
俄羅斯國夷婦
俄羅斯地有八道稱為斯科每一斯科又各
分小斯科俱設官管轄其民聚處城堡居止
有廬舍水陸有舟車服氊罽喜飲酒屑麥為
餅不飯食性矜孝食得尚浮屠自國王至庶
民有四季大齋數十日

《皇清职贡图》内府本（南京博物院藏）

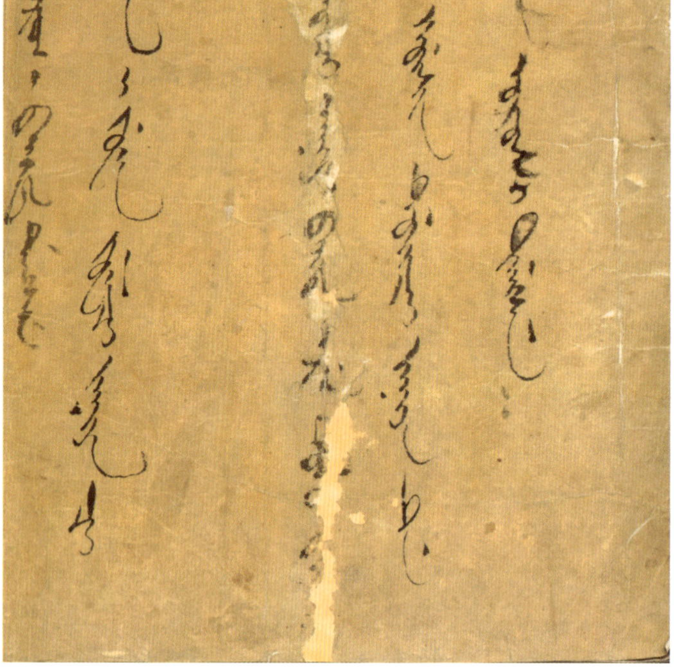
至卅四年

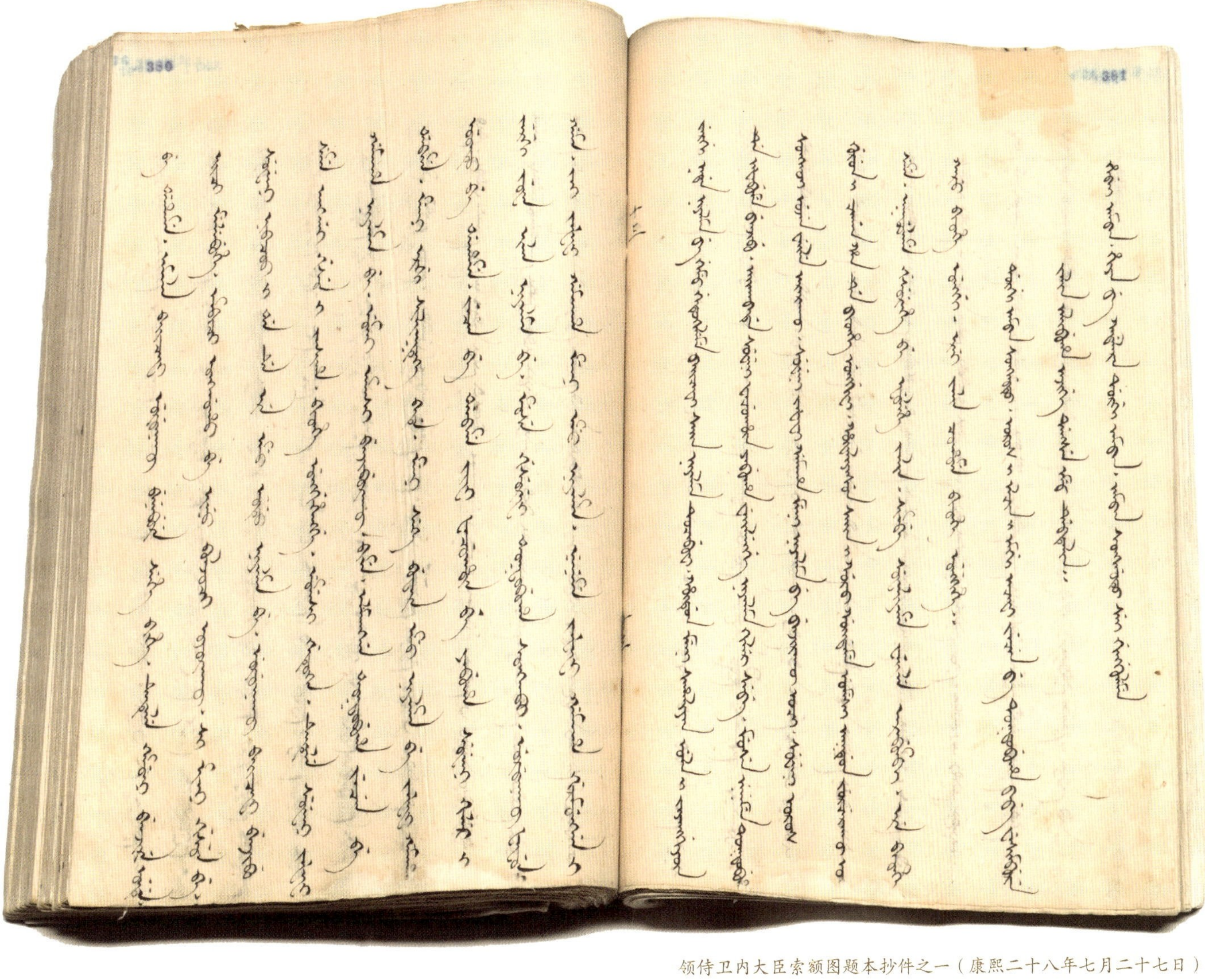

领侍卫内大臣索额图题本抄件之一（康熙二十八年七月二十七日）

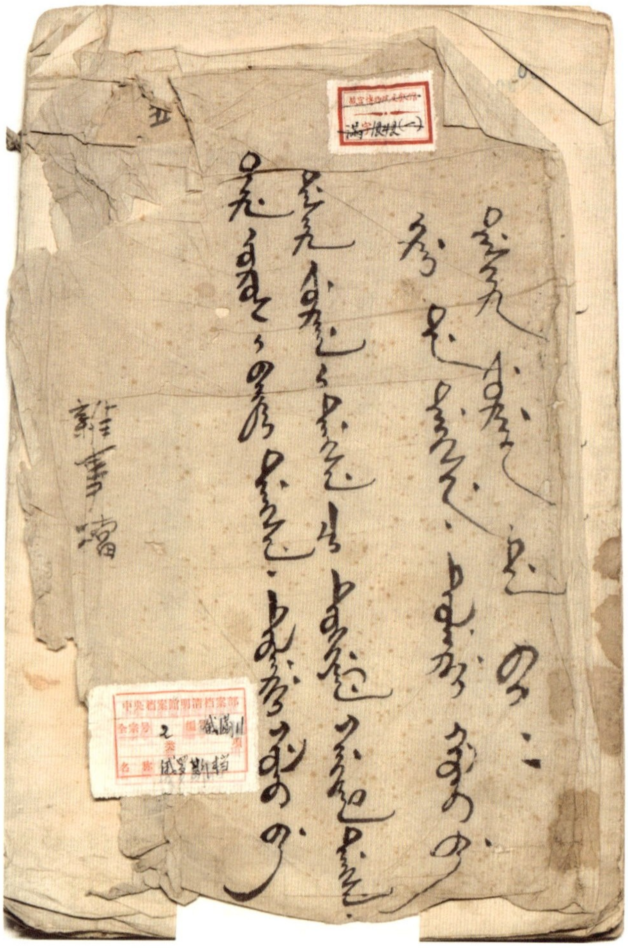

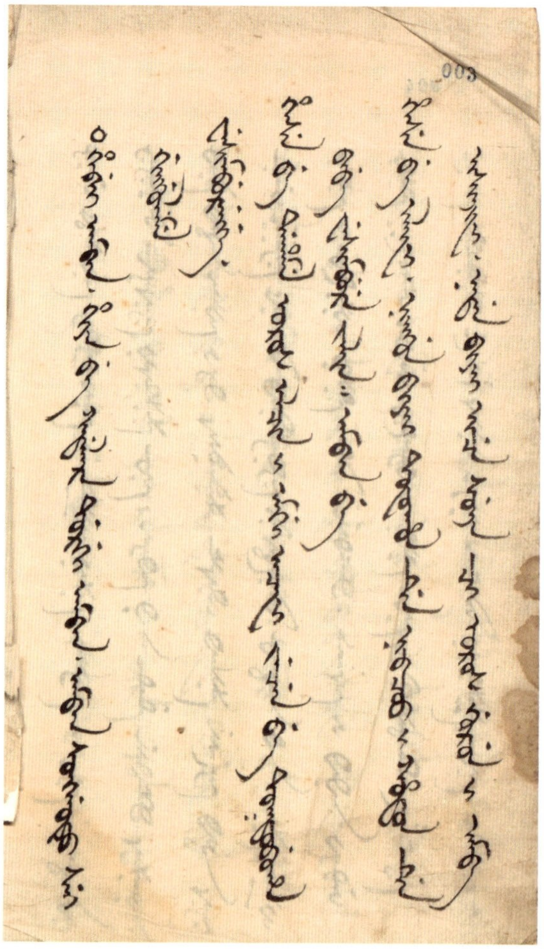

领侍卫内大臣索额图题本抄件之二（康熙二十八年七月二十七日）

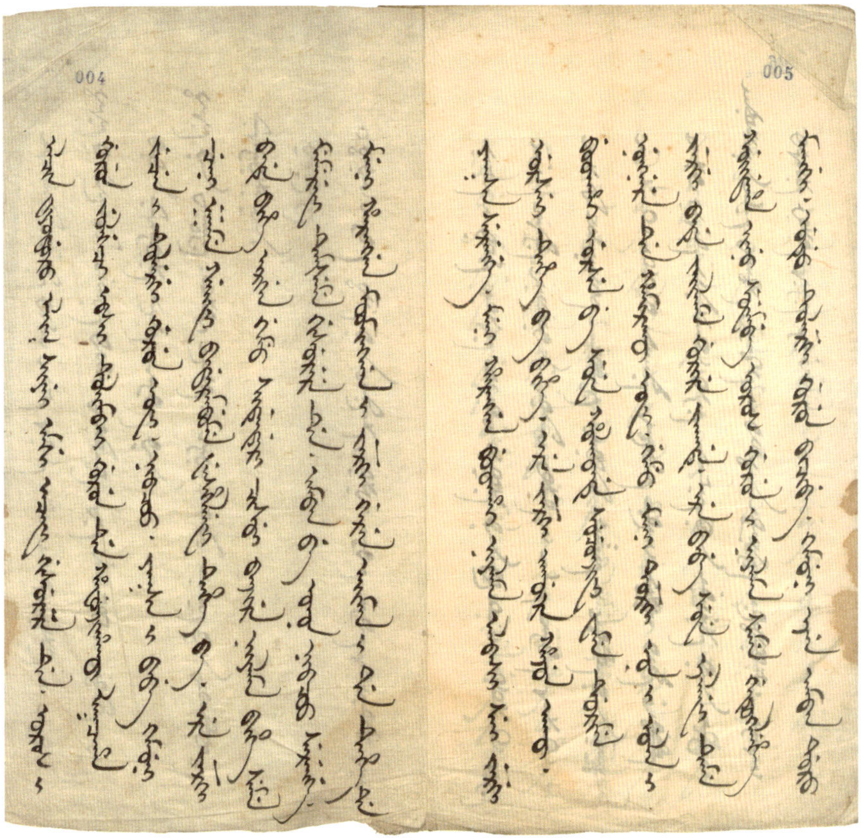
004
005

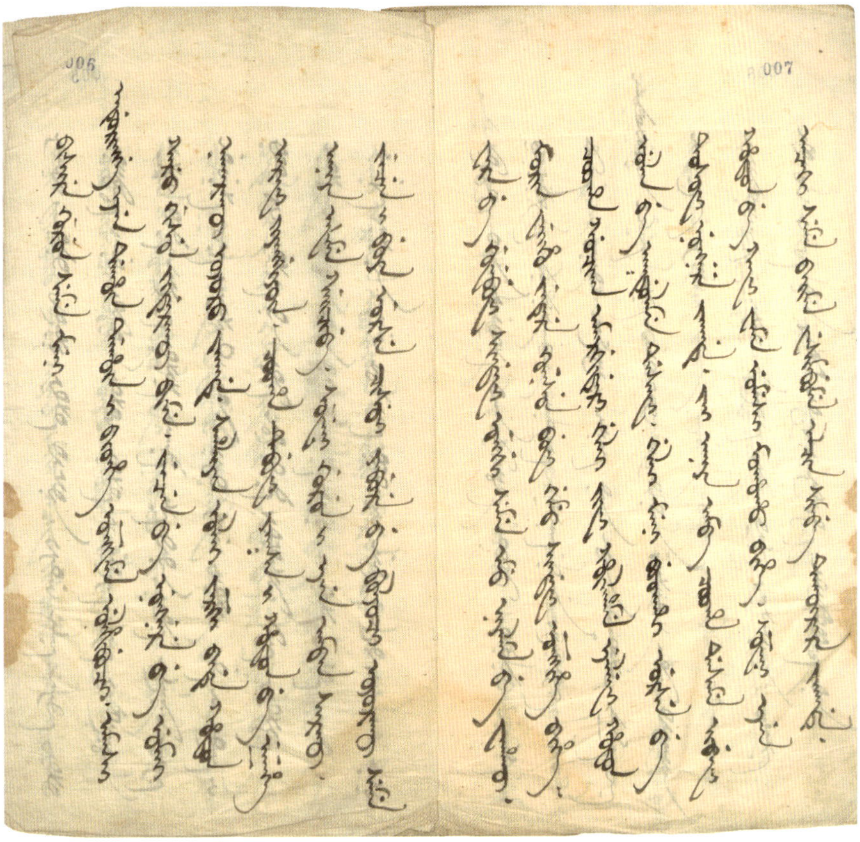
006
007

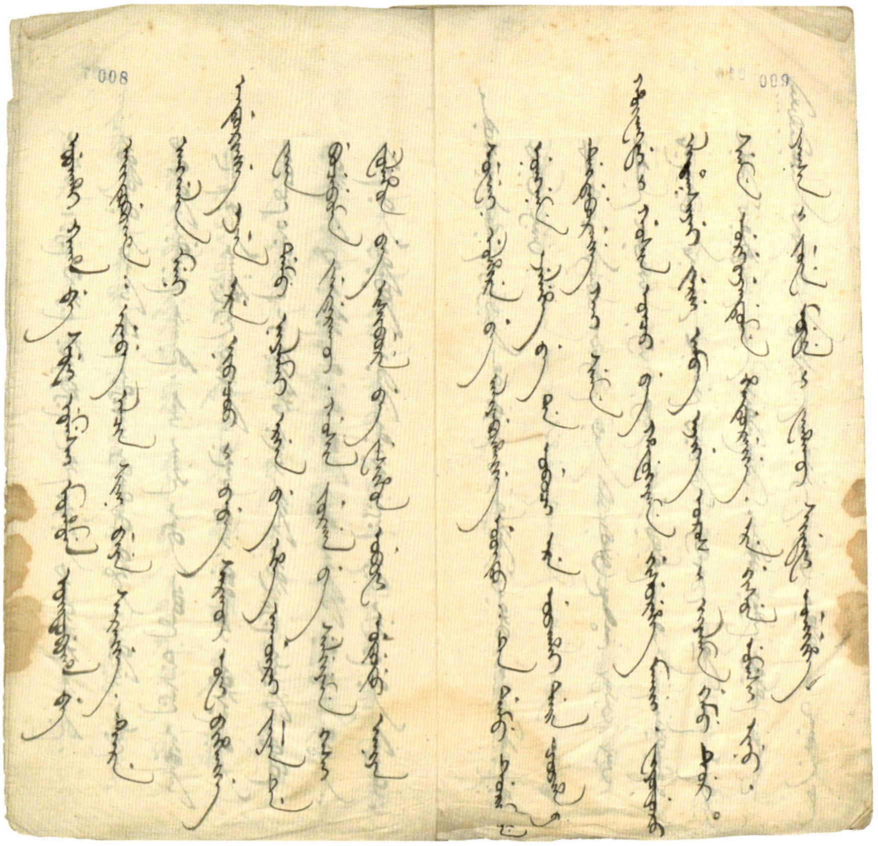
008
009

010
011

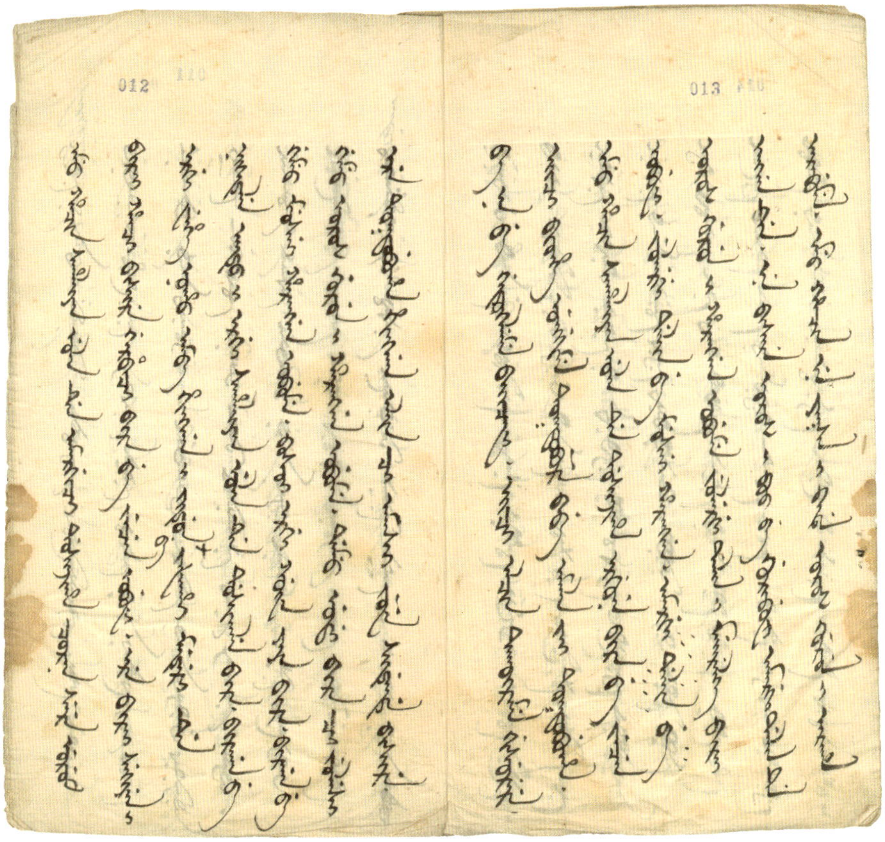

016
017

018
019

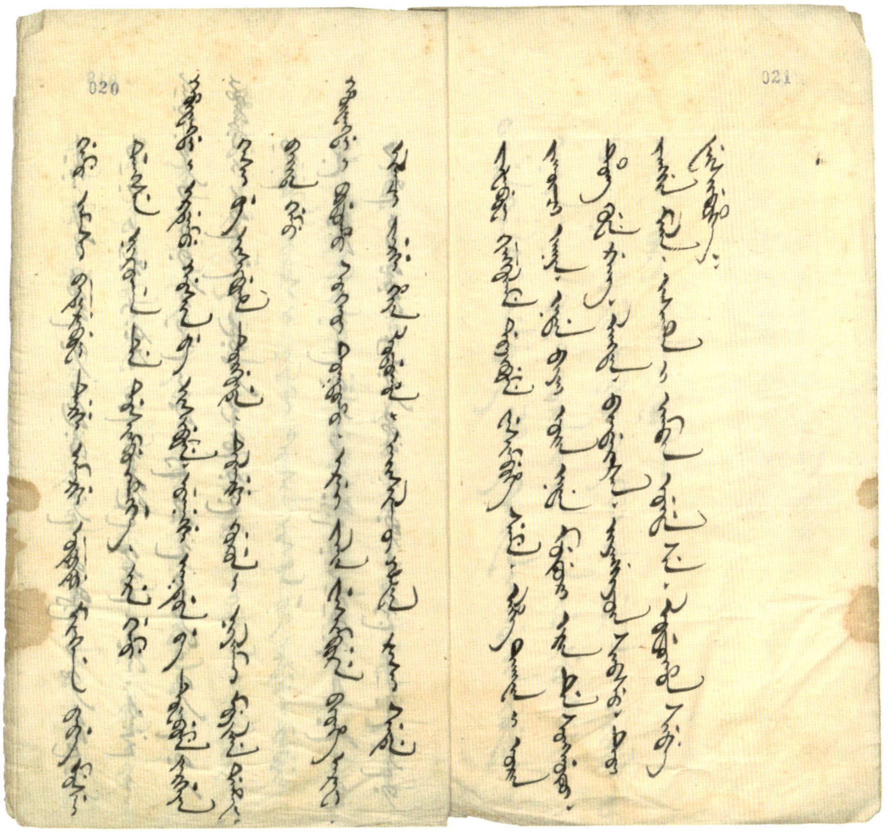
020
021

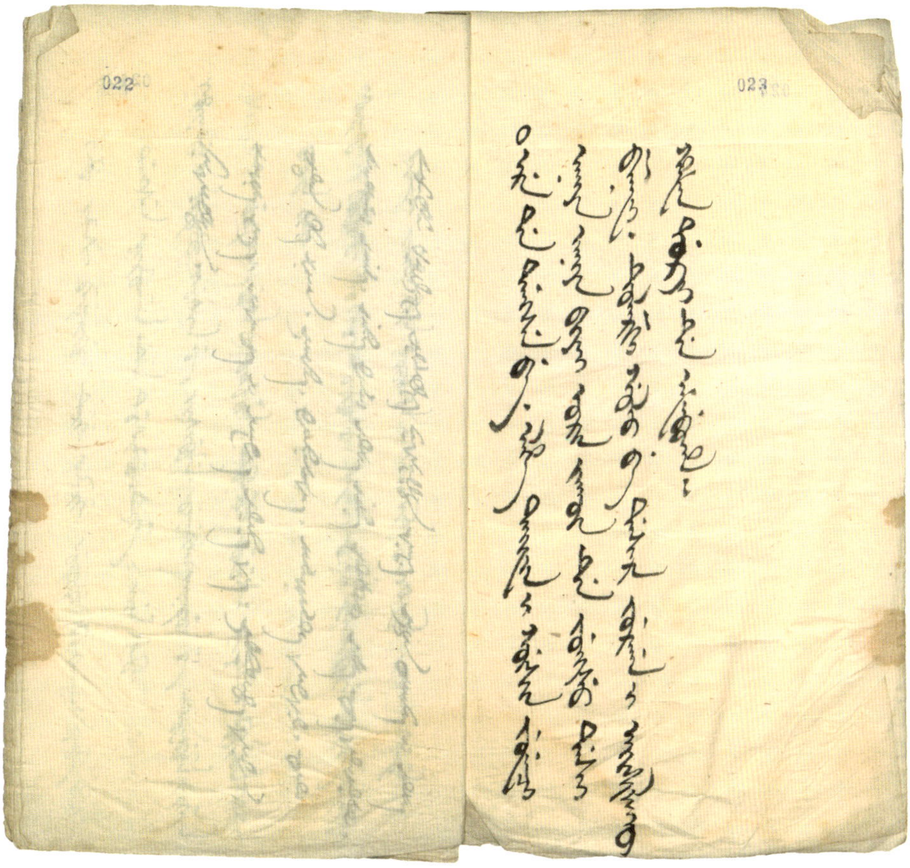
022
023

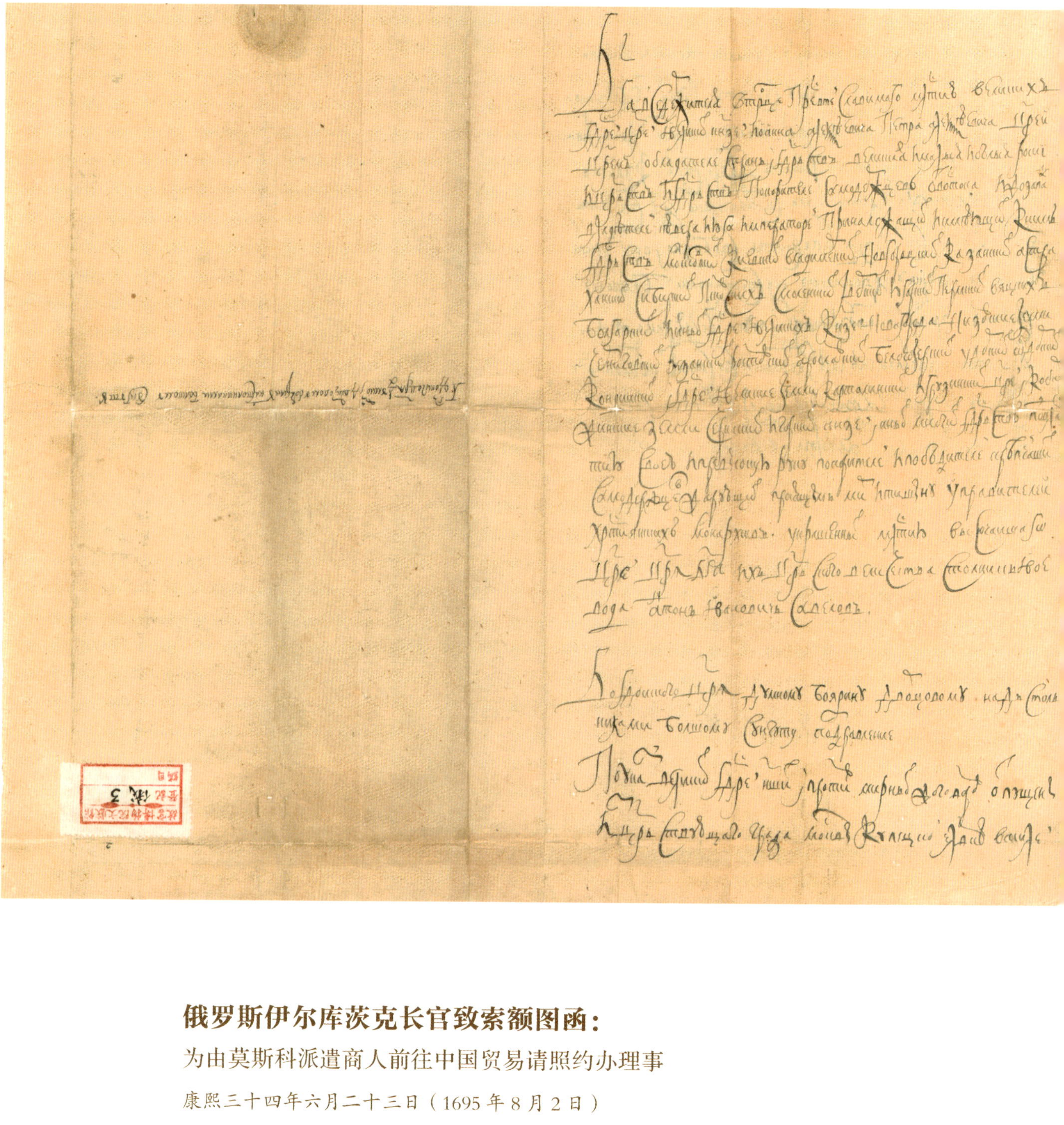

俄罗斯伊尔库茨克长官致索额图函：

为由莫斯科派遣商人前往中国贸易请照约办理事

康熙三十四年六月二十三日（1695年8月2日）

康熙二十八年中俄《尼布楚条约》签订后，中俄双方开始以国家名义正式承认边境贸易的合法性。首次明确了两国商人可持执照往来，允许贸易互市。清廷在康熙三十二年又规定：许俄罗斯隔三年来京贸易一次，每次不得超过二百人。俄罗斯开始了和中

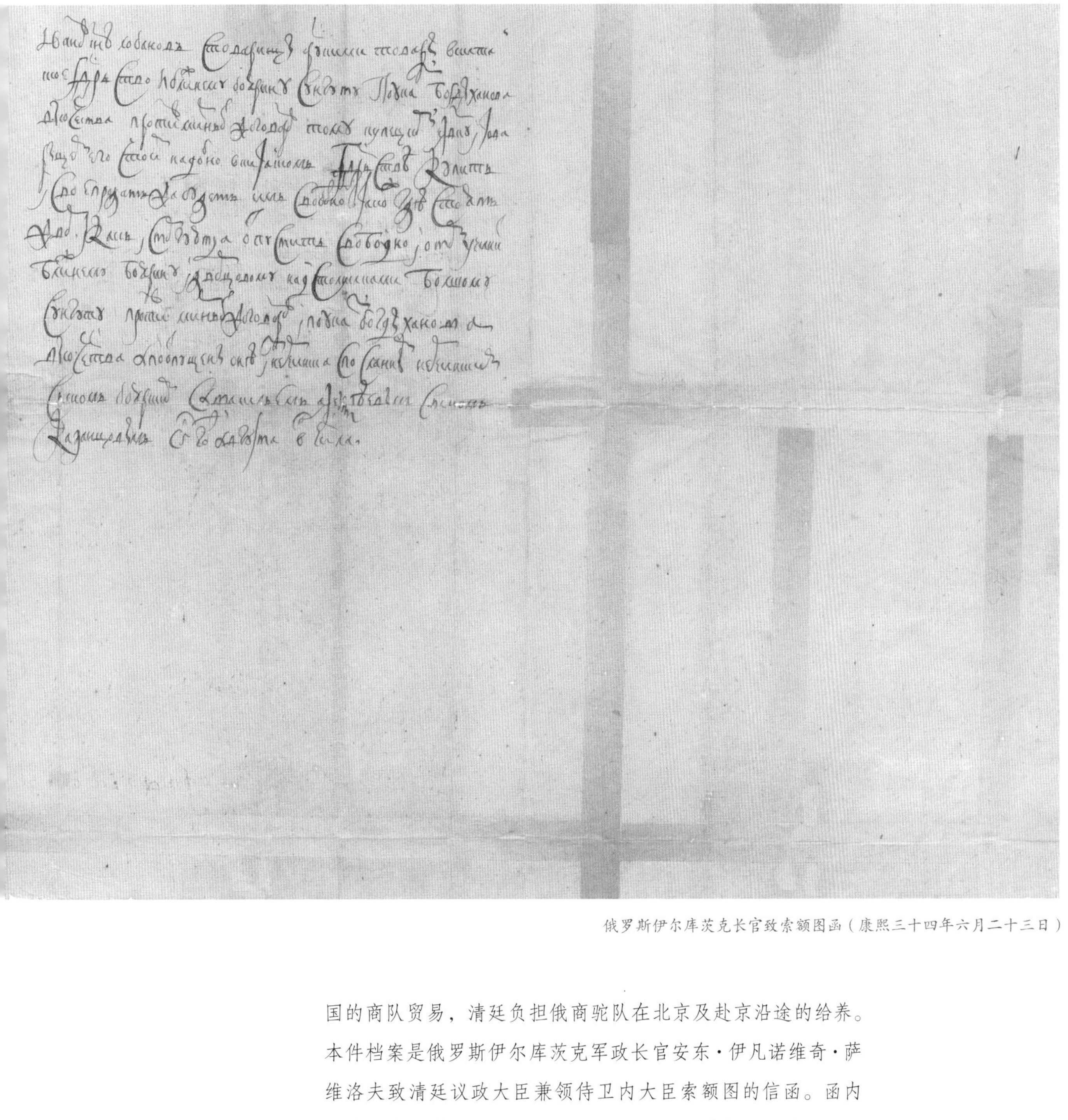

俄罗斯伊尔库茨克长官致索额图函（康熙三十四年六月二十三日）

国的商队贸易，清廷负担俄商驼队在北京及赴京沿途的给养。本件档案是俄罗斯伊尔库茨克军政长官安东·伊凡诺维奇·萨维洛夫致清廷议政大臣兼领侍卫内大臣索额图的信函。函内声称，由莫斯科派遣的商人瓦西里·伊万诺维奇·洛巴诺夫及同伴人等，携带俄罗斯货物前来中国贸易。请依照和好条约，准许该商人及其同伴人等在中国境内自由购买其所需物品并出售货物，并请拨给栈院以便旅居。待买卖完毕，准其自由归国。

俄罗斯尼布楚税务处致理藩院呈文：
为请准许商队赴中国贸易事

康熙三十五年七月（1696年8月）

索额图复俄罗斯尼布楚城长官咨文：
为准俄商队来华贸易事

康熙三十六年闰三月二十日（1697年5月10日）

俄罗斯尼布楚城长官致索额图呈文：
为请准许商队赴中国贸易事

康熙三十六年（1697）

索额图复俄罗斯尼布楚城长官咨文：
为准俄商队来华贸易事

康熙三十六年（1697）

在俄罗斯，管理中俄贸易和组织国家商队的工作由西伯利亚衙门负责。所有俄罗斯商队都要抵达尼布楚，批量货物在这里最终形成，由国家商队发运的属于商人的货物要在这里交纳关税，同时在尼布楚军政长官的监督下，对准备发往中国的各种货物进行包装和加盖印记。商队从莫斯科到北京往返一次大约需要两年，为避免出现间断，当一支商队还在中国的时候，另一支商队已经在准备前往尼布楚了。

本组档案是清廷的领侍卫内大臣索额图与俄罗斯尼布楚城长官往来文书的满文抄件。内容主要是为俄罗斯商队来华贸易提供便利。第一、二件档案记载，康熙三十六年正月，收到尼布楚城长官来咨称，有尼布楚连长阿弗纳希·索弗隆诺夫等与以卡萨里诺夫为首的28名莫斯科商人及其属下共247人，奉沙皇旨意前往中国贸易，请求护送。经报清廷，即照定例，派员前往索伦地方迎接护送，并拨给栈院，供给充足食物，准许其自由贸易，并在商人等返回时，派员供给盘费，护送出境。第三、四件档案亦记载，根据尼布楚长官来咨，有莫斯科派出的俄罗斯商人米奇达·克列莫夫等前来中国贸易，特令尼布楚连长瓦

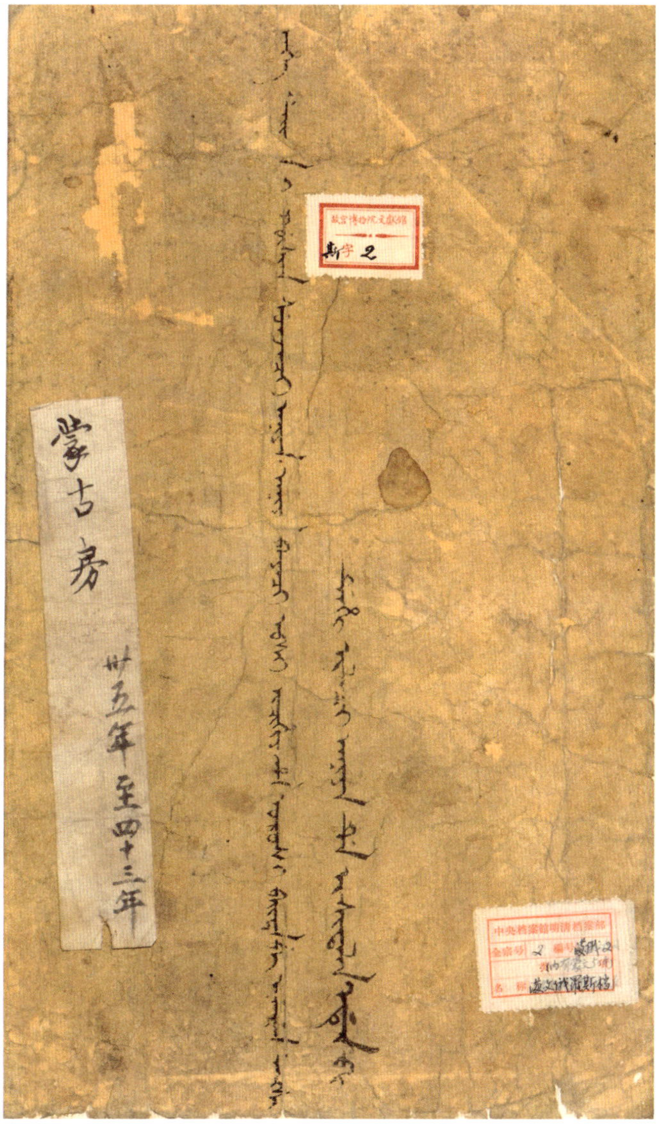

西里·舍尔辛为领队，一行共141人，请予接待。经报清廷，准照定例，派员前往索伦地方迎接护送，并拨给栈院，足给食物，准其自由贸易，并在其返回时，供给盘费，派员护送出境。咨文经翻译成俄罗斯文、拉丁文文书后发出。由于清廷对中俄互市的优容，俄罗斯官商自《尼布楚条约》签订后10年至30年里几乎年年赴华贸易，交易数额日增。俄罗斯私商来华贸易也迅速发展，交易货物种类和数额不断增加。

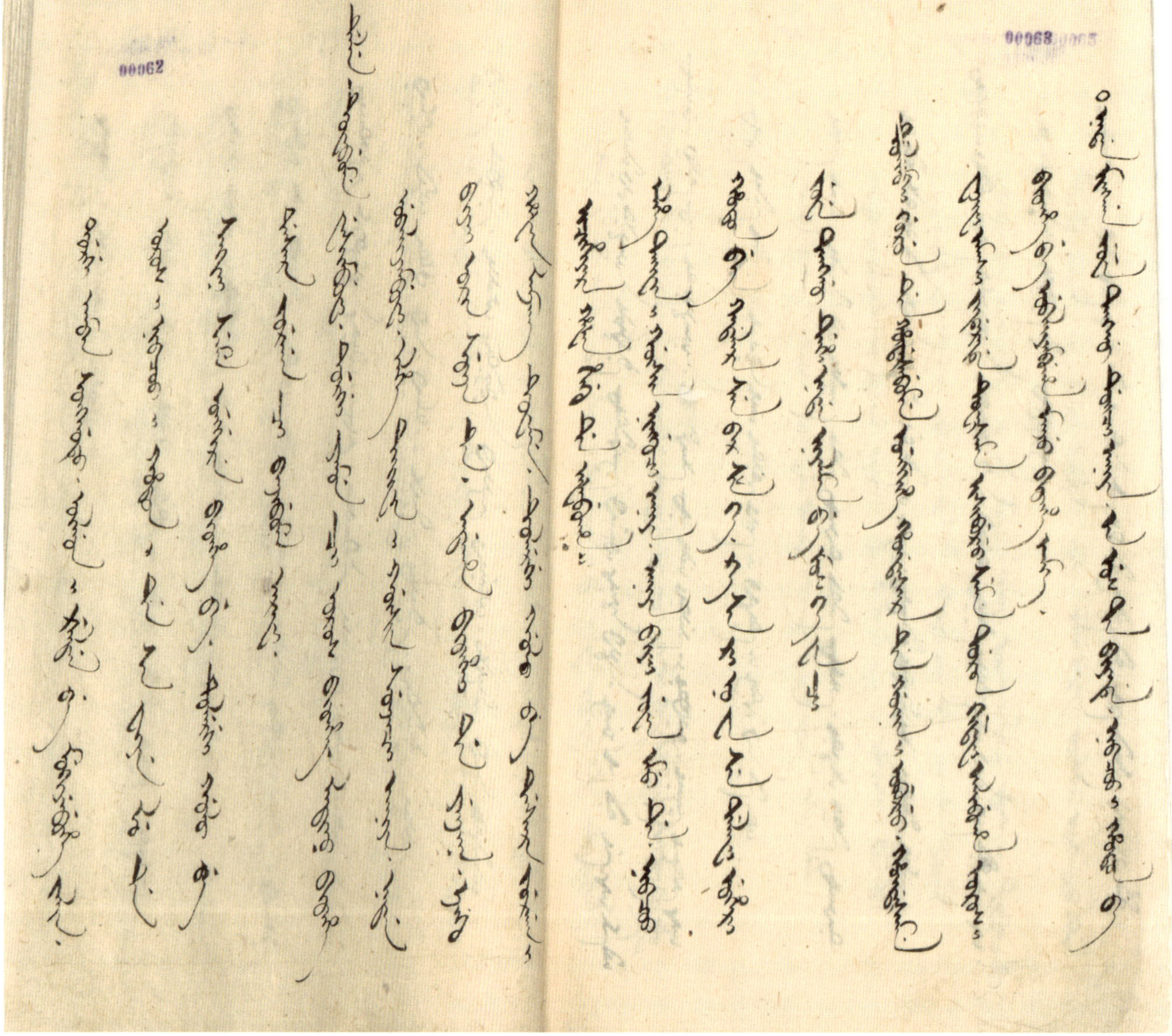

俄罗斯尼布楚税务处致理藩院呈文（康熙三十五年七月）

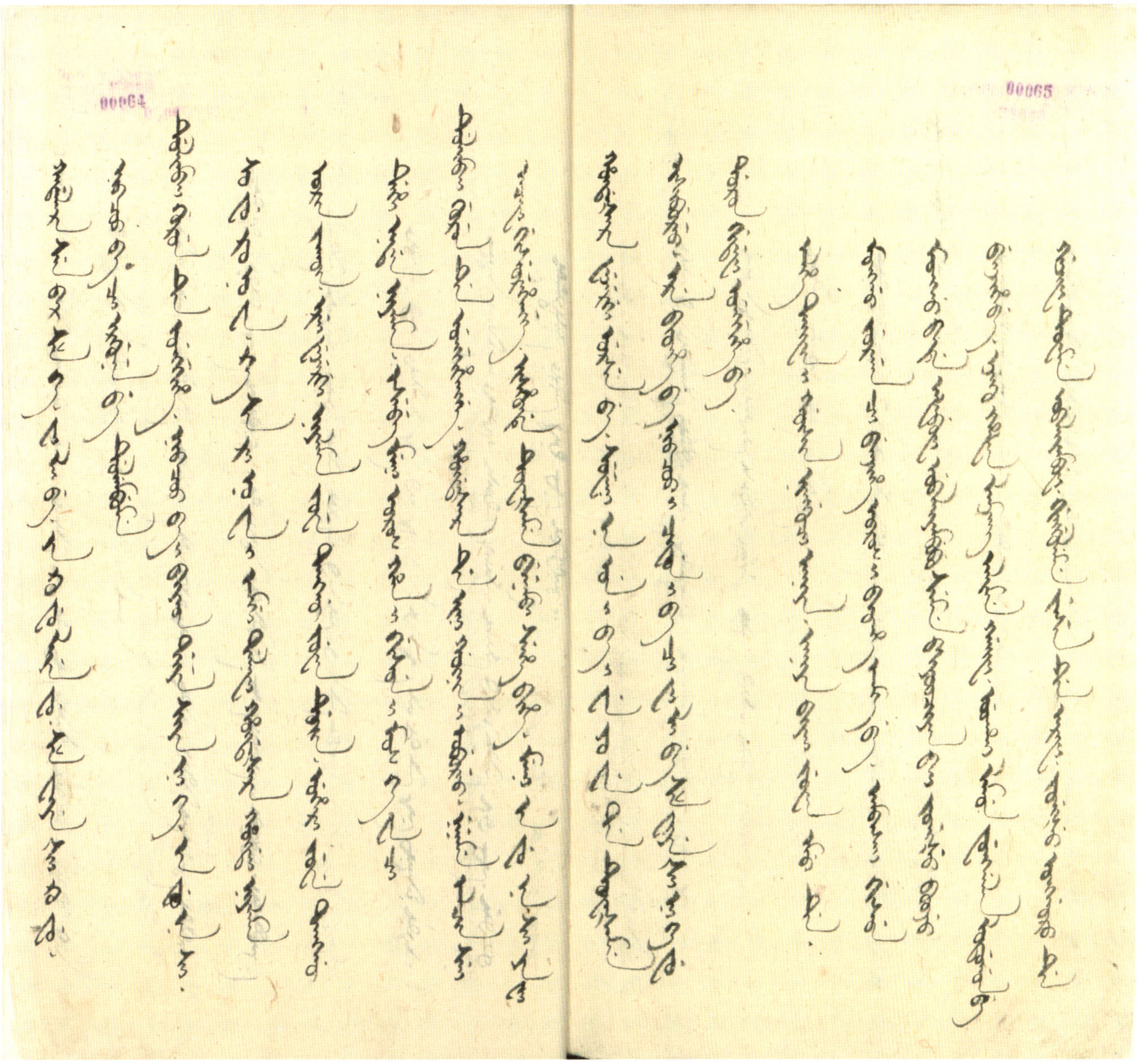
00064
00065

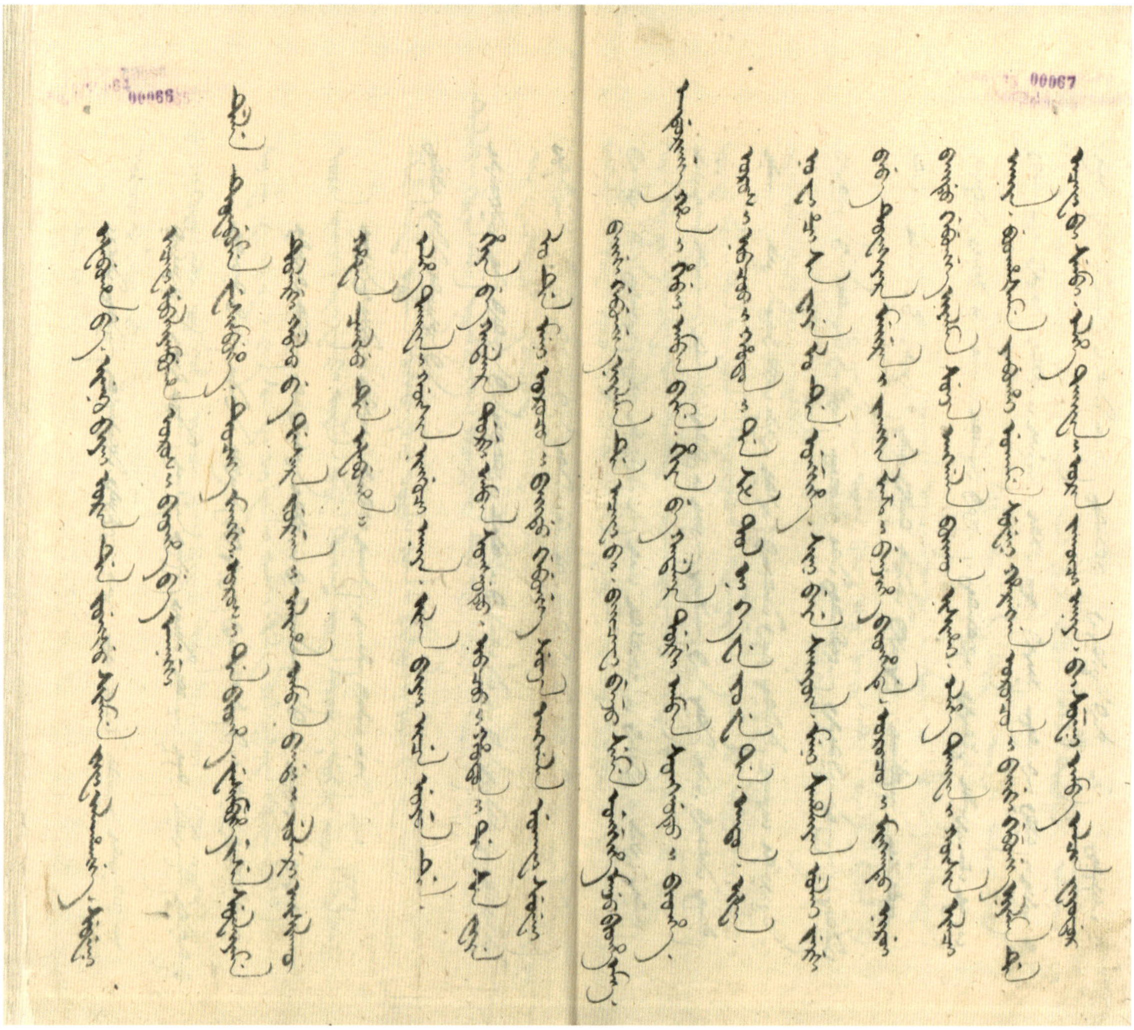

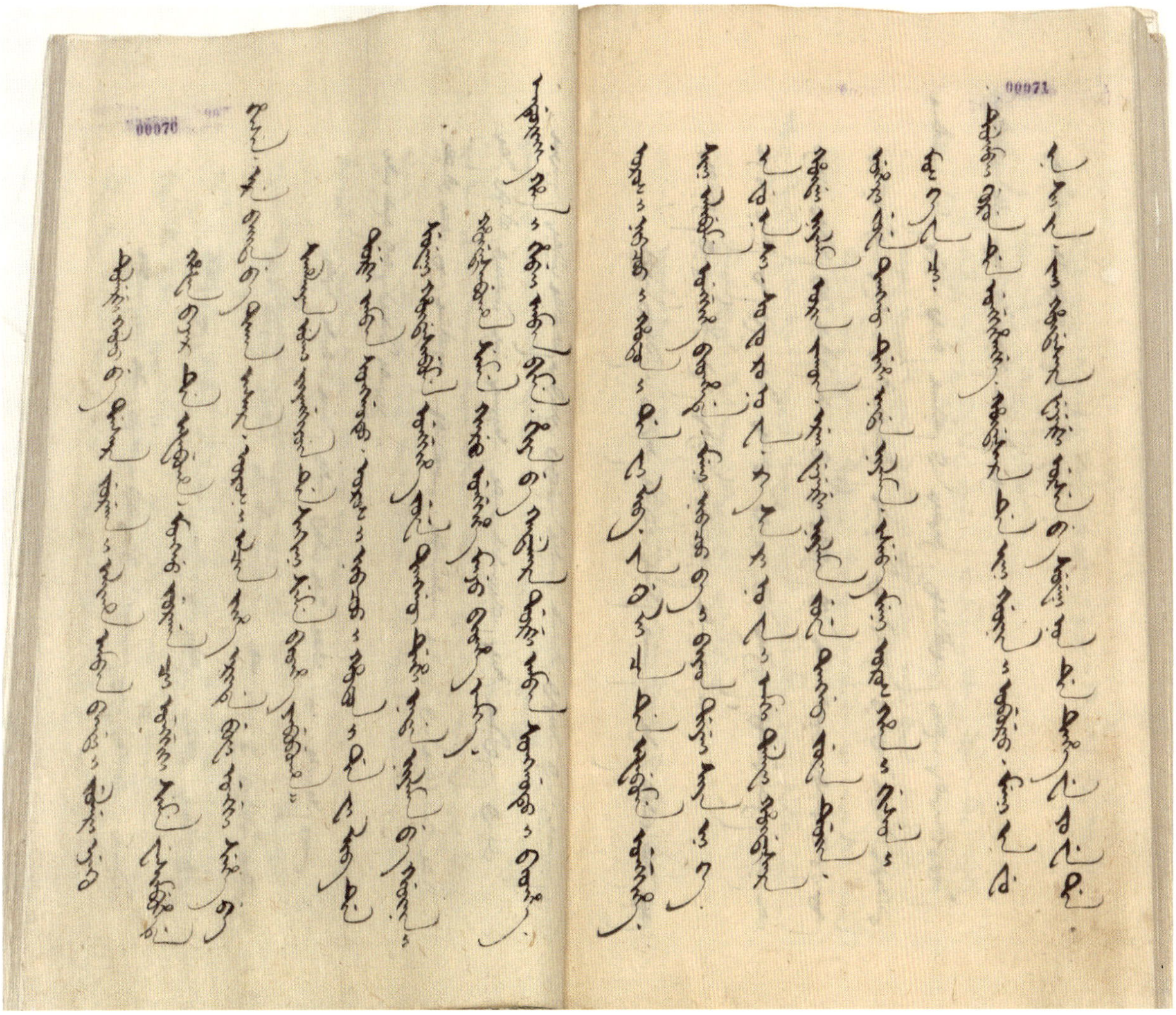

索额图复俄罗斯尼布楚城长官咨文（康熙三十六年闰三月二十日）

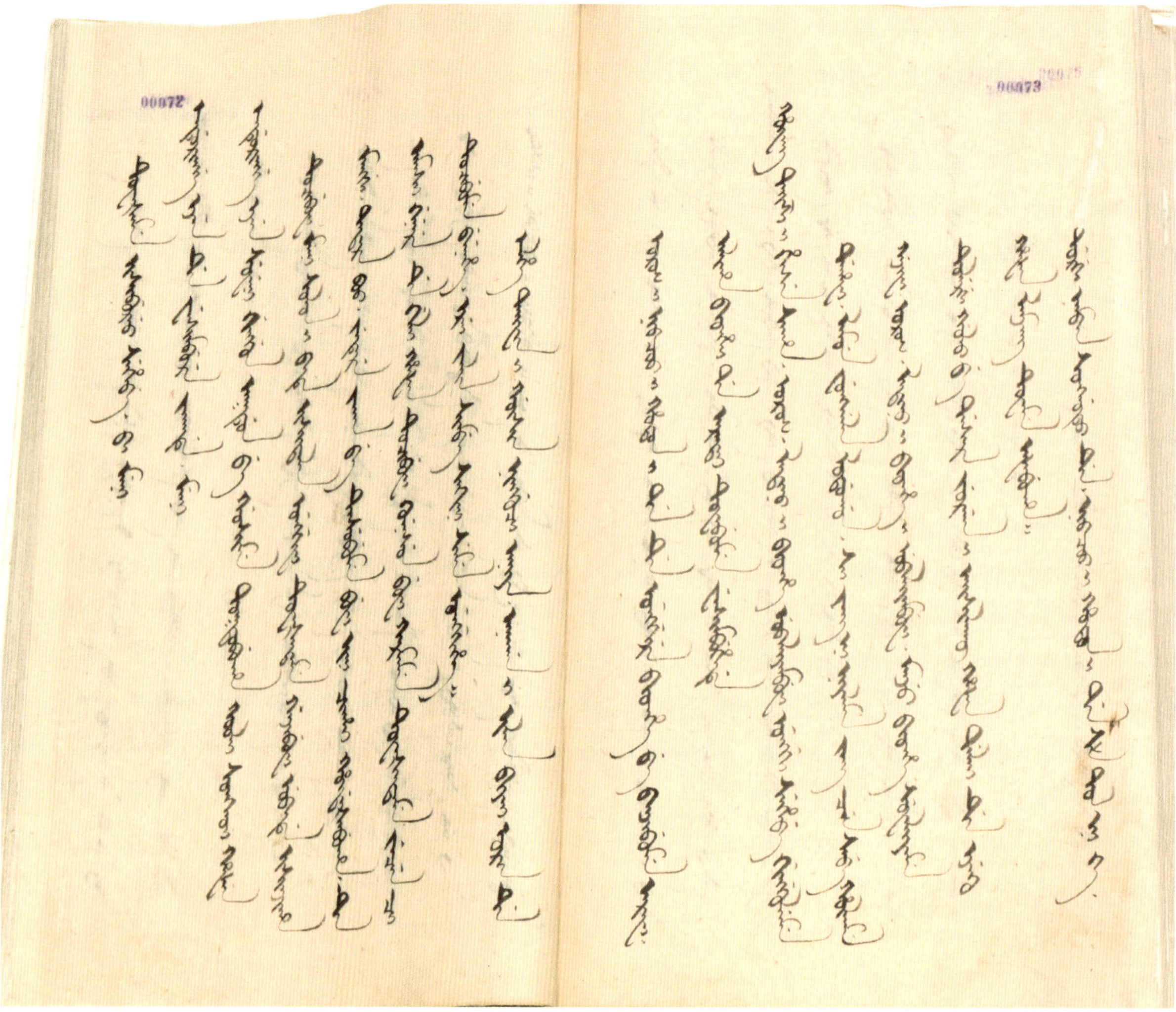
00972
00973

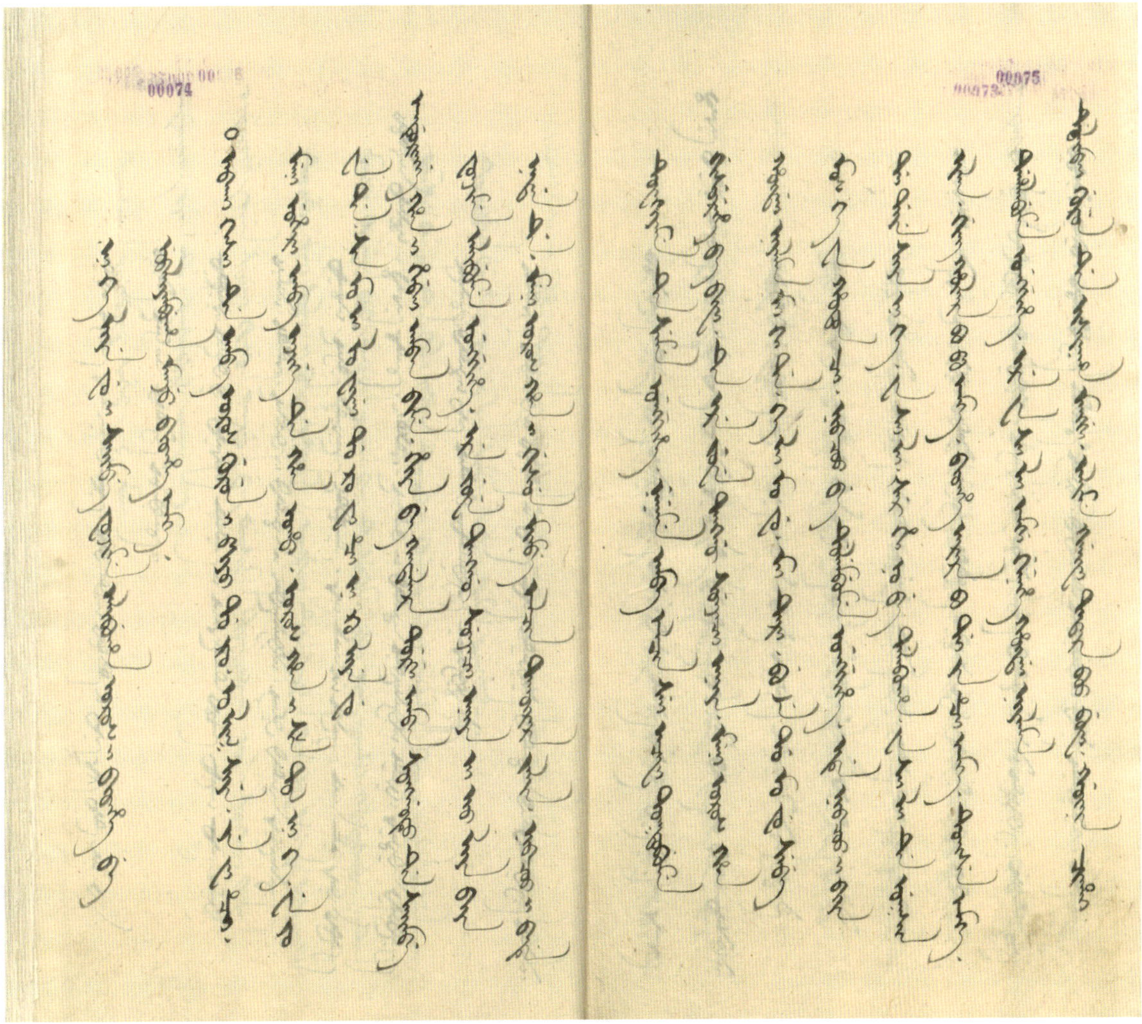

俄罗斯尼布楚城长官致索额图呈文（康熙三十六年）

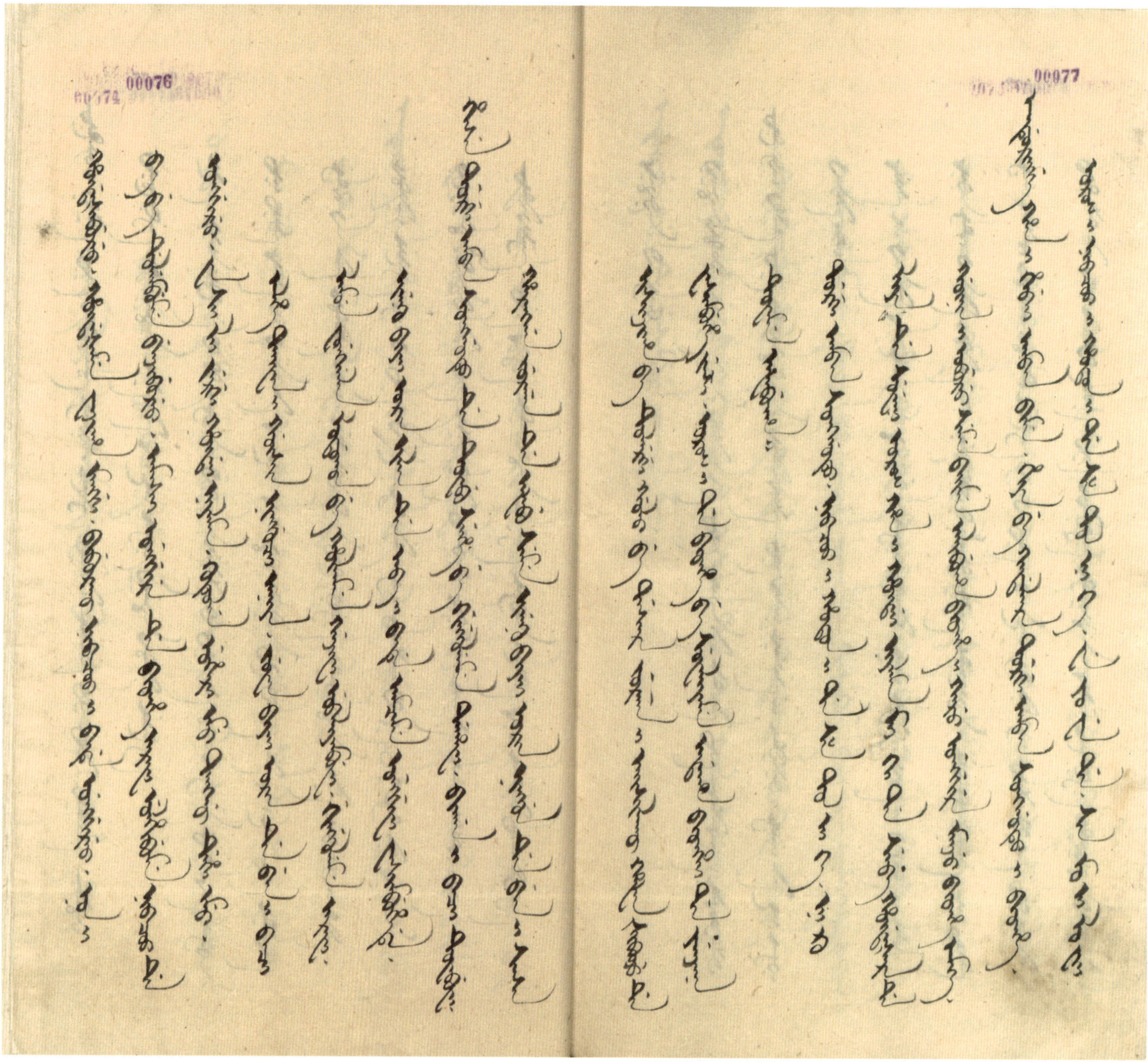
00076
00077

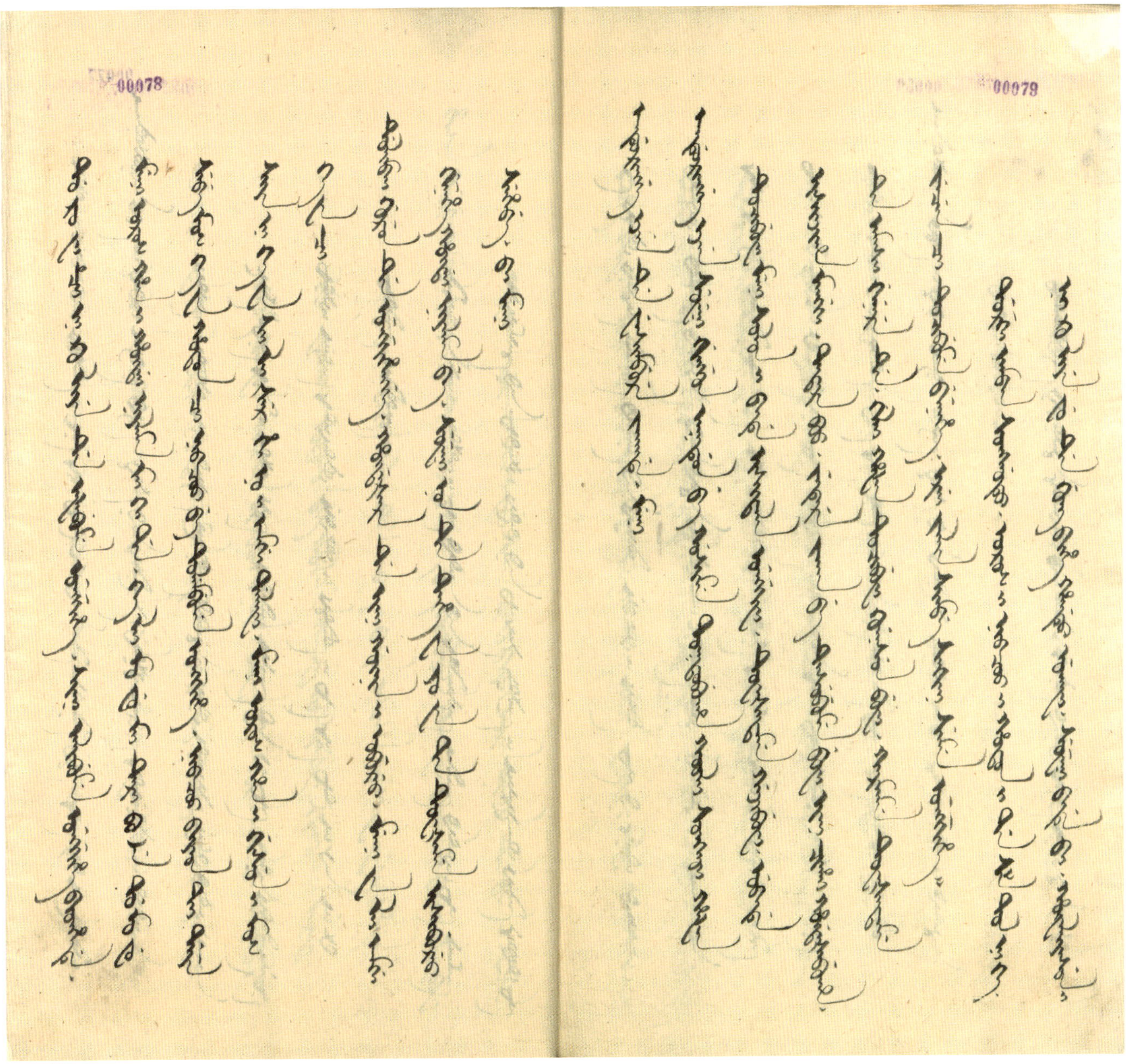

索额图复俄罗斯尼布楚城长官咨文（康熙三十六年）

俄罗斯近侍大臣致索额图函：

为由莫斯科派遣商务委员兰古索夫前往中国北京贸易事

康熙三十六年正月二十七日（1697年2月18日）

《尼布楚条约》签订后，俄罗斯商人纷纷申请来华贸易。康熙二十八年至三十六年间，俄罗斯来华的主要是私商组成的商队，出口货物主要是皮毛。康熙三十四年，沙皇彼得一世下令禁止私商对华贸易，唯有跟随国家商队，方能来华贸易。本件档案是俄罗斯近侍大臣兼罗斯托夫斯克总督公爵伊凡·鲍利索维奇·列普宁－奥波连斯基致清廷议政大臣兼领侍卫内大臣索额图的函。函内称，俄商斯皮里顿·兰古索夫等奉俄罗斯沙皇旨意，携带沙皇的各种官货，由莫斯科城前往中国贸易，请清朝官员按照和好之礼，向商队提供由嫩江直至北京沿途的供给、驿站及盘费等，并予以护送。并请按照往年之例，准其买卖一切货物，并在其将一切物品买卖完竣返回时，提供盘费、驿站，派员护送出境。根据内阁的注释，康熙三十七年十二月初一日，理藩院将该函件的拉丁文书一件、俄罗斯文书一件，奏呈康熙帝御览。奉旨：交内阁速译，翌日奏报。内阁蒙古房译出后，初二日由大学士伊桑阿等奏报。又奉旨：交内大臣索额图。该拉丁文、俄罗斯文原件由蒙古房收存保藏至今。

Dei Omnipotentis in Trinitate sanctissima Glorifica
di gratiâ Magnorum Dominatoris Tzarum Regnorumque Dnis Ioannis
Alexiewicz Petri Alexiewicz super Tzarez Tzarum, Possessorum Regionum Regno
rumque Magnae Parvaeque nec non Albae Russiae, Regnorum Dominiorumque Sub
actorum, Monarcharum ab Ortu ad Occasum, Septentrionis ac Meridiei Imperatorum
Suae Tzareae Mtis debitorum multorum Dominiorum, Moscowiensium, Kijowiensium, Wla
dimiriensium, Nowgrodiensium, Kazanensium, Astrachanensium, Plescowiensium, Smolen
scensium, Twerscensium, Ugorsciensium, Permensium, Wiatsciensium, Bulga
rensium Dominatorum Magnorumque Ducum; Nowgrodij Nizowensis terrae, Cer
nichowiensium, Rezanensium, Rostowiensium, Jaroslawiensium, Bialoosersensium
Udorsciensium, Obdorsciensium, Kondinsciensium, Dominatoris Iweriensis Terrae
Kartalinscensium Gruzinscensium Tzarum, Kabardinscensis Terrae, Czerkas
ensium nec non Gorscensium Ducum, multorumque caeterorum Dominiorum sub posse
ssionem suam potentemque manu subactorum, Potentissimorum Monarcharum, Largi
torum exaestuantibus pacem et quiete in augmentum ac felicitate utriusque Paci
ficorum gubernatoris Christianorum Monarcharum Conservatoris omni gratia, Ex
celsissimi super Reges Regis Dei Suae Tzareae Mtis Magni ac Plenipotentes
Legati Okolnicius ac Locutenens Branski Theodorus Alexiewicz Golowin ad
Socijs.

Magnarum Asiae Regionum Imperatoris Monarchaeque Potentissimi,
inter Sapientissimos Potentes Bohdoinenses Religionis Directoris,
Communitatis Gentis Kitaiensis Familiaeque Conservatoris Superregnantis
Bohdoinensis atque Kitaiensis Bohdoihani Suae Bohdoi Han Celsitudini
Magnis Legatis Samgotu Praetorianorum Militum Tribuno, Regnique
Consiliario cum Socijs. Amicabilem nostram salutatione transmittimus.

Hoc currente 7196to Anno Julij 26 die scripsistis ad nos
Magnos ac Plenipotentes Sacrae Tzareae Mtis Dominorum nostrorum

俄罗斯近侍大臣致索额图函（康熙三十六年正月二十七日）

Clementissimo nostri Legatos per Aulicum nostrum Stephanum Korovin Imperatorem Vestrum Suam Bogdi Han Celsitudinem, iuxta transmissas litteras Sacrae Tzareae Mtis Dnorum nostrorum Clementissimorum per inviolata amborum Dominiorum colloquia quae ad aeternam pacem designationemque limitum, mandasseque adesse legationi cum nobis Sacrae Tzareae Mtis Magnis ac Plenipotentibus Legatis, suos magnos Legatos, qui hic propter colloquia, post factam declarationem apud vos in Pezin Legationis nostrae Aulico Stephano Korovin, per proximos Viros Imperatoris vestri Suae Bogdi Han Celsitudinis, emitti debebant in Conventionem prope Selengam: quo nos perspecto haud mediocriter sollicitabamur, ne Mungali inconstanter agentes, quos per medios iter nostrum esse debebat obstaculum huic ponerent, siquidem et antehac data fide nobis, ut omni absque mora Ablegati nostri recta via tendentes ac significantes Vobis Suae Bogdi Han Celsitudinis Proximis Viris, de adventu nostro ad limites ratione legationalium Propositionum irent, ad nos reversi sunt. Quando vero iuxta hanc data illorum fidem in spe, quod absque omni dubio in brevi tempore missus noster Aulicus adepturus a vobis declarationem reverteretur, certo erat credidimus, detentus fuit in Mungaliensibus terris multo tempore, et saepe alijs plurimis Obstaculis ab his Mungalis illi interpositis, per Kutuchtam salvis omnibus obventum fuit.

Anno vero praesenti Augusti die Prima notificastis per transmissas ad nos vestras litteras cum Ablegatis vestris, in quibus exprimitis quod propter tumultum exurgentis belli inter Kalmykos et Mungalos, itinere hoc ratione legationis convenire nobiscum minime potestis. Similiter adstantes nobis in Colloquijs Ablegati vestri nobis denunciarunt, quod anno hoc currente imminentibus praecipuem Autumnalibus Hyemalibusque stationis confici hoc nullibi locorum potest. Et quoniam inopinato huic per vos denunciato, circa adventum nostrum obstaculo, Causisque a Vobis praescriptis fidem praestamus, ad limites commorabimur, expectantes interim mutuum a vobis consensum, properamque nobis significationem, quo tempore et loco propter legationis negotia et Constructione aeterne foedens inter utrumque imperium, servata consuetudine legationis, atque omni dubio facturi sumus. Attamen admirationi nobis est homines nobis gratissimi, variarum legationum non ignari, honoris fideique observantissimi, quod contra statuta legationis opera vestra manifestatis, sicuti nullibi gentium in usu est

Scribitis namq ad nos, missum à vobis nonnullum exercitus Praefectu qui expelleret prohiberetq Sacrae Tzareae Mtis homines in Albazino commorantes agros sere re metereq; adscribentes nobis culpam ex colloquio Albaziensis Praefecti Baidoni facto in recessu ab Albazin cum exercitu Ducum vestrorum. Hoc negotium suo principium habere debet à nobis ex mandato Sacrae Tzareae Mtis Dnorum nostrorum Clementissimorum ac ex mandato Imperatoris vestri Sua Bogdichan Celsitudinis: non de parvo hic negotio agitur, sed de aeterna constitutione limitu inter Regiones utriusq Imperij quatenus hoc maximo opere perfecto mutuo inter se utriusq Imperij subditi ad limites commorantes aeterna pace gaudeant, interim deceret utramq partem sua libertate ac consuetudine gaudere, antiqua sopire, et non nova seminare iurgia, quorum extinctioni, ex mandato Sacrae Tzareae Mtis Dnorum nostrorum Clementissimorum nobis dato, nos Magni ac Plenipotentes Legati serio adlaboramus. quod si impugnantibus vestris militibus, non ferentes inultas suas iniurias nostri in Albazin commorantes homines obstiterint, defensiveq processerint negotium hoc inter Legationem nimis incongruum apparebit quod utriusq Imperij populi pacem praestolantes, non aeque ad pacem colliment. In quo negotio nos immunes sumus, quoniam et Ablegatis vestris nobis adsistentibus saepius hoc verbaliter denunciavimus ut propter interruptionem illorum iurgiorum mittant à se ad subditos Imperatoris vestri prope Albazin commorantes electu inter se aliquem bonum virum. Ad quod responderunt, sibi nihil praeter praesentationem litterarum agere iniunctum esse, neq audere ratione suprascripti negotij aliquem a se mittere. Et quoniam gentes vestrae a nobis minime lacessitae, neq in venatorijs neq in alijs negotijs anno praesente unum ex nostris transilientes sub Albazin proximo tempore morte affecerunt, aliquotq equos abegerunt, hoc si in bellico tumultu factum esset minime doleremus. Attamen nos fidem veritatemq nostram, de qua vos subdubitatis, manifestam esse volumus, parva magnis non comparando putamus hoc omnia absq scitu vestro facta esse, quoniam gloriosum Imperatoris vestri, Sua Bogdi-Chan Celsitudinis in negotio Legationalis ad stabiliendam aeternam pacem perspicimus intentu. Ex mandato nobis dato à Sacra Tzarea Mte Dnis nostris Clementissimis exoptamus id ipsum ad finem deducere. Has ad vos litteras cum Ablegatis vestris, ad vos Charissimos nostros amicos transmittimus, quatenus intercedentibus iurgijs, simul et futuris q[ue] n[ost]ro Constitutiona aeterni foederis, in signum ad omne bonum, futuris in Legatione Propositis, filum praetendere velleas. Proxime vero post ablegatos vestros nostros ad vos directum sumus, cum quibus diserte scriptas litteras ad vos proximos Viros mittemus. Hos uti a latere nostro missos Charissimi nobis Amici honorifice suscipite, datoque illis ad nos responso, similiter bonis ad limites ducentibus, victuque sufficienti et vectoriis, dimittere dignemini.

Datum in itinere nostro Anno 7196 Die 5. Augusti.

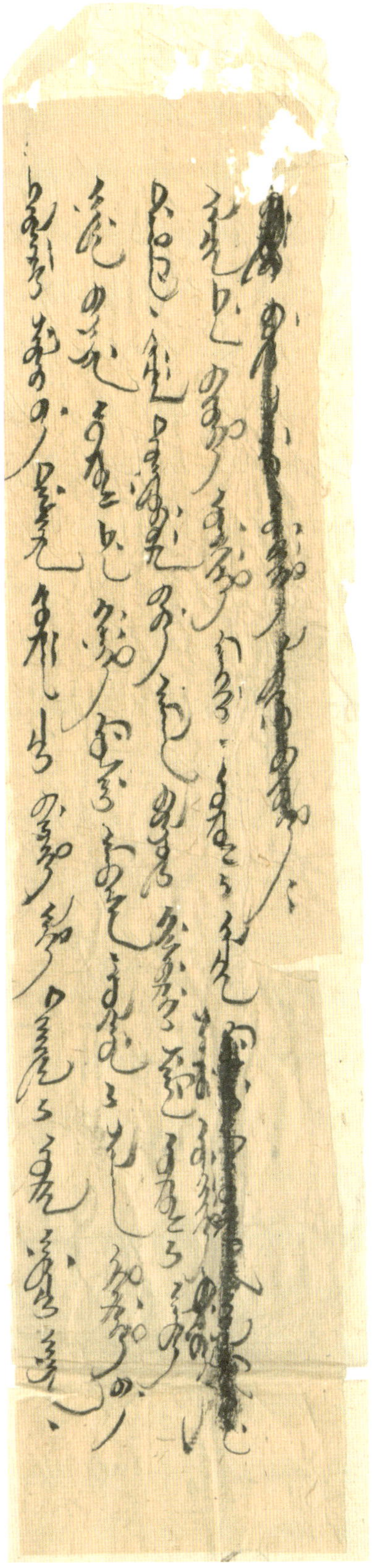

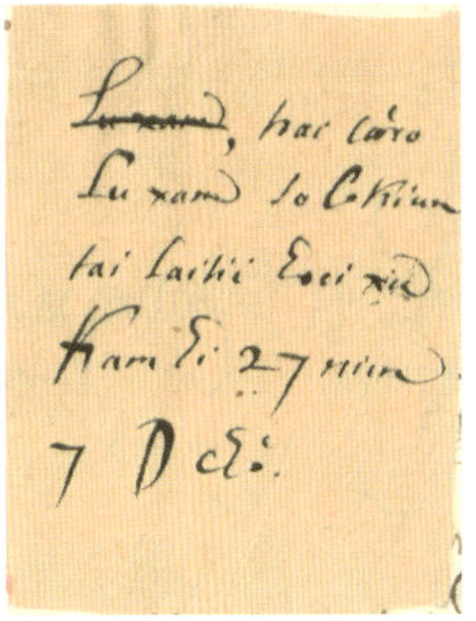

俄罗斯西伯利亚事务衙门秘书长致索额图咨文：

为奉俄皇谕旨派遣商帮至中国北京贸易请优待事

康熙三十八年正月十二日

（1699 年 2 月 11 日）

本件档案是俄罗斯西伯利亚事务衙门秘书长兼罗斯拉夫总督安德烈·维纽斯致清廷议政大臣兼领侍卫内大臣索额图的咨文，文内声称：奉俄罗斯汗谕旨，特拨国库钱款，派遣商人格里戈里·齐莫费耶维奇·鲍科夫等人前往中国贸易，售卖商帮货物，并为俄皇购买所需物品。希望准许该商人等入境，并向销售官货的商人们提供从嫩江直至北京途中的所有车马、向导、粮食及其他需要。待商人抵达北京后，望予接待，准其自由销售或购置货物。商人回归之时，望依照惯例予以协助，提供一切俄罗斯商人关于粮食、车马的需求，并派遣护送人员使其归途安全无阻。嗣后，中国皇帝属下人等，如派往俄罗斯境内办理事务，亦享受同样的优惠待遇及协助。

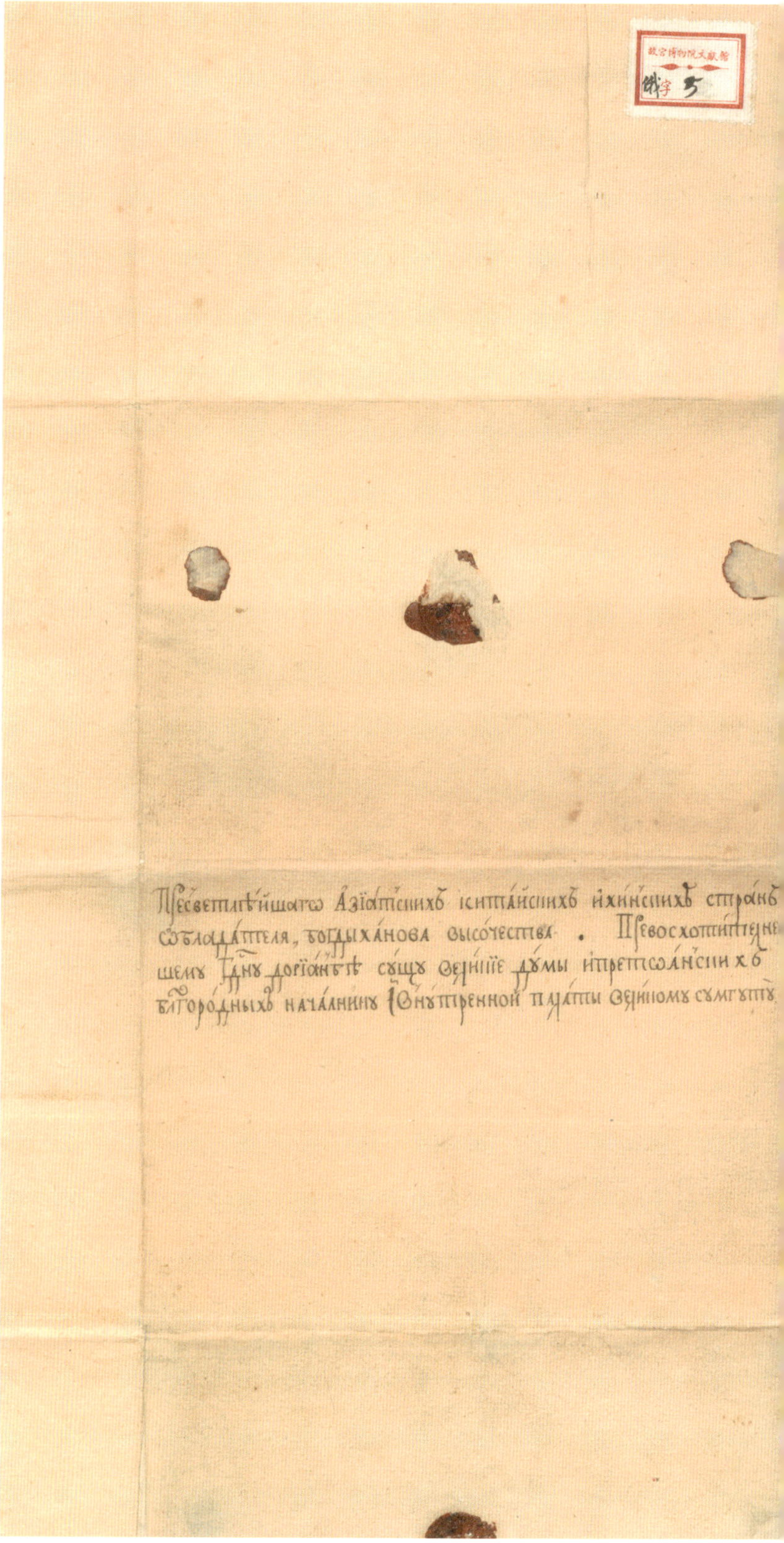

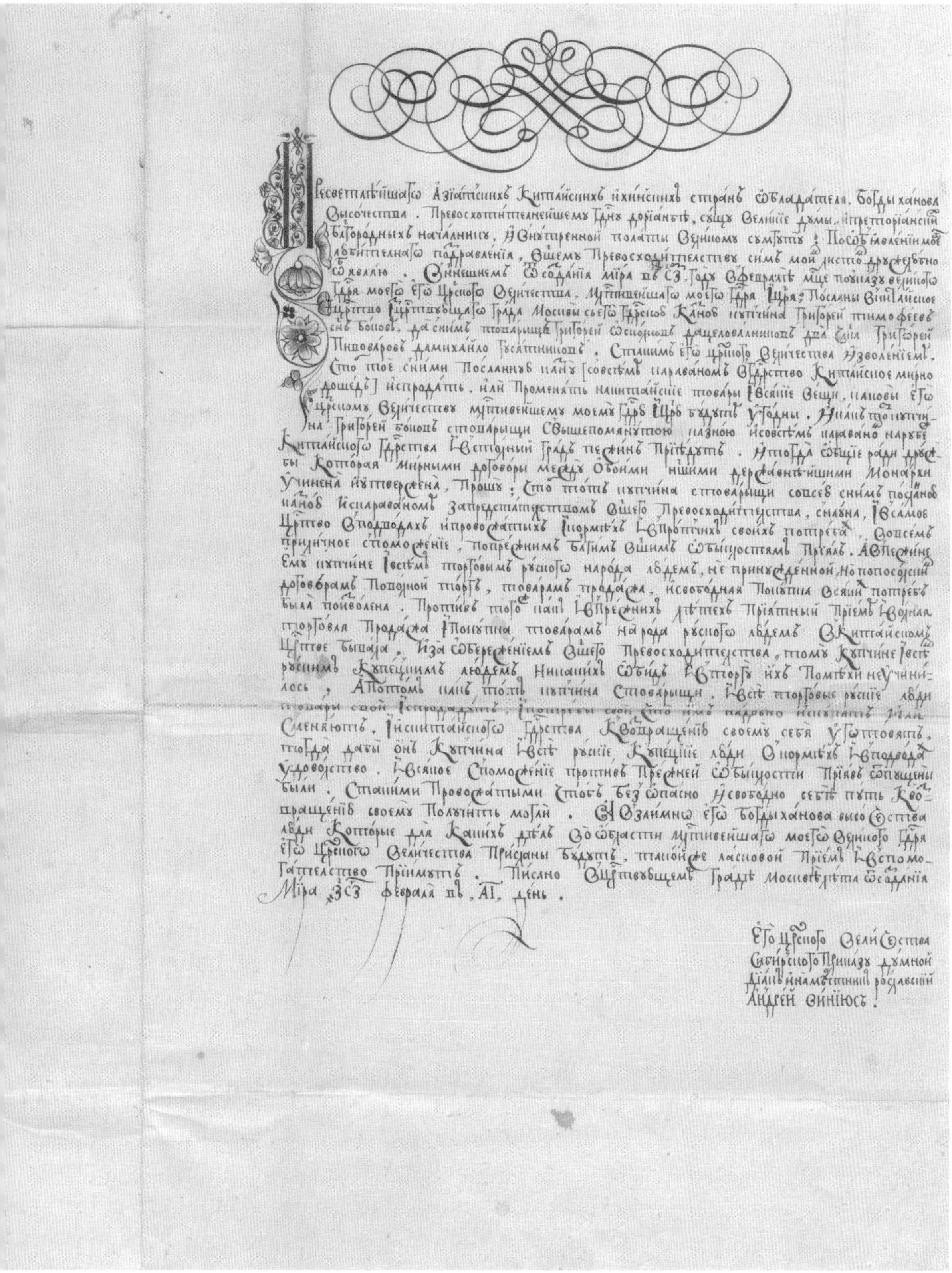

俄罗斯西伯利亚事务衙门秘书长致索额图咨文（康熙三十八年正月十二日）

俄罗斯议政大臣致索额图咨文：

为更换驻北京教士事

康熙四十一年二月十六日（1702年3月14日）

康熙二十二年，鉴于中俄边境摩擦历次战事中招抚归顺的罗刹人（即俄罗斯人）颇多，康熙帝谕令将其编为一佐领，令其彼此相依。清廷允许俄罗斯佐领保持东正教信仰，在北京东直门内拨给一处庙址，权充教堂，听其作礼拜。这座位于北京的圣尼古拉教堂（清代亦称“罗刹庙”）后来得到了西伯利亚总主教颁发的教会证书，得到了俄罗斯东正教会的认可。俄罗斯的东正教会在沙皇统治时代是以封建农奴制为基础的国家教会，具有十分鲜明的官方背景。及至彼得一世时代（1682—1725），经过一系列的教会改革，中央集权的政治原则逐步渗透到全部宗教活动之中，康熙六十年之后，沙皇更被尊为东正教的“最高牧首”，开辟了俄罗斯历史上教权彻底从属政权的时代。作为国家教会认可的教会机构，北京的东正教堂自然成为了其在中国的据点。每次俄罗斯商队来华进京，都配备若干神父随行，以便与北京的教堂不断建立联系。同时，还正式派遣“驻京教士”以便开展布道活动。

本组档案中，俄罗斯议政大臣西伯利亚事务衙门秘书长兼罗斯托夫总督安德烈·安得里耶夫·维纽斯在咨文中表示，京城敕建的东正教教堂内，主持念经等教务的马克西姆·列温提耶夫如今已“年迈眼花”，不宜再管理此教堂事务，经报告沙皇，特派本国两名教士，与商人一同前往中国京城。请准许此二人留住京城接管教堂事务，并请按例赏赐食物。文件包含俄罗斯文书两件，拉丁文书两件，蒙古文书一件，放入一个封套内，由理藩院交内阁翻译后，即送到围场，呈送康熙帝阅看。

彼得一世肖像

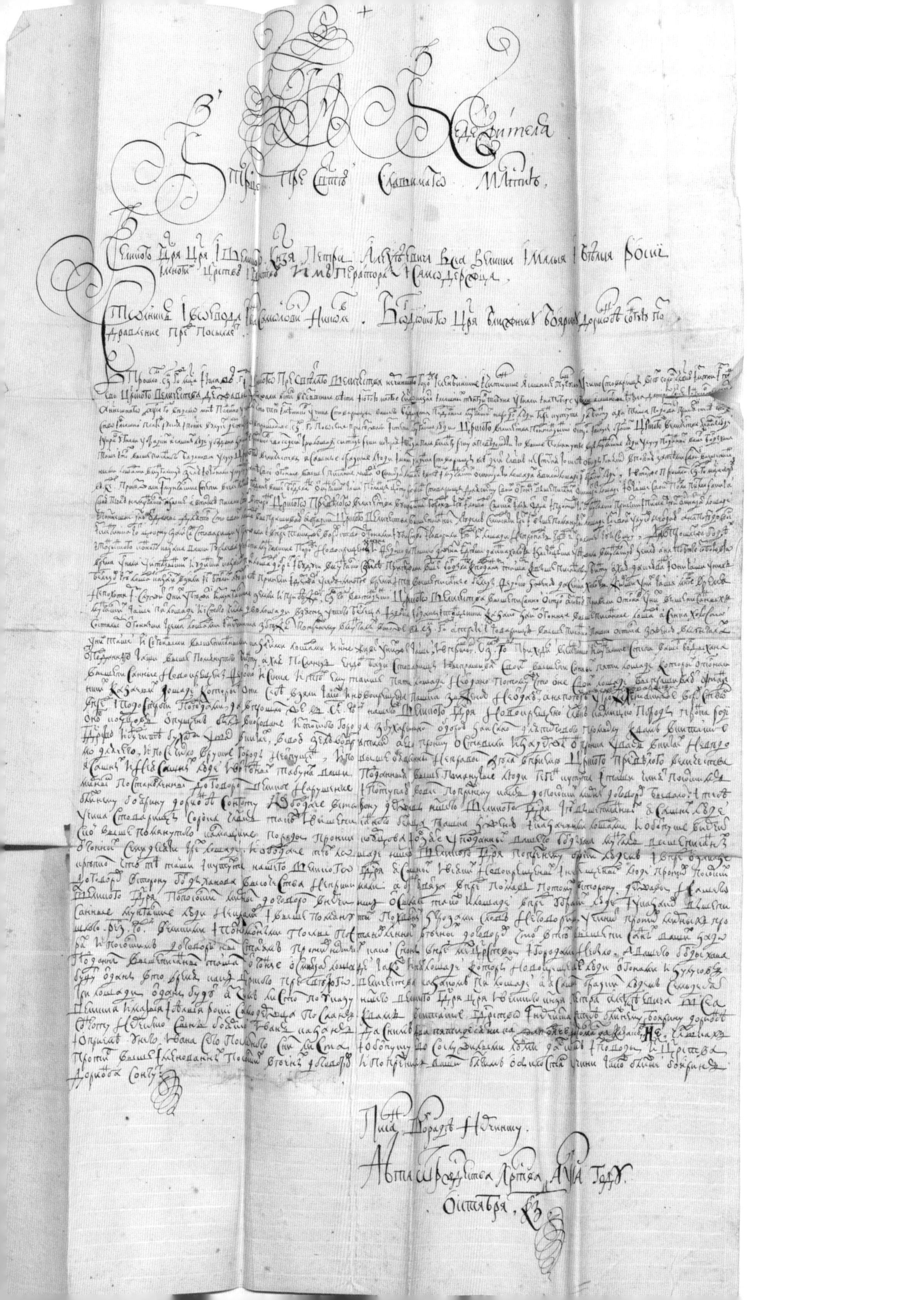

Зиждителя Святыя Троицы Пресвятаго Славимаго милостию,

Великого Царя Царя и Великого Князя Петра Алексеевича всеа Великия и Малыя и Белыя России и многих Царств и Государств и Императора и Самодержца.

Превосходительнейшему и высокородному [illegible] [illegible]. Нашего Царского Величества ближнего боярина дворового сотоваришу по управлению Посольских.

[illegible]

Писан в [illegible] Отчину.

Лета от Рождества Христова АѰКА году.

Октября, КЗ

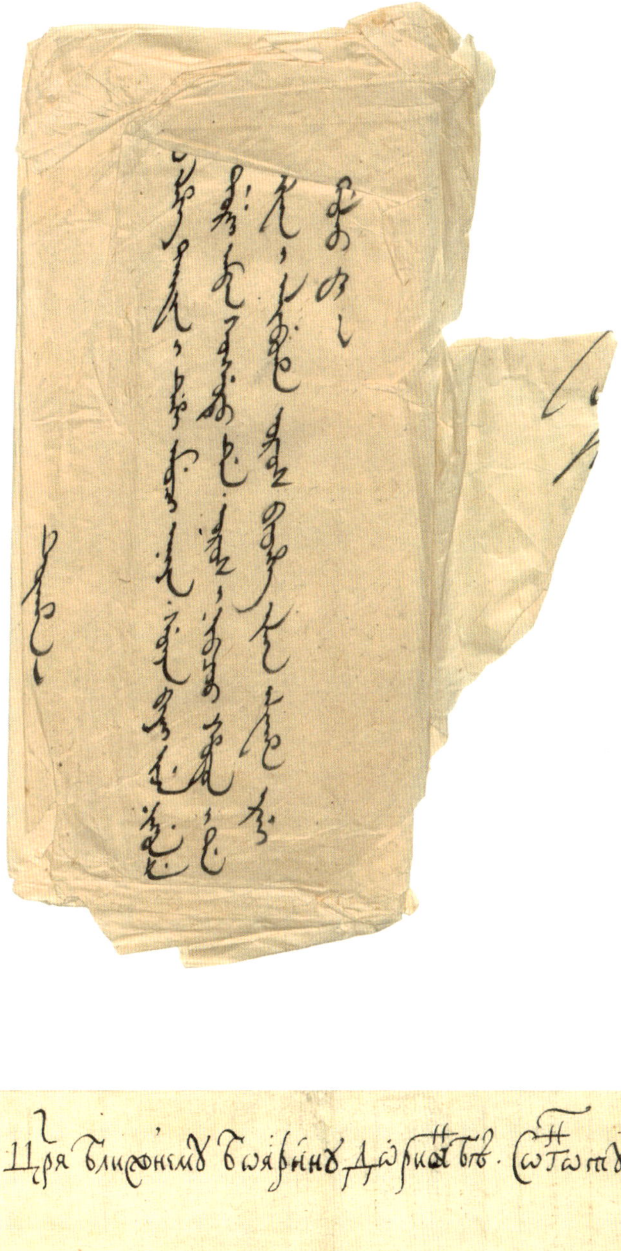

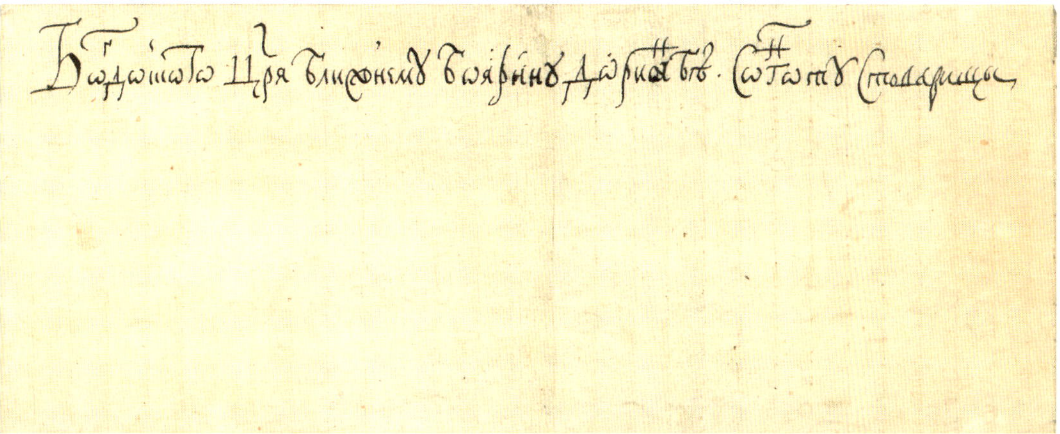

俄罗斯议政大臣致索额图咨文之一（康熙四十一年二月十六日）

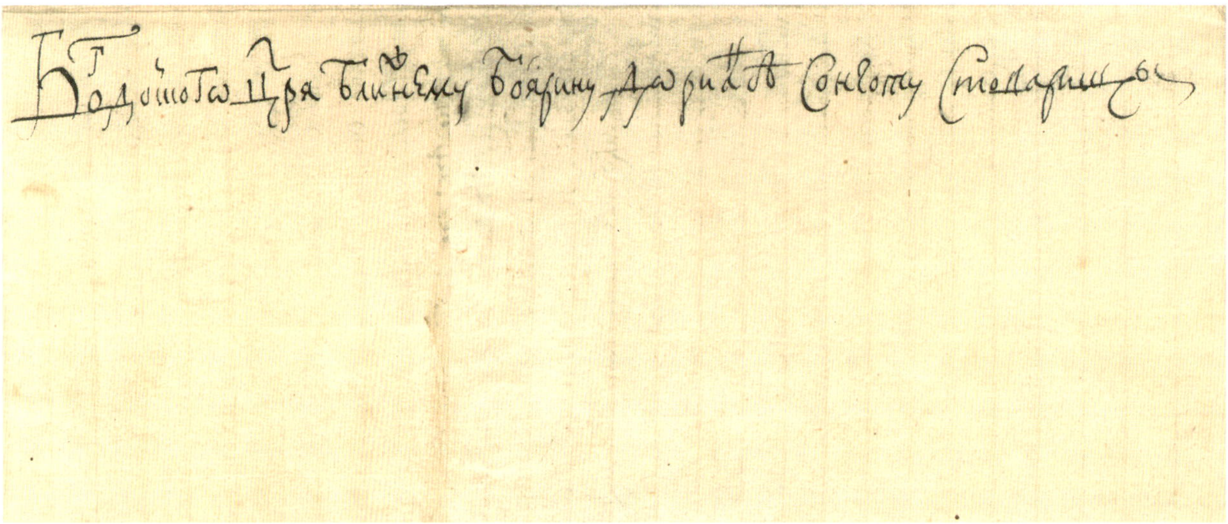

俄罗斯议政大臣致索额图咨文之二（康熙四十一年二月十六日）

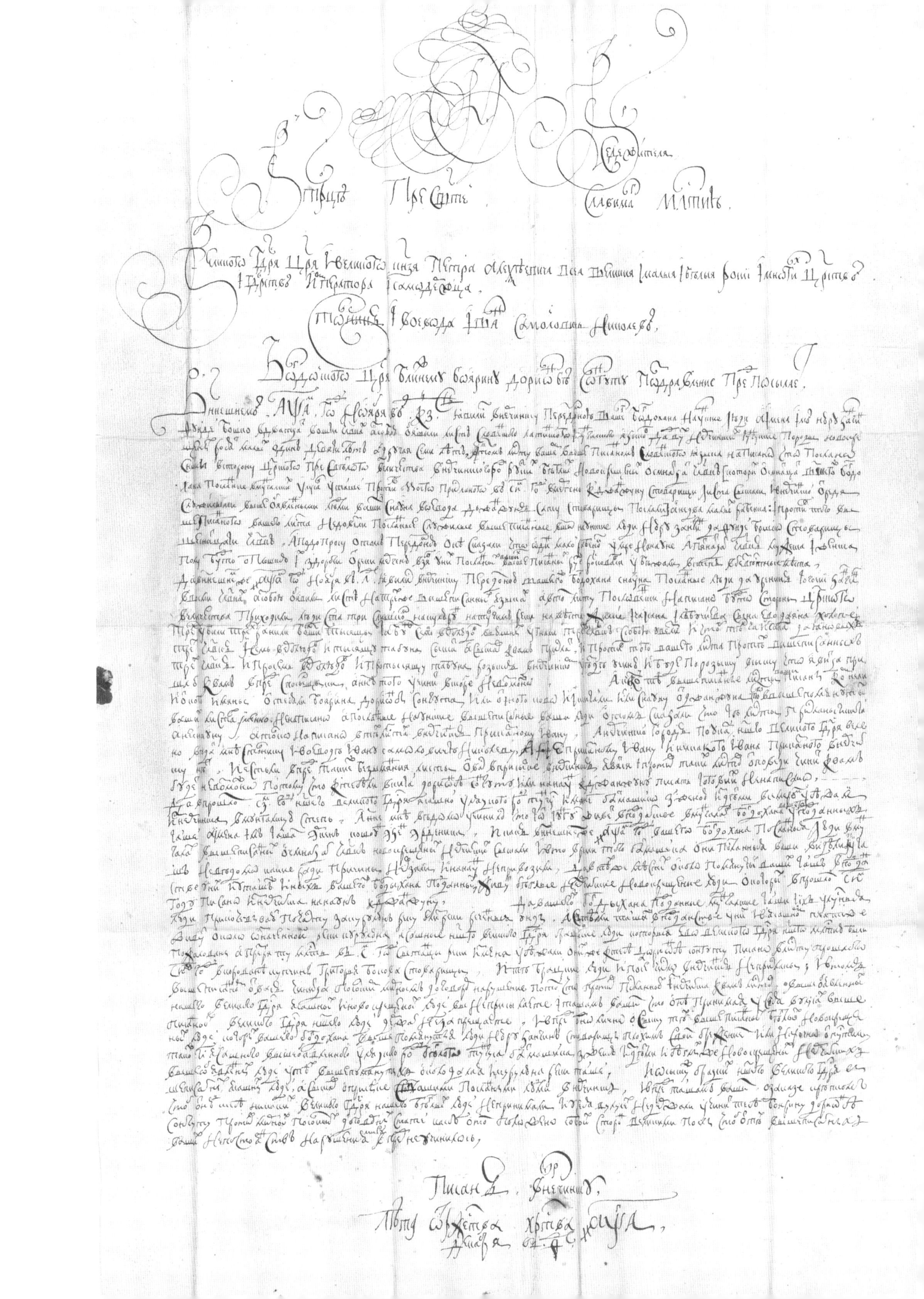

Божиею милостию Пресветлейшаго и Державнейшаго и славимаго Монарха

Великого Государя Царя и Великого Князя Петра Алексеевича всея Великия и Малыя и Белыя России и многих государств и земель Императора и Самодержца,

стольник и воевода Иван Самойлович Николаев

Богдойского Царя ближнему боярину дорогому Сонготу поздравление препосылает.

В нынешнем ҂АѰІА году ноября в 23 день [illegible]

[illegible]

Писан в Нерчинску [illegible] лета [illegible] году [illegible] месяца [illegible] дня.

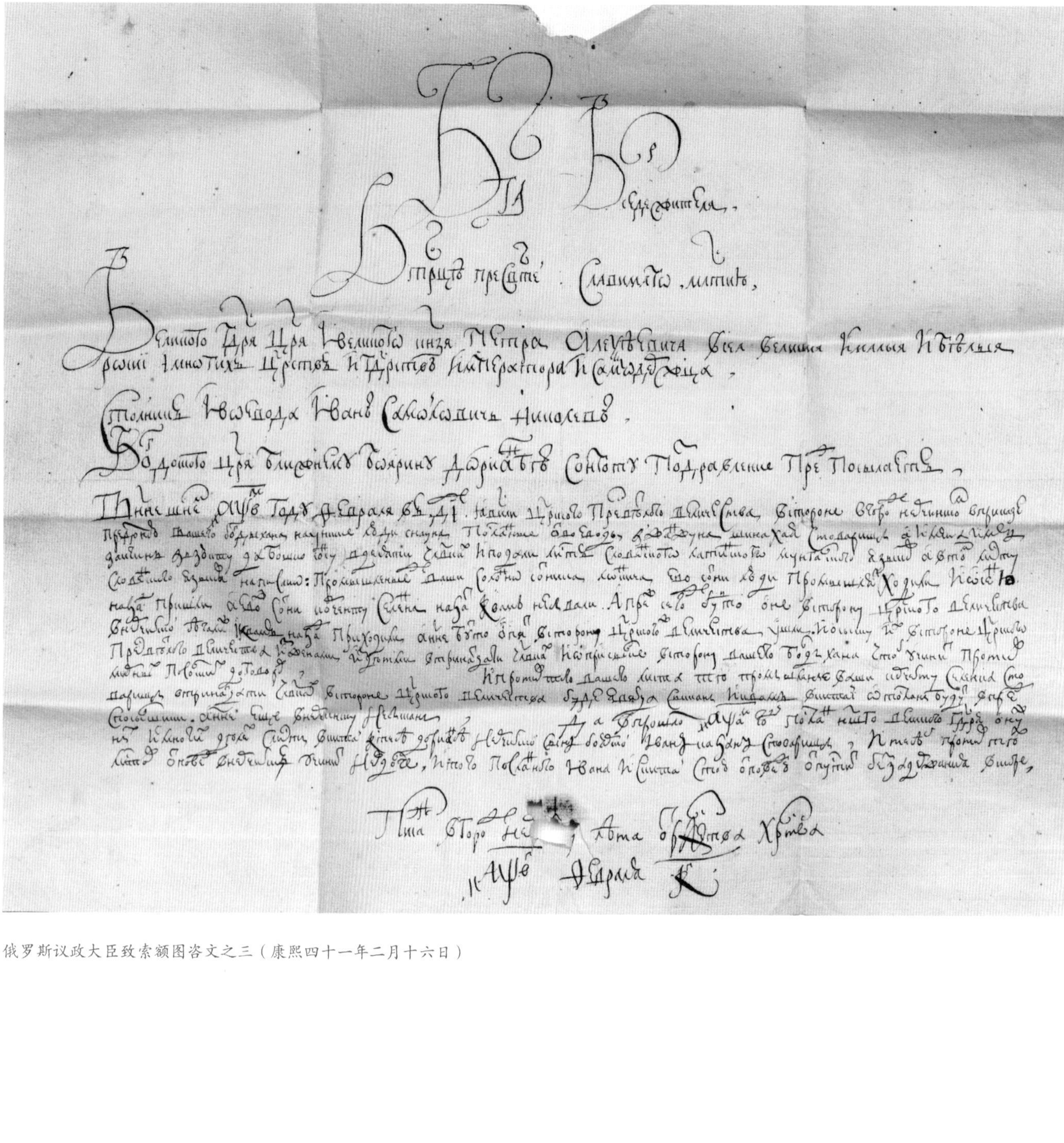

俄罗斯议政大臣致索额图咨文之三（康熙四十一年二月十六日）

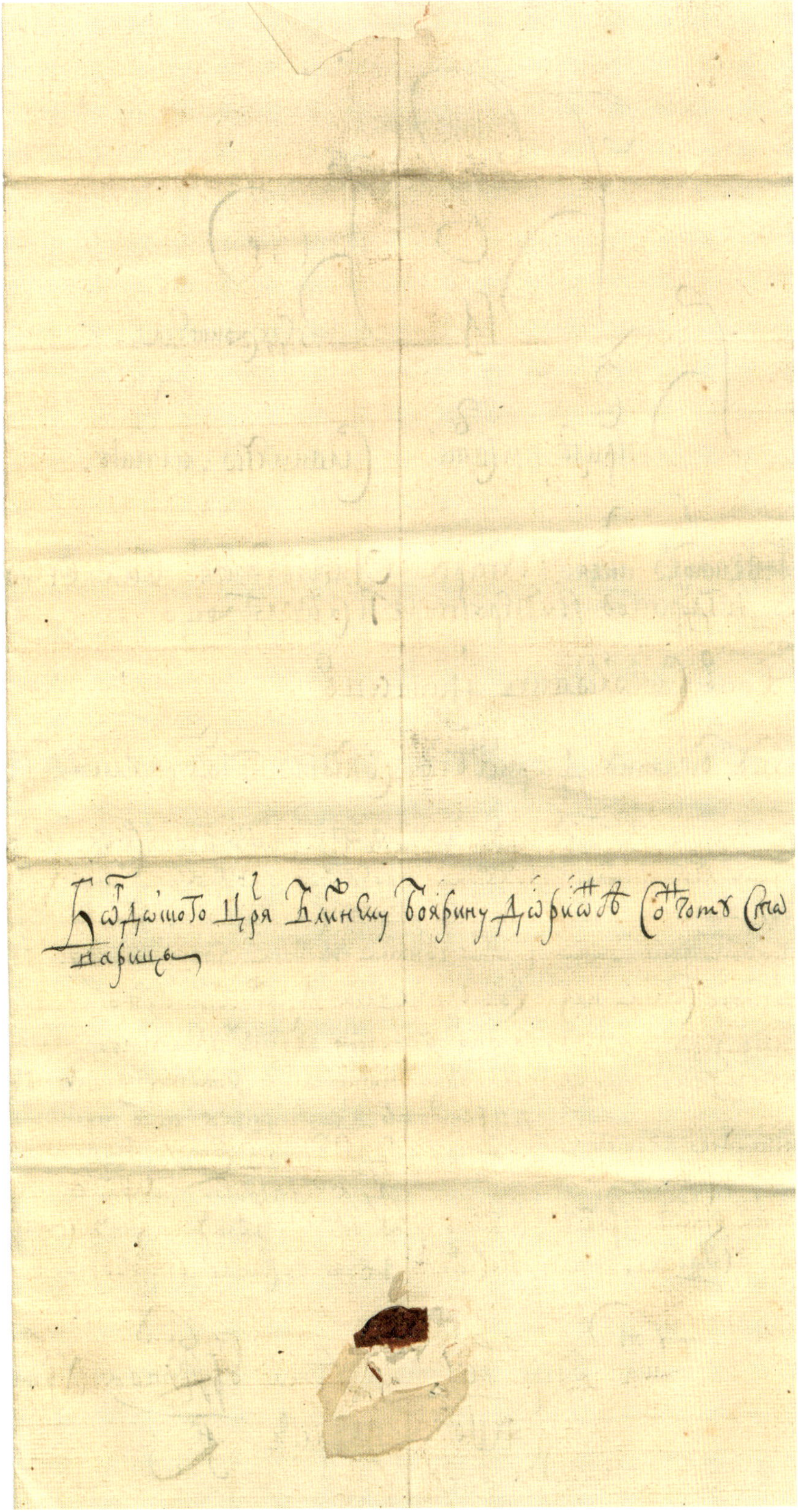

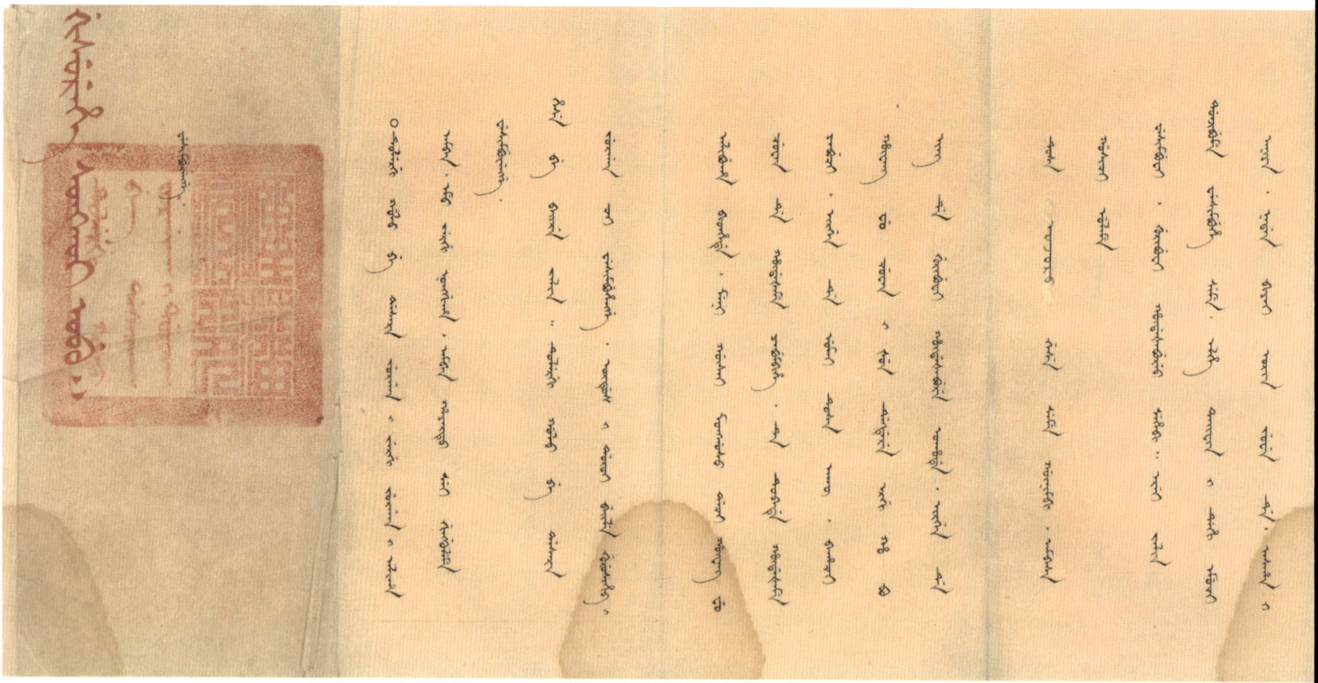

理藩院尚书哈雅尔图等题本：

为议鄂尔多斯蒙古部众迁移贸易地点事

康熙四十一年八月初九日（1702 年 9 月 30 日）

在清朝的北方贸易体系中，位于河套地区、蒙古高原中段的鄂尔多斯等部一直是亚欧大陆货物流通的重要通道。这条道路跨越黄河河套，经过河套沿岸鳞次栉比的渡口而连接起南北农业、商业的流动渠道。黄甫川（在今陕西省榆林市境内）位于河套西端，随着蒙古地区的安定，逐渐失去了明代以来依托卫所而建立起来的随军贸易地位。分布在河套其他地段的渡口逐渐繁盛起来。本件满文档案记载，鄂尔多斯王公请求将贸易中心从黄甫川改到其他渡口，反映了这种区域经济的变迁。档案记载，鄂尔多斯贝勒报告，其旗在皇甫川经商贸易，但商事无利，请求移至河泊经营。康熙帝让大臣们议定，理藩院侍郎哈雅尔图等表示应准其所请，转移贸易口岸。

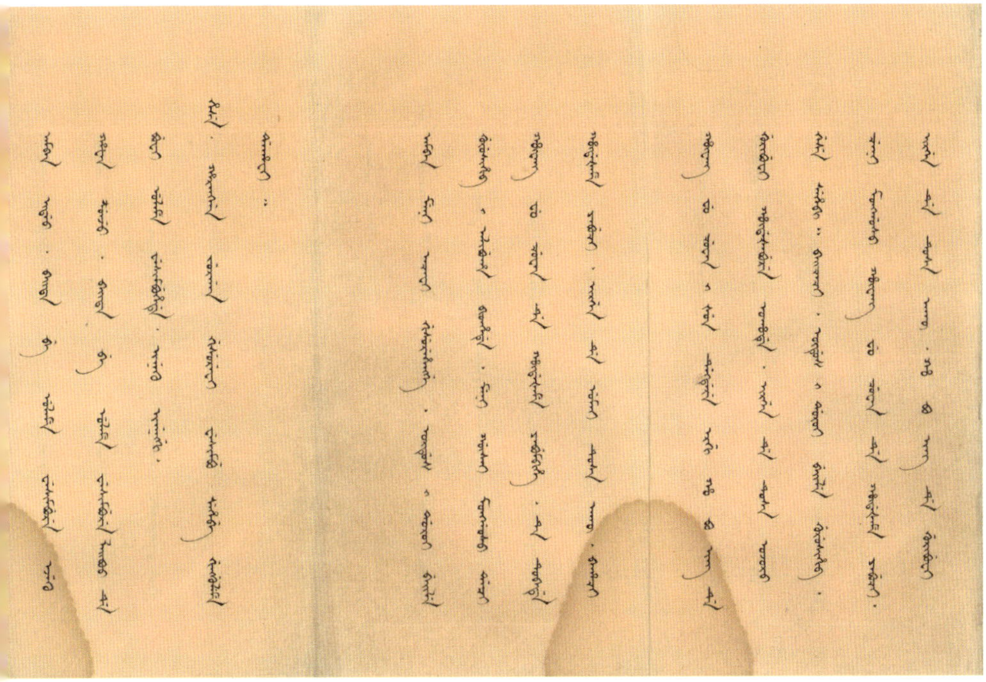

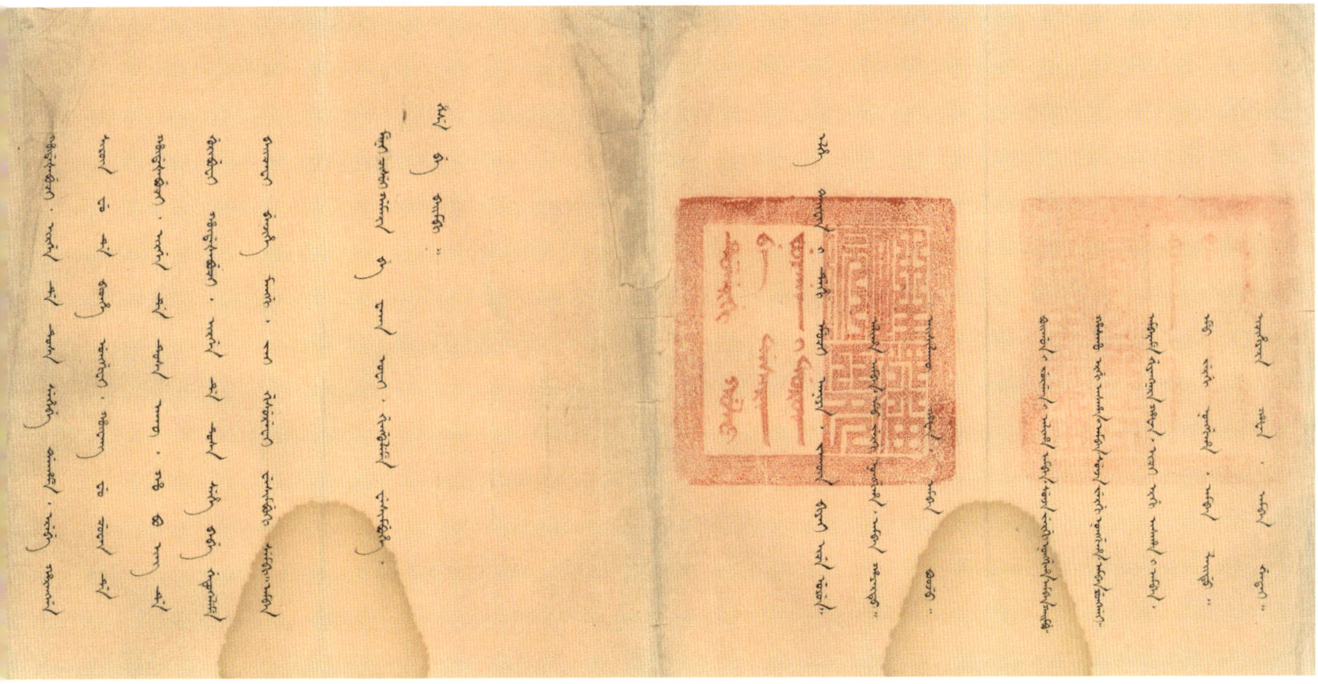

理藩院尚书哈雅尔图等题本（康熙四十一年八月初九日）

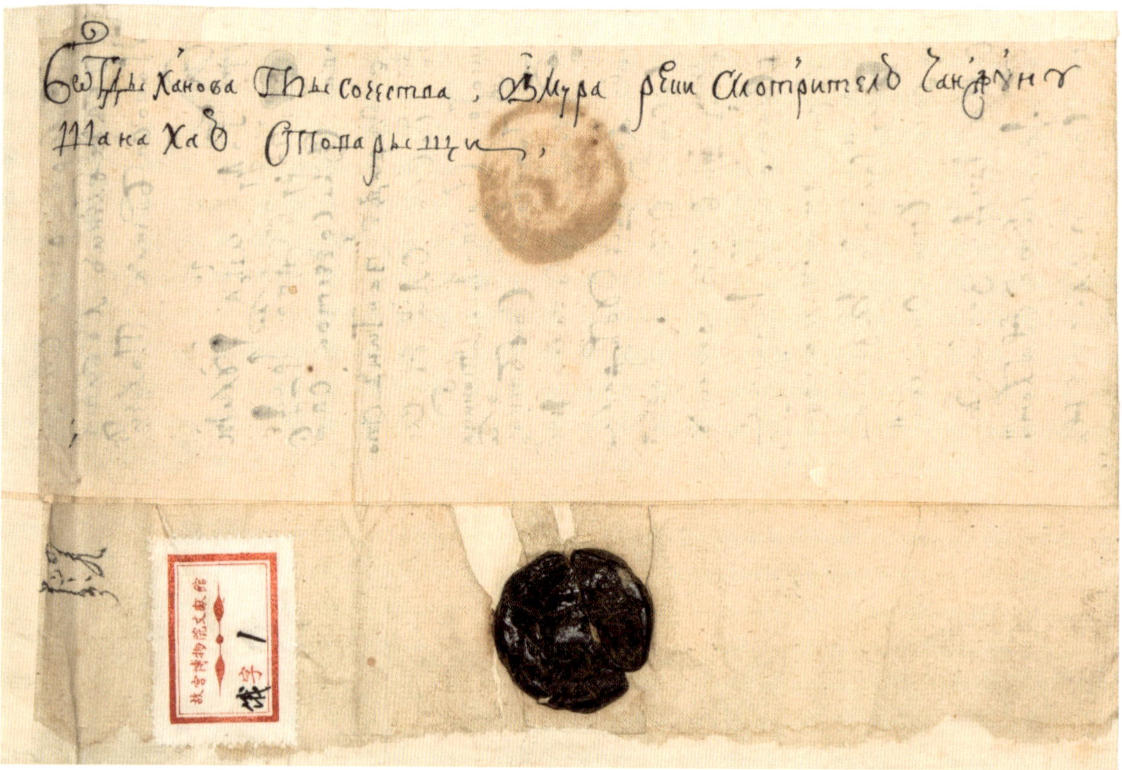

俄罗斯尼布楚长官致黑龙江将军函：

为由莫斯科派遣商队在嫩江守候请转函京师准予入境事

康熙四十二年六月初四日（1703 年 7 月 17 日）

本组档案是俄罗斯尼布楚（俄称涅尔琴斯克）军政长官米哈伊尔·尤里耶维奇·希什金致黑龙江将军沙那海等的信函，函内声称：奉沙皇谕旨，特派遣市商会商人伊万·萨瓦捷耶夫及其同伴人等携带沙皇陛下的货物，偕同俄罗斯商队携带俄罗斯货物前往中国境内，以便出卖或兑出俄货，购买中国货物。尼布楚派遣伊万·贝顿及随从人等 53 人随同商队前往。该商队之中，有修士司祭谢尔盖、教堂执事费奥多西及 1 名神甫和 9 名工役人等随同前往。为护送沙皇货物，商人伊万·萨瓦捷耶夫及其同伴人等带有工役 200 人。商队中商人亦带有工役 565 人。依照前数年惯例，待商队从尼布楚起程，特派递信专差及通译人等前往齐齐哈尔贵将军处，递交致内大臣索额图的公函 1 件及致贵将军沙那海公函 1 件，请贵将军依照向例将函件送往京师，请求贵国皇帝依照两国和好条约接待携有沙皇货物的商人，降旨准其由齐齐哈尔入境，并派妥员护送，提供所需车马、口粮等物。

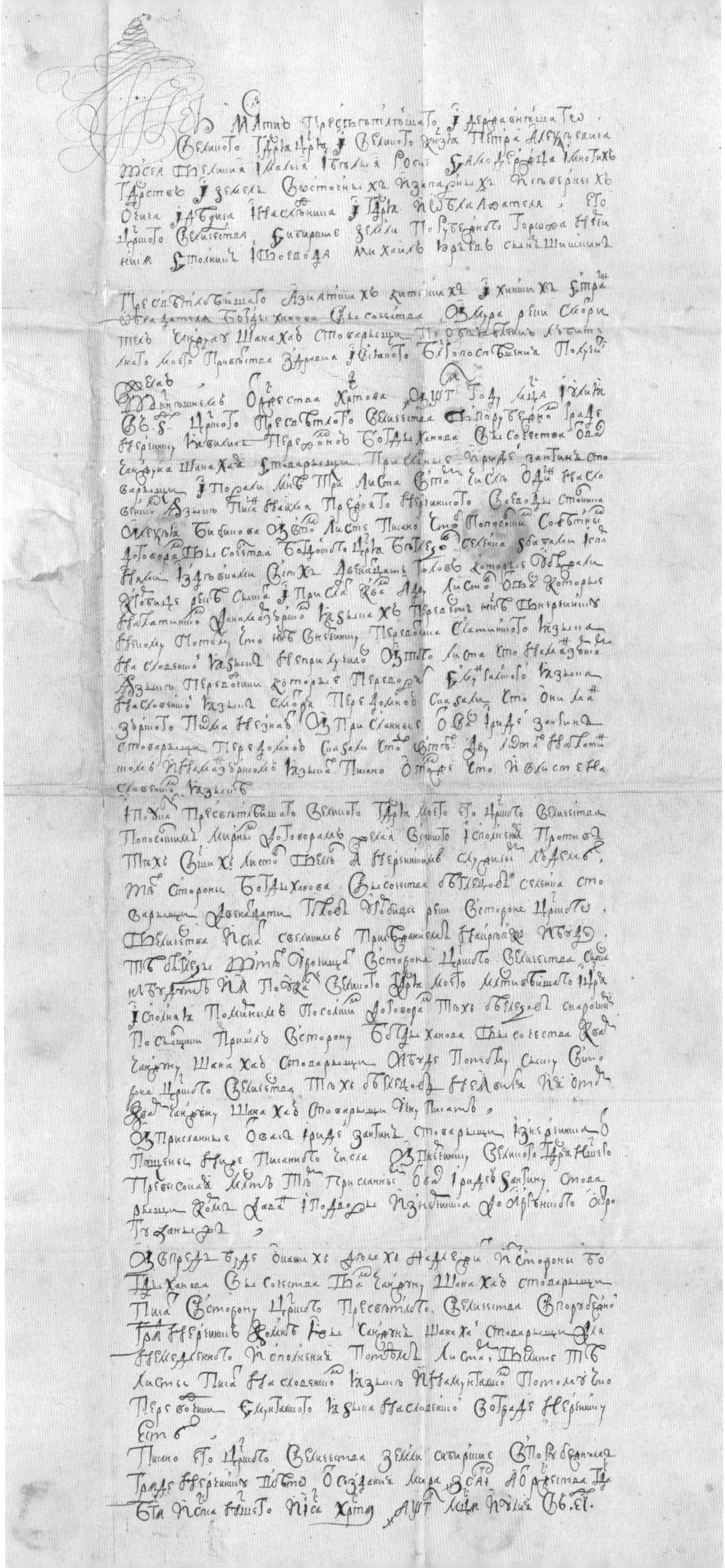

俄罗斯尼布楚长官致黑龙江将军函之一（康熙四十二年六月初四日）

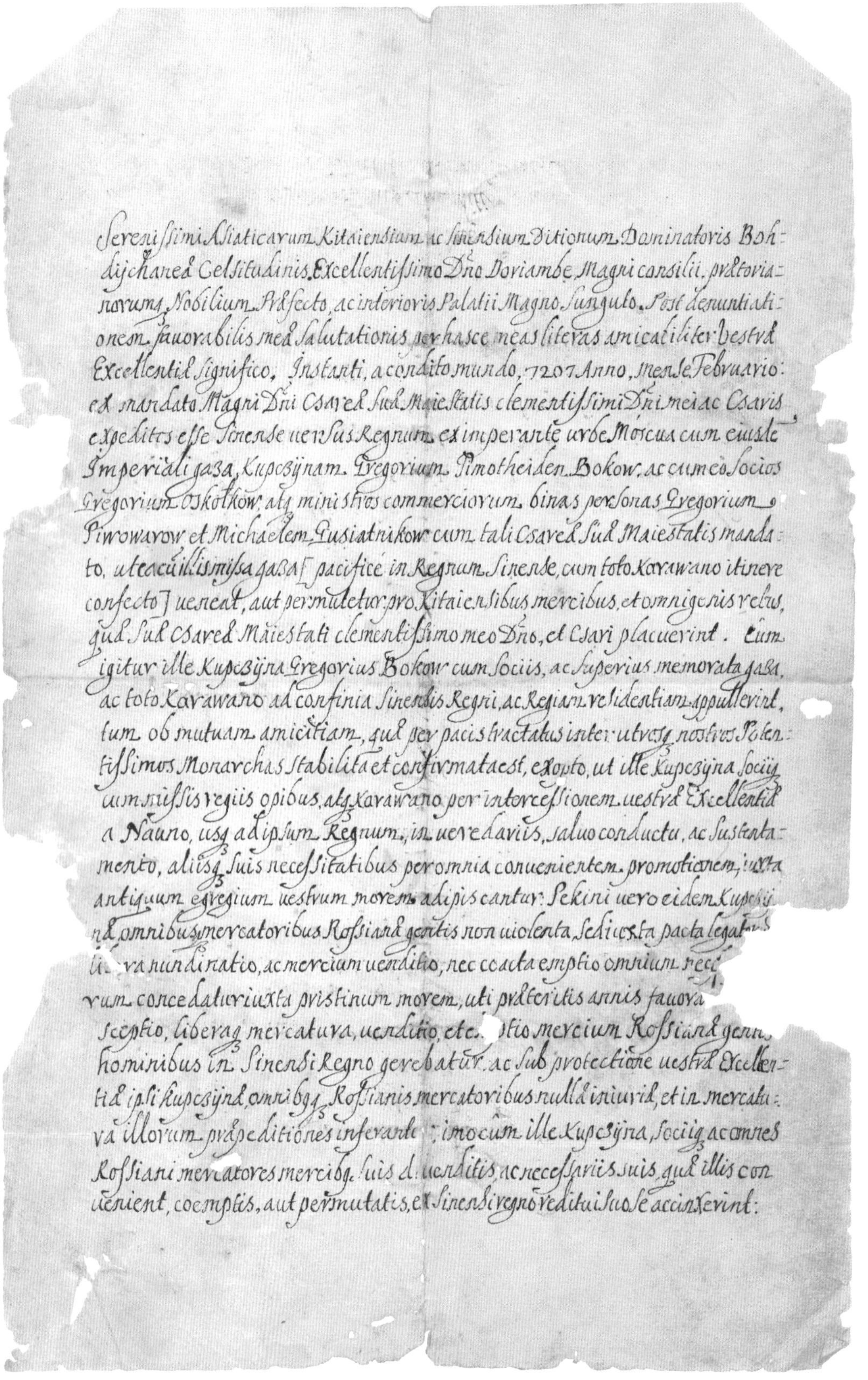

Serenissimi Asiaticarum Kitaiensium ac Sinensium Ditionum Dominatoris Boh-
dijchaneæ Celsitudinis Excellentissimo Dño Doriambe, Magni consilii, prætoria-
norumq Nobilium Præfecto, ac interioris Palatii Magno Sungulo. Post denuntiati-
onem favorabilis meæ Salutationis per hasce meas literas amicabiliter vestræ
Excellentiæ Significo. Instanti, a condito mundo, 7207 Anno, mense Februario:
ex mandato Magni Dñi Csareæ Suæ Maiestatis clementissimi Dñi mei ac Csaris
expeditos esse Sinense versus Regnum ex imperante urbe Moscua cum eiusde
Imperiali gasa, Kupcsijnam Gregorium Timotheiden Bokow, ac cum eo Socios
Gregorium Oskolkow, atq ministros commerciorum binas personas Gregorium
Piwowarow et Michaelem Gusiatnikow cum tali Csareæ Suæ Maiestatis manda-
to, ut ea cum illis missa gasa [pacifice in Regnum Sinense, cum toto Karawano itinere
confecto] veniat, aut permutetur pro Kitaiensibus mercibus, et omnigenis rebus,
quæ Suæ Csareæ Maiestati clementissimo meo Dño, et Csari placuerint. Cum
igitur ille Kupcsijna Gregorius Bokow cum Sociis, ac Superius memorata gasa,
ac toto Karawano ad confinia Sinensis Regni, ac Regiam residentiam appullerint,
tum ob mutuam amicitiam, quæ per pacis tractatus inter utrosq nostros Poten-
tissimos Monarchas stabilita et confirmata est, exopto, ut ille Kupcsijna Sociiq
cum missis regiis opibus, atq Karawano per intercessionem vestræ Excellentiæ
a Nauno, usq ad ipsum Regnum, in veredariis, saluo conductu, ac Sustenta-
mento, aliisq Suis necessitatibus per omnia convenientem promotionem, iuxta
antiquum egregium vestrum morem adipiscantur. Pekini vero eidem Kupcsij-
næ omnibusq mercatoribus Rossianæ gentis non violenta, Sed iuxta pacta legat...
li...ra nundinatio, ac mercium venditio, nec coacta emptio omnium reci...
vum concedatur iuxta pristinum morem, uti præteritis annis favora...
sceptio, liberaq mercatura, venditio, et e...ptio mercium Rossianæ gentis
hominibus in Sinensi Regno gerebatur, ac Sub protectione vestræ Excellen-
tiæ ipsi Kupcsijnæ, omnibq Rossianis mercatoribus nullæ iniuriæ, et in mercatu-
ra illorum præpeditiones inferantur; imo cum ille Kupcsijna, Sociiq ac omnes
Rossiani mercatores mercibq Suis d... venditis, ac necessariis suis, quæ illis con-
venient, coemptis, aut permutatis, ex Sinensi regno reditui Suo se accinxerint:

俄罗斯尼布楚长官致黑龙江将军函之二（康熙四十二年六月初四日）

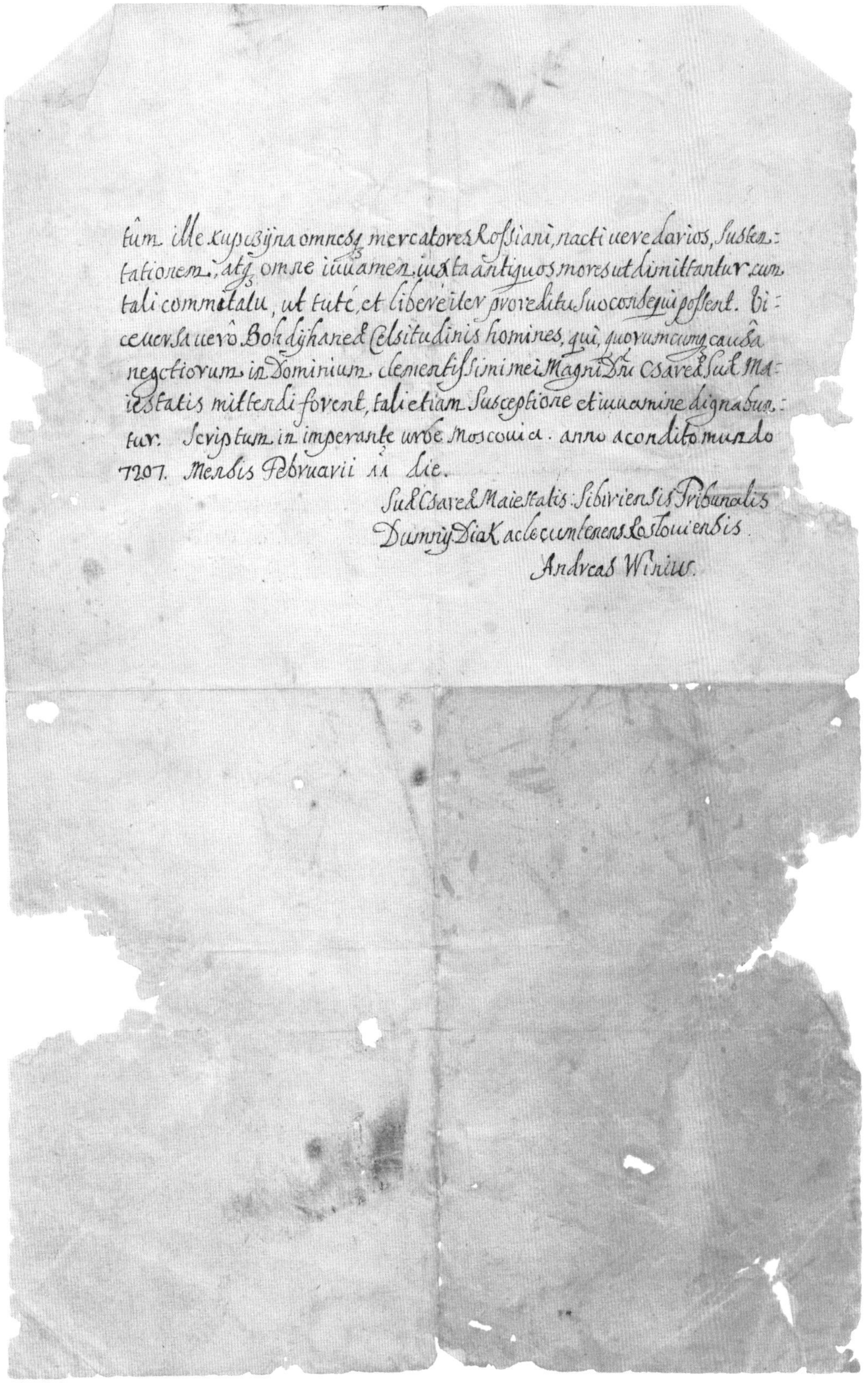

tûm. ille Kupcsijna omnesq; mercatores Rossiani, nacti uere davios, Susten:
tationem, atq; omne iuuamen, iuxta antiquos mores ut dimittantur cum
tali commitatu, ut tuté, et libere iter proveditu suo consequi possent. Vi:
ceuersa uerô Boh dyhane Celsitudinis homines, qui, quorumcunq causâ
negotiorum in Dominium clementissimi mei Magni Dni Csaree Sue Ma:
iestatis mittendi forent, tali etiam Susceptione et iuuamine dignabun:
tur. Scriptum in imperante urbe Moscouia. anno a condito mundo
7207. Mensis Februarii 11 die.

Sue Csaree Maiestatis: Sibiriensis Tribunalis
Dumniy Diak ac locumtenens Kostomiensis.
Andreas Winius.

俄罗斯尼布楚长官致黑龙江将军函之三（康熙四十二年六月初四日）

От ближняго Пресветлейшаго Державнейшаго Великаго Государя Царя и Великаго Князя Петра Алексеевича всея Великия и Малыя и Белыя России самодержца и многих государств и земель восточных и западных и северных отчича и дедича и наследника и государя и обладателя, его царского величества Сибирские земли ... града [illegible] стольника и воеводы Михаила [illegible] сына [illegible],

Пресветлейшаго Азиатских индийских [illegible] стран обладателя [illegible]

[illegible]

俄罗斯近侍大臣致索额图咨文：

为俄商赴京贸易事

康熙四十三年正月初九日（1704 年 2 月 13 日）

本组档案是俄罗斯近侍大臣兼科斯托罗木斯克总督费奥多尔·育尔耶维奇·罗莫达诺夫斯基–斯达罗都布斯基公爵致清廷议政大臣兼领侍卫内大臣索额图的咨文。文内称，1700 年沙皇谕令格里戈里·奥斯科尔科夫陪同商人格里戈里·鲍科夫等携带各种官货，由莫斯科来华贸易，蒙依照定例，所带各种货物准予自由出售，并购买各种中国物品，人供食物，畜供草料，护送至嫩江遣回，商人们甚为喜悦。今奉沙皇谕旨，令俄商格里戈里·奥斯科尔科夫等人携带俄罗斯商货，前往中国出售，并购买沙皇所需各种物品。请按照先前款待俄商之例，及时由嫩江接待，供其栈院，准其自由贸易并随意购买中国各种商品，人供食物，畜供草料。待贸易完竣，请依照两国友好定议，及时简派妥员，护送至嫩江，遣回尼布楚。此组档案为俄罗斯文、拉丁文原文书。

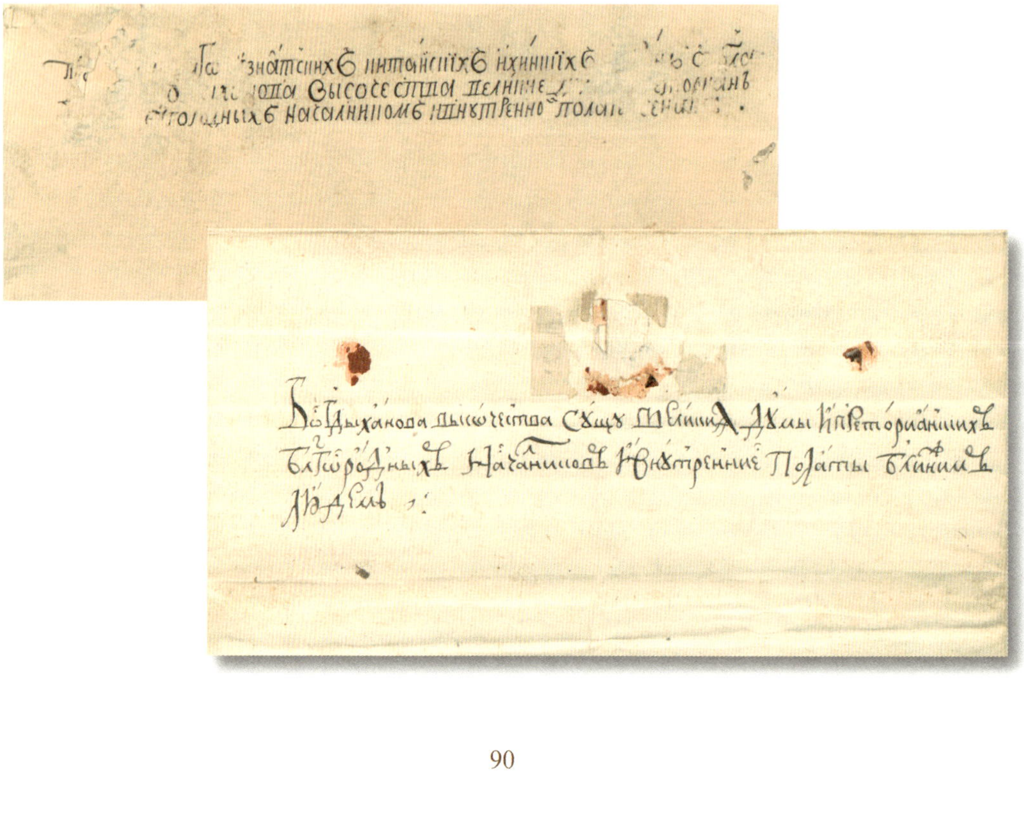

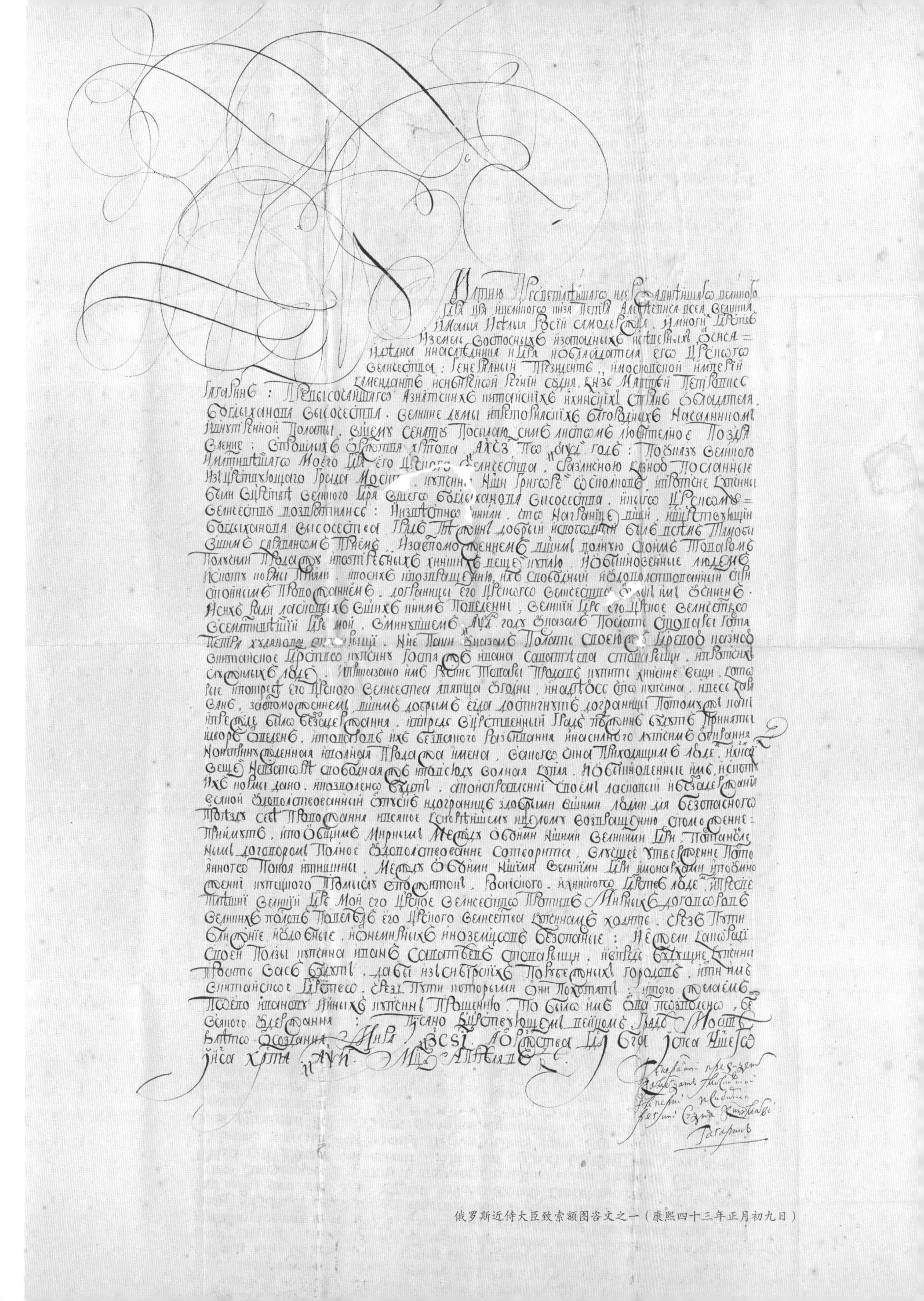

俄罗斯近侍大臣致索额图咨文之一（康熙四十三年正月初九日）

Magni Domini ejus Buhduchaneæ majestatis Chinensium nec non aliarum multarum in Asia Regionum Domina.
toris, intimis Consiliaribus et primis ministris Regaliumq negotiorum Rectoribus.

Nihil est melius inter magnos Dominos et adquietam Concordiam elegantius, quam constans perseverantia, ama.
bilium ac amicabilium inter illos constitutionum, quæ solent esse fundamentales ac Confirmatæ, in stabili.
tibus inter illos magnos Dominos pactis, præsertim si ex ambabus partibus amicabili more
ac ipsa veritate sine ullo impedimento conservantur, eo tempore magni fontes divitesq the.
sauri amborũ Dominorum gentibus solent provenire, eo modo magnus totius Rossiæ Imperator
noster Clementissimus Dominus Csarea Majestas, ab ipsoq etiam Plenipotentialis Legatus Caste.
llanus Theodorus Alexiewicz Holowin magni Domini Vestri Buhdichaneæ majestatis cum ministris
et Plenipotentibus Legatis sub Nerczynsk inter ambos Dominos stabilita sunt pacta, salubriter ac fir.
miter in omnibus illa conservare Concedit, ministris ac Gubernatoribus suis in Confinijs vero Civitatum
Palatinis et quarum cunq gentium suæ potentiæ hominibus hac de re mandata sua tradere imperavit,
itidemq ex parte Buhduchaneæ majestatis gubernatione existentium ejus ministrorum illa pacta sta.
bilita amicabiliter ad hæc tempora Conservata fuerunt, atq magni nostri Imperatoris totius Rossiæ auto.
res mercaturæ et nundinatores habuerunt cum Caravano in Dominio Buhduchaneæ majestatis, in
Confinijs susceptiones bonas, ac liberas ibidem Commertiorum suorum venditiones ac emptiones chinen.
sium mertium et victualia, in constituto autem vestro tempore Liberasq habuerant expeditiones usq ad con.
finia et assignata loca, bonos ac Laudabiles Comitatus. Sed siquidem hodie aquibusdam Csareæ majestatis
subditis ad latæ sunt in Cancellariam Siberiensem quod nonullæ in parte Buhduchaneæ majestatis fa.
ctæ sunt subditis Csareæ majestatis mercatoribus in mercibus aggravationes, eam obcausam ex man.
dato nostri clementissimi Csaris ac Domini missus est cum Caravano in dominium ejus Bur.
duchaneæ majestatis Rossiacæ nostræ gentis autor mercaturæ Commissarius Petrus Chudin.
kow, et jussus est ut de factis subditis Csareæ majestatis mercatoribus in mercibus agravationibus ad.
ferat Vestræ Excellentiæ, Ego etiam Vestram Excellentiam amicabiliter peto, ut dato illi Commissario
bono ac libero introitu ad Vestram Excellentiam et exauditis etiam ipsius verbis ejus Buhduchaneæ maje.
statis deferat et ad istas ejus propositiones tum veram et bonam resolutionem ac responsum faciat,
quam juxta supra scripta stabilita pacta ipsa veritas ad bonum Constitutionem ac comodum ambas partes gẽ.
tium excitat, et secundum antiquos Vestros bonos mores ipsi Comisario in Dominio ejus Buhduchaneæ
majestatis Liberrimus etiam sit merces cum ipso missas Vendendi ita etiam Vestras res emendi sine ullo
impendimento ac Confusione postea liberam ipsi dare dimissionem usq ad supra dicta loca, propter sal.
vum vero et Liberum transitum Commitatum dare dignemini, qua de causa Ego nec dubito quod ejus Buhdu.
chaneæ majestatis propositiones supra dicti Comissarij deferet Vestra Excellentia et ipsa re juxta stabilita pac.
ta omnem sufficientiam ostendet. Ego autem sum.

Vestræ Excellentiæ

Omnium bonorum favens et ad servitia paratus
Nostræ Csareæ majestatis moschoviticus Commendans
et Siberiensis Regionis Gubernator Princeps
Matheus Hahann

Moschoviæ Anno a Condito mundi
7218 a Nativitate Christi Salva.
toris nostri Dei 1710 mensis
Julij 20 die.

俄罗斯近侍大臣致索额图咨文之二（康熙四十三年正月初九日）

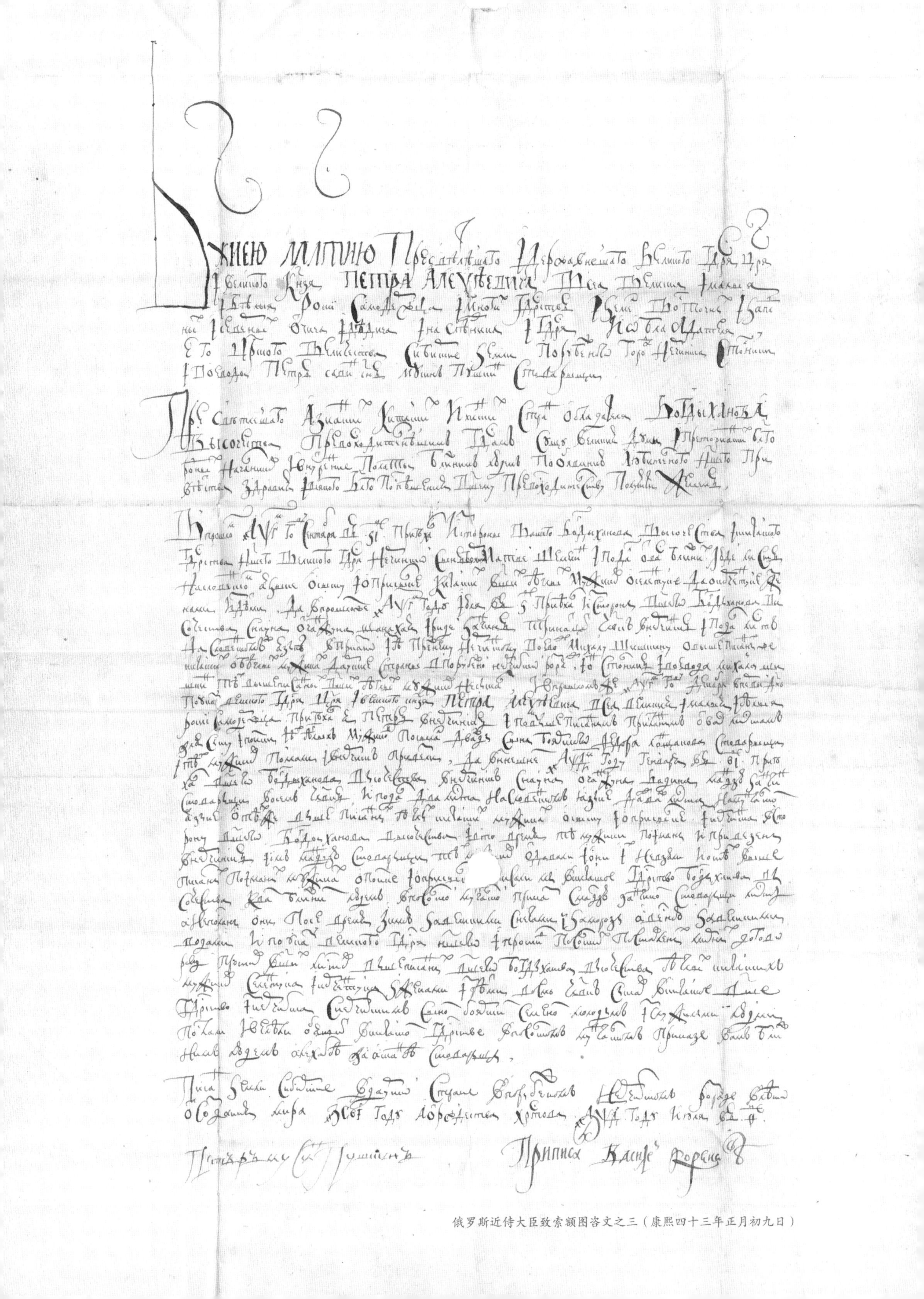

Божиею милостию Пресветлейшаго Державнейшаго Великого Государя Царя и Великого Князя Петра Алексеевича всея Великия и Малыя и Белыя России Самодержца [illegible]

[illegible]

Петр Мусин Пушкин

Приписал Каспер [illegible]

俄罗斯近侍大臣致索额图咨文之三（康熙四十三年正月初九日）

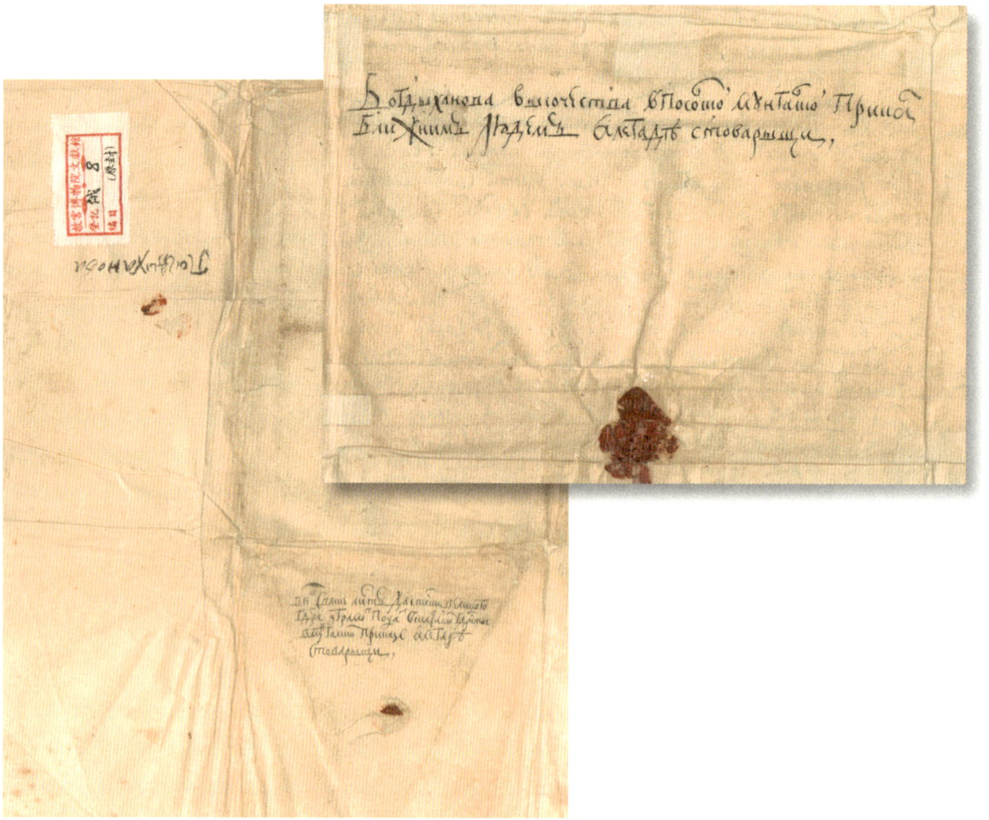

俄罗斯尼布楚城长官致清议政大臣等函：

为俄商奉旨统应由尼布楚嫩江往返事

康熙四十四年十一月十六日（1705 年 12 月 31 日）

本件档案是俄罗斯尼布楚军政长官彼得·萨维奇·穆辛－普希金等致清廷议政王大臣等的信函，函内声称：接到清廷理藩院所发俄罗斯文文书和蒙文文书各一件，有俄罗斯商人格里戈里·奥斯科尔科夫欲按照俄商伊万·萨瓦杰耶夫商队所来之路，不走齐齐哈尔前往尼布楚老路，经蒙古草地，由鄂尔昆图拉、色楞格路线往返。尼布楚军政长官按照沙皇谕旨回复理藩院，俄商格里戈里·奥斯科尔科夫须经由尼布楚及齐齐哈尔行走，归途亦令取道此路。并俄皇派出税务官加夫里洛·阿尔捷莫夫由莫斯科来尼布楚海关任职，专司征收各商队什一税，俄商格里戈里·奥斯科尔科夫商队应在纳税之列。沙皇颁给税务官的谕旨内也明令各商队统应经由尼布楚行走，并令在其他各路设卡，务使一切商队及任何俄罗斯商民人等不得绕道而行。倘有商队及商民绕行尼布楚行走，应即将其扣留送往尼布楚。

Божиею милостию пресветлейшаго державнейшаго великого государя царя и великого князя Петра
Алексеевича всеа великия и малыя и белыя росии самодержца и многих государств и земель восточных
и западных и северных отчича и дедича и наследника и государя и обладателя. Его царского величества
сибирские земли порубежного города Нерчинска стольник и воевода Петр Савич Мусин-
Пушкин с товарищи,

Пресветлейшаго азиатских китайских и хинских стран обладателя Богдыханова величества превосхо-

[illegible]

俄罗斯尼布楚城长官致清议政大臣等函（康熙四十四年十一月十六日）

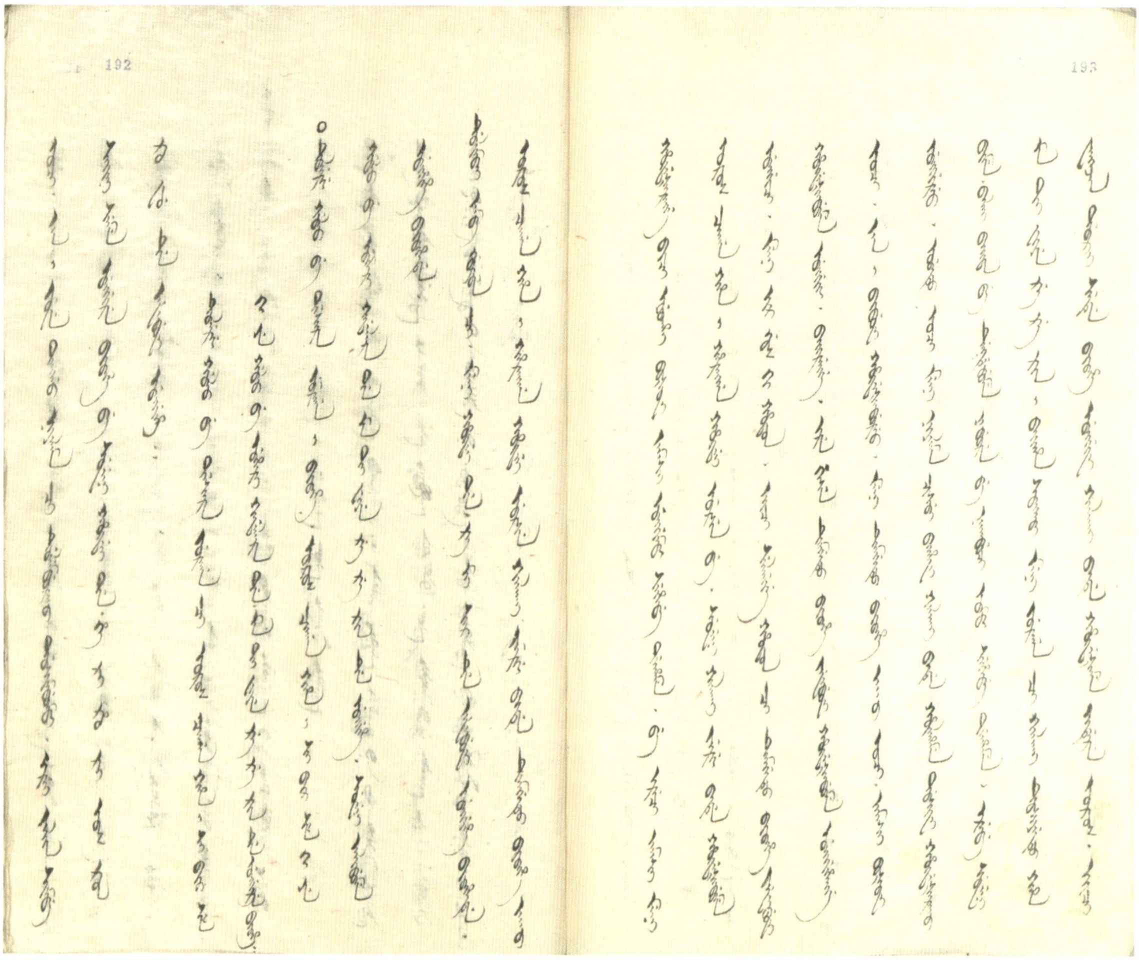

理藩院致俄西伯利亚省总督加加林咨文：

为准俄商凭照来喀尔喀地方贸易事

康熙五十三年五月二十五日（1714 年 7 月 6 日）

此件档案为理藩院致俄罗斯西伯利亚省总督马特维伊·加加林咨文的满文抄件。文内记载，俄督加加林前次来函建议嗣后派遣俄商前往中国喀尔喀等地贸易时，由伊尔库茨克城或色楞格城发给执照，凡持有执照前往者，请清政府准其照常贸易，无执照者即可逐回。理藩院认可了该建议，将此事行文给喀尔喀土谢图汗旺扎尔多尔济，凡前来喀尔喀贸易的俄商，若持有伊尔库茨克城或色楞格城执照，则验明准市。若无执照者，不准贸易，即行逐回。且持执照者贸易事毕返回后，欲复来贸易者，须更换执照。执照内除写俄罗斯文外，须兼写蒙古文，以便喀尔喀地方查验。

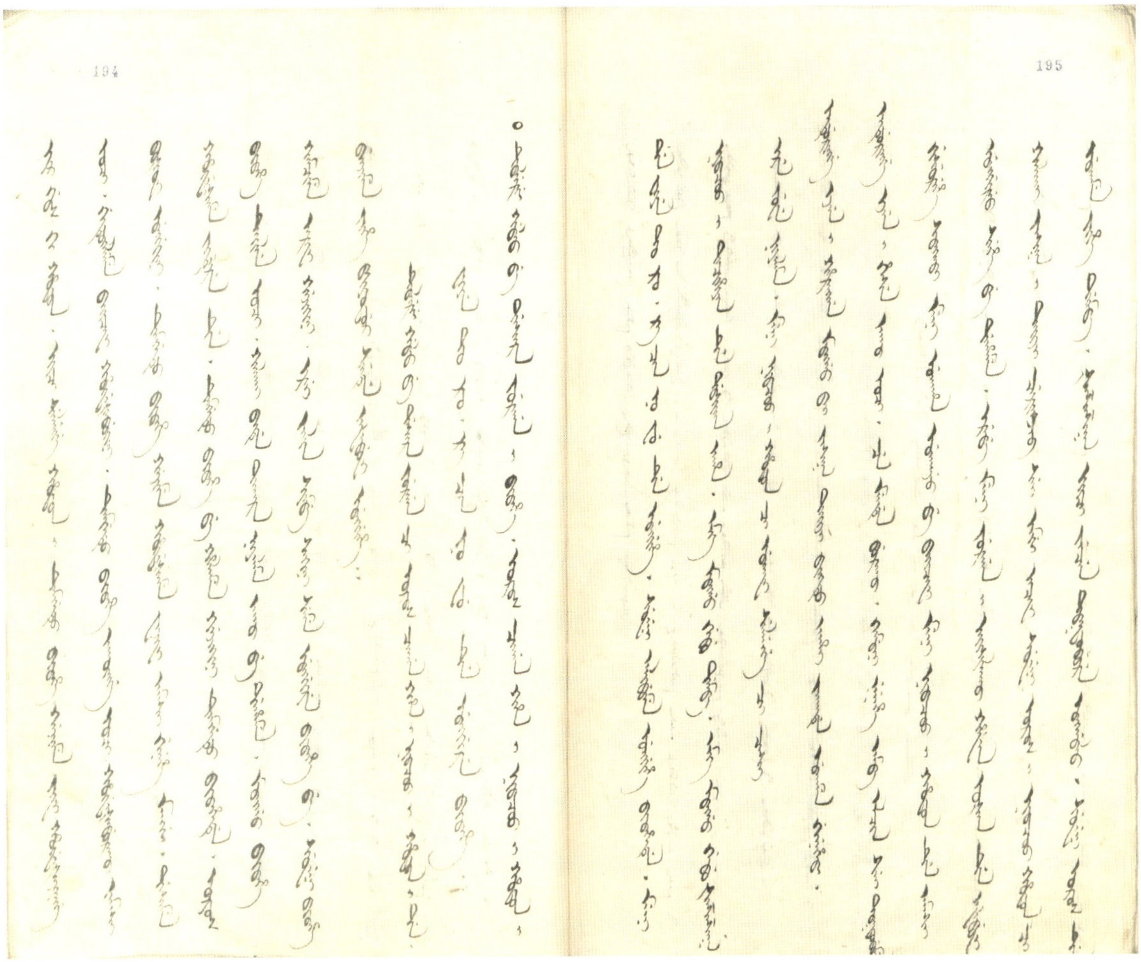

理藩院致俄西伯利亚省总督加加林咨文（康熙五十三年五月二十五日）

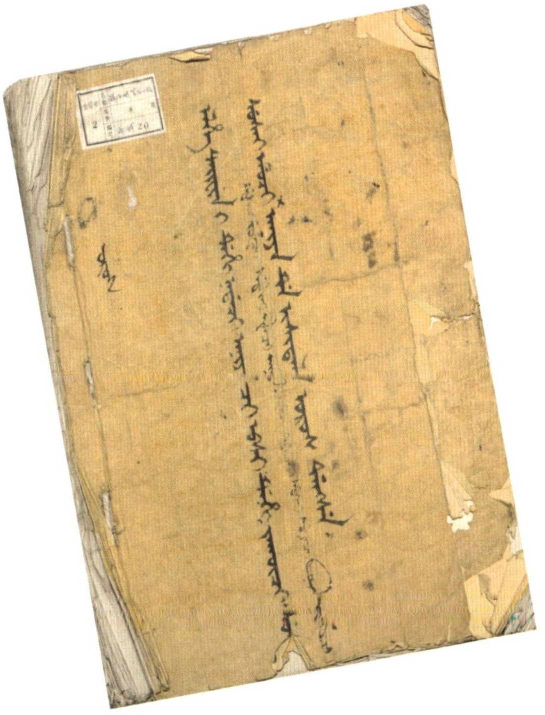

俄罗斯西伯利亚省总督加加林致清近侍大臣函：为护送中国使臣图理琛等事

康熙五十三年十二月初九日（1715年1月14日）

康熙五十一年，迁往伏尔加河流域的厄鲁特蒙古土尔扈特部阿玉奇汗，派遣使臣到京师朝贡。乘此时机，康熙帝决定派遣使臣前往该部慰问，并口谕图理琛，如俄皇表示愿意接待，可往俄京一行，意欲开启向俄皇派遣使节之门。图理琛使团一行从京师出发，进入俄罗斯境内的楚库伯兴，穿过了西伯利亚，终于在康熙五十三年到达了阿玉奇的驻地玛努托海（今马纳特）。图理琛向俄督加加林说明了康熙帝的口谕，经加加林请示，沙皇此时正在出征瑞典，“以歉惜之意”拒绝了图理琛前往彼得堡的提议。图理琛使团在玛努托海停留数天后启程回国，于康熙五十四年三月回到北京。后来，图理琛根据此次出使的经历写成《异域录》一书，叙述了出使途中所经各地的道里、山川、民俗、物产等。本件档案为俄罗斯西伯利亚省总督马特维伊·彼得罗维奇·加加林致清廷大臣信函的满文译文抄件，告知其前往迎接清朝皇帝使臣图理琛及其22名跟役等一行，使团通过西伯利亚省城时，又派遣官兵护送，使臣等已平安抵达本长官驻处，并准备护送回贵国。现使臣扎尔固齐那彦、主事图理琛、领催噶扎尔图及四名跟役皆欲先行回国，特令色楞格城校官杜纳耶夫派两名贵族官员率领20名兵丁护送，其余使臣人等，因暂不启程，现仍留西伯利亚省城，不久亦将启程返回。

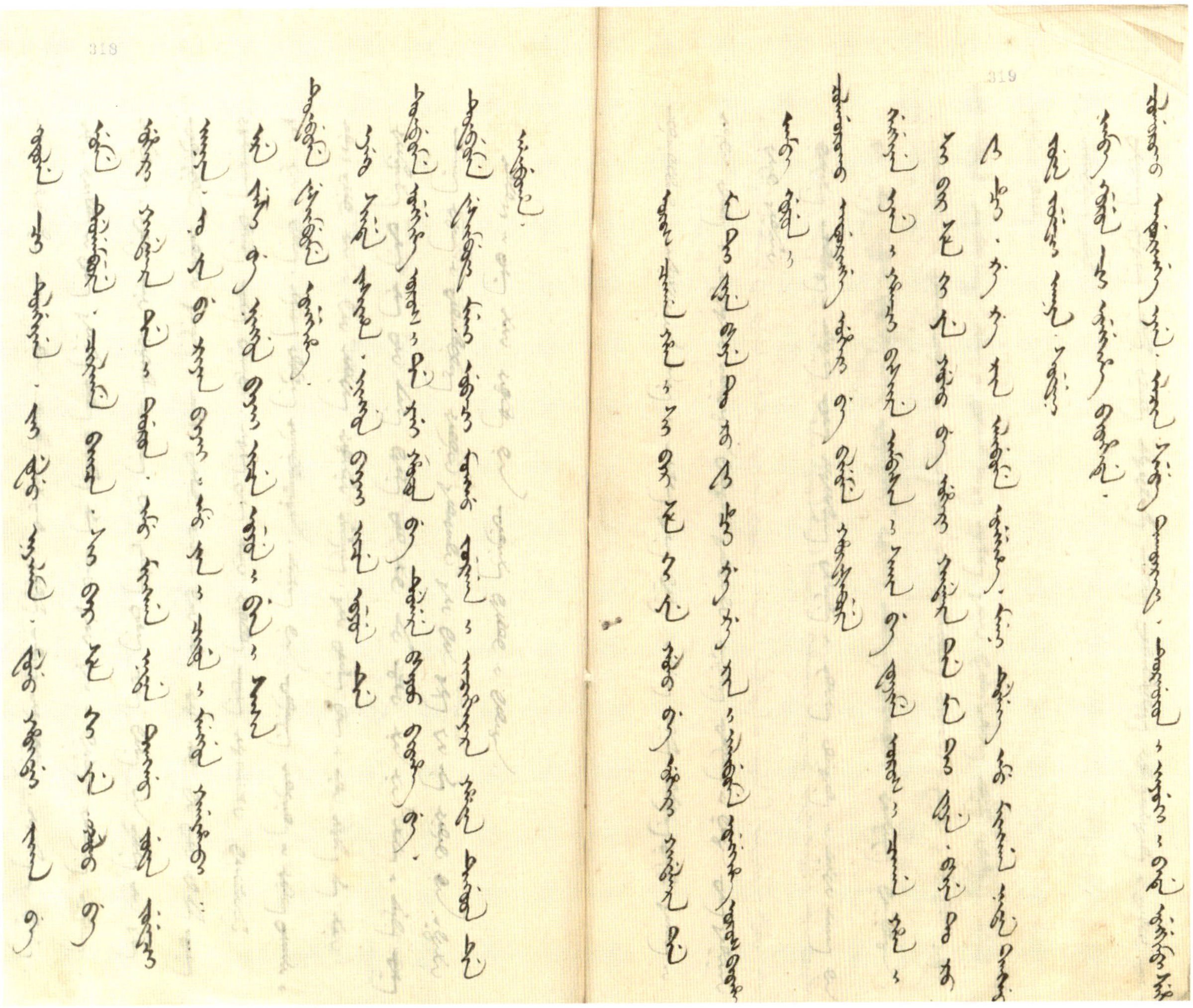

俄罗斯西伯利亚省总督加加林致清近侍大臣函（康熙五十三年十二月初九日）

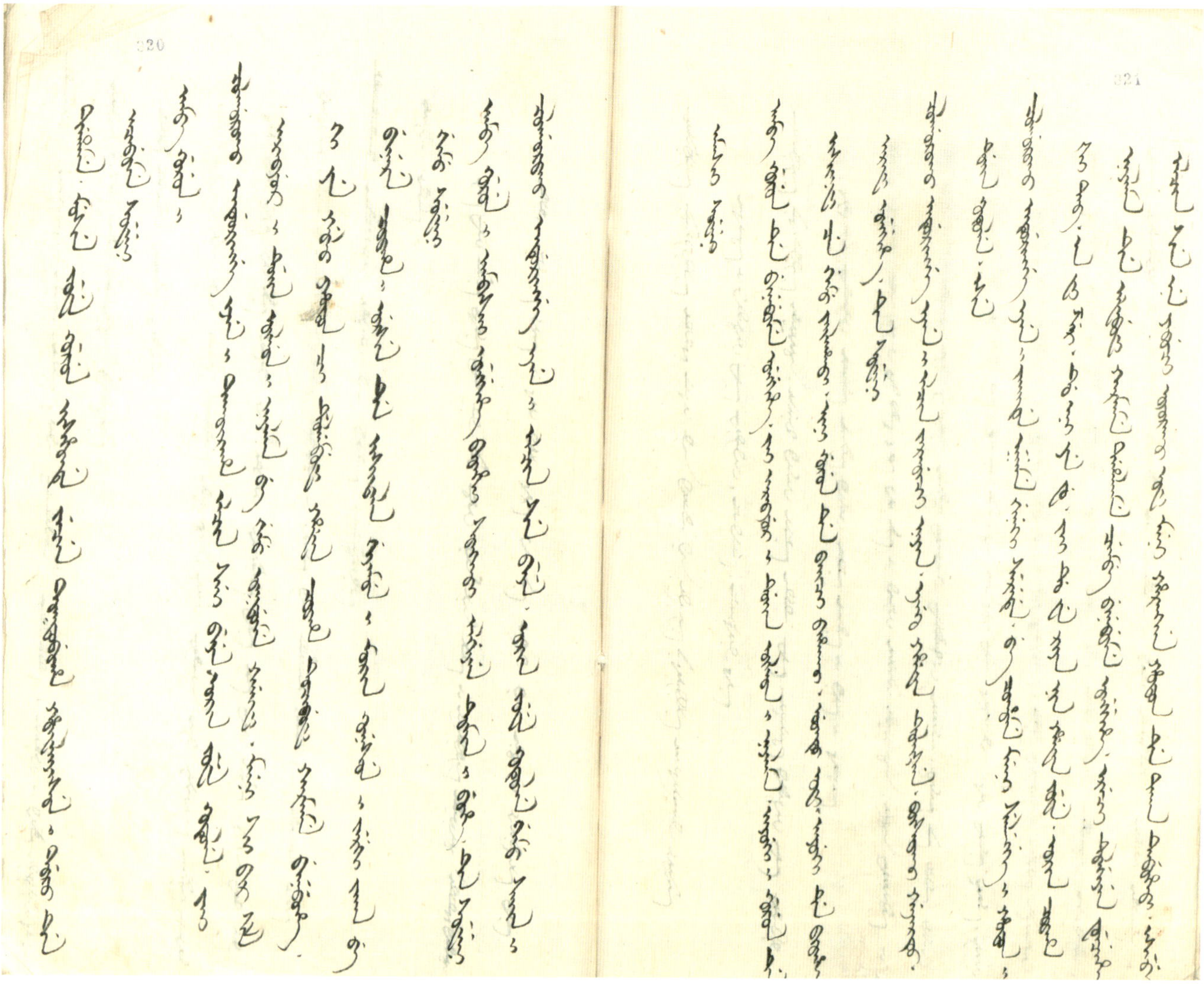
320

321

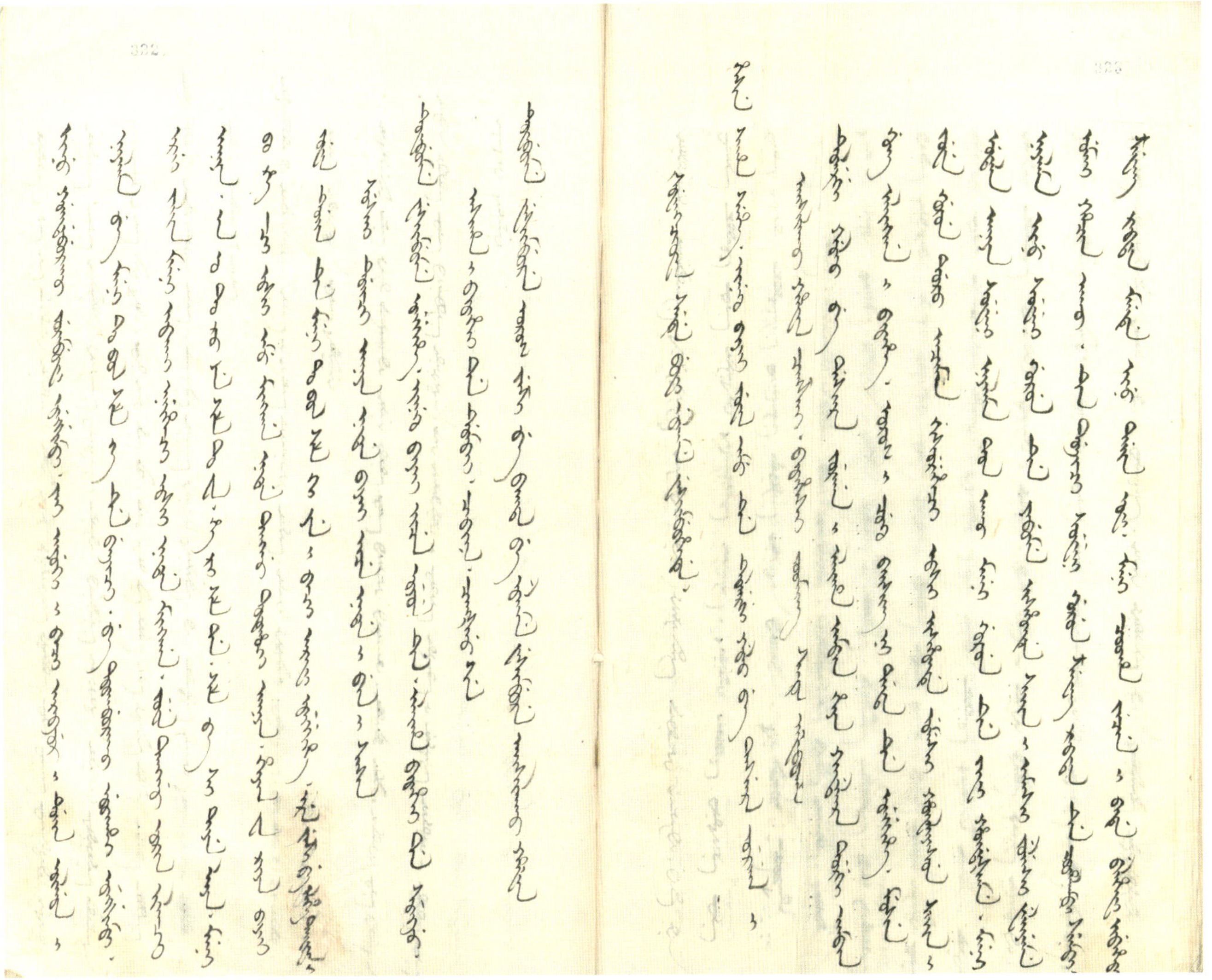

俄罗斯西伯利亚省总督切尔卡斯基致清各部尚书函：为俄商在中国境内所有妄为举动定加惩处请仍旧照约将俄商放行入境事

康熙五十八年十一月三十日（1720 年 1 月 9 日）

自《尼布楚条约》签订以来，赴京贸易的俄罗斯商队数量远远超过清廷的规定，且其中非法私商又数倍于合法商队，一些私商并没有合格证书，他们或者在西伯利亚的地方官那里弄一张通行证，或者伪造证书，偷来北京贸易。随着俄商不断来到中国境内进行贸易，纠纷也时有发生。康熙五十八年四月，理藩院就暂不准俄商来京贸易一事咨行俄罗斯西伯利亚总督加加林，称我国所产皮货甚为丰足，无人购买俄商货物，俄商入京贸易拖延日久，往返供给食宿、马料耗费钱粮甚多，且俄商无视中国法度，曾多次任意逞强，寻衅斗殴，因此暂不准俄商入京，令其于楚库柏兴（今俄罗斯色楞格斯克）与边界附近的喀尔喀、厄鲁特、回族、汉族民人贸易。本件档案为俄罗斯西伯利亚省总督阿列克谢·切尔卡斯基公爵从彼得堡发给清朝各部尚书的函。来函中，切尔卡斯基称沙皇已任命其接替加加林公爵充任西伯利亚省总督，通过之前的往来文件获悉清廷对来华的俄商颇多怨言，已将此情况奏明沙皇。沙皇早已得悉若干俄商在中国经商确有越轨举动，数月前已谕令向中国派遣钦使，以便缔结友好及通商条约，恢复两国早先建立的和好之谊，并通过各种货物的交易以利两国人民，而促进商业繁荣。他在函内还要求清政府按照康熙二十八年《中俄尼布楚条约》的规定，允许俄罗斯商人自由经营商业，不加任何阻止。并声称已经严加告诫了已抵达边界的俄罗斯商队，请清廷万勿疑虑他们会有任何越轨举动，并请准照旧放行，允其进入内地直至京师贸易。切尔卡斯基还进一步承诺，如果俄商中万一有人胆敢任意妄为，则由俄罗斯钦使就地惩处，以儆效尤。本组档案附办理俄罗斯来函事咨文底稿 1 件，内称，俄罗斯原折 6 件，钤印揭帖 1 张，翻译后俄文稿 3 件，拉丁文稿 2 件，蒙古文稿 1 件，已一并咨送。

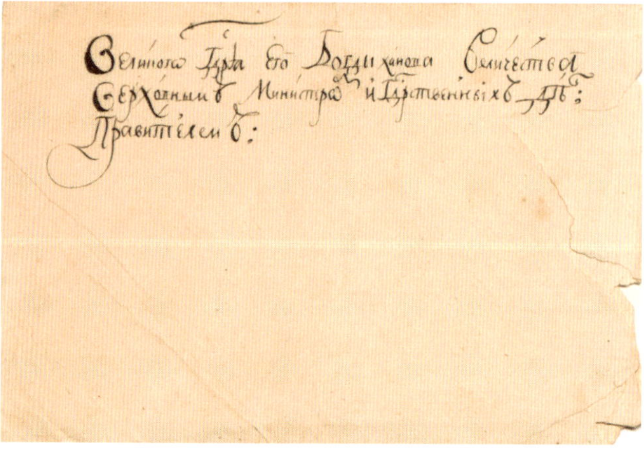

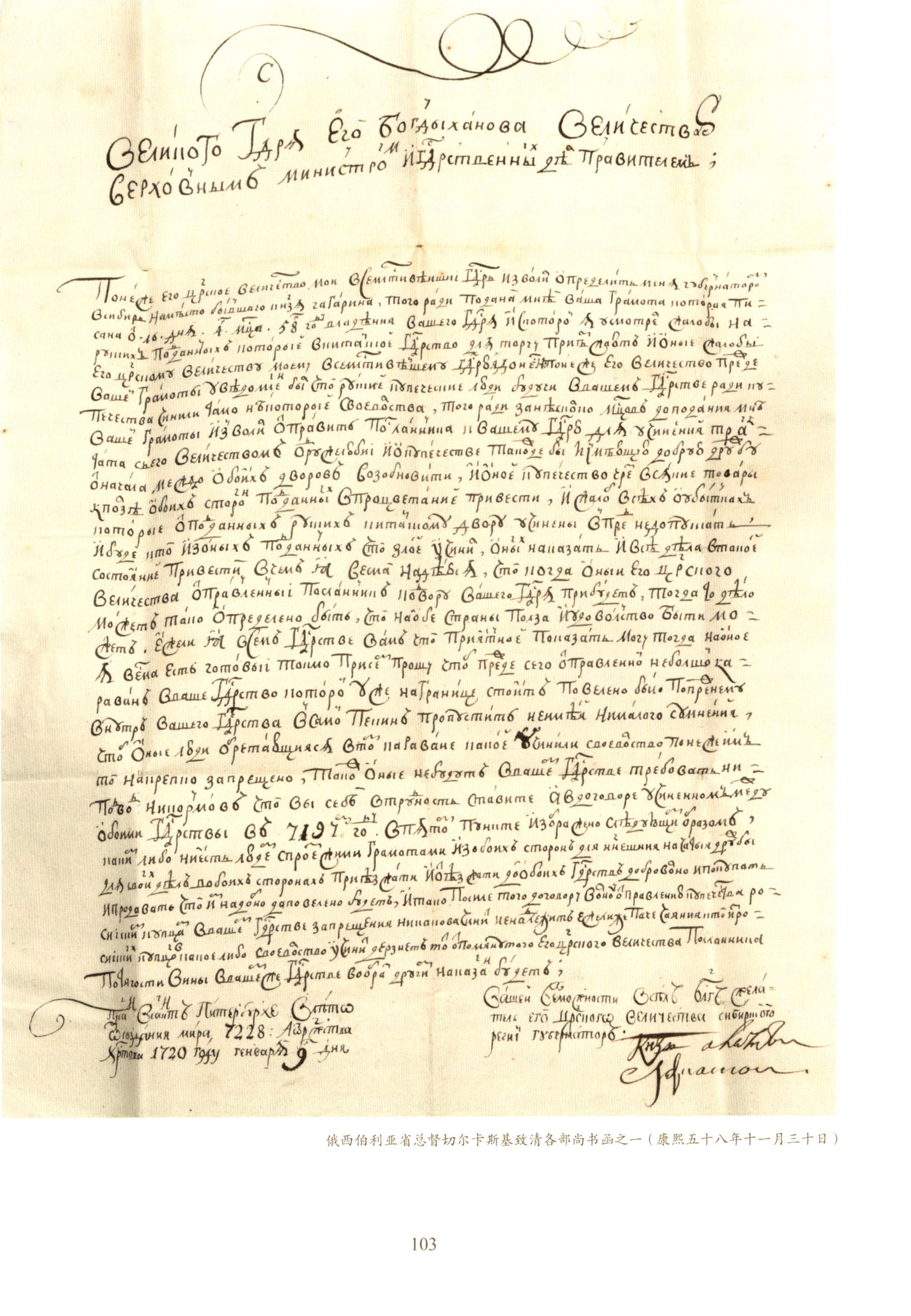

С

Великого Государя Его Богдыханова Величества
Верховным министром и государственным правителем;

Понеже Его царское величество мой всемилостивейший Государь изволил определить меня губернатором
в Сибири на место бывшего князя Гагарина, того ради подана мне ваша грамота, которая пи=
сана в 16 день 4 м[еся]ца 58 го владения вашего Государя, в которой усмотрел свободы на=
рушены подданных, которые в Китайское государство для торгу приезжают, и оные свободы
Его царскому величеству моему всемилостивейшему государю донесть, понеже Его величество прежде
вашей грамоты уведомился, что русские купеческие люди будучи в вашем государстве ради ку=
печества чинили такие некоторые своевольства, того ради зело способно м[е]ж[д]у до подания мне
вашей грамоты изволил отправить посланника к вашему государю для учинения трак=
тата с его величеством о утвердившейся и о купечестве, также бы и нынешнюю добрую дружбу
сначала между обоих дворов возобновити, и оное купечество через всякие товары
к пользе обоих сторон подданных в процветание привести, и также всех обидах
которые от подданных русских китайскому двору учинены, впредь не допущать,
и буде что и от оных подданных что злое учинится, оных наказать и все дела в такое
состояние привести. Чем я весьма надеюсь, что когда оный его царского
величества отправленный посланник ко двору вашего государя прибудет, тогда все дело
может так определено быть, что на обе страны польза и удовольствие быть мо=
жет. Ежели я в своем государстве вам что приятное показать могу, тогда на оное
я всегда есть готовый, токмо притом прошу, что прежде сего отправленного небольшого ка=
равана в ваше государство, который уже на границе стоит, повелено было по прежнему
внутрь вашего государства в самой Пекин пропустить не чиня никакого удержания,
что оные люди обретавшиеся в караване какое учинили своевольство, понеже им
то накрепко запрещено, также оные не будут в вашем государстве требовать ни=
каких никаких кормов, что вы себе в трудность ставите в договоре учиненном между
обоими государствы в 7197 году. Ежели что помните изобразить следующим образом,
какие либо ныне есть люди с проезжими грамотами из обоих сторон для нынешния начатыя дружбы
для своих дел по обоих сторонах приезжати и отъезжати до обоих государств добровольно и покупать
и продавать что им надобно да повелено будет, и також после того договору вновь отправленного купечества ро=
ссийских купцов в вашем государстве запрещения никакова быть не надлежит, ежели же паче чаяния что про=
ссийских купцов какое либо своевольство учинить дерзнет, то от помянутого Его царского величества посланника
по тягости вины в вашем государстве вооружени наказан будет;

Вашей светлости всех благ желатель его царского величества сибирского
генерал губернатор: Князь Алексей Черкасской

Из Санкт Питербурхе в лето от создания мира 7228 : а от Рождества
Христова 1720 году генваря 9 дня

俄西伯利亚省总督切尔卡斯基致清各部尚书函之一（康熙五十八年十一月三十日）

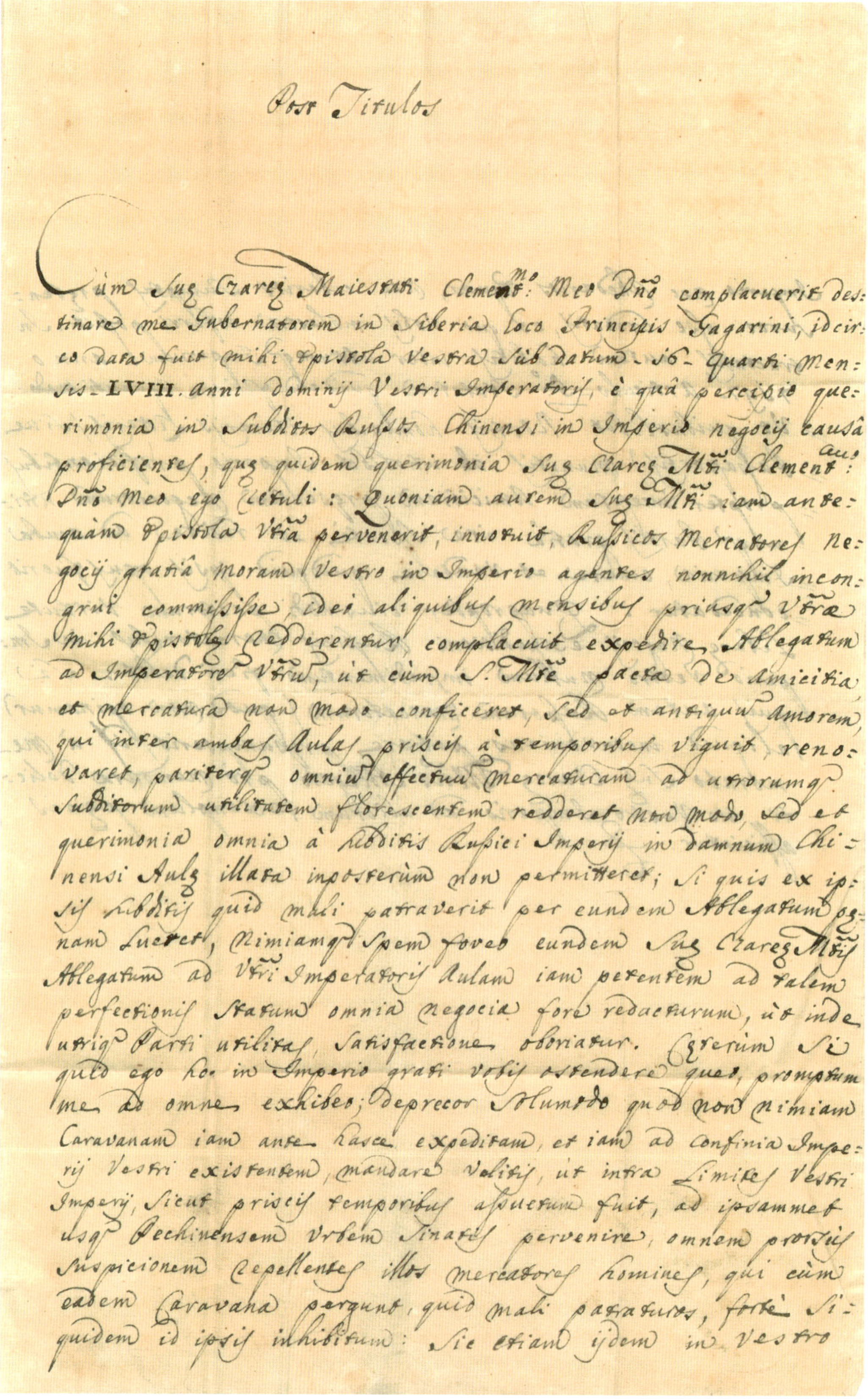
Post Titulos

Cum Suæ Czareæ Maiestati Clement^mo: Meo D^no complacuerit des:
tinare me Gubernatorem in Siberia loco Principis Gagarini, idcir:
co data fuit mihi Epistola Vestra sub datum 16 Quarti Men:
sis LVIII. anni dominij Vestri Imperatoris, è quâ percipio que:
rimonia in Subditos Russos Chinensi in Imperio negocij causâ
proficientes, quæ quidem querimonia Suæ Czareæ M^ti Clement^mæ:
D^no Meo ego retuli: Quoniam autem Suæ M^ti iam ante:
quàm Epistola V^ra pervenerit, innotuit, Russicos Mercatores Ne:
gocij gratiâ moram Vestro in Imperio agentes nonnihil incon:
grui commisisse, idei aliquibus mensibus priusq^m V^ræ
mihi Epistolæ redderentur, complacuit expedire Ablegatum
ad Imperatore V^rum, ut cum S. M^te pacta de Amicitia
et mercatura non modo conficeret, sed et antiquum amorem,
qui inter ambas Aulas priscis à temporibus viguit, reno:
varet, pariterq omnium effectum mercaturam ad utrorumq
Subditorum utilitatem florescentem redderet non modo, sed et
querimonia omnia à subditis Russici Imperij in damnum Chi:
nensi Aulæ illata inposterum non permitteret; si quis ex ip:
sis subditis quid mali patraverit per eundem Ablegatum pœ:
nam lueret, Nimiamq spem foveo eundem Suæ Czareæ M^tis
Ablegatum ad V^ri Imperatoris Aulam iam petentem ad talem
perfectionis statum omnia negocia fore redacturum, ut inde
utriq Parti utilitas, satisfactione obviatur. Cæterum si
quid ego hoc in Imperio grati vobis ostendere queo, promptum
me ad omne exhibeo; deprecor solummodo quod non nimiam
Caravanam iam ante hasce expeditam, et iam ad Confinia Impe:
rij Vestri existentem, mandare velitis, ut intra Limites Vestri
Imperij, sicut priscis temporibus assuetum fuit, ad ipsammet
usq Pechinensem Urbem Sinarés pervenire, omnem prorsus
suspicionem repellentes illos mercatores homines, qui cum
eadem Caravana pergunt, quid mali patraturos, fortè si:
quidem id ipsis inhibitum: Sic etiam ijdem in Vestro

俄西伯利亚省总督切尔卡斯基致清各部尚书函之二（康熙五十八年十一月三十日）

Imperio nec Chedarios equos, nec cibarios sumptus pretensuros esse credatis, ex quo vobis molestia inferri possit. In tractatis autem habitis inter utrumque Imperium anno 1727 Articulo 5.° Statutum quidem fuit sequenti modo: Ut quibuslibet Nostris hominibus iterarijs Litteris (sive Passaportis) munitis ab utrolibet Imperio proficientibus propter inceptam Amicitiam presentem Negociorum utriusque Partis gratia ire sponte, et redire ad amba Imperia, emere, et vendere quidquid ipsis opus fuerit concedatur. Quapropter eiusmodi pactorum Virtute liberæ Negocij expeditioni Russicis mercatoribus in Imperio Vestro nullum impedimentum fieri debet: Si quis autem Russorum mercatorum (quod non opinamur) aliquid inconveniens patrare presumpserit, is à memorato Suæ Cæsareæ Mtis Ablegato pro mensura delicti in Vestro Imperio ad aliorum exemplum pœnis afficietur.

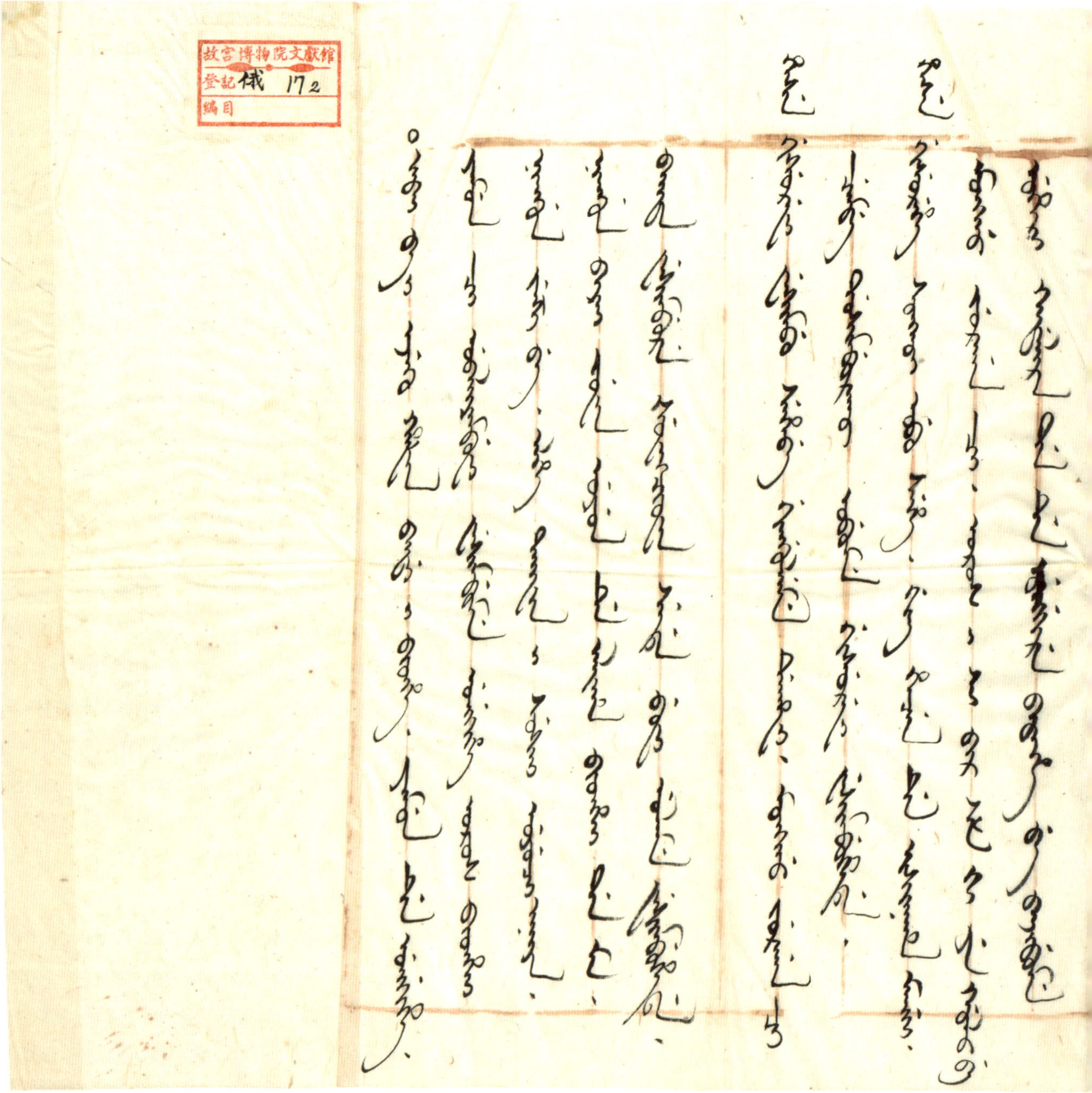
故宫博物院文獻館
登記 械 172
編目

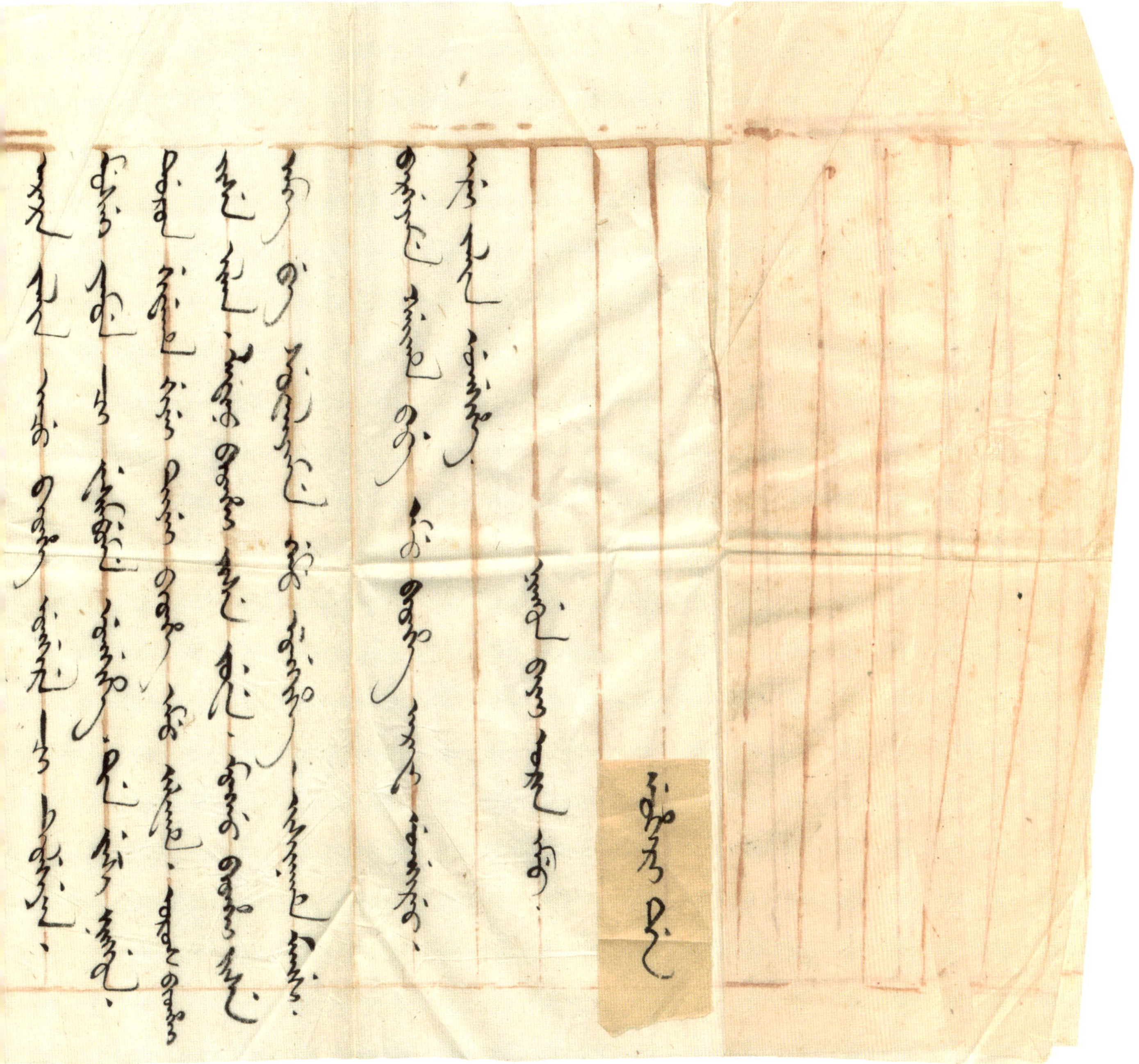

办理俄罗斯来函事咨文底稿

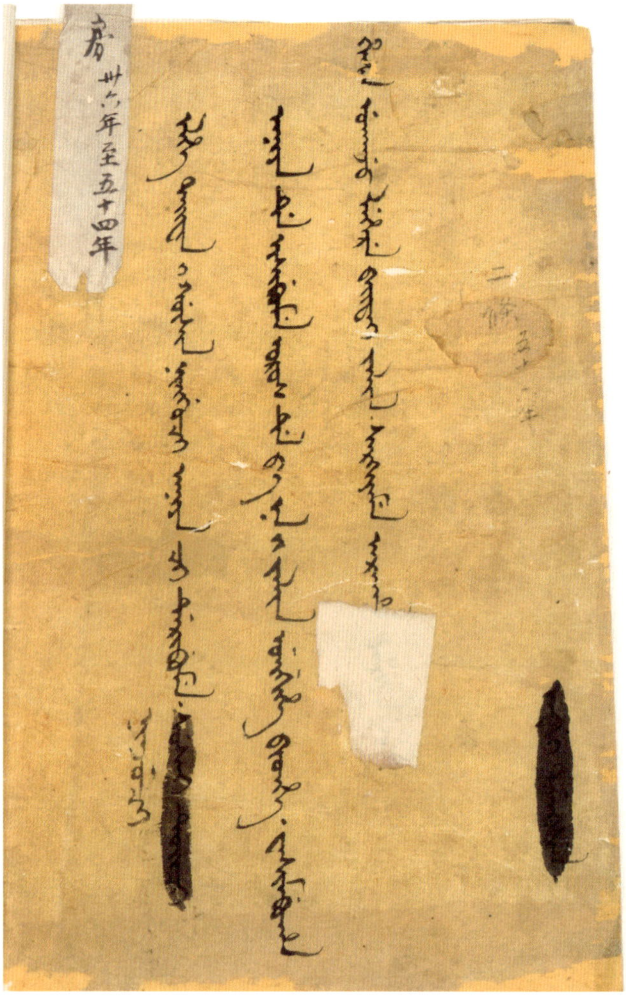

康熙帝给俄罗斯使臣伊兹麦伊洛夫敕书：

收阅沙皇国书并贡物

康熙六十年二月初十日（1721 年 3 月 7 日）

在清廷做出停止俄罗斯商队赴京师贸易的决定之后，沙皇很快就派遣特使列夫·伊兹麦伊洛夫携带国书和礼物来华，希望继续缔结友好通商条约，放行在边界早已准备就绪的俄罗斯商队。内阁注释记载，康熙五十九年十一月初十日，俄使由理藩院引领入殿谒见康熙皇帝，亲自奏呈了俄罗斯国书（俄罗斯文书 1 件、拉丁文书 1 件），国书随即被奉旨译成满文，送交大学士们阅看并缮拟题本具奏给皇帝。康熙六十年二月初十日奉旨将缮拟颁发给沙皇的敕书缮写成满、蒙、俄罗斯三种文书，书于香笺纸上，

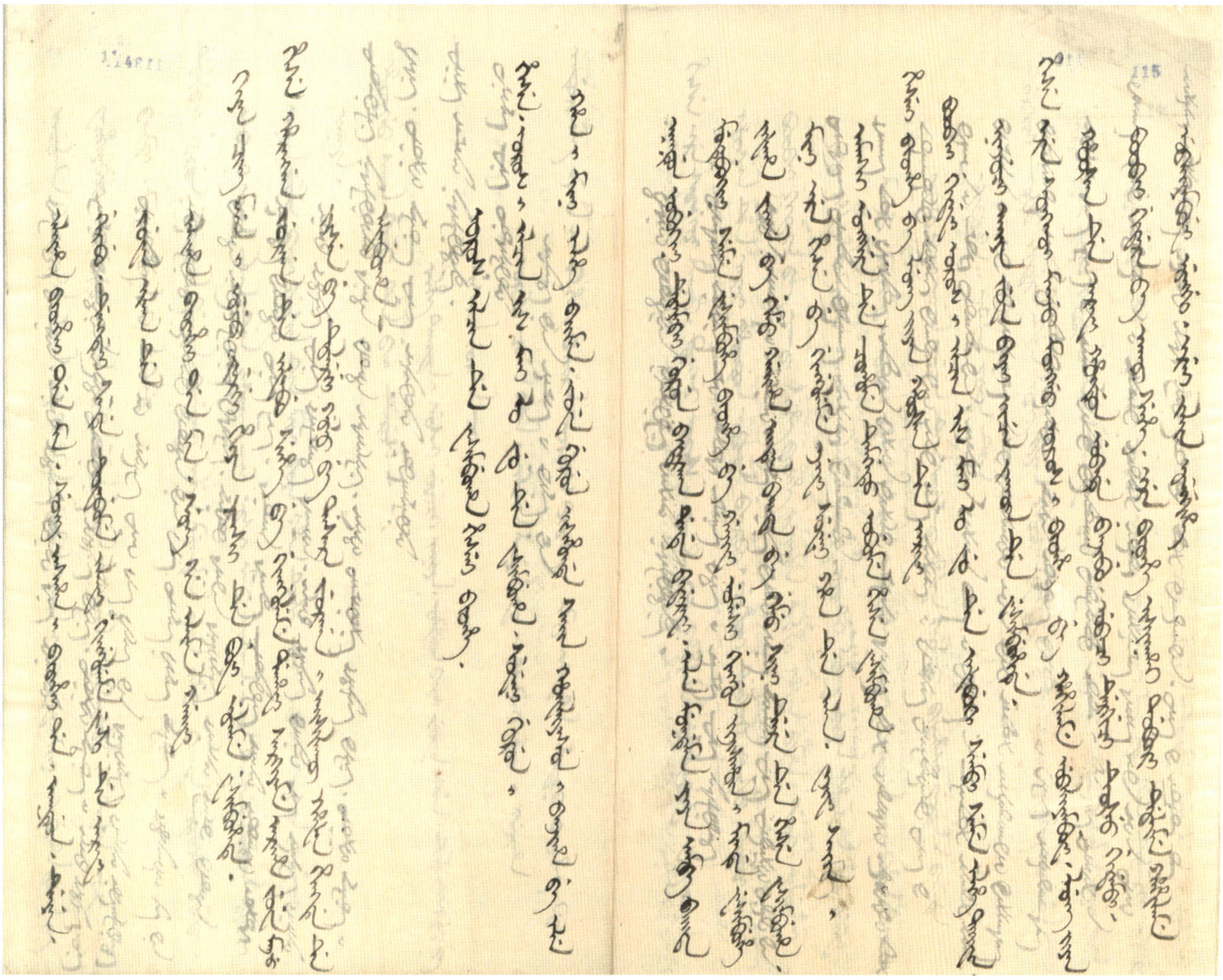

康熙帝给俄罗斯使臣伊兹麦伊洛夫敕书（康熙六十年二月初十日）

由理藩院尚书隆科多亲自在午门前验交俄使。此件为敕书的满文抄件，内容为收到了俄皇的奏书和贡物，并当面降旨给了使臣，令其转告俄皇。实际上，俄使伊兹麦伊洛夫使团来京负有与中国洽谈恢复两国贸易关系的使命，康熙帝接受了彼得一世的厚礼，包括各种镶金边的镜子、英国自鸣钟、镶宝石的怀表、罗盘、制图仪器、望远镜、显微镜、气压表以及各种贵重皮毛（貂皮、狐皮、北极狐皮、银鼠皮）等，并向俄皇赠送了贵重的礼品，包括珍珠、金碗、瓷器、锦缎及各种丝织品等。使团在北京逗留三个多月的时间里，被康熙帝接见了13次之多，但对于清廷关心的逃人和边界等问题，俄使却始终予以回避，这也使得俄方期待的贸易协议最终没有达成，并使得清廷终于在康熙六十一年停止了俄罗斯商队的赴北京贸易。

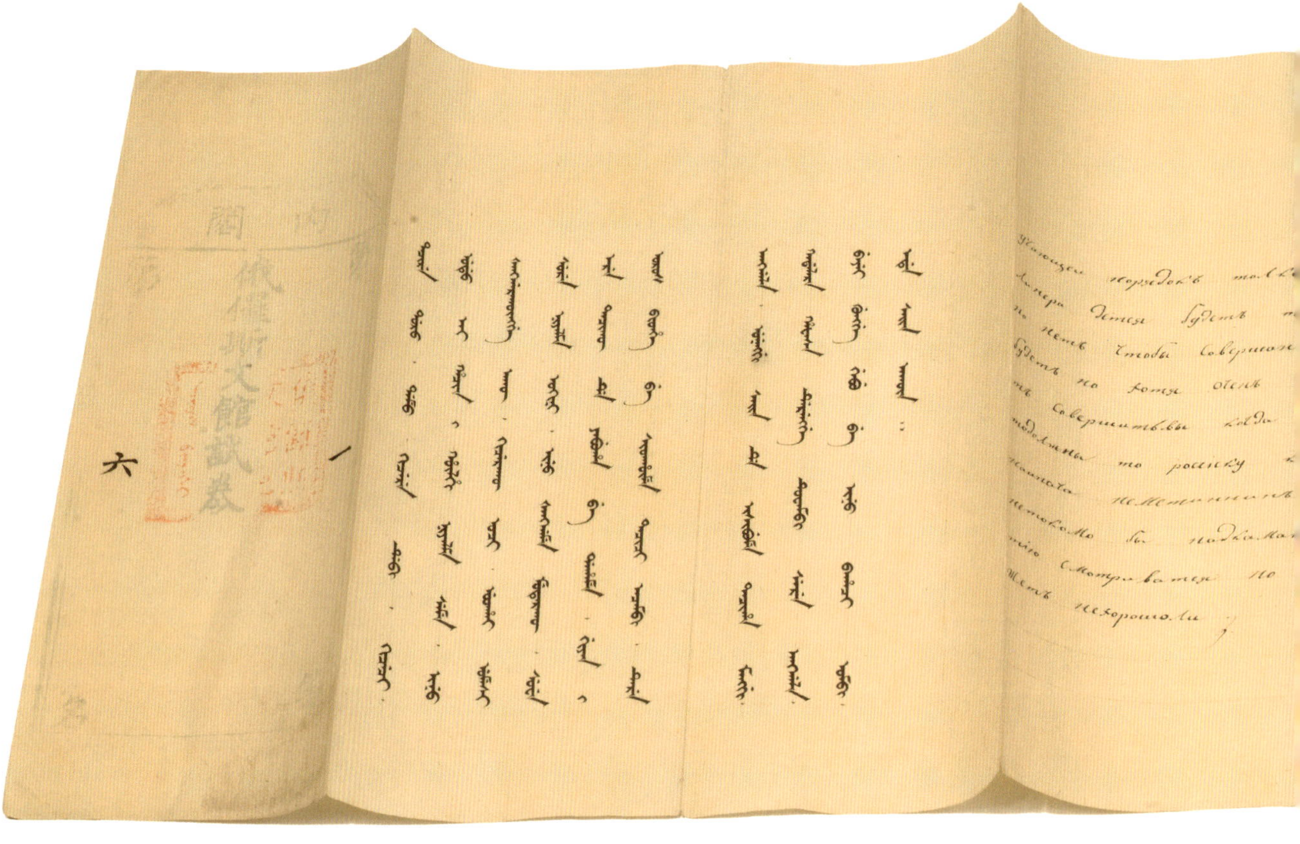

清内阁俄罗斯文馆学生翻译试卷

康熙朝（1662—1722）

《京城全图》中的俄罗斯官学

乾隆朝（1736—1795）

随着中俄两国外交和贸易联系的稳定，双方的交往事务日益增多，清朝对俄语翻译人才的需求也日益迫切。康熙四十七年(1708)，康熙帝创办了一所培养通晓俄文人才的文馆，称为“俄罗斯学”，

清内阁俄罗斯文馆学生翻译试卷（康熙朝）

归由内阁蒙古房与理藩院共同管理。康熙五十五年改由内阁管理，称“内阁俄罗斯官学”“内阁俄罗斯文馆”，颁铸印信，级别提高，可以与其他衙署直接行文。俄罗斯使团的一些人员和传教士都参与了俄罗斯文馆的教学工作。乾隆朝规定每期从八旗官学生中挑选 24 人，设满汉助教各一人，额缺隶属国子监，学生五年一考，严格淘汰。本组档案为 18 世纪清内阁俄罗斯文馆的翻译试卷原件，糊名弥封，押“俄罗斯文馆记”。

在清乾隆内府绘制的《京城全图》中，俄罗斯官学位于紫禁城东华门外，地近中枢，可见清廷对该学校的重视。

六
三
文順清字俱未擡地

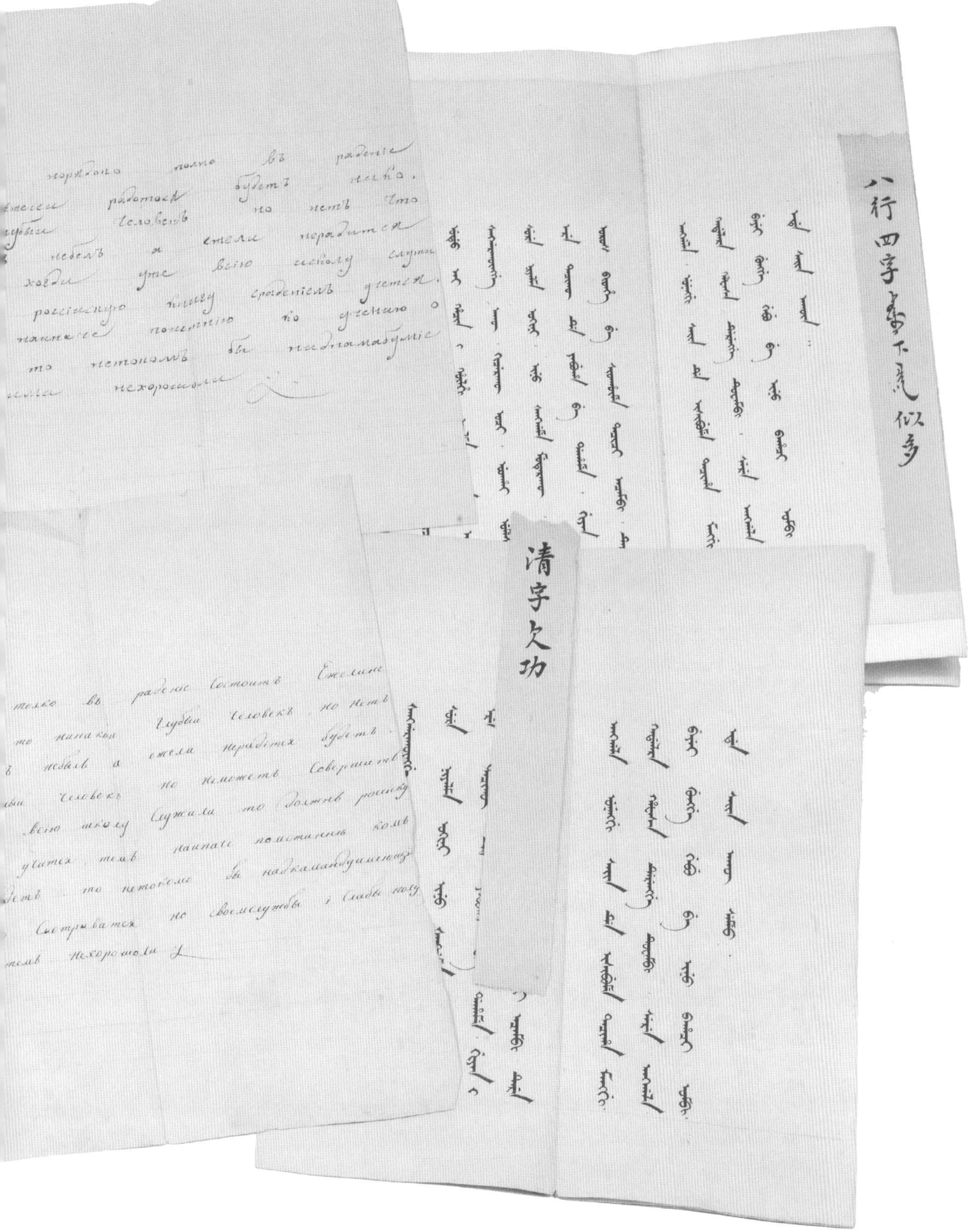
清字之功

協和昭泰
勅建宣仁廟
寧壽宮役所飯房
東門

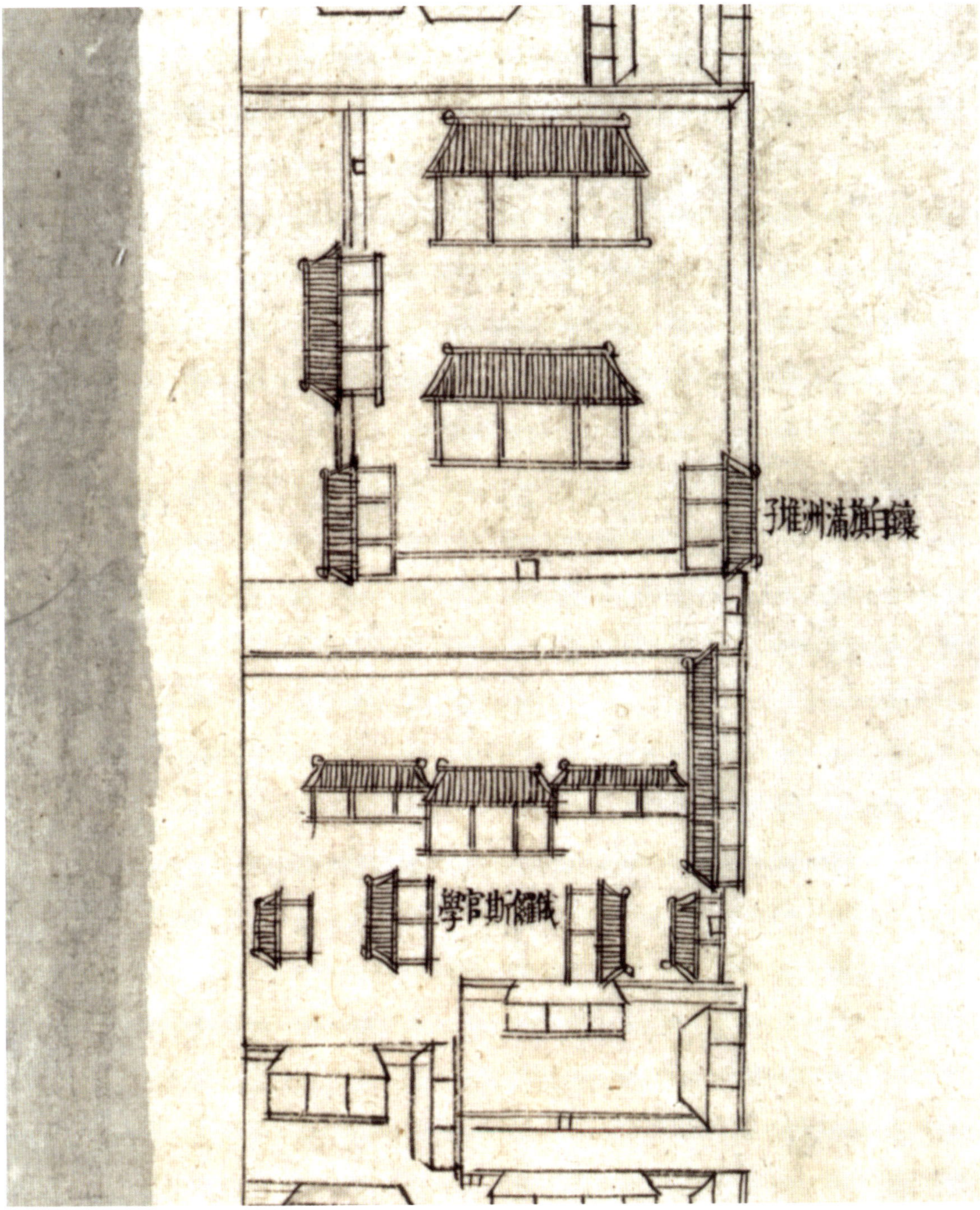

《京城全图》中的俄罗斯官学（乾隆朝）

俄罗斯女皇叶卡捷琳娜致清帝国书：

为继承皇位及遣使祝贺雍正帝即位等事

雍正三年七月二十三日（1725 年 8 月 30 日）

雍正三年，俄罗斯沙皇彼得一世去世，其妻叶卡捷琳娜继位为俄罗斯女皇。她派遣萨瓦·伏拉迪斯拉维奇为特命使臣，于 1725 年 10 月从圣彼得堡出发，次年 9 月抵达恰克图附近的布尔河，随后前往京师呈递国书。本件档案为俄皇叶卡捷琳娜一世致雍正帝的国书原件。国书中称俄皇彼得一世于 1725 年 1 月 28 日凌晨驾崩，叶卡捷琳娜·阿列克谢耶芙娜被全体大臣拥戴为女皇，特遣使将此情报闻，同时恭贺雍正帝即位，并授权萨瓦为首席大臣，负责承办诸事。萨瓦也一并呈递奏文，恭贺雍正帝即位。根据内阁注释记载，俄罗斯国书两件及使臣萨瓦所奏拉丁文、俄罗斯文书各一件，于雍正四年十月二十四日经理藩院转交内阁翻译后，呈送雍正帝御览。俄罗斯文书中提出若两国议定永远和好，互有依伏，则国民欢悦，拟通过谈判恢复两国的通商关系。

叶卡捷琳娜一世登基纪念币

俄罗斯皇宫御旗

俄罗斯女皇叶卡捷琳娜致清帝国书（雍正三年七月二十三日）

Великих Азиатских стран императору монарху самовластнейшему нашему настоящему Богд-
ойскому и китайскому Богдыхану, другу нашему любительное поздравление. Мы не можем
оставить вашему Богдыханову величеству чрез сие дружебно объявить каким образом вышше-
му и всемогущему Богу по его неиспытанной судьбе и воле угодно было его императорское величество
нашего любезнейшего супруга и государя пресветлейшего державнейшего князя и государя
государя Петра Первого императора и самодержца всероссийского, московского, киевского, владиме-
ского, новгородского, царя казанского, царя астраханского, царя сибирского, государя псковского
и великого князя смоленского, князя эстляндского, лифляндского, корельского, тверского, югорского,
пермского, вятского, болгорского, и иных государя, и великого князя Нова города низовские земли,
черниговского, рязанского, ростовского, ярославского, белоозерского, удорского, обдорского, конди-
ского и всея северныя страны повелителя и государя иверския земли карталинских и грузи-
нских царей и кабардинские земли черкаских и горских князей, и иных наследного государя
и обладателя, по претерпевшей двенатцати дневной тяжкой болезни сего 1725 году
въ 28 мца генваря поутру от сея временныя жизни в вечную радость и блаженство отоз-
вати, и что мы по преставлении высокоупомянутого его императорского величества
нашего любезнейшего государя супруга блаженной памяти, и по учиненному от него и от всего
империя и всех верных подданных подтвержденному определению и по последованном
нашем потом действительном короновании и помазании во императрицу всероссийскую
ныне правительство сего империя действительно восприняли и во оное вступили. И повелели
мы отправленному от нас к вашему Богдыханову величеству чрезвычайному посланнику
и полномочному министру нашему действительному статскому советнику нам любезно
верному иллирийскому графу Саве Владиславичу, вашему величеству о сем именем нашим
надлежащее объявление учинить, и притом пространно обнадежить, что мы при сем нашем
правительстве пребывающее между обоими государствами согласие и дружбу непременно по-
стоянно и ненарушимо содержать, но такожде и впротчем все то чинить будем, что к вя-
щему утверждению оной доброй дружбы и согласия и благополучию обоих государств и подданых
каким образом служить и касатся может, чего и от вашего Богдыханова величества взаимно
уповаем. Впротчем желаем вашему Богдыханову величеству от всемогущаго Бога долго-
летняго здравия и благополучного государствования. Дан в нашем царствующем граде
Санкт Петербурхе лета от рождества Христа спасителя нашего 1725 августа 30 дня
государствования нашего первого году;

Вашего величества
добрая приятельница Екатерина

граф Головкин

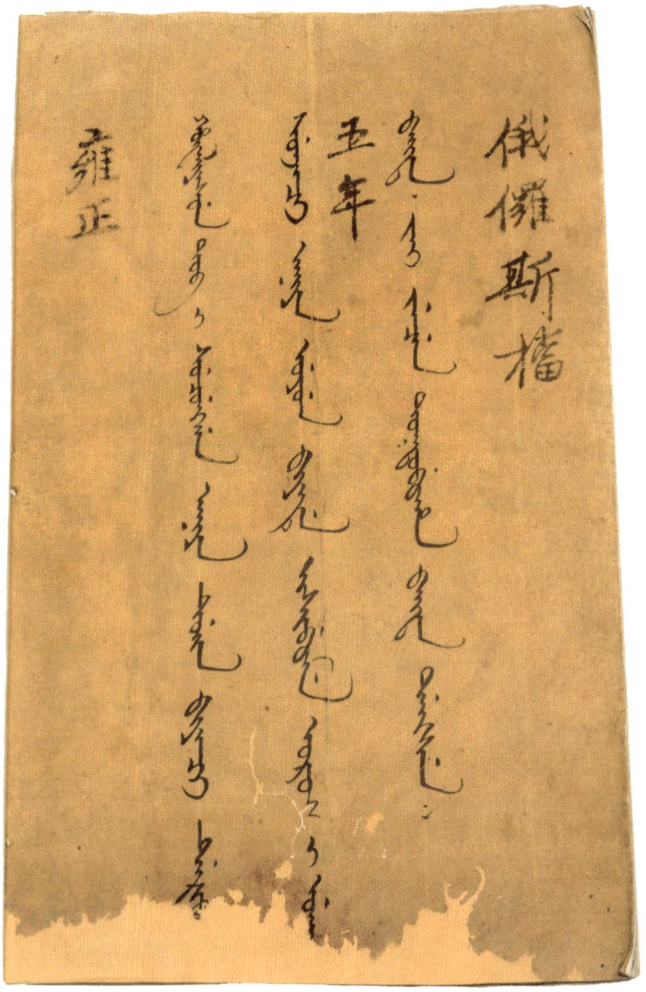

黑龙江将军傅尔丹等奏折：

为俄商入境贸易及俄罗斯近况事

雍正四年七月初三日（1726年7月31日）

在《尼布楚条约》签订前齐齐哈尔只是一个小居民屯，康熙二十四年（1685）第一次雅克萨战争前夕，副都统马喇曾在这里养护军马，以备军用。《尼布楚条约》签订后，中俄东段边界已经确定，清政府于康熙三十一年整顿黑龙江防务，鉴于齐齐哈尔为紧要之地，于是“席北、卦尔察、打虎儿内，拣选强壮者一千名，令其披甲，并附丁二千名，一同镇守齐齐哈尔地方，令副都统品级马补代管辖，两翼各设一防守尉，每旗各设防御一员，俱属将军萨布素统领管摄”。齐齐哈尔成为与俄方重镇尼布楚隔界相望的重要行政中心。随着中俄贸易的飞速发展，齐齐哈尔

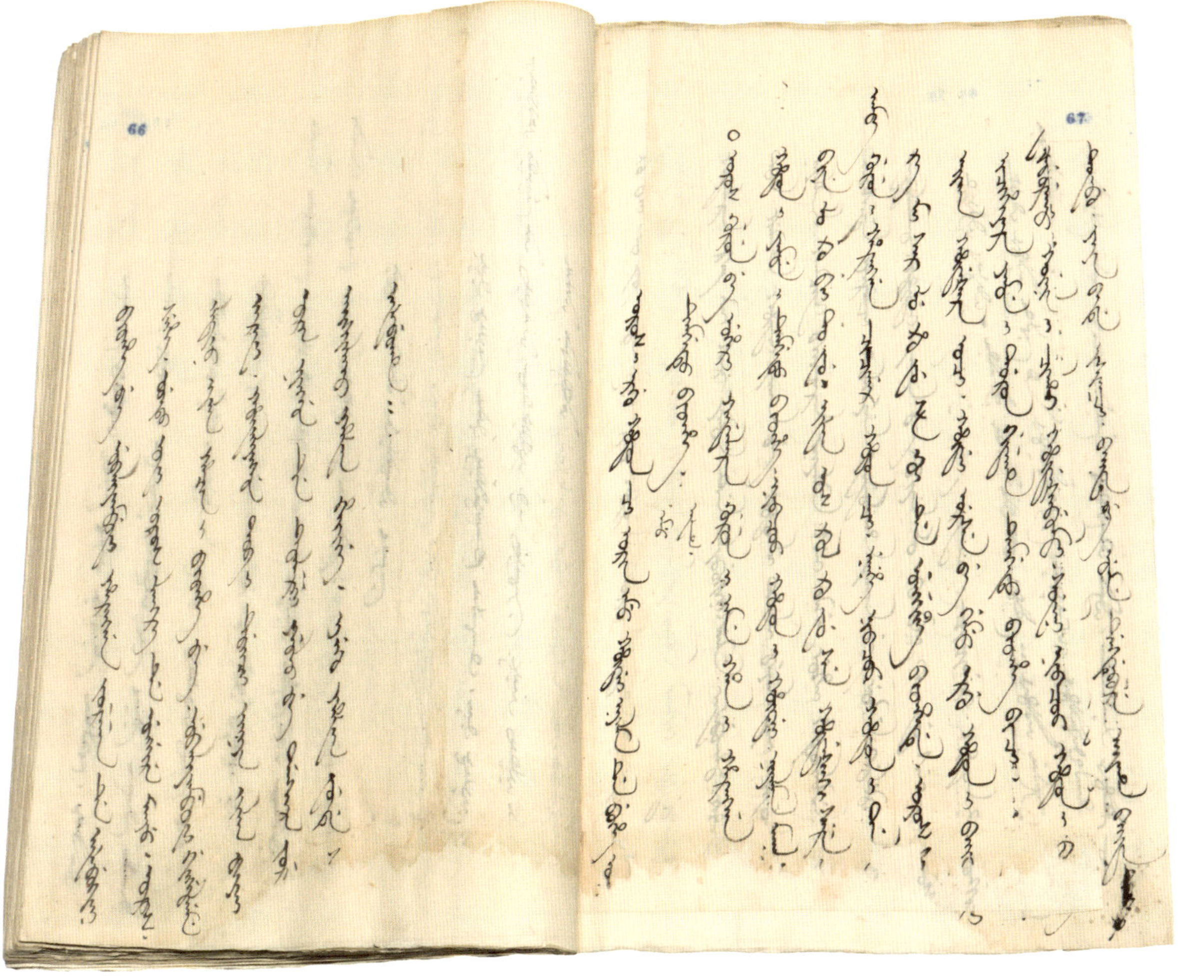

黑龙江将军傅尔丹等奏折（雍正四年七月初三日）

附近开始出现经常性的互市，经由尼布楚、嫩江赴京的俄罗斯商队也多以齐齐哈尔作为落脚之地，有时留下一些人在此看养驼马及进行就地贸易。康熙六十一年，库伦互市和京师互市相继中断，齐齐哈尔便成为了唯一幸存的中俄贸易市场。此后，齐齐哈尔互市急剧扩大。1723—1727 年间，仅有案可查的来齐齐哈尔贸易的俄罗斯商队就有 12 支。本件满文档案为黑龙江将军傅尔丹奏折的抄件，其中记载有温多里、马克西姆、伊凡等人为首的一个俄罗斯商队，于雍正四年六月十四日由俄罗斯伊尔库茨克抵达齐齐哈尔。据俄商禀告，该商队共32人，带有马匹300匹、银鼠皮1300张、狐皮140张、狼皮60张、灰鼠皮 9000 张、獭皮 4500 张、染牛皮 100 张、猩猩毡 100 块、佛特希皮 600 张、镜子 50 面，并携带盖有伊尔库茨克城火漆雕印的俄罗斯文书两件及尼布楚城的蒙古文文书两件。经查验其人数及所带贸易各项物品均与禀报相符，傅尔丹查照康熙五十三年理藩院的咨文，既然俄商持有伊尔库茨克城的印信执照，则准其开展贸易活动。

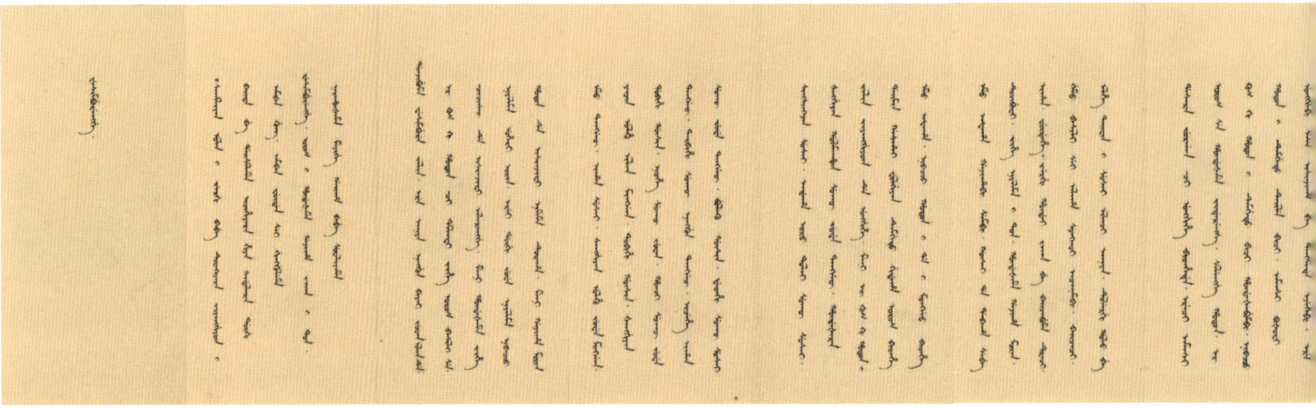

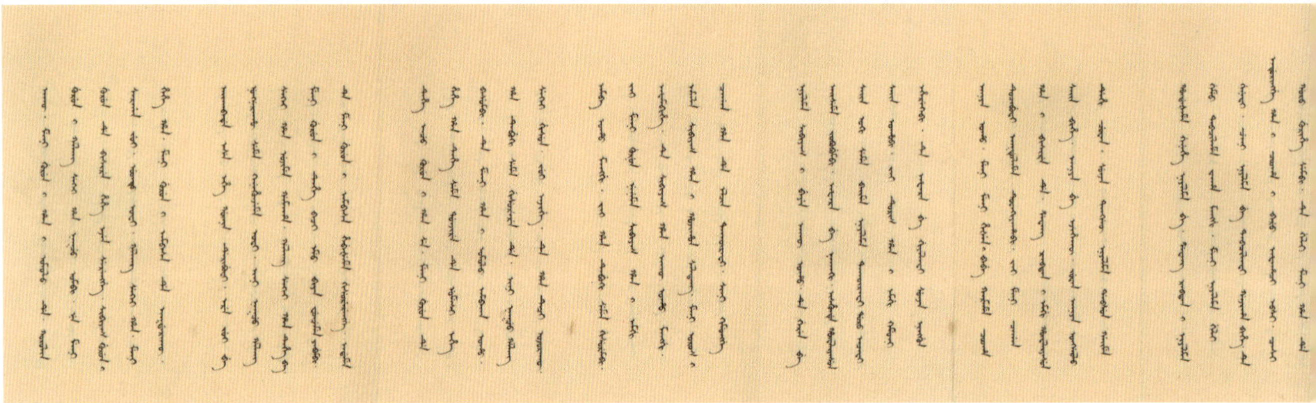

署理黑龙江将军傅尔丹等奏折：

为俄商瓦西里等入境贸易及所获之信息事

雍正五年六月二十八日（1727年8月15日）

雍正五年六月十三日，俄商瓦西里等由厄尔库城（今俄罗斯伊尔库茨克）行抵齐齐哈尔，禀称其前来贸易共20人，其中2人因病留在尼布楚城（今俄罗斯涅尔琴斯克）未至。带有马100匹，牛50头，银鼠皮2000张，灰鼠皮3000张，狐狸皮30张，狼皮10张，羊皮200张，獭皮600张，染色牛皮200张，镜子30面，佛特希皮50张，狸

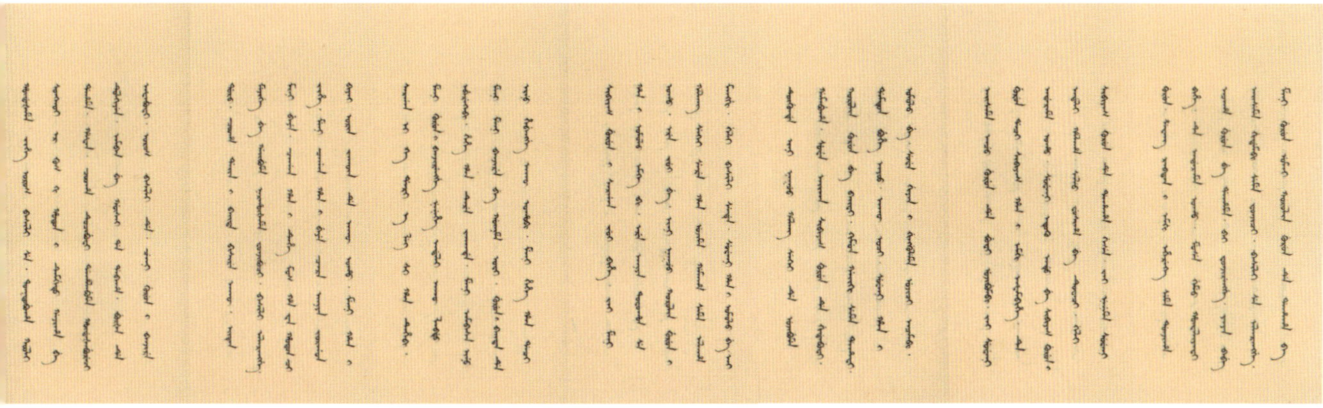

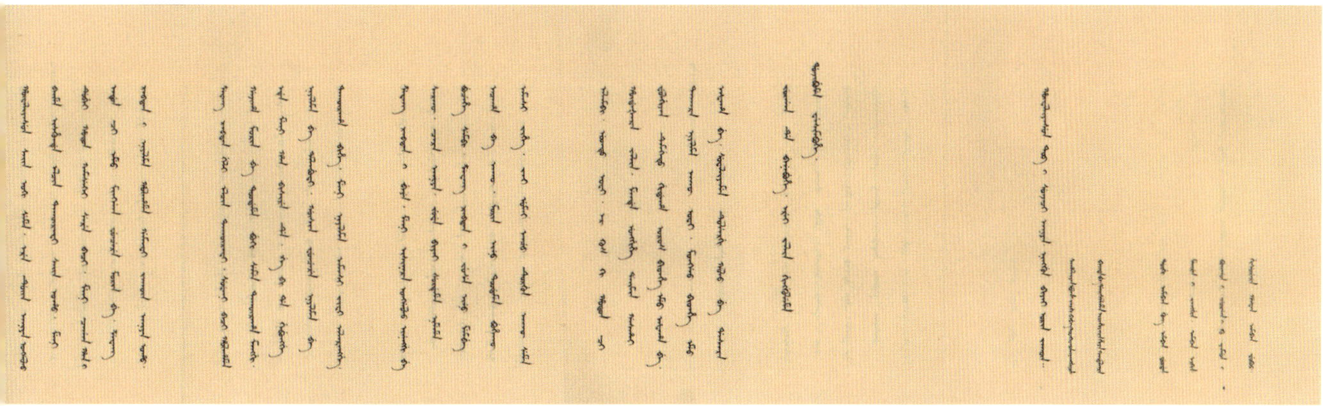

署理黑龙江将军傅尔丹等奏折（雍正五年六月二十八日）

猩毡50块，缝接的鄂洛托赖皮50张，白兔皮200张，并携带盖有厄尔库城火漆雕印的俄罗斯文书一件，尼布楚长官的蒙文文书一件。经查验其人数及所带贸易各项物品均与禀报相符，傅尔丹遂查照康熙五十三年理藩院的咨文，既然俄商持有厄尔库城所发执照，则准其开展贸易活动。瓦西里同时还禀告了俄皇（即彼得一世）的死讯，及女皇即位等信息。通过满文档案所记载的查验俄罗斯瓦西里商队贸易是否合法的问题，可以看出中国对俄贸易的管理，亦可反映出边境地区官员对商队人数、货物清单、印票等的查验都非常严格。其中的厄尔库城即为俄罗斯对清贸易的主要管理口岸。

喀尔喀副将军策凌等奏折：

为与俄使议定恰克图条约事

雍正五年七月十八日（1727年9月3日）

18世纪20年代中俄“京师互市”的中断，体现了中俄关系中各种矛盾的不断发展，但互市的中断并没有使得中俄关系恶化，清廷出于解决准噶尔问题和中俄边界问题的目的，俄罗斯出于补充因连年征战而枯竭的国库财政的需要，中俄被迫重新调整双方的贸易关系。雍正三年，俄罗斯女皇叶卡捷琳娜一世派遣萨瓦·伏拉迪斯拉维奇为特命使臣前往中国。双方开始在北京，后又转移到边境地区继续进行了历时两年多的谈判，终于在雍正五年签订了关于确定恰克图附近边界线的《布连斯奇条约》，以及关于两国政治和贸易关系框架的《恰克图条约》。《恰克图条约》经俄女皇及清雍正帝批准，并于雍正六年在恰克图河畔互换了文本。本件档案即为喀尔喀副将军策凌、兵部侍郎图理琛等奏报签订《恰克图条约》内容的奏折抄件。档案记载了清廷的议政大臣吏部尚书查弼纳、理藩院尚书特古忒、兵部侍郎图理琛与俄使萨瓦共同议定的条约11项具体内容，主要包括了贸易、宗教、边界和越境人犯处理等。在条约第4款内规定：“今两国定界，不得容留逃人。既已新定和好之道，即照萨瓦所议，允许两国通商。既已通商，其人数仍按原定，不得过二百人，每隔三年，通商一次。”“除两国通商外，两国边境地区之零星贸易，应于尼布楚、色楞格两处，选择妥地，建盖房屋，以准自愿前往贸易者贸易。其周围房屋、墙垣、木栅亦准酌商修建，亦不征税。”俄罗斯不但恢复了北京的商队贸易，而且还开辟了定点的边界贸易，不仅是在库伦和齐齐哈尔，还包括在靠近色楞格斯克和尼布楚边界上建立贸易中心。条约还规定，在中俄双方恢复商队贸易的同时，还需要另外开辟两处边境贸易点，以供两国商人和当地居民进行边关互市之用。双方随后确定了两处贸易点的位置，一处是在额尔古纳河和根河汇合处的库克多博—祖鲁图海地方，另一处是在色楞格河东岸边界的恰克图。条约签订

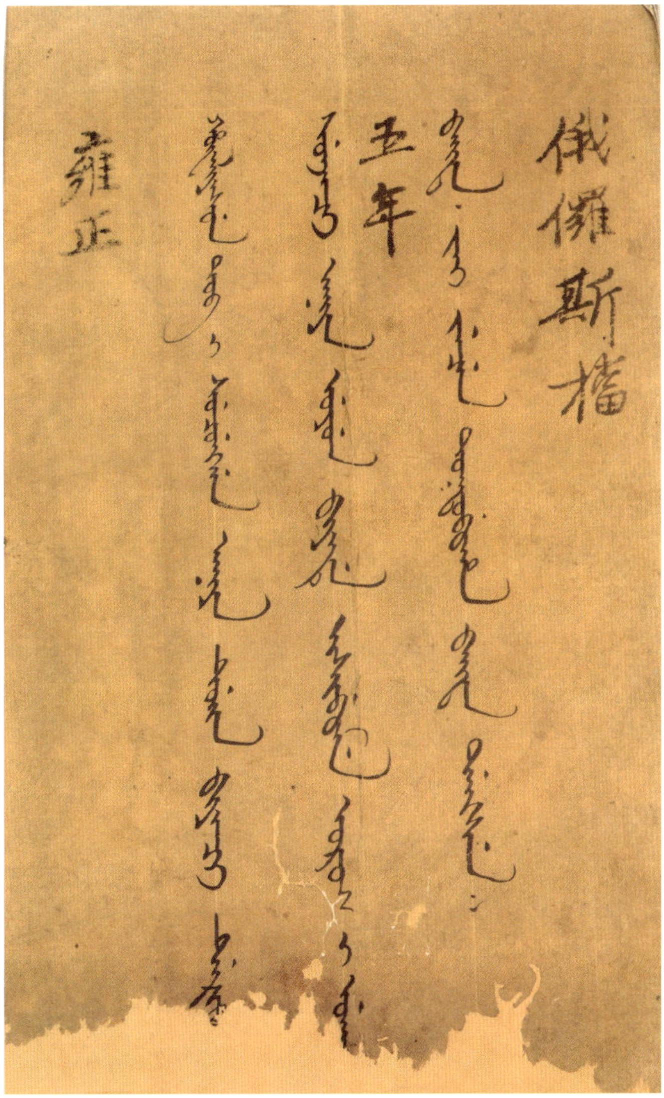

后不久，两处贸易点相继开市，恰克图被正式设立为两国边境贸易的口岸。雍正八年，中方在恰克图城的对面营造了买卖城。两国商人就地取材修筑房屋，并以木栅为垣，两城相距 140 码。自此，恰克图和买卖城成为中俄贸易的新兴城镇。本件满文档案应为条约的草案，内有朱批。内阁注释表明，该奏折经议政大臣议奏，同意照策凌等所奏议定内容办理，同时译成满文、拉丁文和俄罗斯文，加盖理藩院印，将三种文本装订三册。档案反映了《恰克图条约》的议定过程。

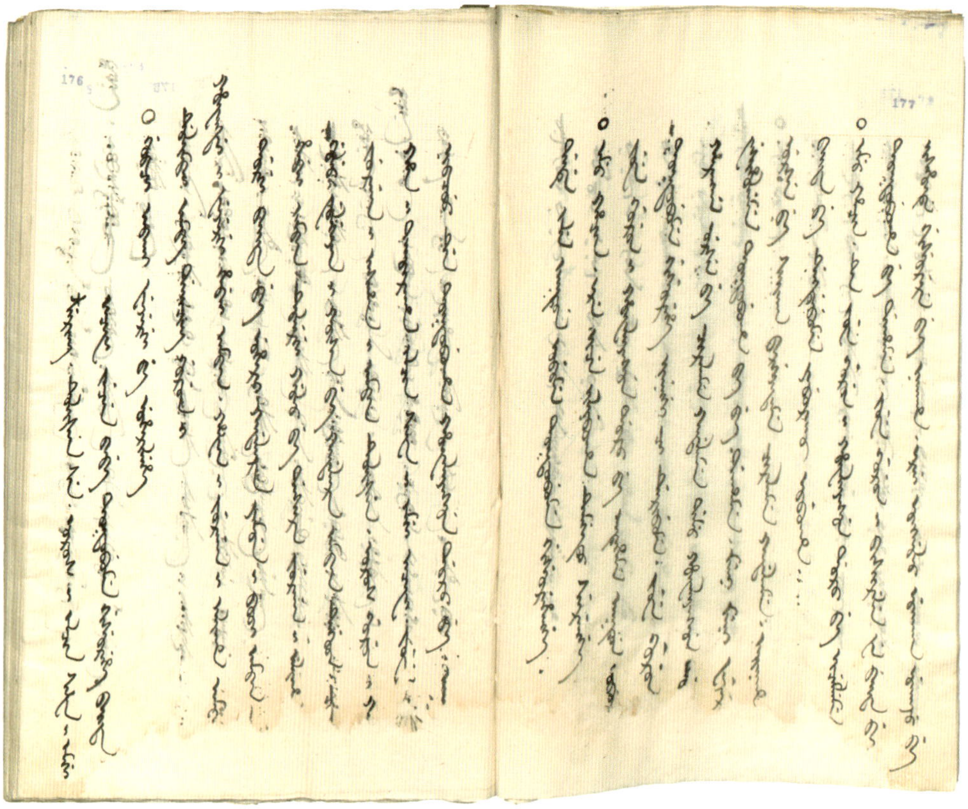

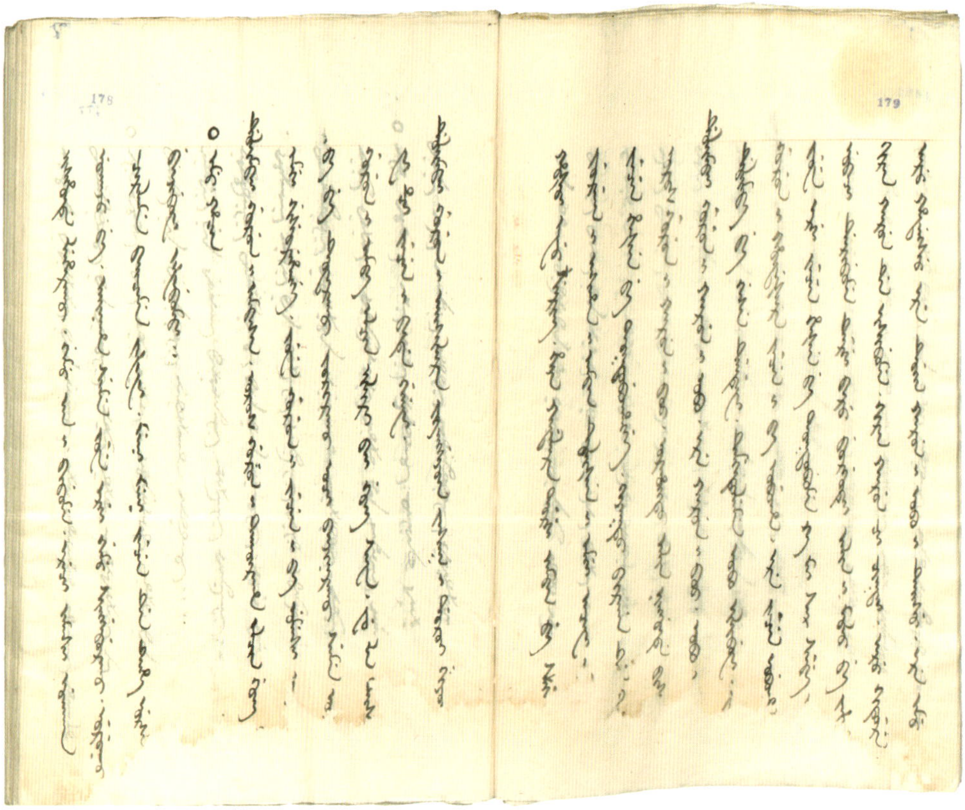

喀尔喀副将军策凌等奏折（雍正五年七月十八日）

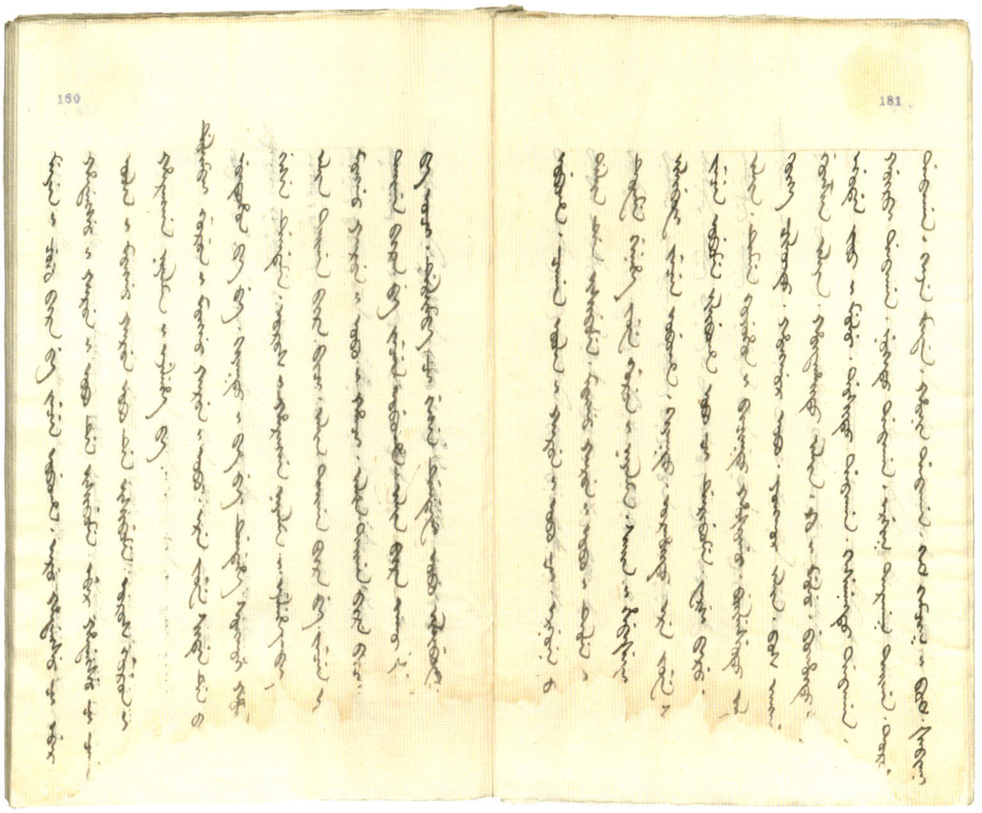
180
181

182
183

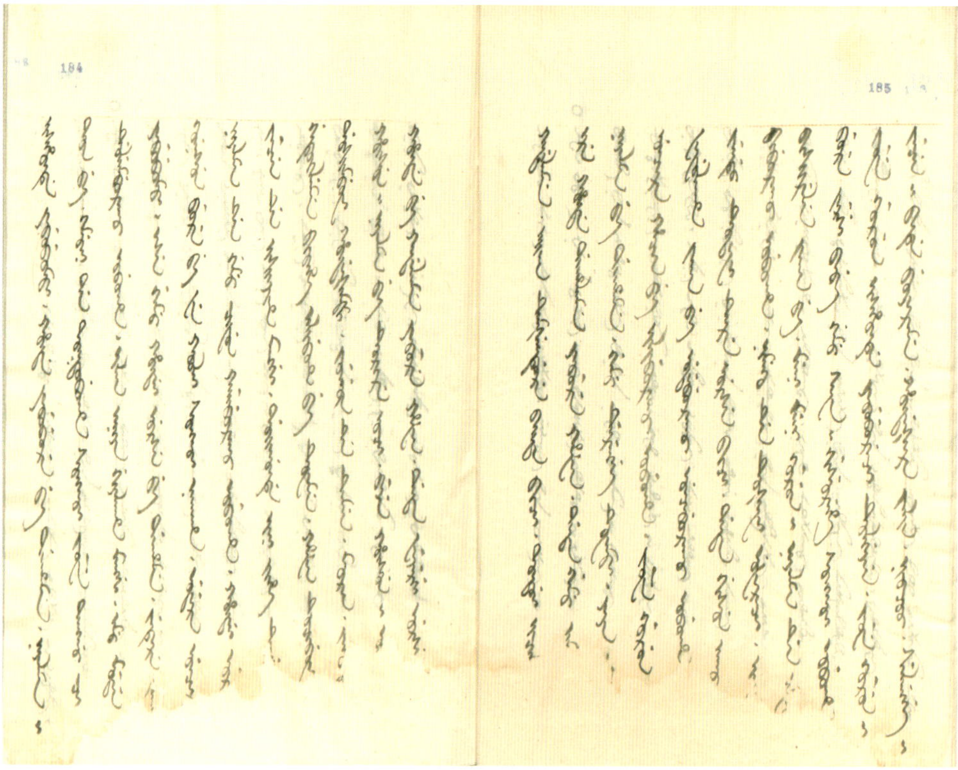
184
185

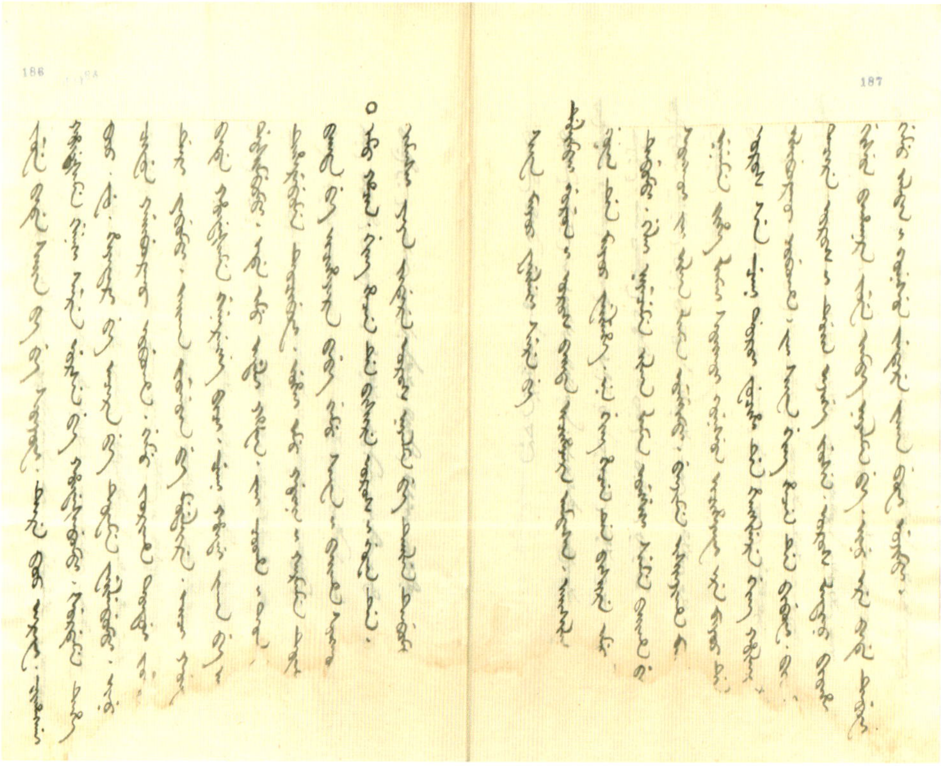
186
187

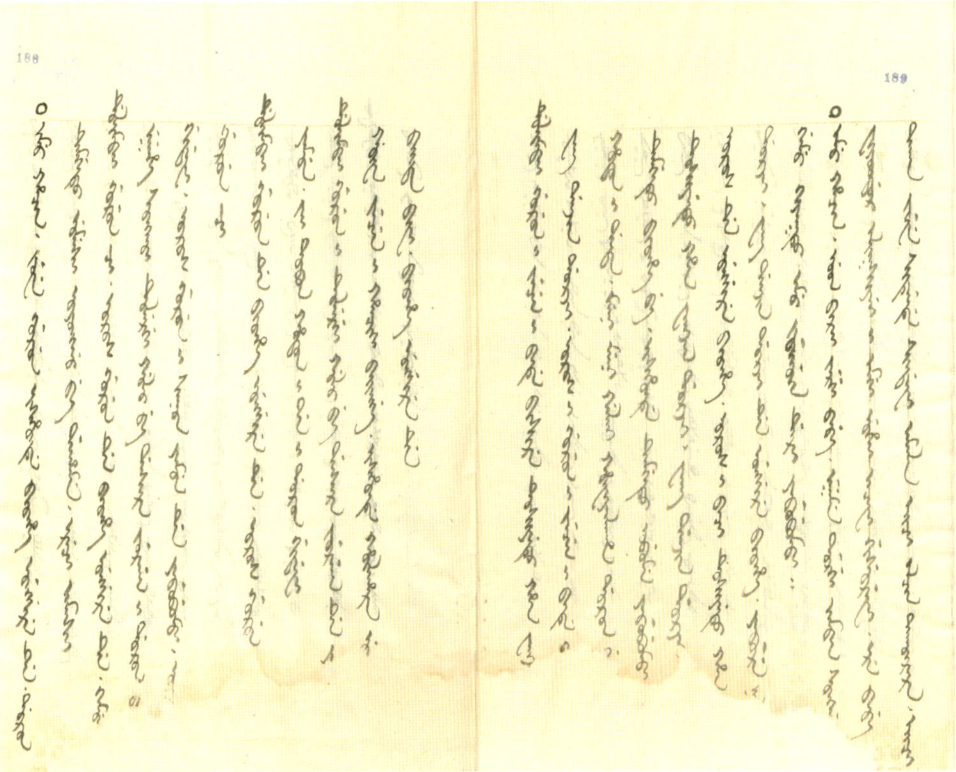
188
189

190
191

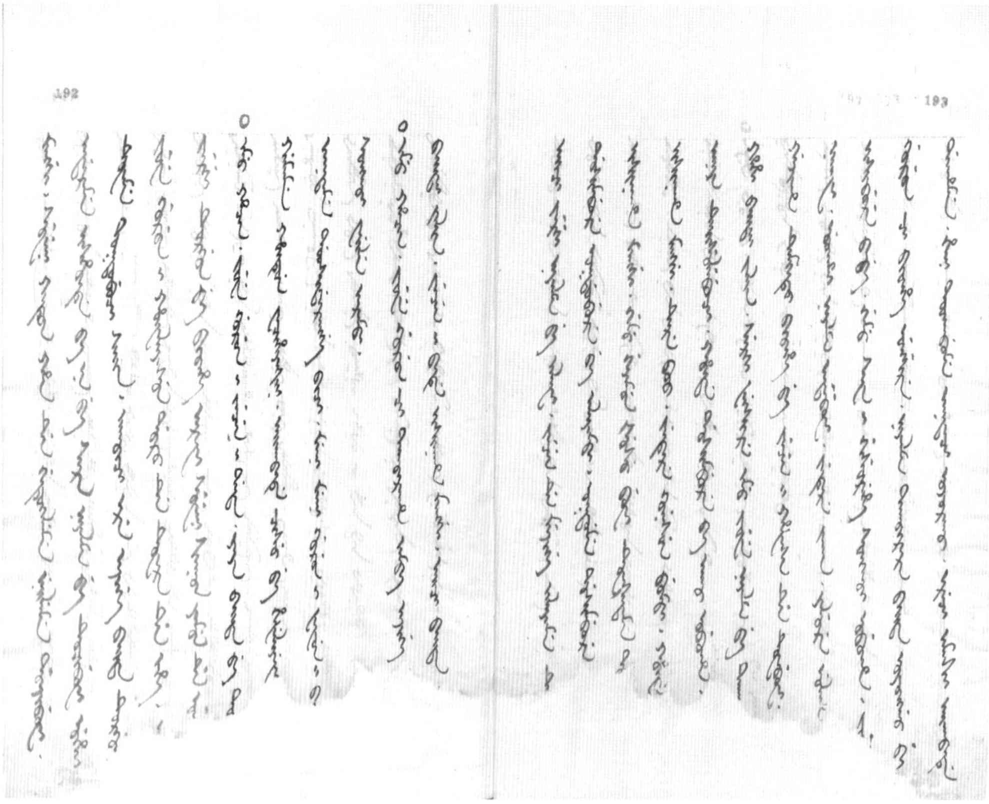
192
193

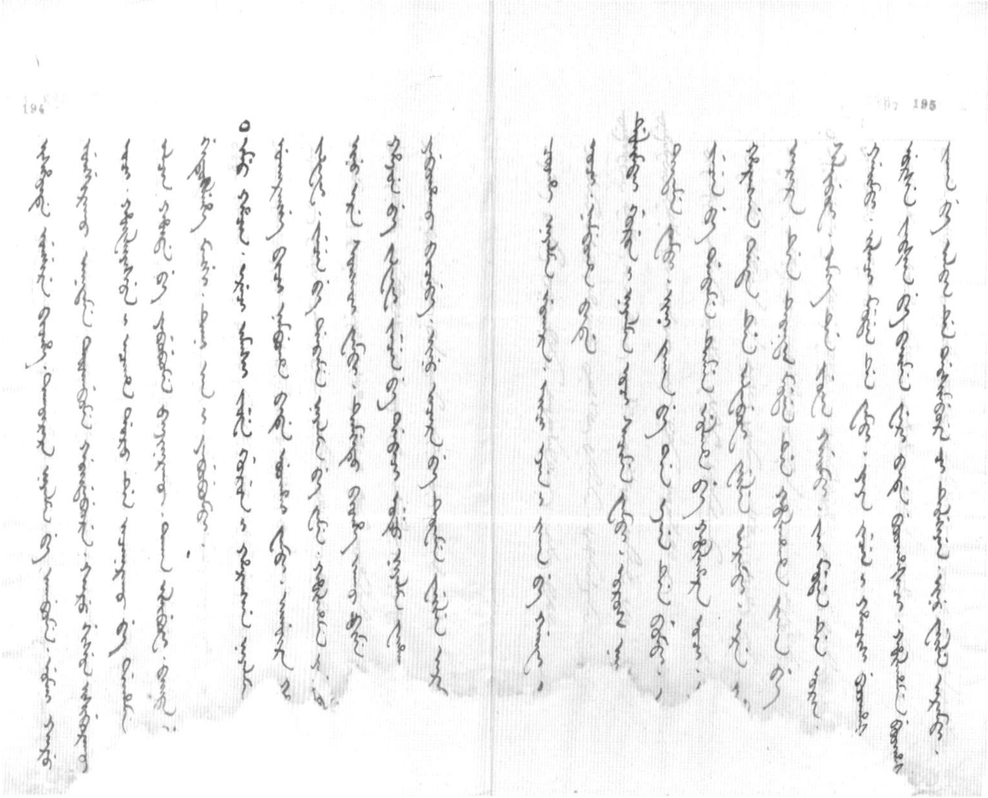
194
195

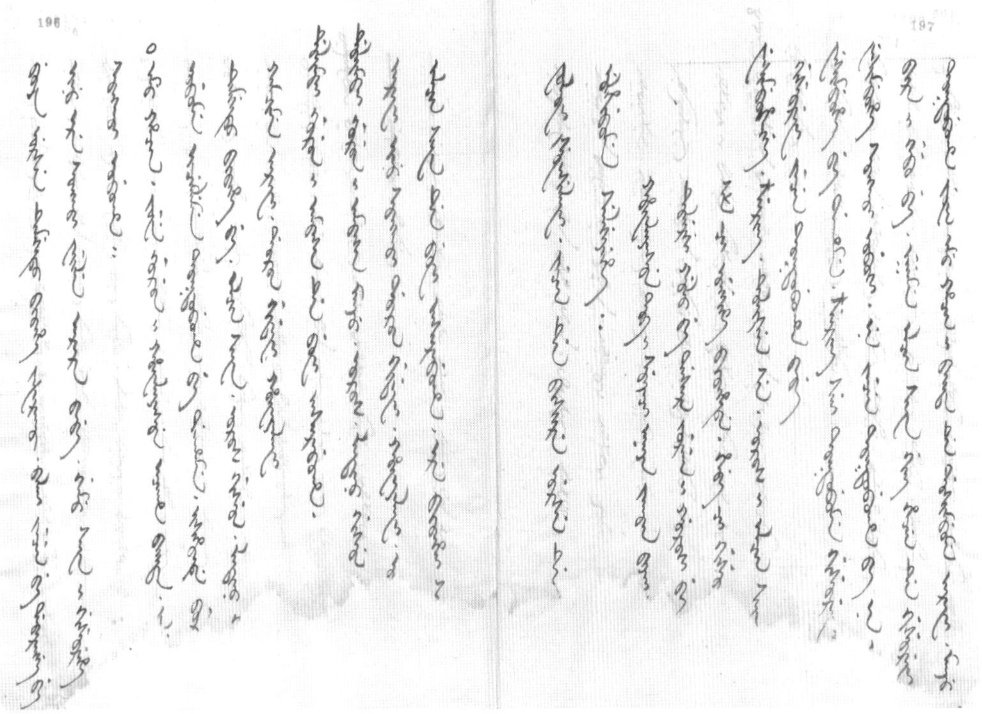
196
197

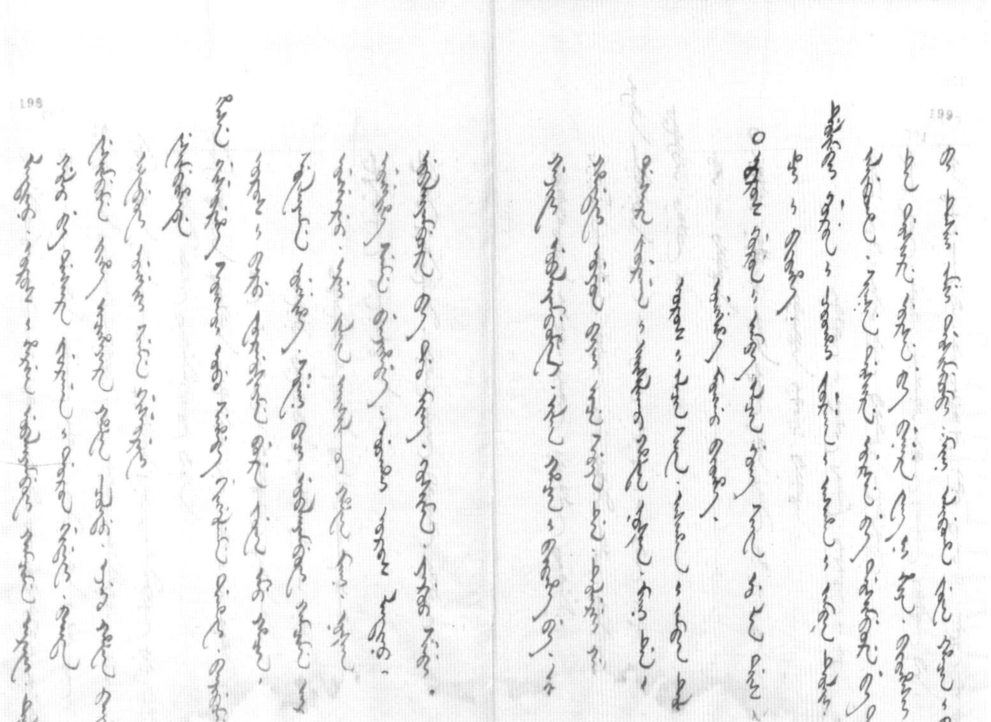
198
199

理藩院致俄萨纳特衙门咨文：

为遣使往贺俄皇即位等事

雍正七年五月十八日（1729年6月14日）

雍正七年，清朝与准噶尔部关系恶化，雍正帝决定用兵准噶尔。时值俄罗斯沙皇彼得二世即位，雍正帝遂派遣理藩院侍郎托时率领使团前往祝贺，同时希望在清廷对准噶尔的军事行动中，俄罗斯方面保持中立。这次成功出访对于中国交涉史而言是初次，不仅对于俄罗斯，即一般而言对于当代欧洲也是如此。使团于雍正七年自北京起程，当年冬抵达色楞格斯克。雍正八年五月取道水路前往托博尔斯克，十二月到达莫斯科。第一个使团尚在途中时，清廷得悉了彼得二世去世的消息，即位的女皇为安娜·伊凡诺夫娜，因此清廷立即派遣了第二批使节，以便祝贺新的俄罗斯女皇安娜登基。托时使团等受到安娜一世的接见，并与俄罗斯萨纳特衙门进行了会谈。本件档案为理藩院致俄罗斯萨纳特衙门咨文的满文抄件。按照《恰克图条约》第六条的约定，中国发往俄罗斯的行文，由理藩院盖印后递送给俄罗斯萨纳特衙门。俄罗斯发往中国的行文，盖俄罗斯萨纳特衙门及托波尔城长官之印后递送中国理藩院。

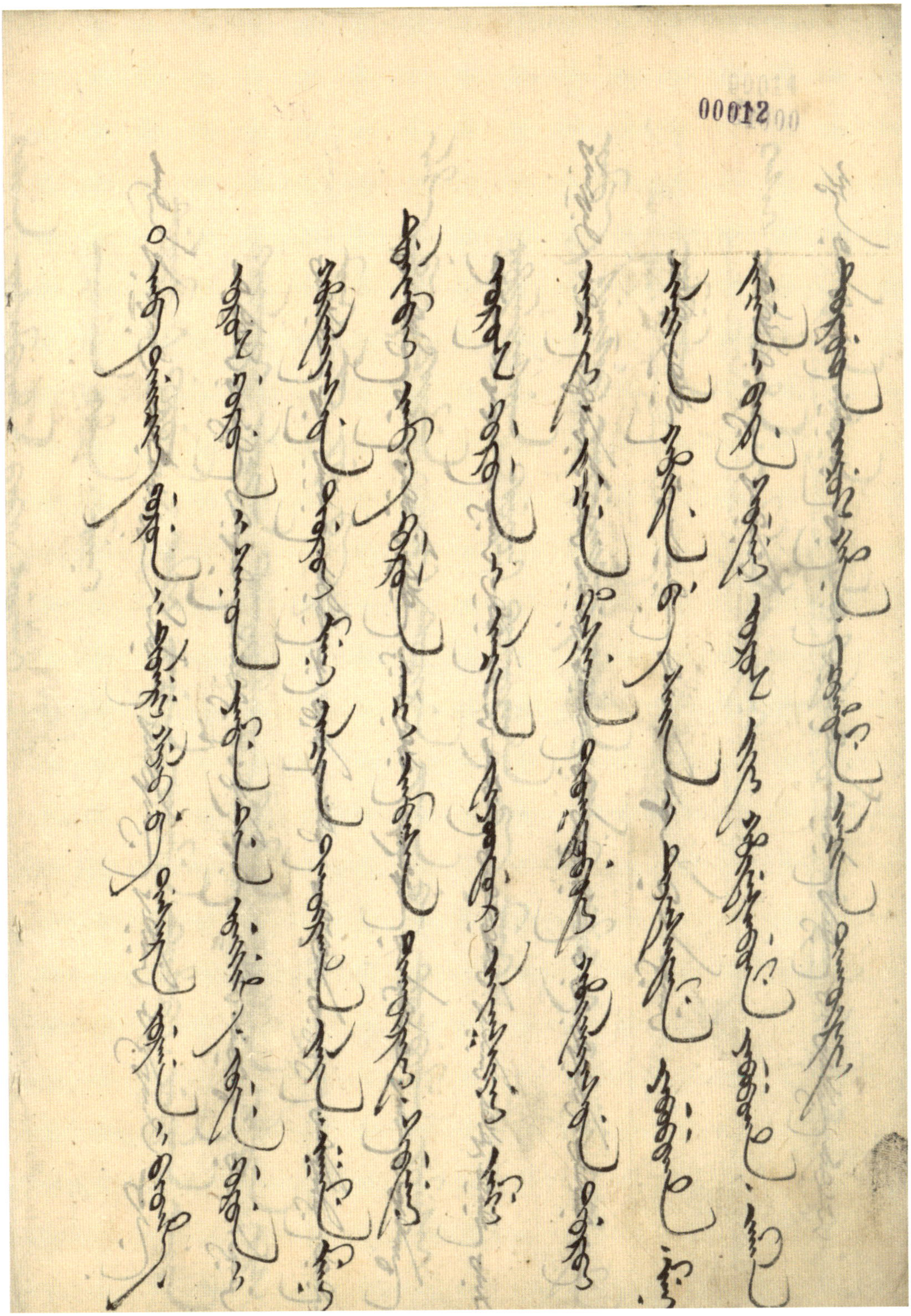

理藩院致俄萨纳特衙门咨文（雍正七年五月十八日）

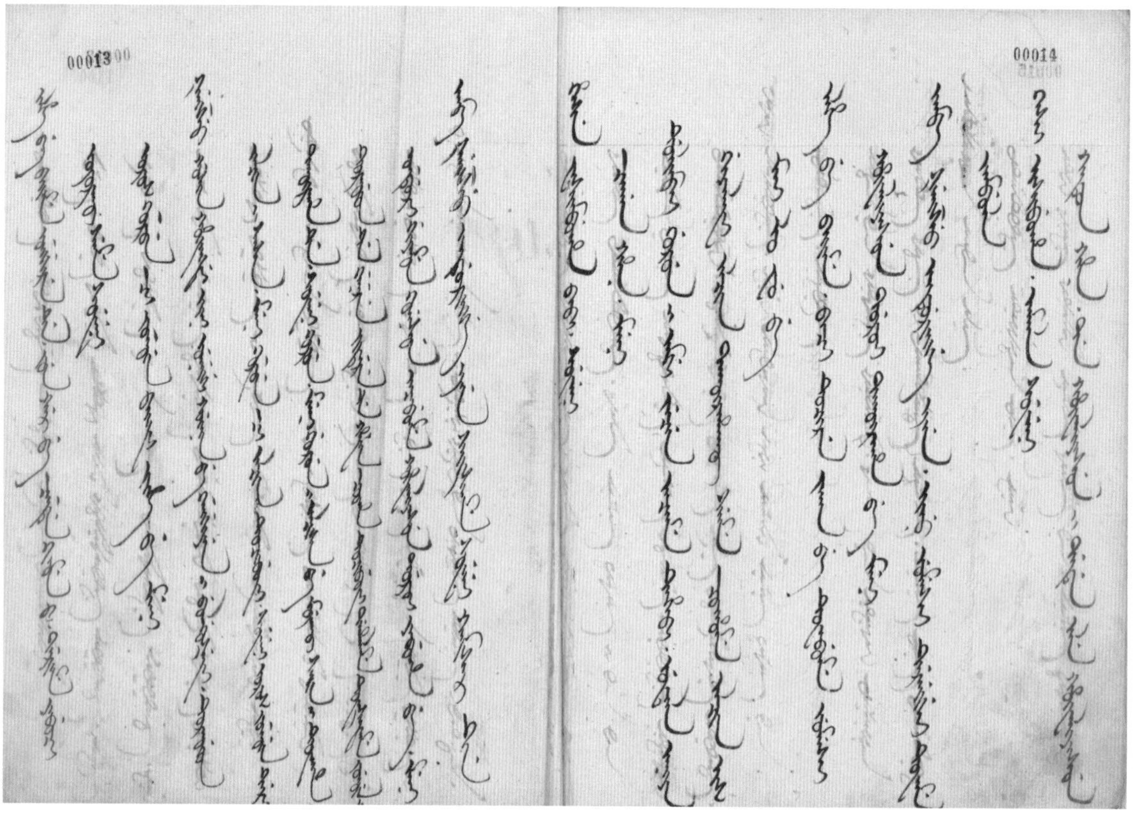
00013
00014

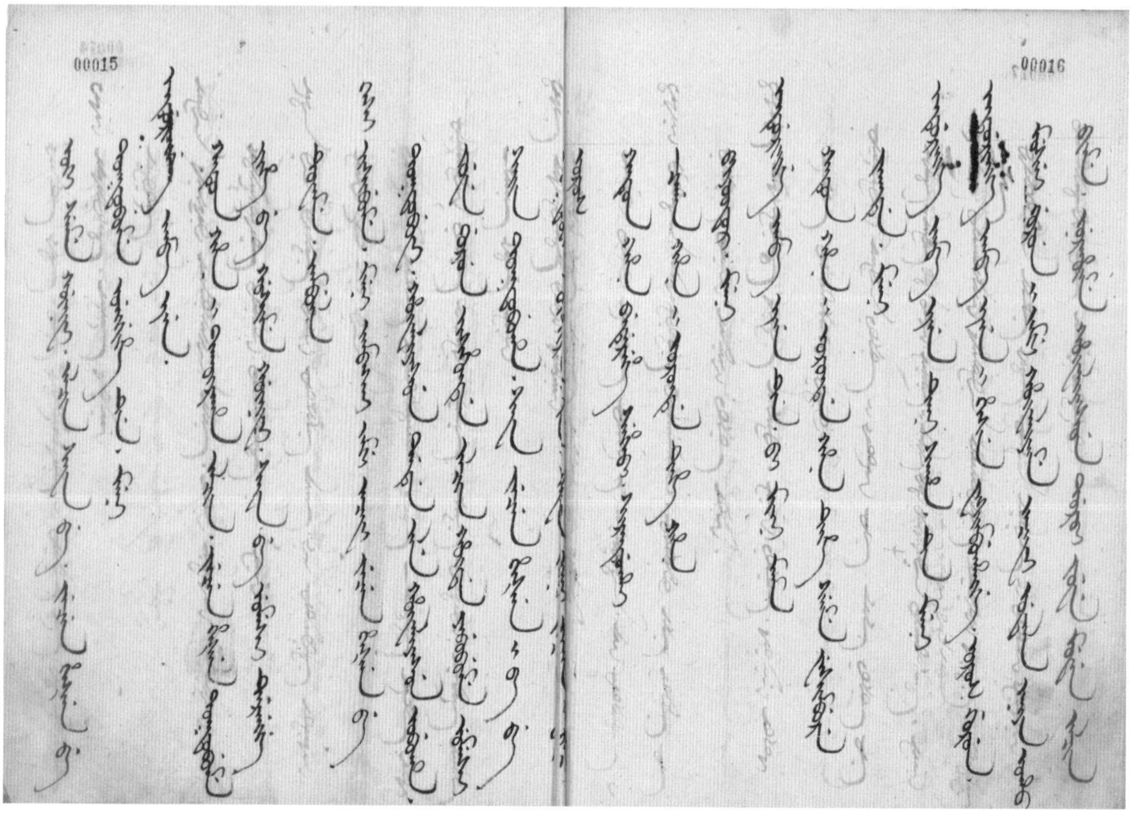
00015
00016

00017
00018

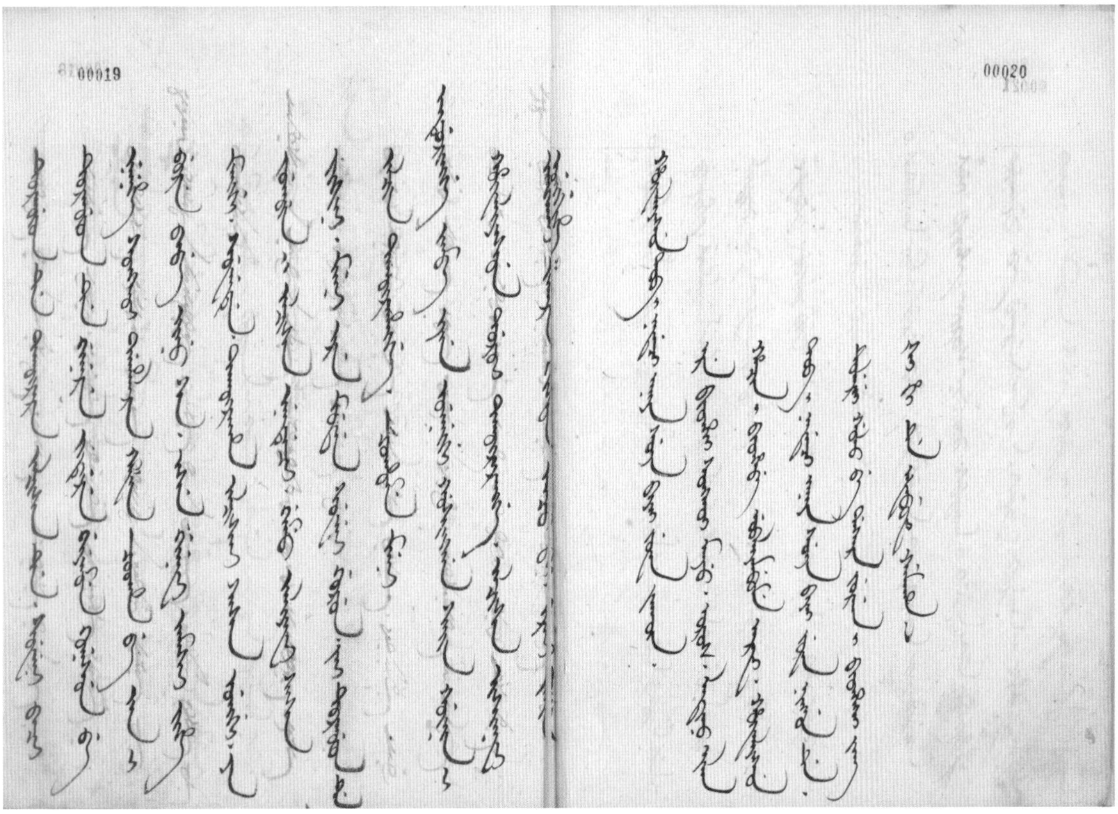
00019
00020

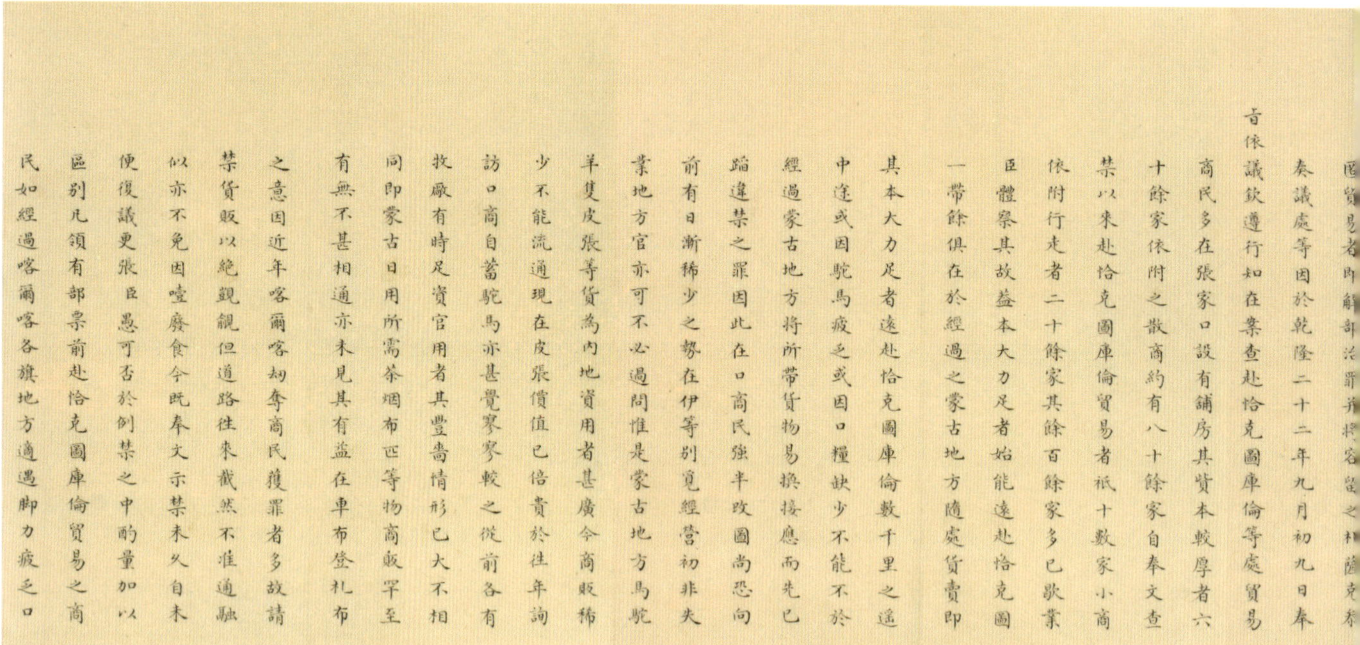
奏議處等因於乾隆二十二年九月初九日奉
旨依議欽遵行知在案查赴恰克圖庫倫等處貿易
商民多在張家口設有鋪房其貲本較厚者六
十餘家依附之散商約有八十餘家自奉文查
禁以來赴恰克圖庫倫貿易者祇十數家小商
依附行走者二十餘家其餘百餘家多已歇業
臣體察其故蓋本大力足者始能遠赴恰克圖
一帶餘俱在於經過之蒙古地方隨處貨賣即
其本大力足者遠赴恰克圖庫倫數千里之遥
中途或因駝馬疲乏或因口糧缺少不能不於
經過蒙古地方將所帶貨物易換接應而先已
蹈違禁之罪因此在口商民強半歧圖尚恐向
前有日漸稀少之勢在伊等別覓經營初非失
業地方官亦可不必過問惟是蒙古地方馬駝
羊隻皮張等貨為內地資用者甚廣今商販稀
少不能流通現在皮張價值已倍貴於往年詢
訪口商自蓄駝馬亦甚覺寥寥較之從前各有
牧廠有時足資官用者其豐嗇情形已大不相
同即蒙古日用所需茶烟布疋等物商販罕至
有無不甚相通亦未見其有益在車布登札布
之意因近年喀爾喀刧奪商民獲罪者多故請
禁貨販以絶覬覦但道路往來截然不准通融
似亦不免因噎廢食今既奉文示禁未久自未
便復議更張臣愚可否於例禁之中酌量加以
區別凡領有部票前赴恰克圖庫倫貿易之商
民如經過喀爾喀各旗地方適遇脚力疲乏口

直隶总督方观承奏折：

为领有部票商贩请准于蒙古喀尔喀等处地方就近贸易事

乾隆二十四年二月初三日（1759年3月1日）

乾隆年间，从内地远赴乌里雅苏台、恰克图、库伦进行贸易的商户已是络绎不绝，他们的店铺大多设在张家口，其中资本殷实的大商户有60多家，小商户约有80多家。商民在途经喀尔喀蒙古地区时，常常私往沿途各旗贩卖货物，开展贸易，因恐滋生事端，遭到了清廷的查禁。直隶总督方观承在奏折中指出，恰克图、库伦均有数千里之遥，商民长途跋涉，中途或因驼马疲乏，或因口粮缺少，不能不在经过的蒙古地方将所带货物易换进行补给。经过之前的查禁，往来商民有日渐稀少之势，蒙古地方的马驼、羊只、皮张等货物在内地的价格因此已“倍贵于往年”，蒙古地方茶烟布匹等日用所需的供应也受到了影响。他建议允许领有部票运货前往恰克图、库伦贸易的商户，如有在喀尔喀各扎萨克旗适遇脚力疲乏、口粮缺少，必须购换牲畜才能接济往返者，仍准其随便交易以资行旅。蒙古地方需用布、茶等物，如遇商贩经过，亦准许牧民以牲畜、皮张交换以资应用。对于串走各旗盘踞日久、抬价放债以致蒙古牧民将产畜抵还有碍其生计的商人，仍照旧案严行查禁，无论有无部票一律治罪，同时不许蒙古牧民借端生事为难商民，以使双方互取所需，共享裨益。乾隆帝随后颁旨允准。

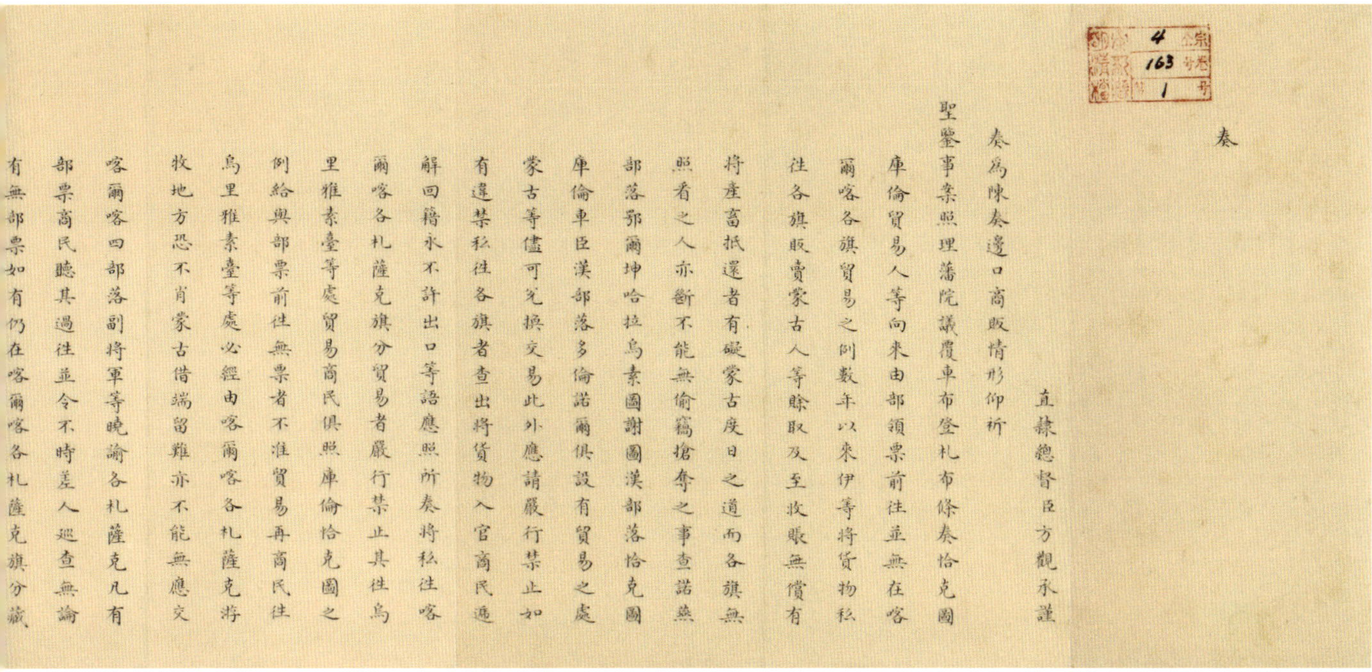

奏

直隸總督臣方觀承謹

奏為陳奏邊口商販情形仰祈

聖鑒事案照理藩院議覆車布登札布條奏恰克圖

庫倫貿易人等向來由部領票前往並無在喀

爾喀各旗貿易之例數年以來伊等將貨物私

往各旗販賣蒙古人等賒取及至收賬無償有

將產畜抵還者有礙蒙古度日之道而各旗無

照看之人亦斷不能無偷竊搶奪之事查諾燕

部落鄂爾坤哈拉烏素圖謝圖漢部落恰克圖

庫倫車臣漢部落多倫諾爾俱設有貿易之處

蒙古等儘可兌換交易此外應請嚴行禁止如

有違禁私往各旗者查出將貨物入官商民遞

解回籍永不許出口等語應照所奏將私往喀

爾喀各札薩克旗分貿易者嚴行禁止其往烏

里雅素臺等處貿易商民俱照庫倫恰克圖之

例給與部票前往無票者不准貿易再商民往

烏里雅素臺等處必經由喀爾喀各札薩克游

牧地方恐不肖蒙古借端留難亦不能無應交

喀爾喀四部落副將軍等曉諭各札薩克凡有

部票商民聽其過往並令不時差人巡查無論

有無部票如有仍在喀爾喀各札薩克旗分藏

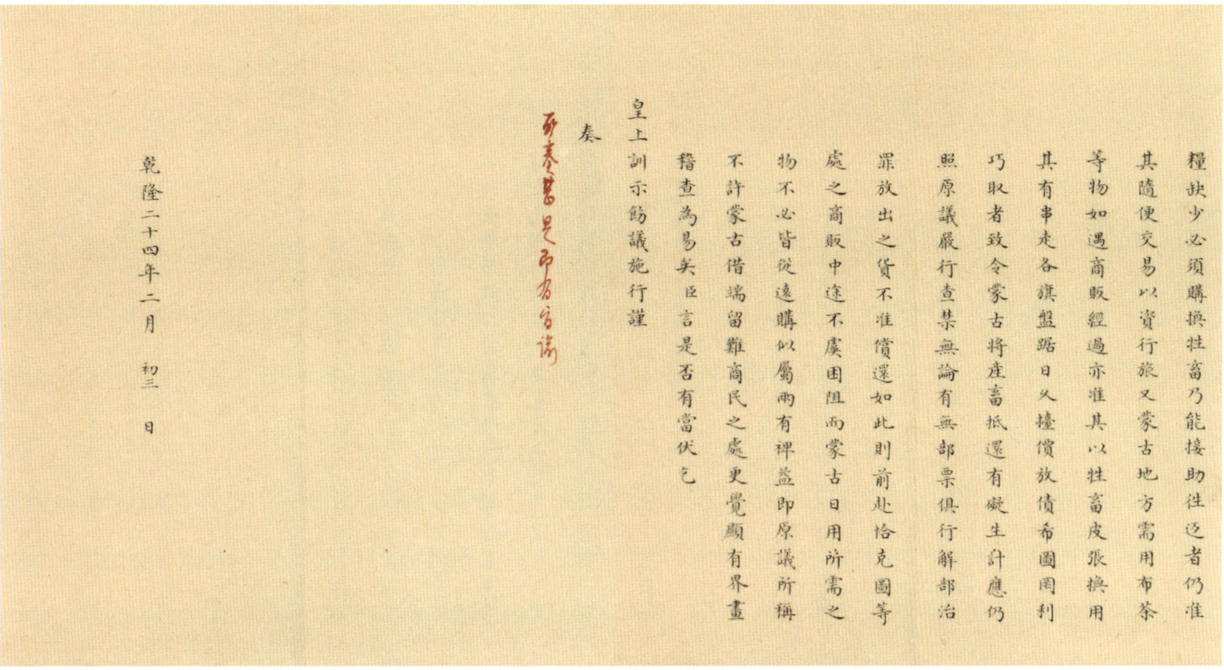
糧缺少必須購換牲畜乃能接助往迄者仍准

其隨便交易以資行旅又蒙古地方需用布茶

等物如遇商販經過亦准其以牲畜皮張換用

其有串走各旗盤踞日久擡價放債希圖罔利

巧取者致令蒙古將產畜抵還有礙生計應仍

照原議嚴行查禁無論有無部票俱行解部治

罪放出之貨不准償還如此則前赴恰克圖等

處之商販中途不虞困阻而蒙古日用所需之

物不必皆從遠購似屬兩有裨益即原議所稱

不許蒙古借端留難商民之處更覺顯有界畫

稽查為易矣臣言是否有當伏乞

皇上訓示飭議施行謹

奏

所奏甚是即有旨諭

乾隆二十四年二月　初三　日

直隶总督方观承奏折（乾隆二十四年二月初三日）

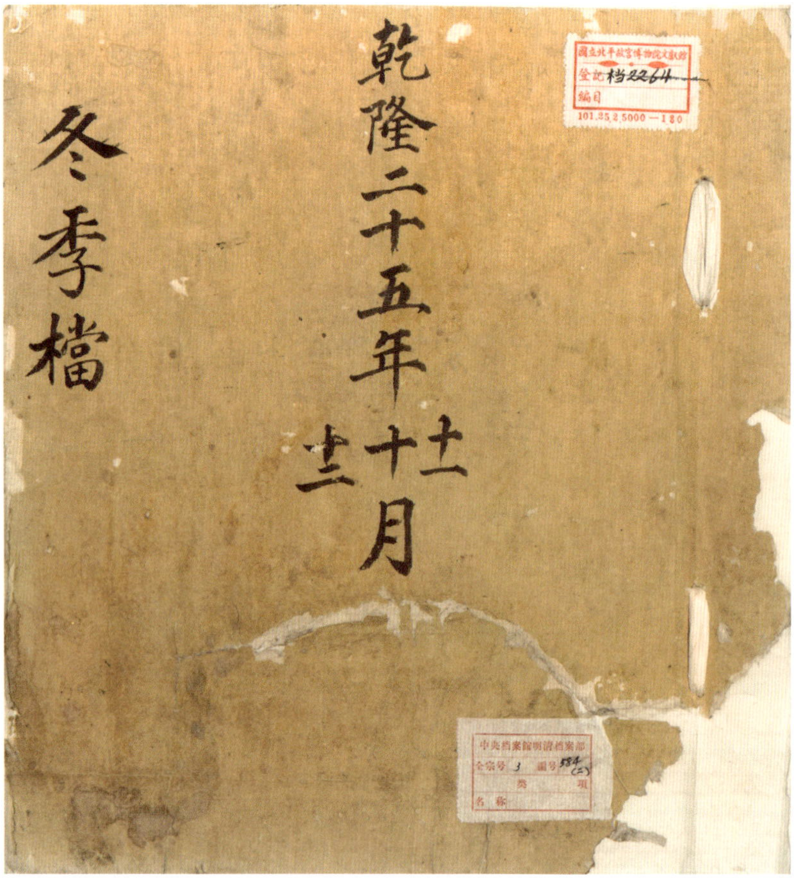

大学士傅恒等奏折：

为降低内地贩往多伦诺尔之货税以杜绝走私事

乾隆二十五年十二月二十二日（1761 年 1 月 27 日）

多伦诺尔地处塞外，原系产聚牲畜之区，但由于此地是从京师出古北口、张家口通向内蒙古东四盟及喀尔喀蒙古车臣汗部、土谢图汗部的交通要道，人口逐渐汇集起来，多伦诺尔遂从张家口厅内分出，单设多伦诺尔厅，成为直隶口北三厅之一。乾隆年间，随着蒙古地区贸易的发展，多伦诺尔商贾渐繁，建起市集铺面，巡查察哈尔地方监察御史建议，

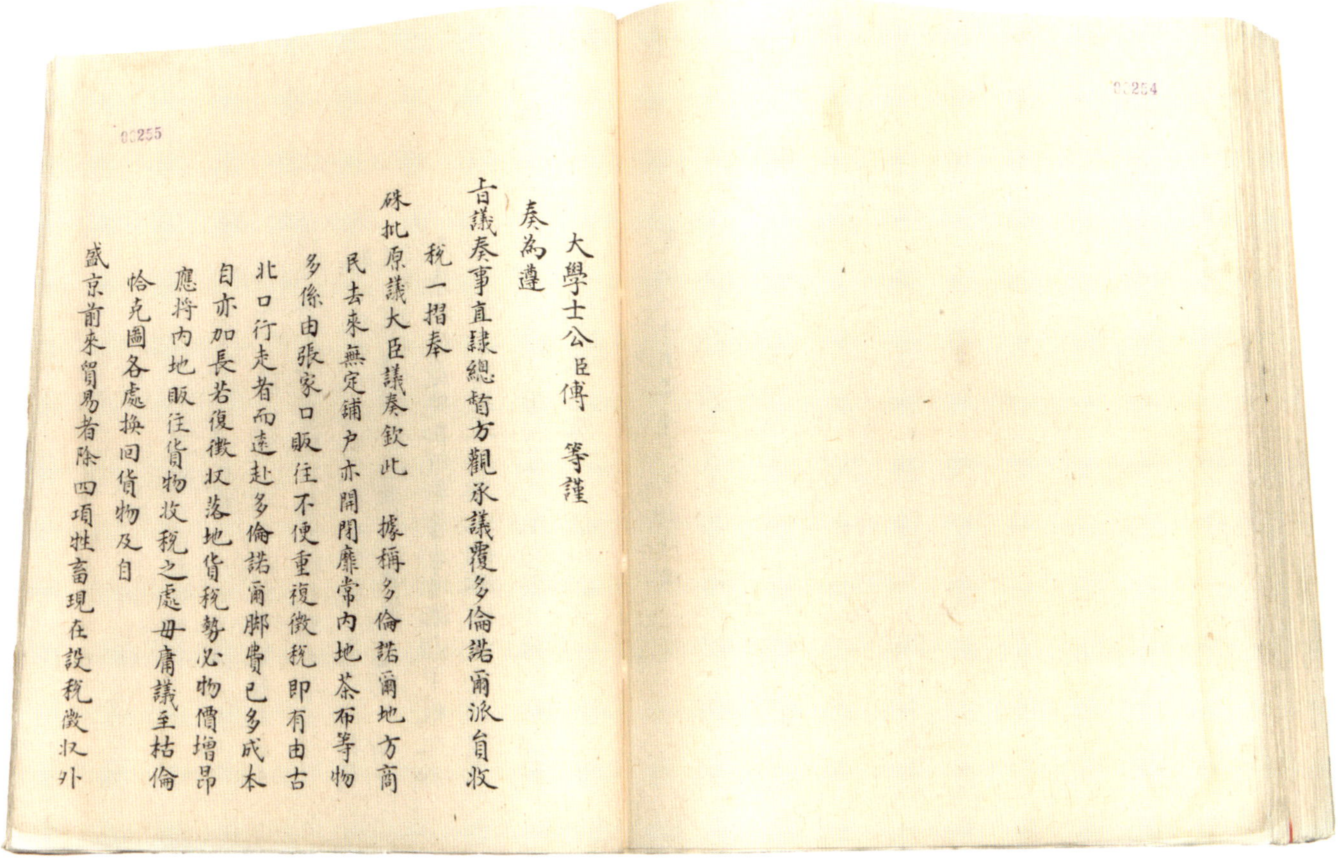
00255
大學士公臣傅　等謹
奏為遵
旨議奏事直隸總督方觀承議覆多倫諾爾派員收
稅一摺奉
硃批原議大臣議奏欽此　據稱多倫諾爾地方商
民去來無定鋪户亦開閉靡常內地茶布等物
多係由張家口販往不便重複徵稅即有由古
北口行走者而遠赴多倫諾爾脚費已多成本
自亦加長若復徵收落地貨稅勢必物價增昂
應將內地販往貨物收稅之處毋庸議至枯倫
恰克圖各處換回貨物及自
盛京前來貿易者除四項牲畜現在設稅徵收外
00254

大学士傅恒等奏折（乾隆二十五年十二月二十二日）

按照之前归化城和八沟等处之例，在多伦诺尔设立税课，以便稽查。经直隶总督方观承查核，多伦诺尔街市铺户约有一千数百余家，往来蒙古为多，已添设弁兵驻扎，人口渐稠。但商民来去无定，铺户开闭靡常，内地茶布等物多由张家口贩往，不便重复征税，以免物价增昂，影响附近蒙古及新设弁兵等生计食用。大学士傅恒等建议，除乾隆十五年奏准四项牲畜设税外，从库伦、恰克图各处换回货物及盛京前来蒙古地方往返贸易一律征收落地税，克什克腾木植从该处进口亦增收木税，从乾隆二十六年起试征，待定章定额后再行派员前往经理税务。

00256

其餘如皮張等物應一例徵收落地稅銀又克
什克騰木植向來未進口者俱不納稅但商民
聚集已多亦應彷照口内之例增收木稅所議
增前項課稅請自乾隆二十六年為始試收造
報送部查核俟二三年後酌量定額題報至於
添設司稅之員現在新增額稅情形尚在未定
難以遽援八溝之例辦理等語　查多倫諾爾
派員收稅一事前經臣等議覆御史七十五條
奏請將該處現在所集貿易增添若干較之八
溝買賣若何並添設落地稅於地方有無裨益
蒙古生計是否相宜之處交與直隸總督方觀
承查明定議具奏等因行知在案今據該督奏

00257

稱多倫諾爾有蒙古往來近又駐劄兵弁人烟
漸稠貿易日增但地不耕種米糧皆資遠販等
語是該處貿易貨物較前雖增而其情形與八
溝迥別所有内地茶布等項俱由張家口販往
自毋庸重複徵稅以致物價增昂惟枯倫恰克
圖各處换易貨物及自
盛京前來貿易商民俱由蒙古地方行走攜來貨
物往返售賣均與販自内地者不同查此内四
項牲畜業經於乾隆十五年設稅起徵餘如皮
張等物現在並未徵收稅銀除販往别售者仍
於各賣處照例納稅外其在多倫諾爾售賣者
自應一例徵收落地稅以昭畫一再克什克騰

木植其未進口者雖向無納税之例而現在多
倫諾爾民居商販日漸繁多盖房製器皆所必
需且由上都河至潘家口以來地方遼濶隨處
需用木料誠恐一無稽查多至任意偷運亦應
倣照口内之例增收木税以杜私販所有議增
前項税課均應如該督所奏統於乾隆二十六
年為始令其照例起徵計貿易之多寡酌貨物
之盈虚得以準則以著定額至於税課既增自
應添設徵税之員專司其事其養廉經費及書
役斗級飯食等項亦應照例籌辦令該督既稱
八溝每年開銷二千四百餘兩而多倫諾爾現
徵牲畜額税祇一千一百兩新增税額情形尚

在未定自難援照辦理應請即令御史七十五
前往該處會同該管同知就近試收據寔開報
造册送部以憑查核無令稍有徵多報少情弊
以及胥吏人等需索擾累俟一二年後辦有章
程定額題報再行酌量派員前往經理税務以
專責成可也俟
命下臣等行知該督遵照辦理謹
奏
十二月十二日

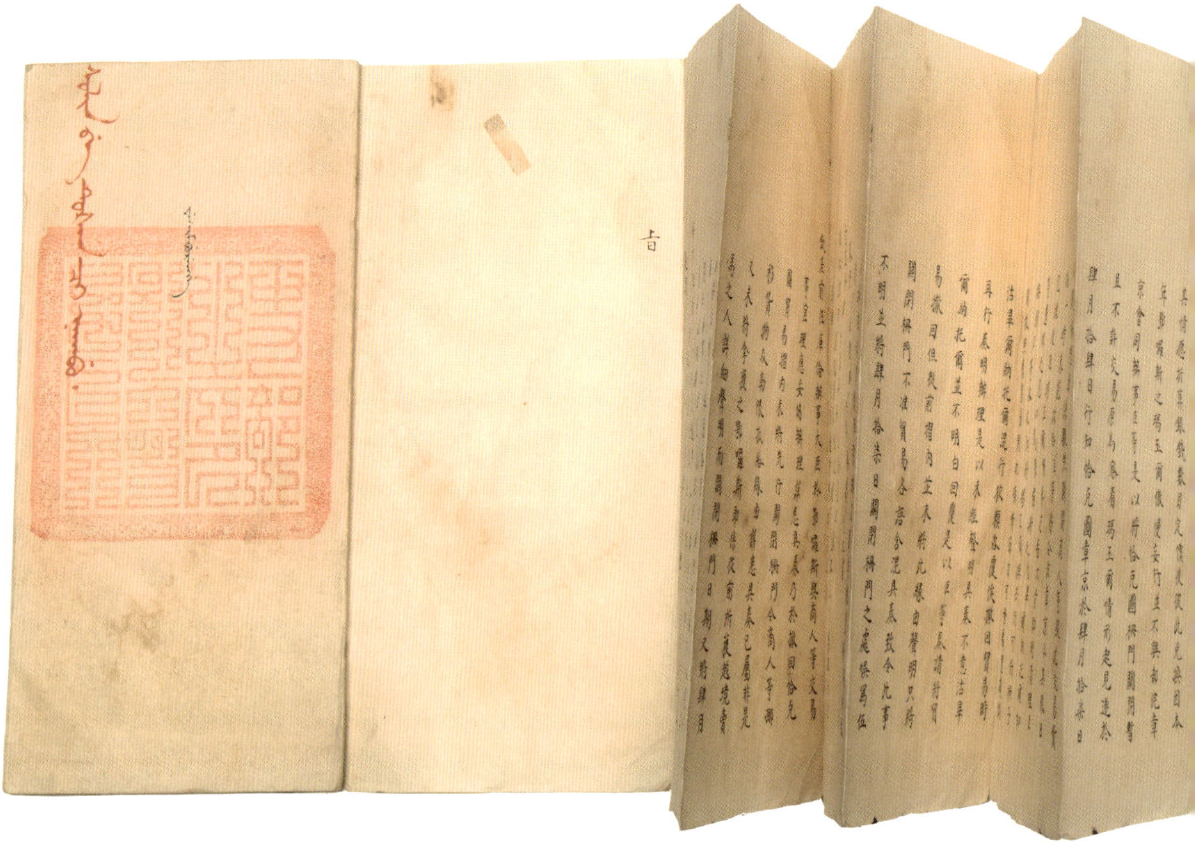

大学士管理吏部事务阿桂等题本：

为遵旨察议理藩院侍郎索琳办理恰克图贸易事宜不当应行革职事

乾隆四十三年七月二十五日（1778 年 9 月 15 日）

自雍正五年（1727）中俄签订《恰克图条约》开始，恰克图成为中俄边关互市的重要据点。每当俄罗斯官员违约恣行，清政府往往采取停止贸易的行为，以迫使俄方履约。在整个 18 世纪里，恰克图贸易因为各种矛盾纠纷而导致的中断多达十余次，其中乾隆年间有三次较长时间的中断，在清宫档案中都有详细的记载，本件档案反映的即是其中的第二次。乾隆四十三年，俄罗斯人费约多尔为避纳关税，黑夜越界联络私贩马匹事宜，被恰克图章京沙克都尔擒获，按照《恰克图条约》的规定，恰克图贸易“均指令由正道行走，倘或绕道，或有往他处贸易者，将其货物入官”，当地官员随即知照俄方。但派驻恰克图的俄方官员百般推托，拒不会审。按照军机处档案的记载：“因俄罗斯玛玉尔（对

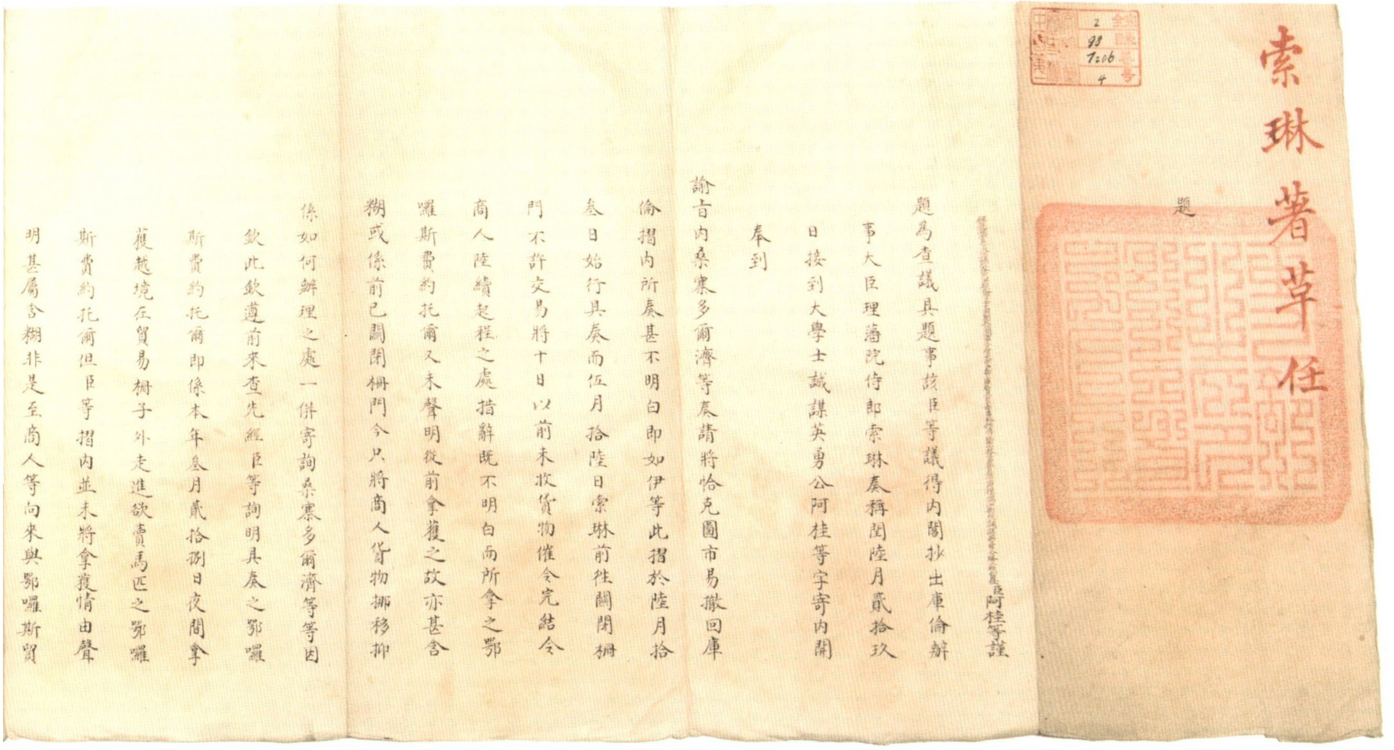

索琳著革任

題

臣阿桂等謹

題為查議具題事該臣等議得內閣抄出庫倫辦
事大臣理藩院侍郎索琳奏稱閏陸月貳拾玖
日接到大學士誠謀英勇公阿桂等字寄內開
奉到
諭旨內桑寨多爾濟等奏請將恰克圖市易撤回庫
倫摺內所奏甚不明白即如伊等此摺於陸月拾
叁日始行具奏而伍月拾陸日索琳前往關閉柵
門不許交易將十日以前未收貨物催令完結令
商人陸續起程之處措辭既不明白而所拿之鄂
囉斯賈約托爾又未聲明從前拿獲之故亦甚含
糊或係前已關閉柵門今只將商人貨物挪移抑
係如何辦理之處一併寄詢桑寨多爾濟等等因
欽此欽遵前來查先經臣等詢明具奏之鄂囉
斯賈約托爾即係本年叁月貳拾捌日夜間拿
獲越境在貿易柵子外走進欲賣馬匹之鄂囉
斯賈約托爾但臣等摺內並未將拿獲情由聲
明甚屬含糊非是至商人等向來與鄂囉斯貿

大学士管理吏部事务阿桂等题本（乾隆四十三年七月二十五日）

俄罗斯边境官员的称谓）妄自尊大，有伤和气，复行停止通商。”但在具体处理这次暂停贸易事件中，库伦办事大臣索琳事先并未奏报，而是自作主张，命令恰克图章京于四月十七日即行闭关。清宫满文月折档记载：此时“双方商人均有未结债务，我方商铺亦各有存货，不能迅速撤商”。索琳不得不“重开栅门”，限期十日，敦促速结债务，卖掉存积物品。商人“为尽快出售货物，均被迫廉价出卖给俄罗斯，使俄罗斯大获其利”。本件档案中，大学士阿桂查明索琳在此事的办理过程中“于撤回恰克图贸易折内未将先行关闭栅门令商人等挪移货物及勒限抵给缘由详悉具奏……又未将拿获之鄂啰斯（即俄罗斯音译，指该俄罗斯人）即系从前所获越境卖马之人详细声明，而关闭栅门日期又将四月十七日误写五月十六日，办理均属不合”，请旨交部察议，奉旨“严察议奏”，拟将其革任。乾隆四十四年，俄罗斯更换了管理恰克图俄方市圈的官员，并改任了伊尔库茨克总督，请清廷重开恰克图贸易，乾隆帝准其通商，恰克图贸易遂于乾隆四十五年再次恢复。

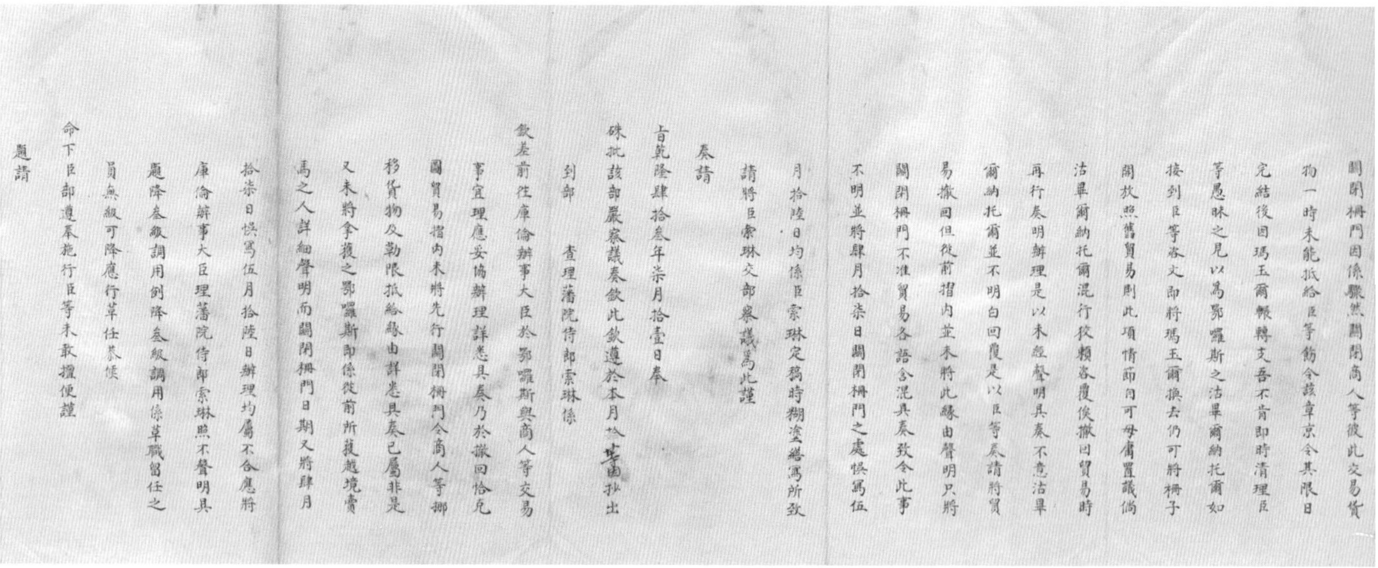
關閉柵門因係驟然關閉商人等彼此交易貨
物一時未能抵給臣等飭令蘊章京令其限日
完結後因瑪玉爾帳轉支吾不肯即時清理臣
等愚昧之見以爲鄂囉斯之沽畢爾納托爾如
接到臣等咨文即將瑪玉爾換去仍可將柵子
開放照舊貿易則此項情節向可毋庸置議倘
沽畢爾納托爾混行狡賴咨覆俟撤回貿易時
再行奏明辦理是以未經聲明具奏不意沽畢
爾納托爾並不明白回覆是以臣等奏請將貿
易撤回但從前摺內並未將此緣由聲明只將
關閉柵門不准貿易各語含混具奏致令此事
不明並將肆月拾柒日關閉柵門之處悞寫伍
月拾陸日均係臣索琳定稿時糊塗繕寫所致
請將臣索琳交部察議爲此謹
奏請
旨乾隆肆拾叁年柒月拾壹日奉
硃批該部嚴察議奏欽此欽遵於本月拾[illegible]日抄出
到部　查理藩院侍郎索琳係
欽差前往庫倫辦事大臣於鄂囉斯與商人等交易
事宜理應妥協辦理詳悉具奏乃於撤回恰克
圖貿易摺內未將先行關閉柵門令商人等挪
移貨物及勒限抵給緣由詳悉具奏已屬非是
又未將拿獲之鄂囉斯即係從前所獲越境賣
馬之人詳細聲明而關閉柵門日期又將肆月
拾柒日悞寫伍月拾陸日辦理均屬不合應將
庫倫辦事大臣理藩院侍郎索琳照不聲明具
題降叁級調用例降叁級調用係革職留任之
員無級可降應行革任恭候
命下臣部遵奉施行臣等未敢擅便謹
題請

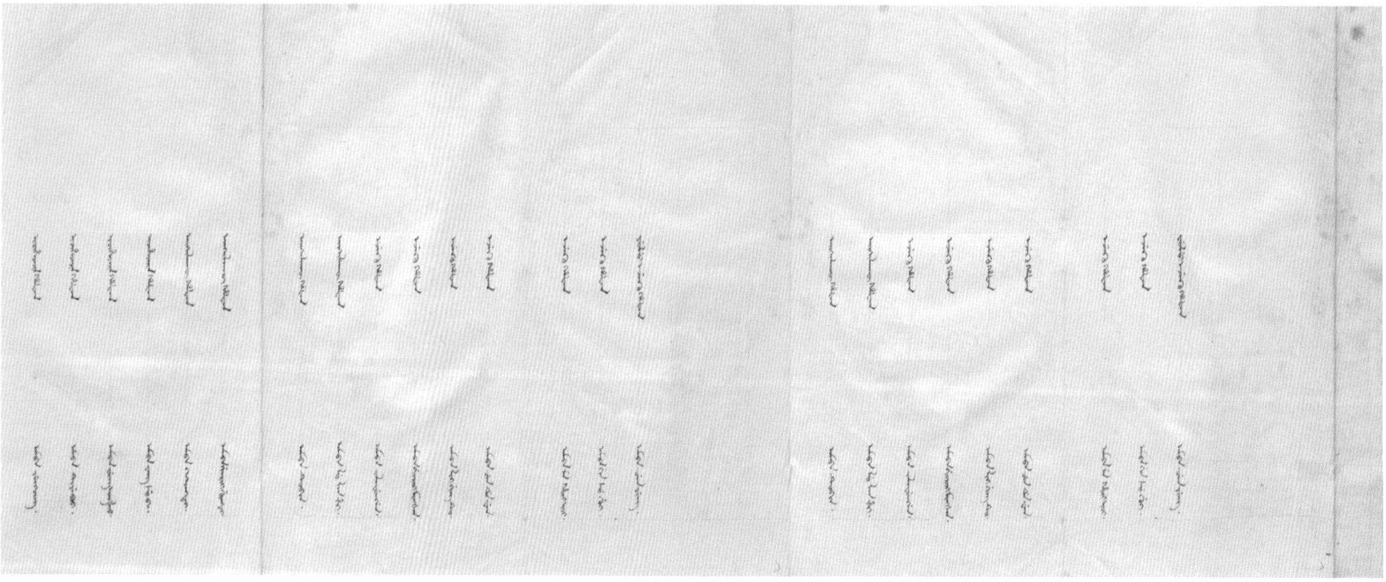

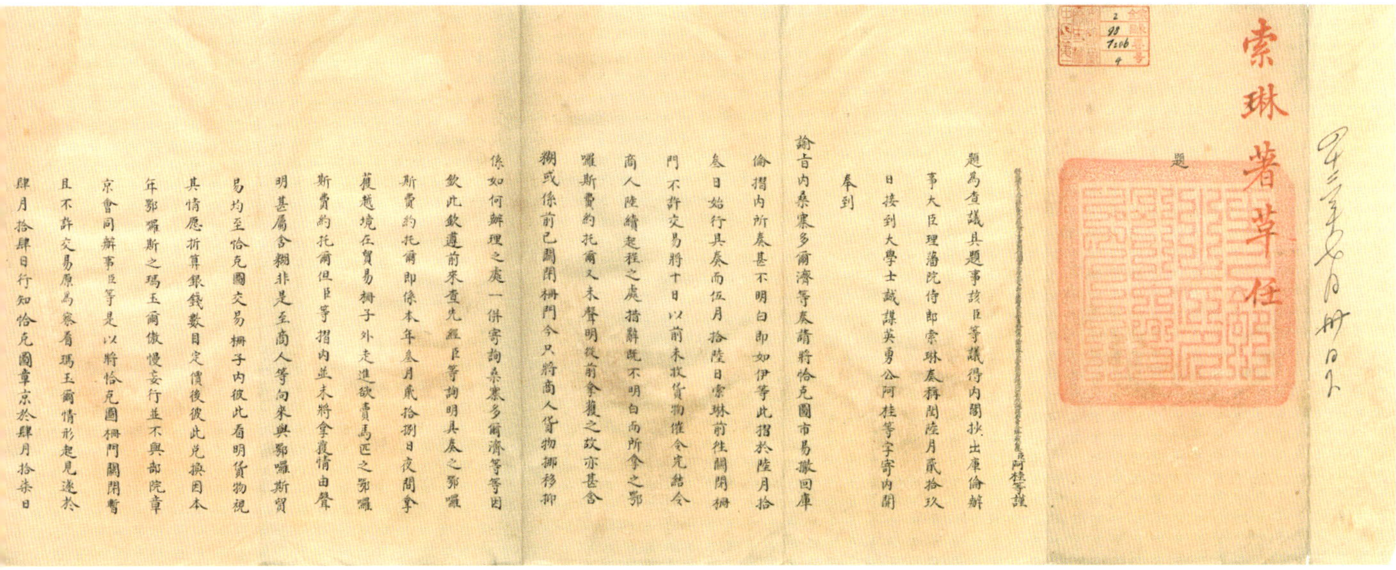
索琳著革任
題
臣阿桂等謹
題為查議具題事該臣等議得內閣抄出庫倫辦
事大臣理藩院侍郎索琳奏稱閏陸月貳拾玖
日接到大學士誠謀英勇公阿桂等字寄內閣
奉到
諭旨內桑寨多爾濟等奏請將恰克圖市易撤回庫
倫摺內所奏甚不明白即如伊等此摺於陸月拾
叁日始行具奏而伍月拾陸日索琳前往關閉柵
門不許交易將十日以前未收貨物催令完結令
商人陸續起程之處措辭既不明白而所拿之鄂
囉斯賣約托爾又未聲明從前拿獲之故亦甚含
糊或係前已關閉柵門今只將商人貨物挪移抑
係如何辦理之處一併寄詢桑寨多爾濟等等因
欽此欽遵前來查先經臣等詢明具奏之鄂囉
斯賣約托爾即係本年叁月貳拾捌日夜間拿
獲越境在貿易柵子外走進欲賣馬匹之鄂囉
斯賣約托爾但臣等摺內並未將拿獲情由聲
明甚屬含糊非是至商人等向來與鄂囉斯貿
易均至恰克圖交易柵子內彼此看明貨物視
其情愿折算銀錢數目定價後彼此兑換因本
年鄂囉斯之瑪玉爾傲慢妄行並不與部院章
京會同辦事臣等是以將恰克圖柵門關閉暫
且不許交易原為察看瑪玉爾情形起見遂於
肆月拾肆日行知恰克圖章京於肆月拾柒日

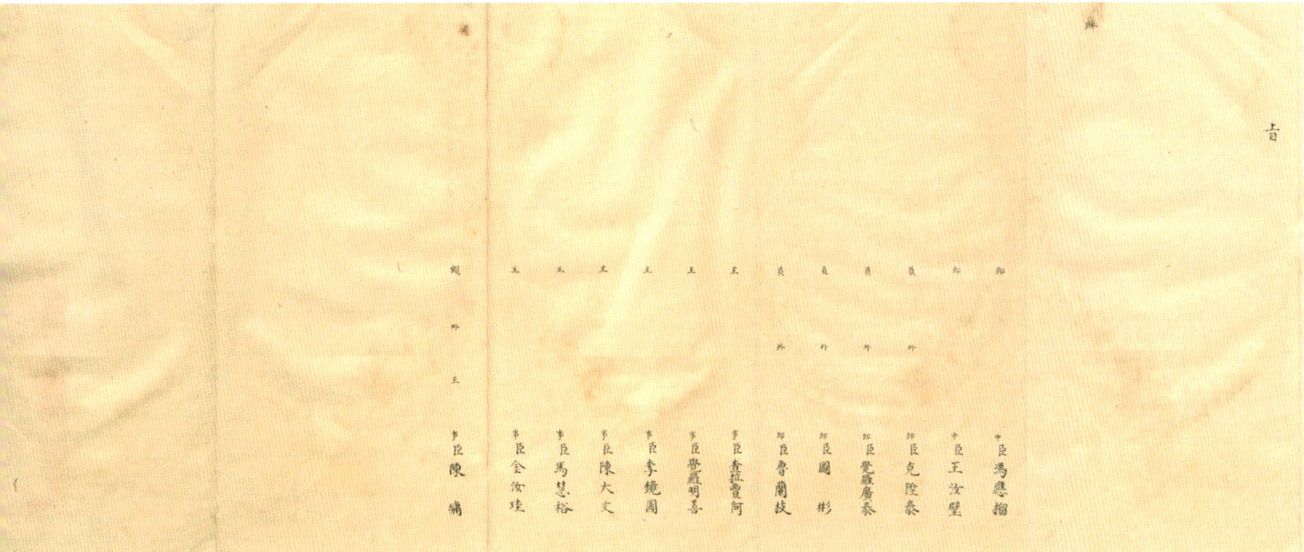
硃
旨
郎中臣馮應榴
郎中臣王汝璧
員外郎臣克陞泰
員外郎臣覺羅廣泰
員外郎臣圖彬
員外郎臣曹蘭枝
主事臣查拉豐阿
主事臣覺羅明善
主事臣李鏡圖
主事臣陳大文
主事臣馬慧裕
主事臣金汝珪
額外主事臣陳墉

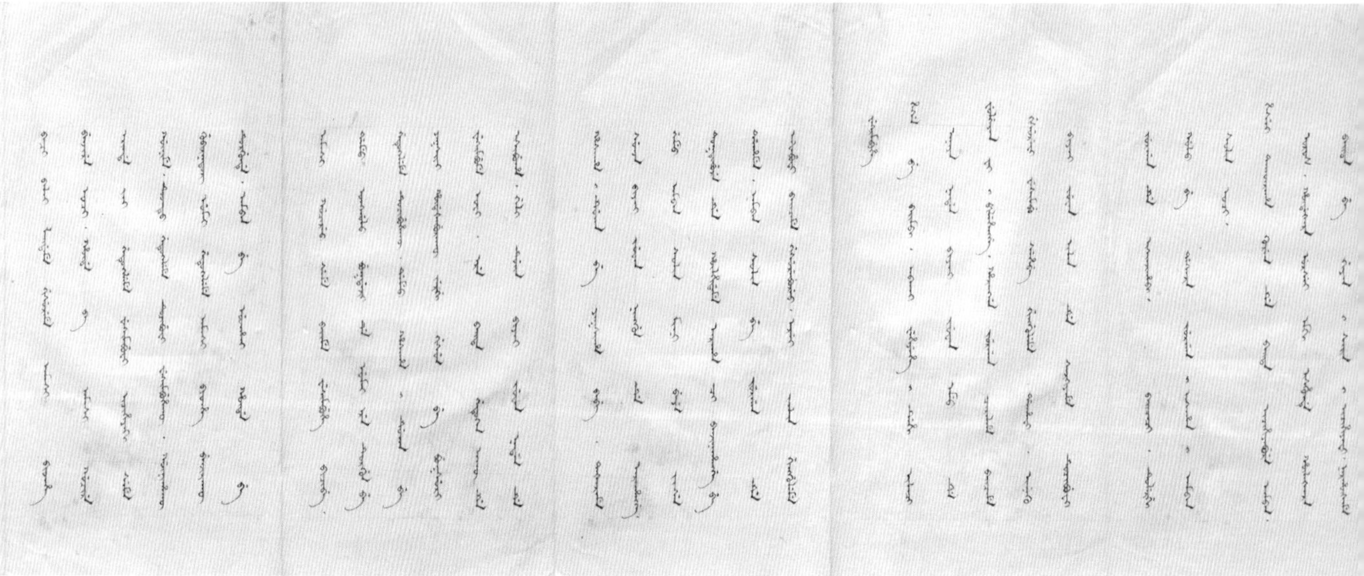

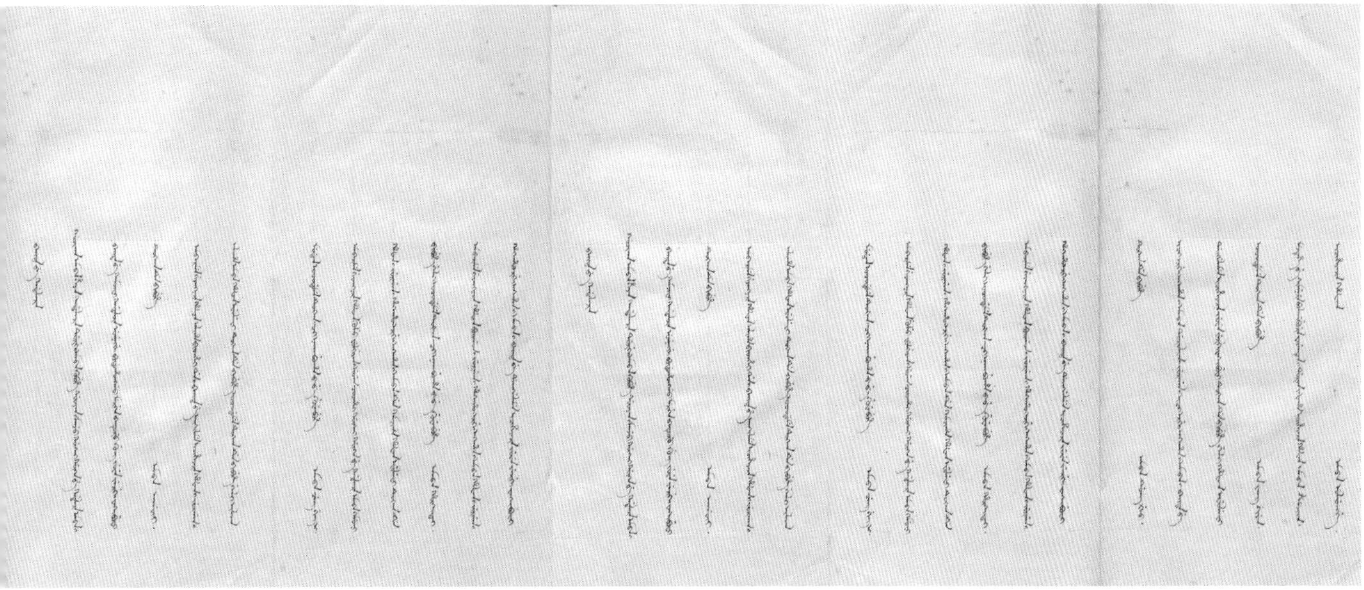

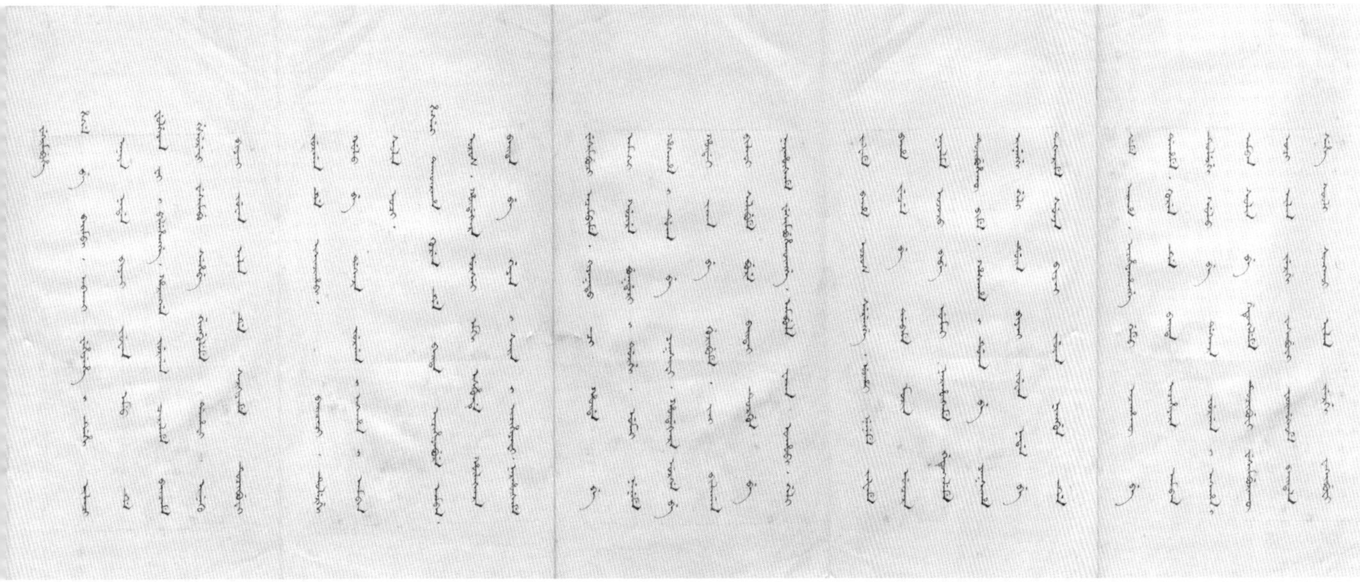

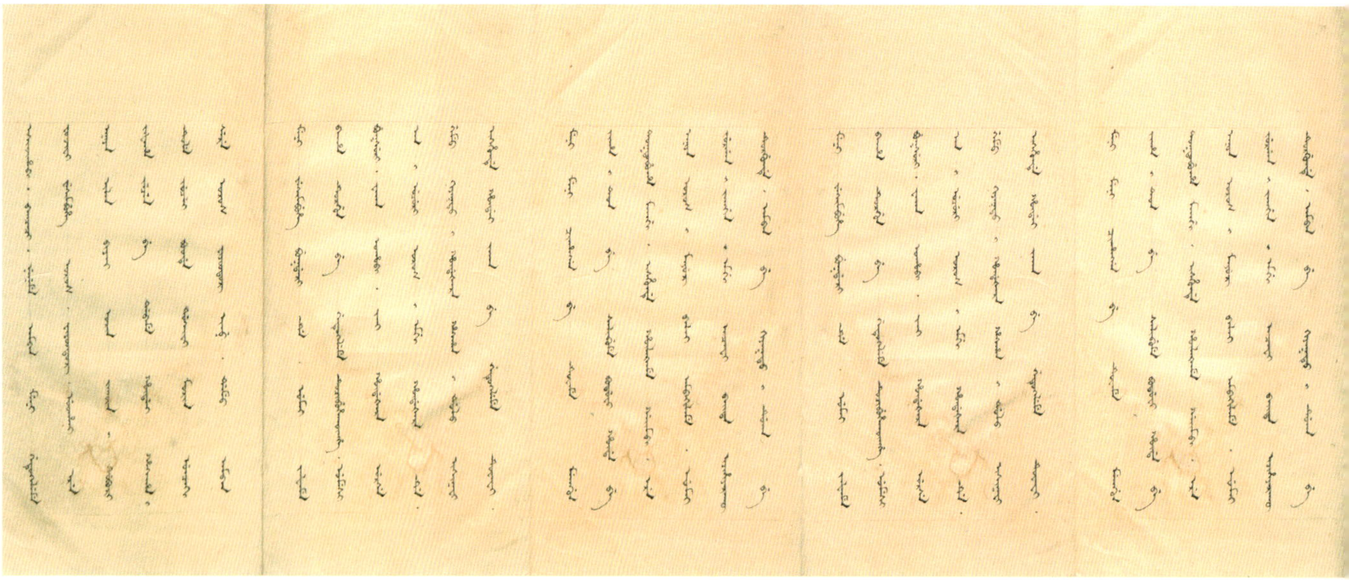

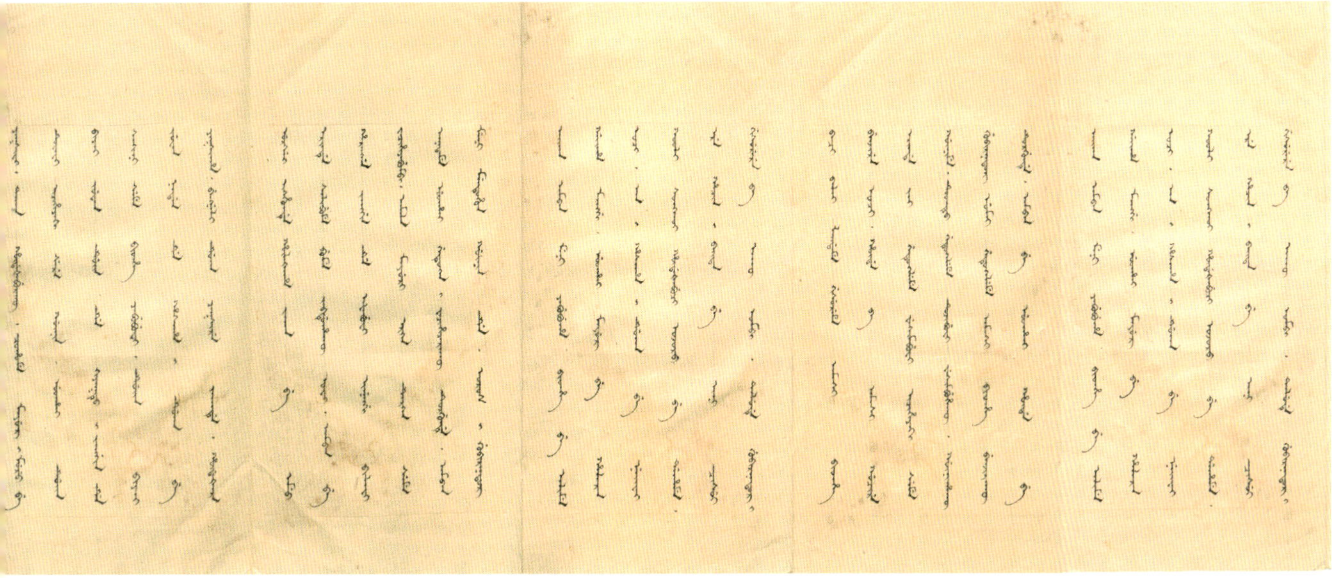

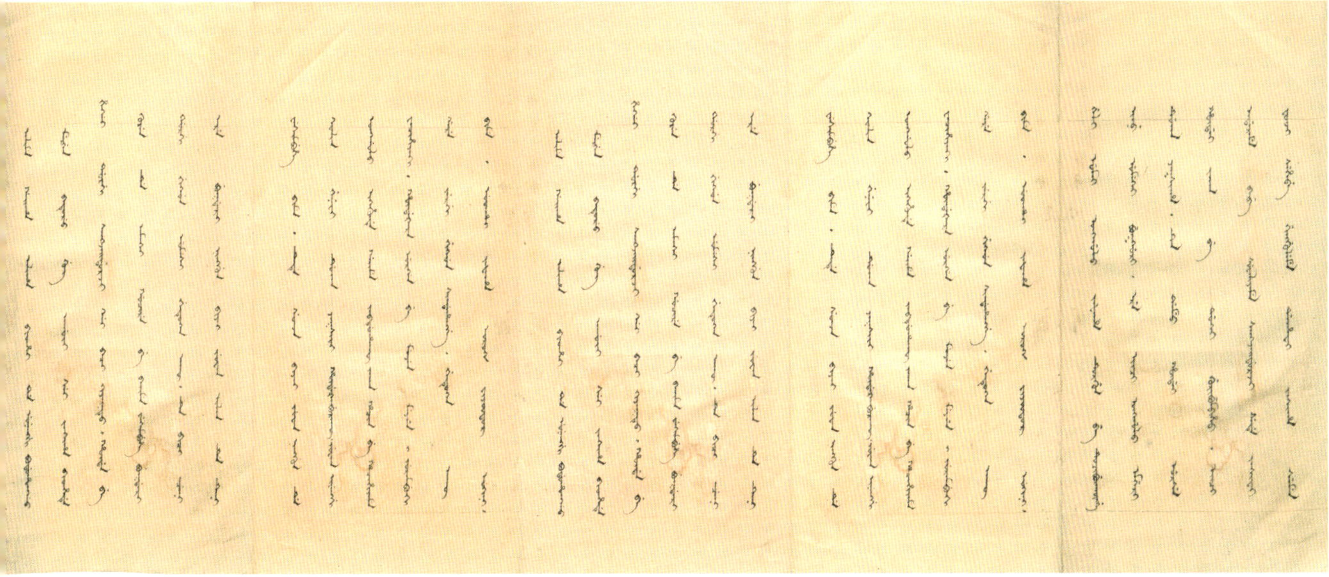

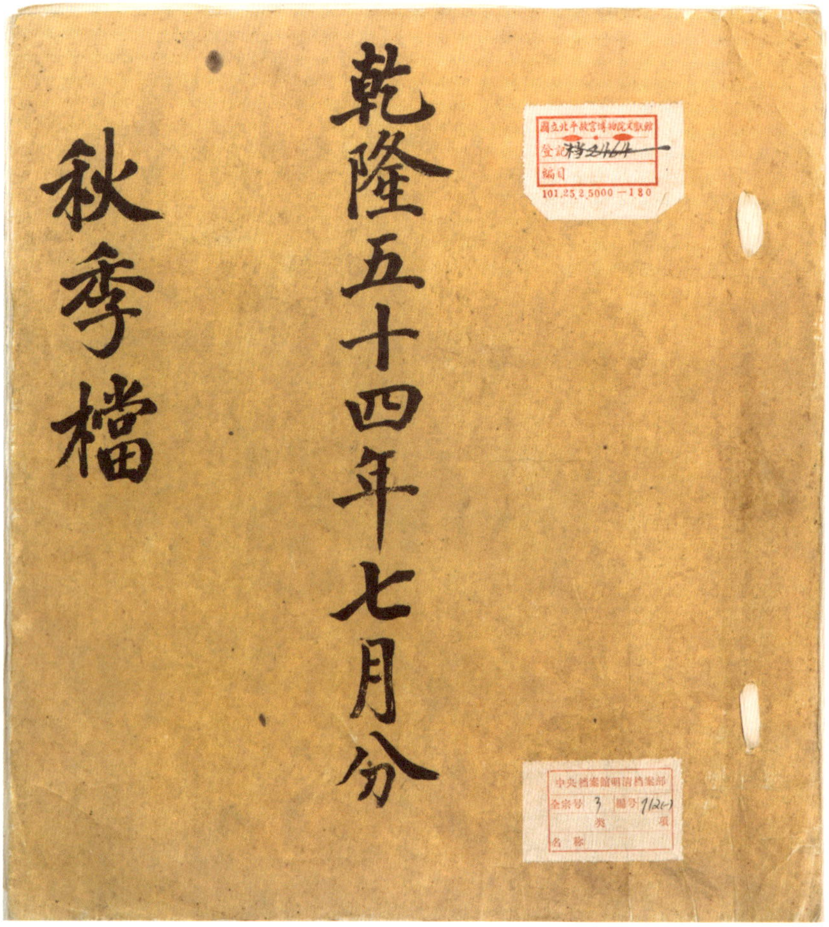

军机大臣和珅等奏折：

为恰克图闭关期间酌定海陆贩运大黄章程查禁对俄贸易事

乾隆五十四年七月初九日（1789 年 8 月 29 日）

恰克图在乾隆朝的第三次持续时间较长的闭市起因于乾隆四十九年的持械进卡抢夺事件。俄属布里雅特人入境持械抢劫中国商人，库伦办事大臣照会俄罗斯伊尔库茨克总督，要求按照乾隆三十三年中俄《恰克图补充条款》办理，没有得到相应的回复。清政府又致函俄罗斯枢密院，仍得不到满意答复。在此情况下，清政府决定关闭恰克图互市。闭关后，清政府照例严禁私贩，“俄罗斯所产物件……不准入卡，大黄等物，不准出境”。大黄作为从中国输出的主要贸易商品，也逐渐成为清政府“以

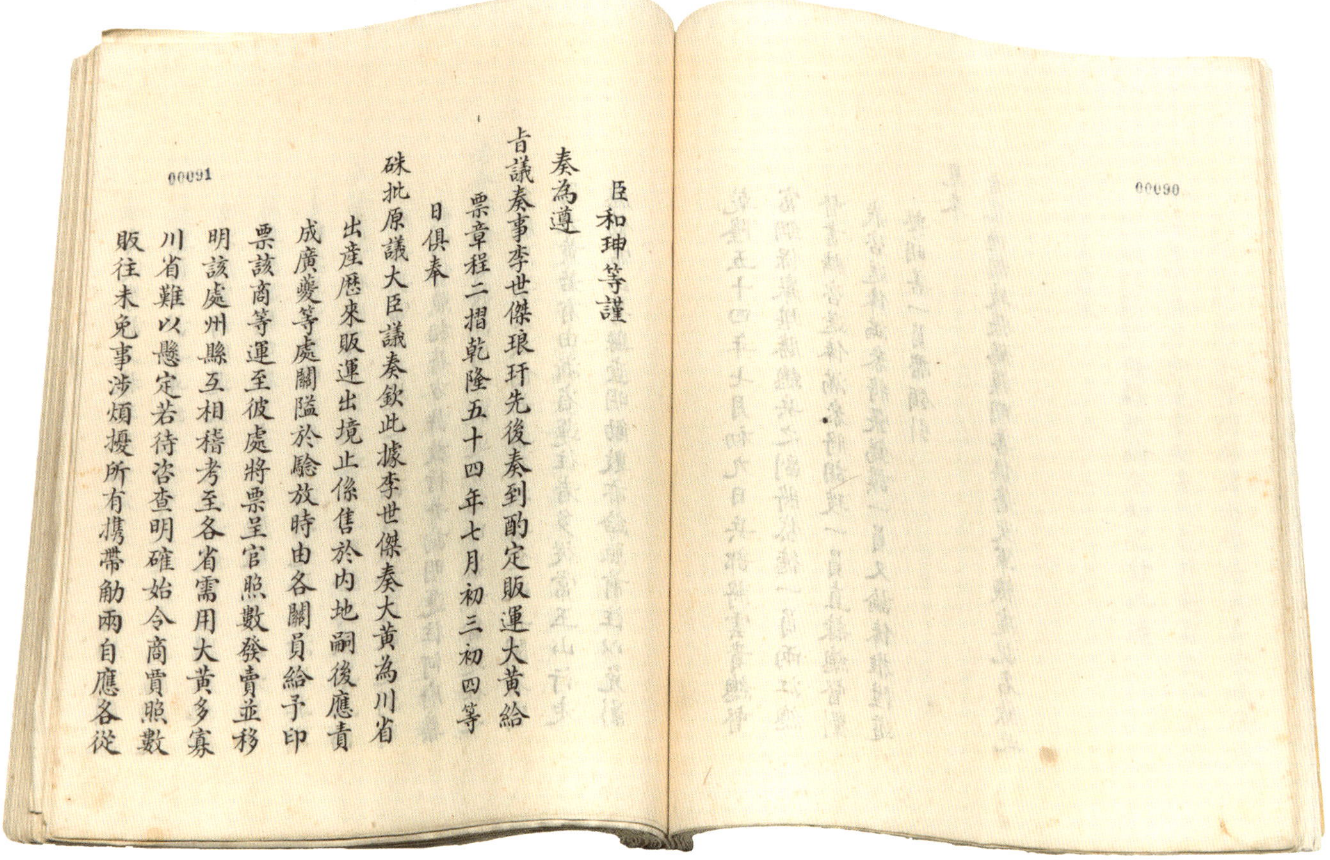

00091

臣和珅等謹
奏為遵
旨議奏事李世傑琅玕先後奏到酌定販運大黃給
票章程二摺乾隆五十四年七月初三初四等
日俱奉
硃批原議大臣議奏欽此據李世傑奏大黃為川省
出產歷來販運出境止係售於內地嗣後應責
成廣夔等處關隘於驗放時由各關員給予印
票該商等運至彼處將票呈官照數發賣並移
明該處州縣互相稽考至各省需用大黃多寡
川省難以懸定若待咨查明確始令商賈照數
販往未免事涉煩擾所有攜帶觔兩自應各從

00090

军机大臣和珅等奏折（乾隆五十四年七月初九日）

商制夷”的利器。本件档案记载，恰克图闭关停市期间，军机大臣和珅等纷纷具奏，议定大黄贩运章程，乾隆帝也颁发谕旨，下令内陆及沿海各口岸查禁大黄，以切断“尤为俄罗斯必需”的大黄药料，全面对其闭关罢市。这次恰克图的闭关长达8年之久。直至“乾隆五十六年十月，俄罗斯呈请通商，文词恭顺”，才在第二年复准其通商。乾隆五十七年，中俄在买卖城具结《恰克图互市》五款，其内容包括：一、恢复恰克图贸易；二、彼此交易，即时归结，不得负欠；三、守边官吏，应慎选贤能，逊顺相结；四、严加约束，杜绝盗窃；五、两边民人交涉事件，各就近查验，缉获会审，本处属下人由本处治罪，罚赔皆照旧例。这一条约的签订，使《恰克图条约》签订以来时断时续的恰克图贸易从此进入了一个比较稳定的阶段。恰克图遂成为驰名中外的商业都会，被称为“西伯利亚汉堡”“沙漠威尼斯”。

军机处单：

为谨查俄罗斯通商及住京学艺年份事

乾隆五十八年（1793）

此单为军机处上奏，是乾隆五十八年为了处理乾隆五十七年俄罗斯提出的开市要求，经查文献通考、军机处档、俄罗斯馆档等各处文书，将清廷与俄罗斯从最早接触到在京城设俄罗斯佐领、俄罗斯馆、派遣学生等事一一查明上奏供皇帝参考。此件档案从顺治十二年（1655）俄罗斯察罕汗初次遣使起，到乾隆五十六年、五十七年再次请求通商止，梳理了两国往来的主要事件，提供了清初中俄交涉的大致历程。

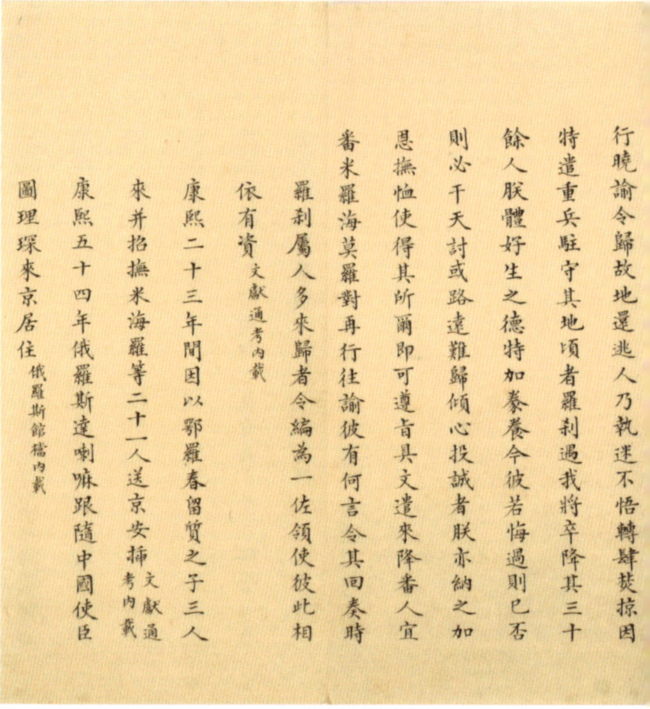
行曉諭令歸故地還逃人乃執迷不悟轉肆焚掠因
特遣重兵駐守其地頃者羅刹過我將卒降其三十
餘人朕體好生之德特加豢養今彼若悔過則已否
則必干天討或路遠難歸傾心投誠者朕亦納之加
恩撫恤使得其所爾即可遵旨具文遣來降番人宜
番米羅海莫羅對再行往諭彼有何言令其回奏時
羅刹屬人多來歸者令編為一佐領使彼此相
依有資 文獻通考內載
康熙二十三年間因以鄂羅春留質之子三人
來并招撫米海羅等二十一人送京安插 文獻通考內載
康熙五十四年俄羅斯達喇嘛跟隨中國使臣
圖理琛來京居住 俄羅斯館檔內載

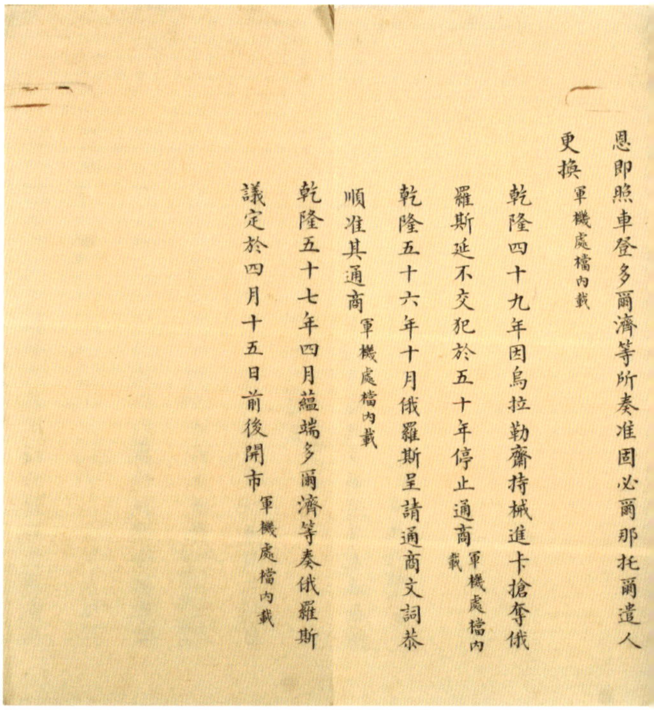
恩即照車登多爾濟等所奏准固必爾那托爾遣人
更換 軍機處檔內載
乾隆四十九年因烏拉勒齋持械進卡搶奪俄
羅斯延不交犯於五十年停止通商 軍機處檔內載
乾隆五十六年十月俄羅斯呈請通商文詞恭
順准其通商 軍機處檔內載
乾隆五十七年四月蘊端多爾濟等奏俄羅斯
議定於四月十五日前後開市 軍機處檔內載

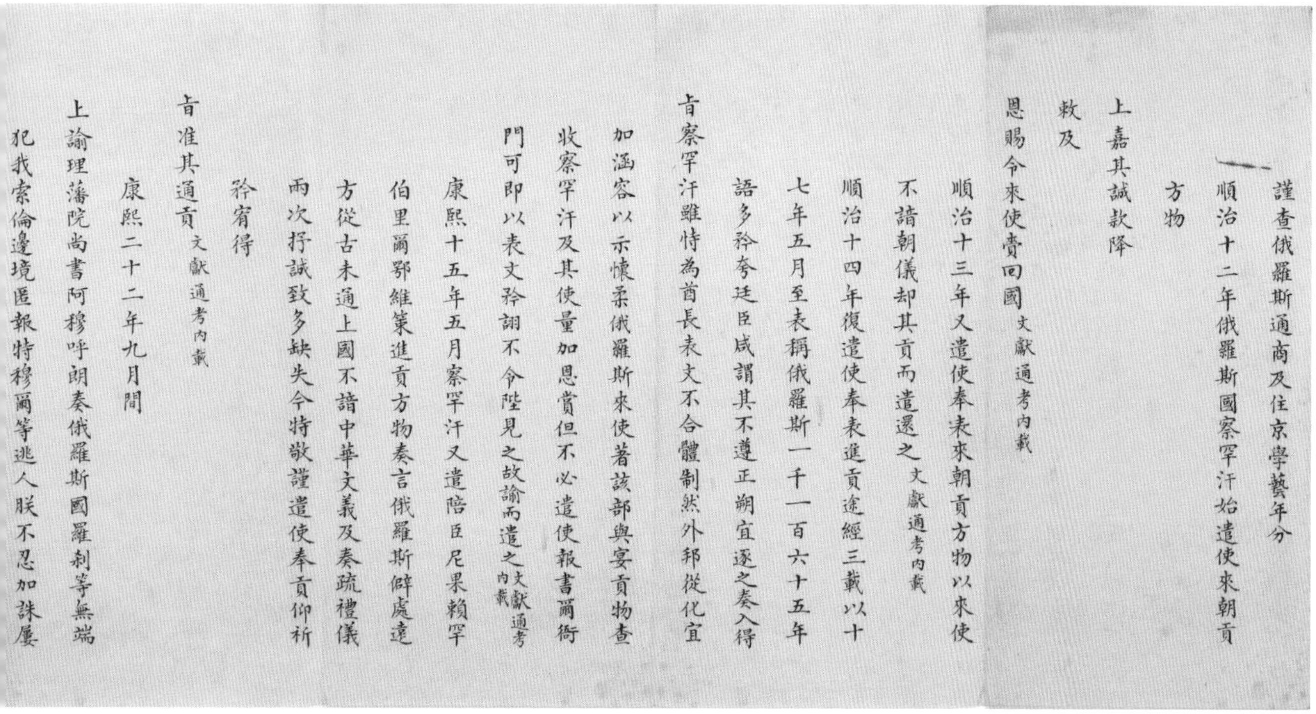
謹查俄羅斯通商及住京學藝年分
順治十二年俄羅斯國察罕汗始遣使來朝貢
方物
上嘉其誠款降
敕及
恩賜令來使賫回國文獻通考內載
順治十三年又遣使奉表來朝貢方物以來使
不請朝儀却其貢而遣還之文獻通考內載
順治十四年復遣使奉表進貢途經三載以十
七年五月至表稱俄羅斯一千一百六十五年
語多矜夸廷臣咸謂其不遵正朔宜逐之奏入得
旨察罕汗雖恃為酋長表文不合體制然外邦從化宜
加涵容以示懷柔俄羅斯來使著該部與宴貢物查
收察罕汗及其使量加恩賞但不必遣使報書爾衙
門可即以表文矜詡不令陛見之故諭而遣之文獻通考內載
康熙十五年五月察罕汗又遣陪臣尼果賴罕
伯里爾鄂維策進貢方物奏言俄羅斯僻處遼
方從古未通上國不諳中華文義及奏疏禮儀
兩次抒誠致多缺失今特敬謹遣使奉貢仰祈
矜宥得
旨准其通貢文獻通考內載
康熙二十二年九月間
上諭理藩院尚書阿穆呼朗奏俄羅斯國羅剎等無端
犯我索倫邊境匿報特穆爾等逃人朕不忍加誅屢

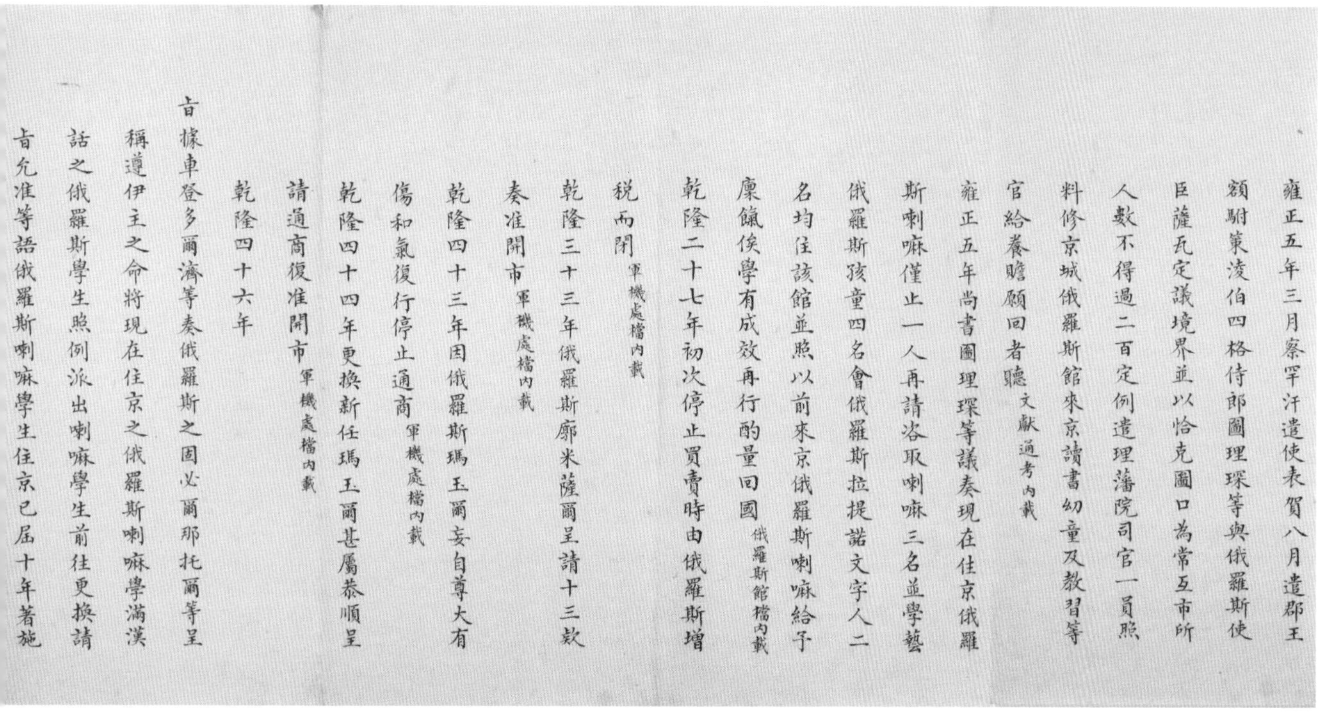
雍正五年三月察罕汗遣使表賀八月遣郡王
額駙策淩伯四格侍郎圖理琛等與俄羅斯使
臣薩瓦定議境界並以恰克圖口為常互市所
人數不得過二百定例遣理藩院司官一員照
料修京城俄羅斯館來京讀書幼童及教習等
官給養贍願回者聽文獻通考內載
雍正五年尚書圖理琛等議奏現在住京俄羅
斯喇嘛僅止一人再請咨取喇嘛三名並學藝
俄羅斯孩童四名會俄羅斯拉提諾文字人二
名均住該館並照以前來京俄羅斯喇嘛給予
廩餼俟學有成效再行酌量回國俄羅斯館檔內載
乾隆二十七年初次停止買賣時由俄羅斯增
稅而閉軍機處檔內載
乾隆三十三年俄羅斯廓米薩爾呈請十三款
奏准開市軍機處檔內載
乾隆四十三年因俄羅斯瑪玉爾妄自尊大有
傷和氣復行停止通商軍機處檔內載
乾隆四十四年更換新任瑪玉爾甚屬恭順呈
請通商復准開市軍機處檔內載
乾隆四十六年
旨據車登多爾濟等奏俄羅斯之固必爾那托爾等呈
稱遵伊主之命將現在住京之俄羅斯喇嘛學滿漢
話之俄羅斯學生照例派出喇嘛學生前往更換請
旨允准等語俄羅斯喇嘛學生住京已屆十年著施

军机处单（乾隆五十八年）

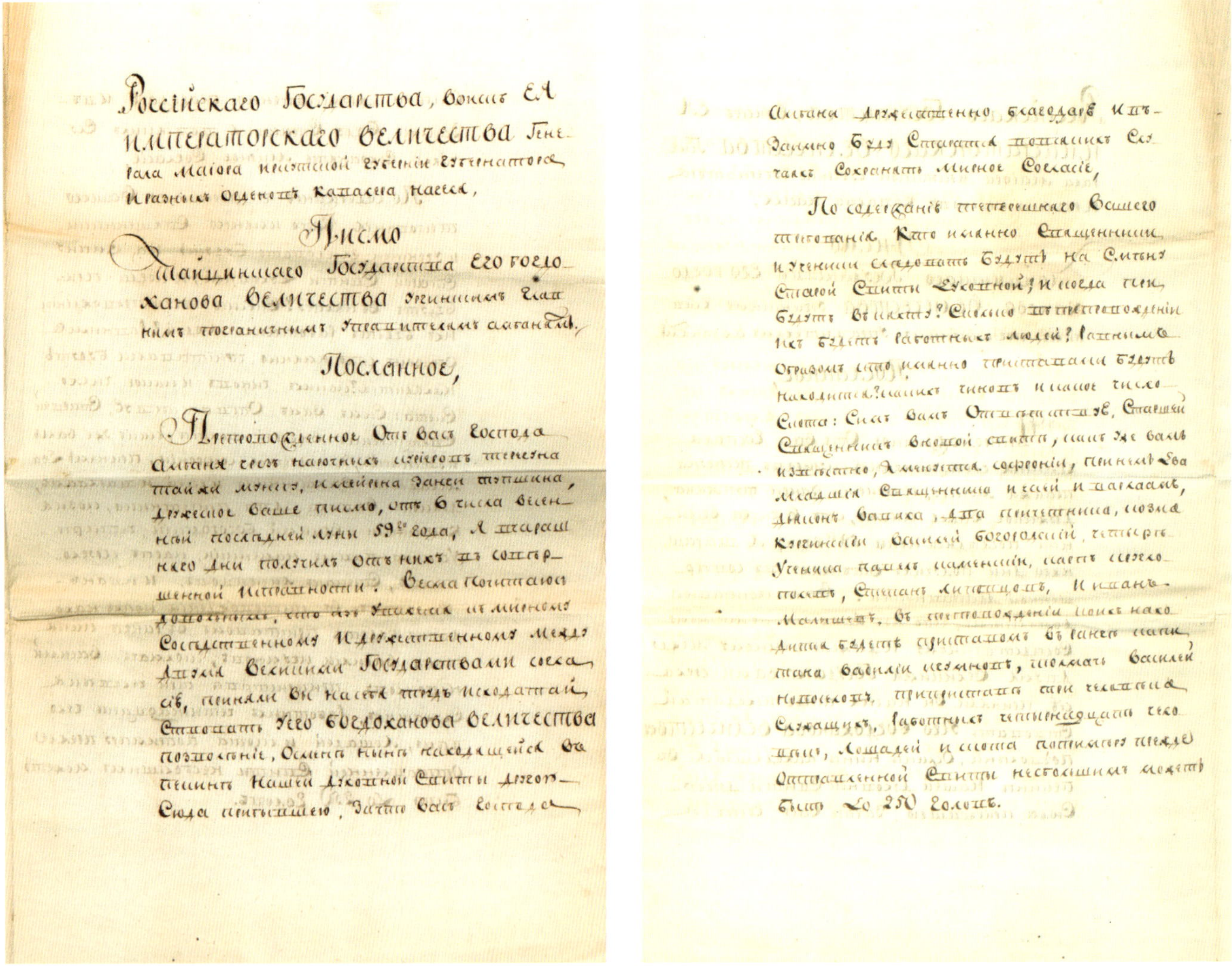

俄罗斯厄尔口城省长致驻库伦办事大臣咨文：

为派遣俄罗斯东正教布道团事

乾隆五十九年三月初五日（1794 年 4 月 4 日）

雍正五年（1727）《中俄恰克图条约》签订后，根据条约的规定："俄使请造教堂一事，由中国办理俄罗斯事务诸大臣办理，由其协助于俄罗斯馆内建造。馆内现有住京喇嘛（布道团神职人员）一人，已议决另行增补三人，来京后供应膳食，与此前该教堂来人同等待遇。俄人按彼等规矩礼敬彼等之神，不得阻止。此外，另有四名学生以及两名较年长者（他们懂俄语及拉丁语，俄使将其留在北京学习语言），亦居住俄罗斯馆，由俄皇供给膳食，学成后即允其

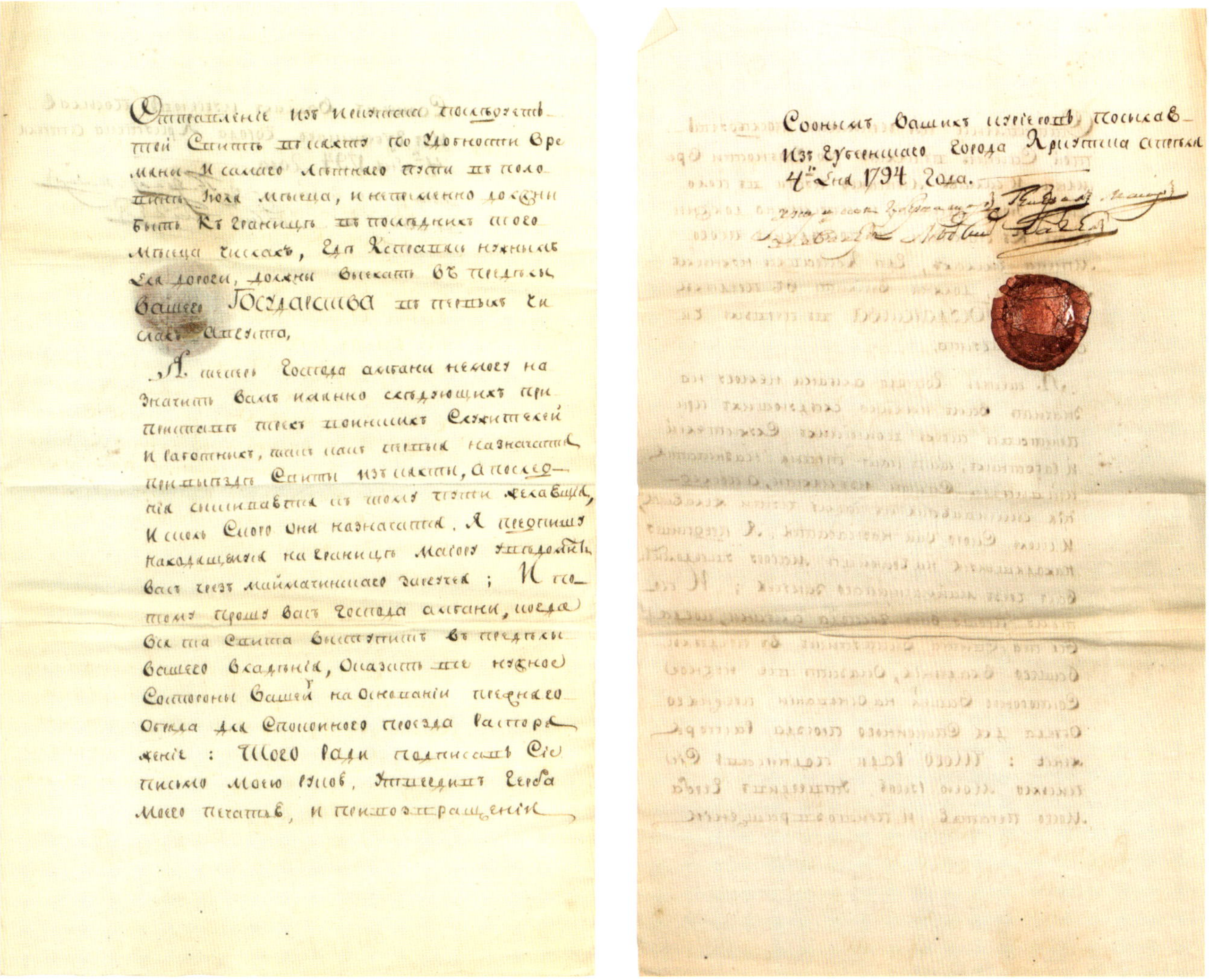

俄罗斯厄尔口城省长致驻库伦办事大臣咨文之一（乾隆五十九年三月初五日）

如愿回国。”由此，俄罗斯获得了在俄罗斯馆内修建东正教堂的合法权利，并且，俄罗斯驻北京的布道团也由临时性机构变成了常设性机构。俄罗斯派遣学生来京学习满汉文字，并定期更换驻京的喇嘛和学生人等。本组档案有俄文、满文、蒙古文三份，记载了乾隆五十九年喇嘛学生换班的情况。前厄尔口城省长卡瓦勒达尔给驻扎库伦头等办事大臣的咨文中称：按照清制，乾隆五十九年三月，特派去台吉、副都统图步新护送俄罗斯喇嘛回国后，按照和好之道，新来的喇嘛及翻译官员也随同前来，共 14 人，并带有相关马匹、货物等，皆照定例安排。新来的喇嘛学生从厄尔口城过境，本月末即可到达恰克图。烦请知照告知恰克图官员安排相关事宜。档案中提到的俄罗斯喇嘛即指北京东正教布道团的牧师。

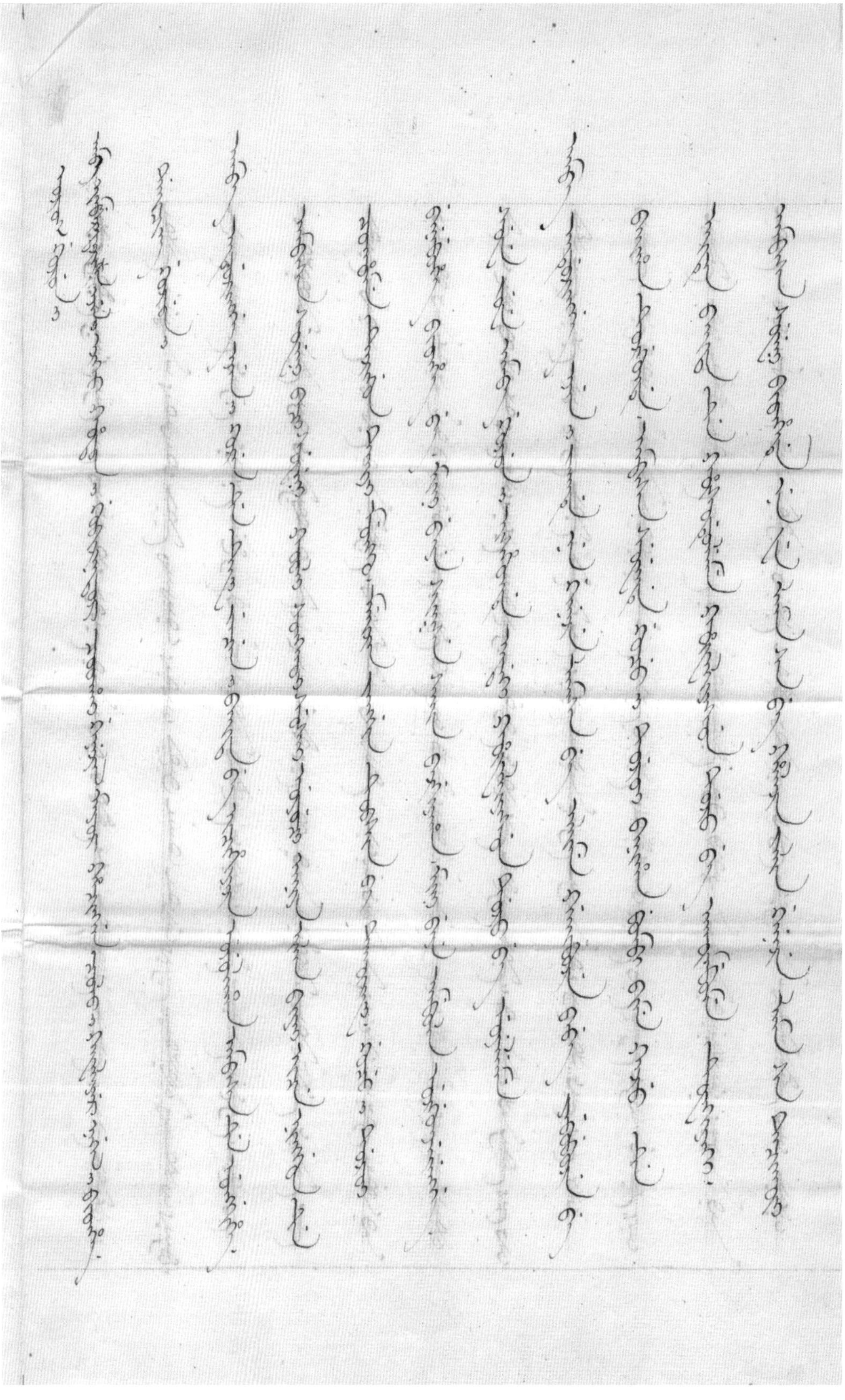

俄罗斯厄尔口城省长致驻库伦办事大臣咨文之二（乾隆五十九年三月初五日）

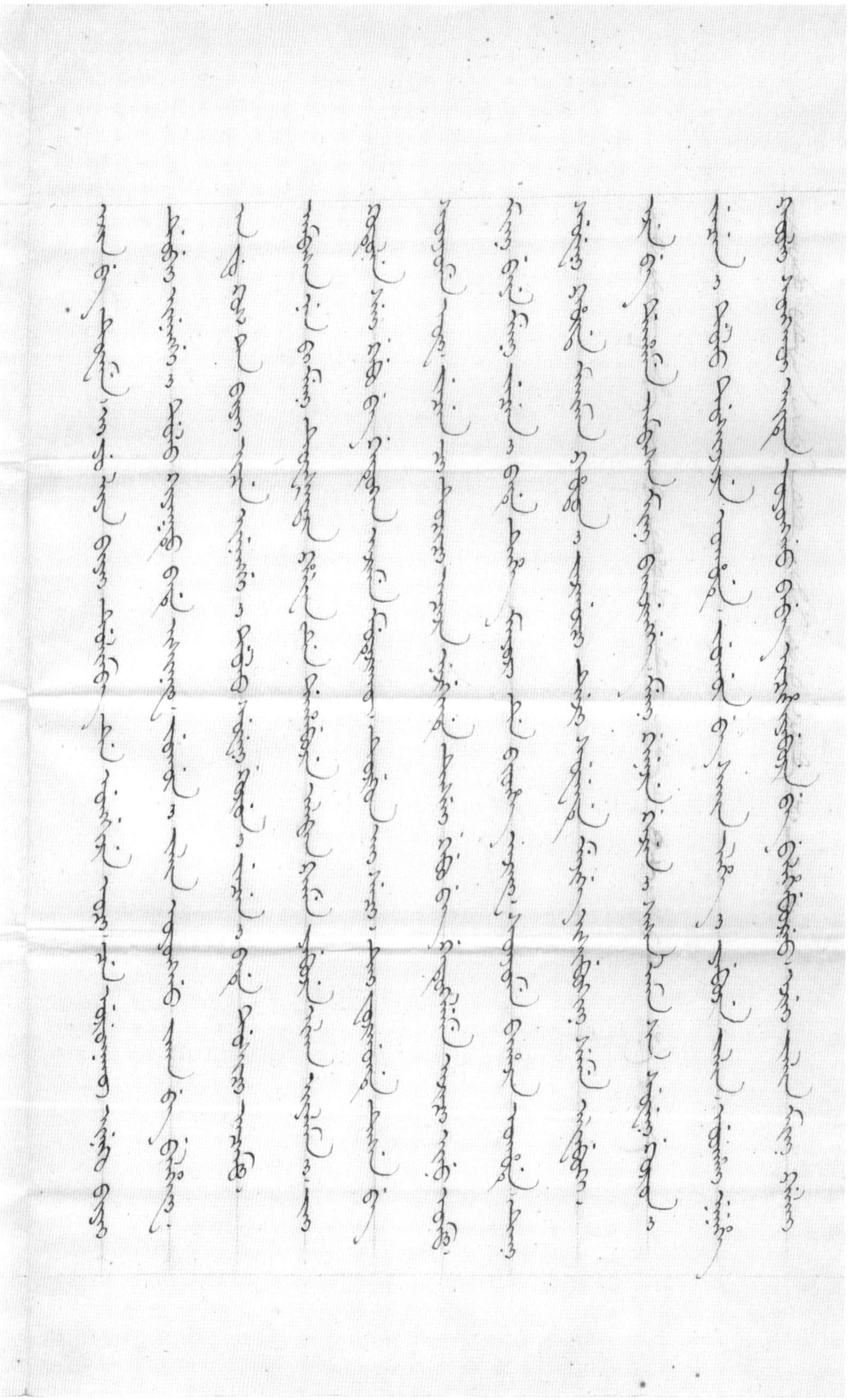

俄罗斯厄尔口城省长致驻库伦办事大臣咨文之三（乾隆五十九年三月初五日）

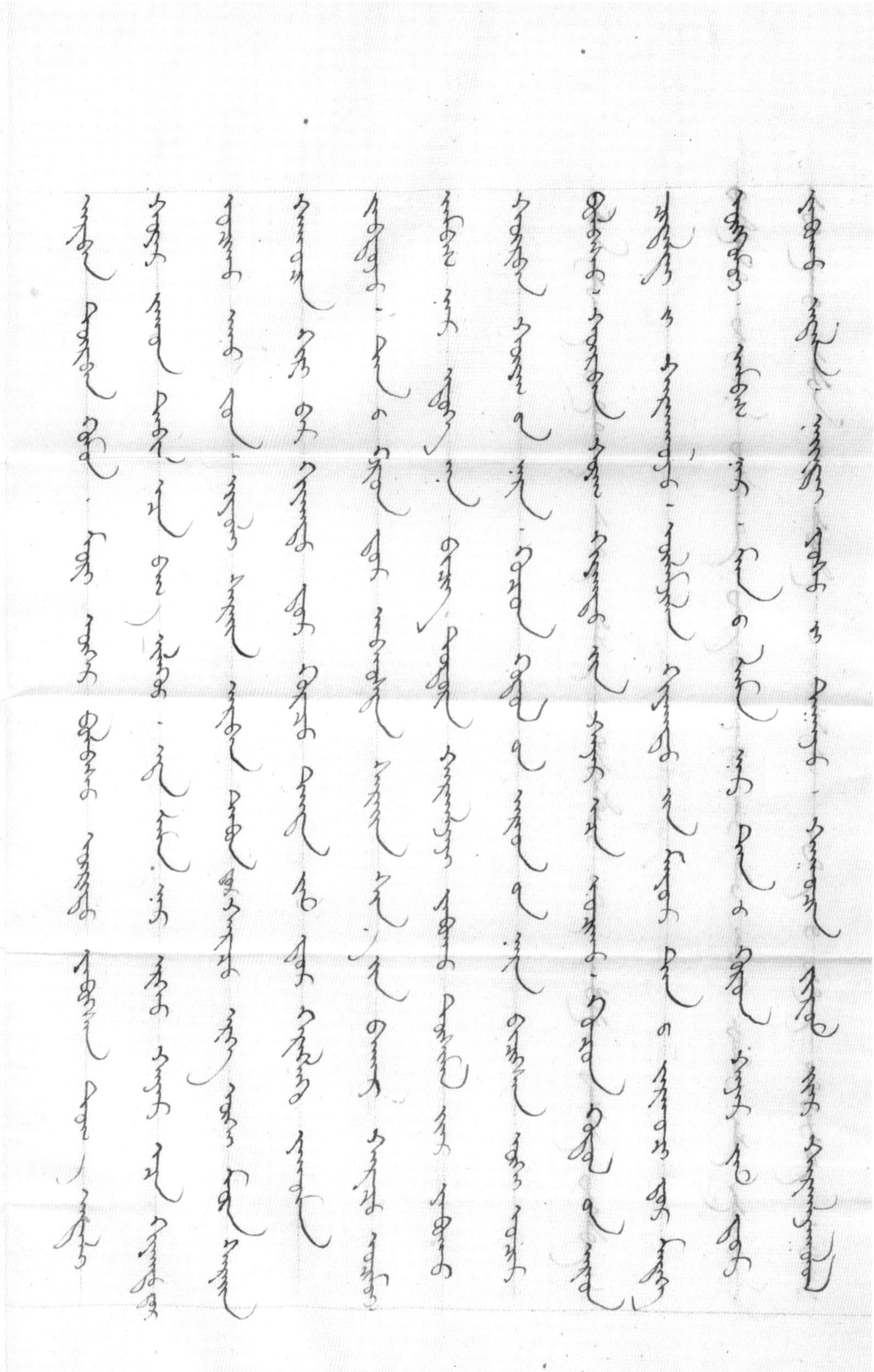

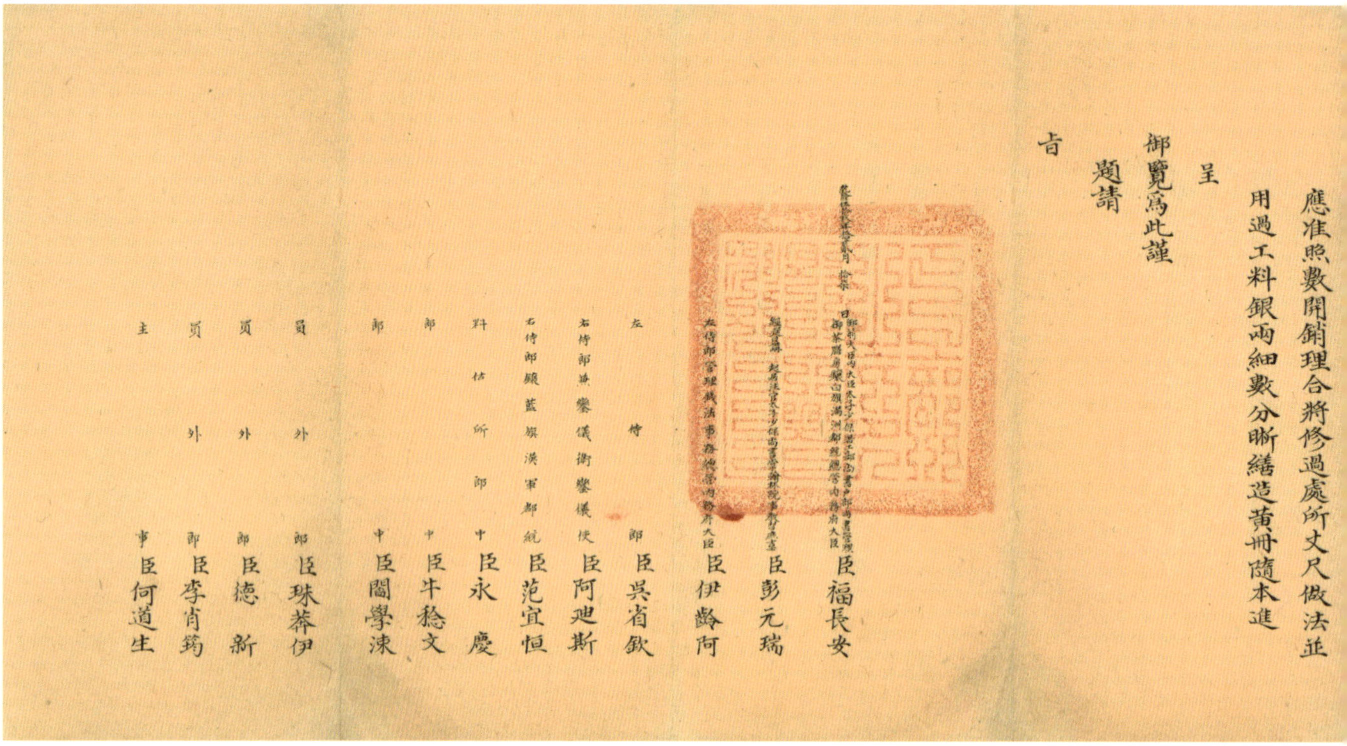
應准照數開銷理合將修過處所丈尺做法並
用過工料銀兩細數分晰繕造黃冊隨本進
呈
御覽爲此謹
題請
旨

臣福長安
臣彭元瑞
左侍郎管理錢法堂事務內務府大臣 臣伊齡阿
左侍郎 臣吳省欽
右侍郎兼鑾儀衛鑾儀使 臣阿迪斯
右侍郎鑲藍旗漢軍都統 臣范宜恒
料估所郎中 臣永慶
郎中 臣牛稔文
郎中 臣閻學洙
員外郎 臣珠恭伊
員外郎 臣德新
員外郎 臣李肖筠
主事 臣何道生

署工部尚书福长安等题本：

为核销修理俄罗斯馆房墙栅栏用过工料银两事

乾隆五十九年十二月十七日（1795 年 1 月 7 日）

俄罗斯在早期对华交涉过程中，最早获得了来京通商、通使等项权利。自康熙二十八年（1689）签订《尼布楚条约》后，清政府从“永息兵戈，永远和好”的考量出发，允许俄罗斯使节和商队进京并给予安置。康熙三十三年，确定将原来京城的会同馆作为专供俄罗斯人驻扎之用的俄罗斯馆。因原建于明代正统年间（1436—1449）的会同馆分为南、北二馆，南会同馆原作为“高丽馆”的玉河馆改为俄罗斯馆，地址在东江米巷玉河桥西街北。

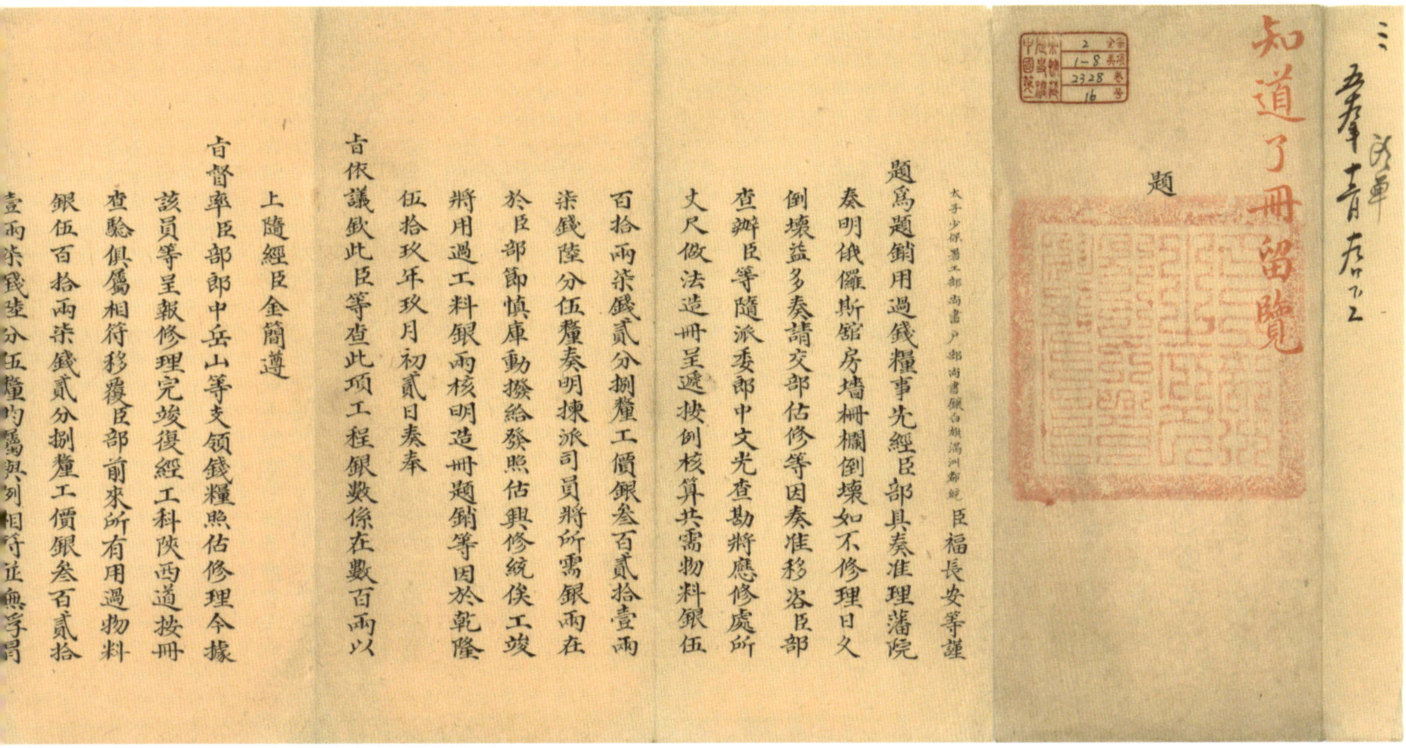

署工部尚书福长安等题本（乾隆五十九年十二月十七日）

雍正五年（1727）《中俄恰克图条约》签订后，允许其设立教堂，并派修士和祭司前来。俄罗斯获得了在中国修建东正教堂的权利。俄罗斯布道团也成为常设机构，并且派遣学生随班来京学习满汉文字。这样，俄罗斯馆成为其使节、教士、商人、学生的专供居所。本件档案是乾隆五十九年工部尚书福长安呈请奏销修缮俄罗斯馆所花银两的题本，其花费巨大，达到几百两之多，经过层层审验，附上工料价钱呈报乾隆帝。根据批红，造册的工料清单被留下，题本被发下。

蒙文翻译试卷

乾隆朝（1736—1795）

历史上，满族、蒙古族两族长期交往，特别是在清朝统治确立后，清政府对蒙文翻译更加重视。蒙文翻译科开设于雍正九年（1731），关于设置目的，雍正帝说得很清楚："近见蒙古旗分能蒙古语言翻译者甚少，沿习日久则蒙古语言文字必渐至废弃。应照考试清文翻译例考试蒙文翻译。取中生员、举人、进士，以

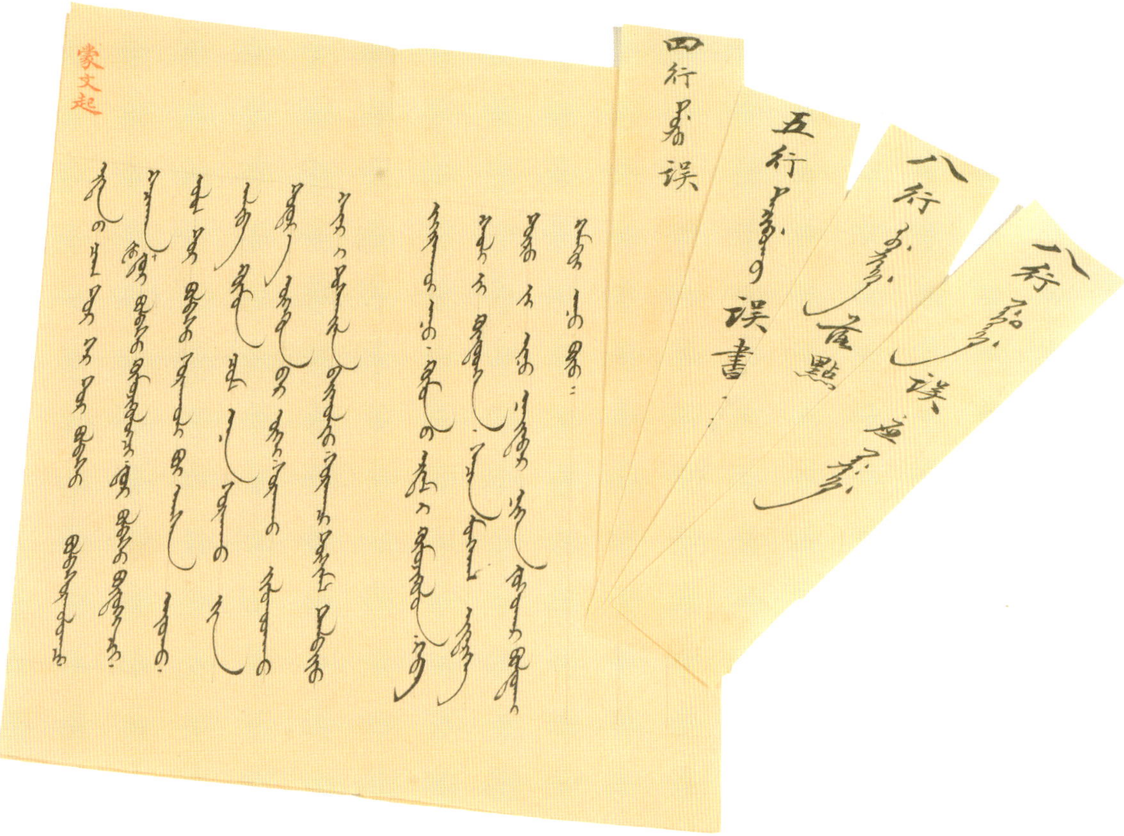

蒙文翻译试卷（乾隆朝）

备理藩院之用……照考试清文翻译例，三年考取生员二次、举人一次、进士一次……其考试生员……于清字日讲四书内视汉文三百字为准，出题一道，考试举人进士……仍以清字日讲四书为首题，再加清字奏疏一道为次题，俱令其以蒙古文翻译。”可见，清政府建立蒙文翻译科的主要目的是为理藩院网罗人才，服务于清廷在蒙古地区以及其他少数民族地区的统治和交往。蒙文翻译的试题类型为将满文翻译成蒙文。本组档案为乾隆年间蒙文翻译科试卷的原件。

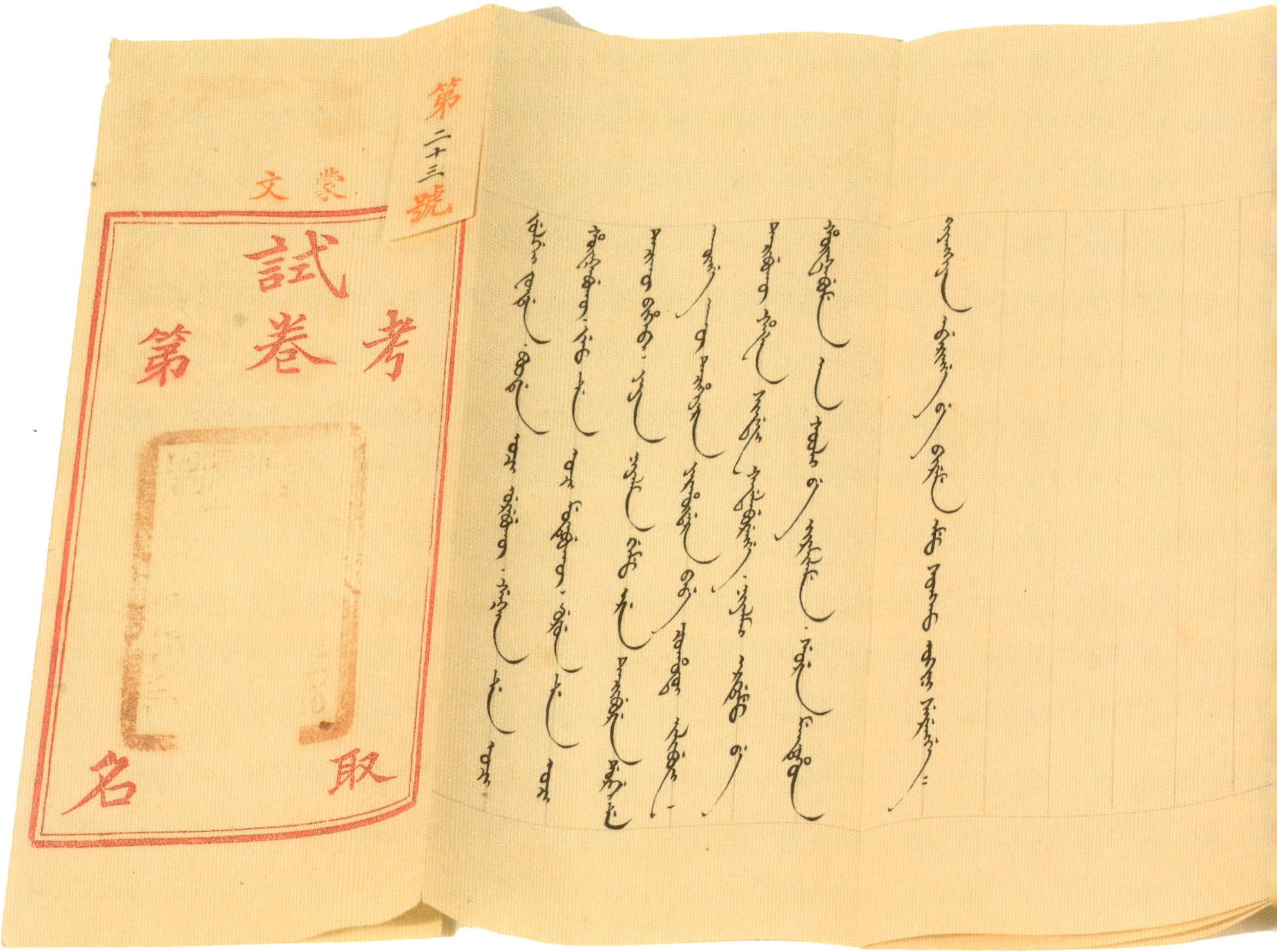
蒙文
第二十三號
考試卷第
取名

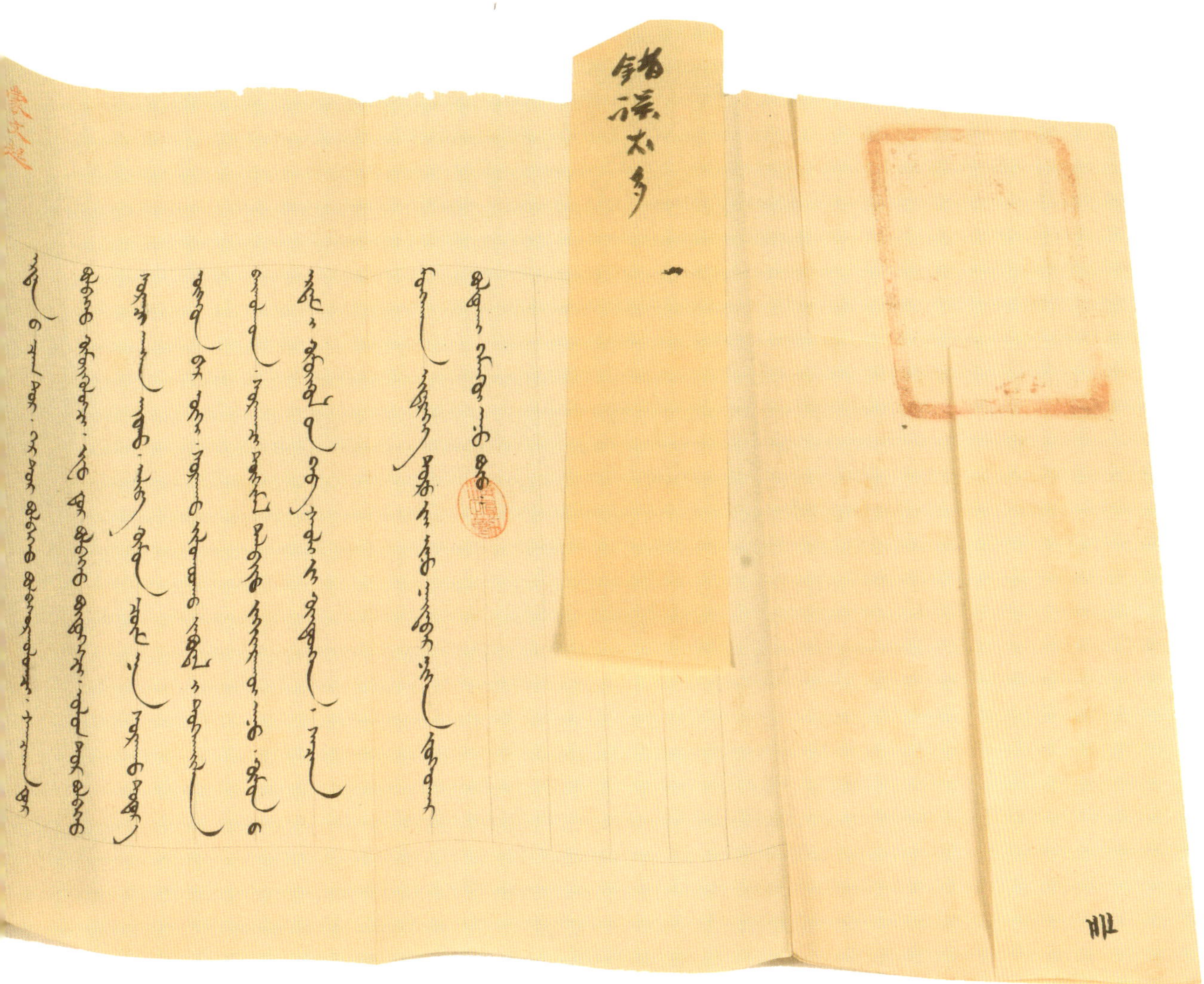

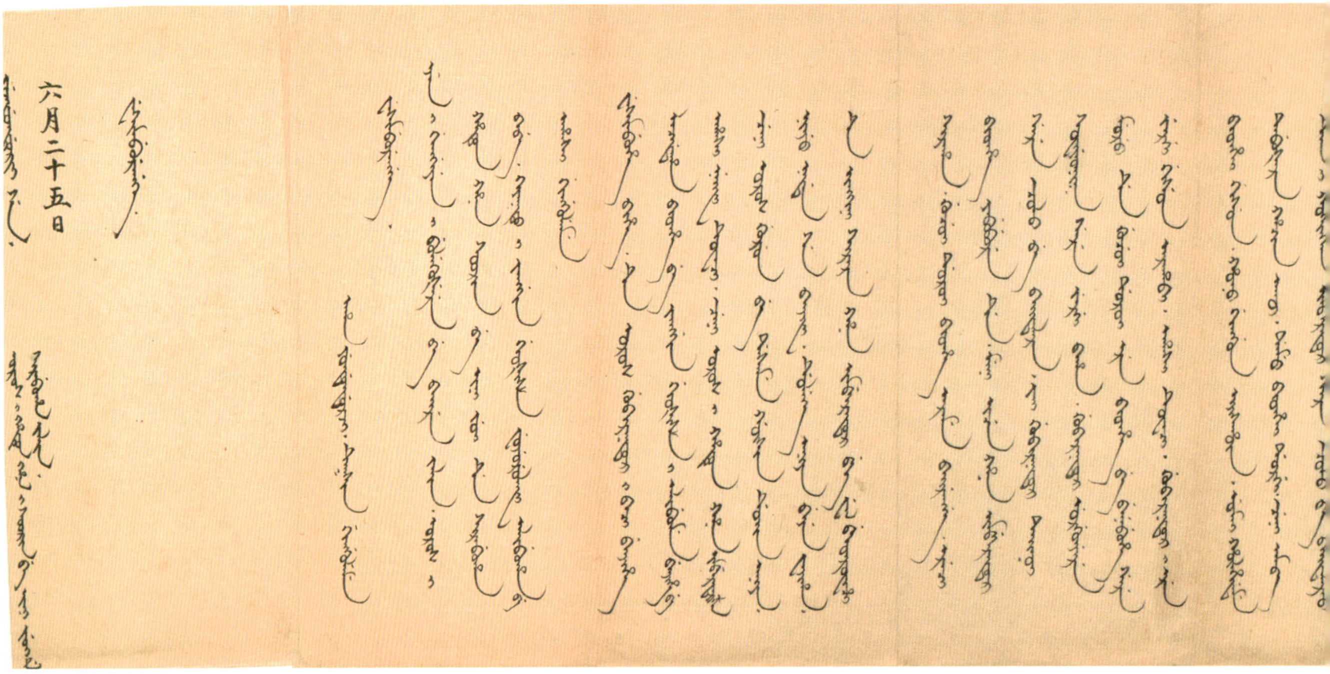

蕴端多尔济等奏折：

为呈送俄女皇叶卡捷琳娜二世逝世新皇保罗一世即位来文事

嘉庆二年六月十五日（1797年7月9日）

嘉庆元年，俄罗斯女皇叶卡捷琳娜二世去世，其子保罗继位，史称保罗一世。俄罗斯外交部遣使告知清政府相关信息。蕴端多尔济满文奏折所附俄罗斯来文原件为俄文、蒙古文、满文各一件。其中记载，俄罗斯女皇叶卡捷琳娜67岁去世，现由其长子保罗·彼得洛维奇承袭王位，特向清朝告知俄罗斯新皇即位及新颁年号。清廷在收到来文后，颁赏了来京的俄罗斯使团成员。由此可以看出彼时清朝与俄罗斯之间外交来往之密切。

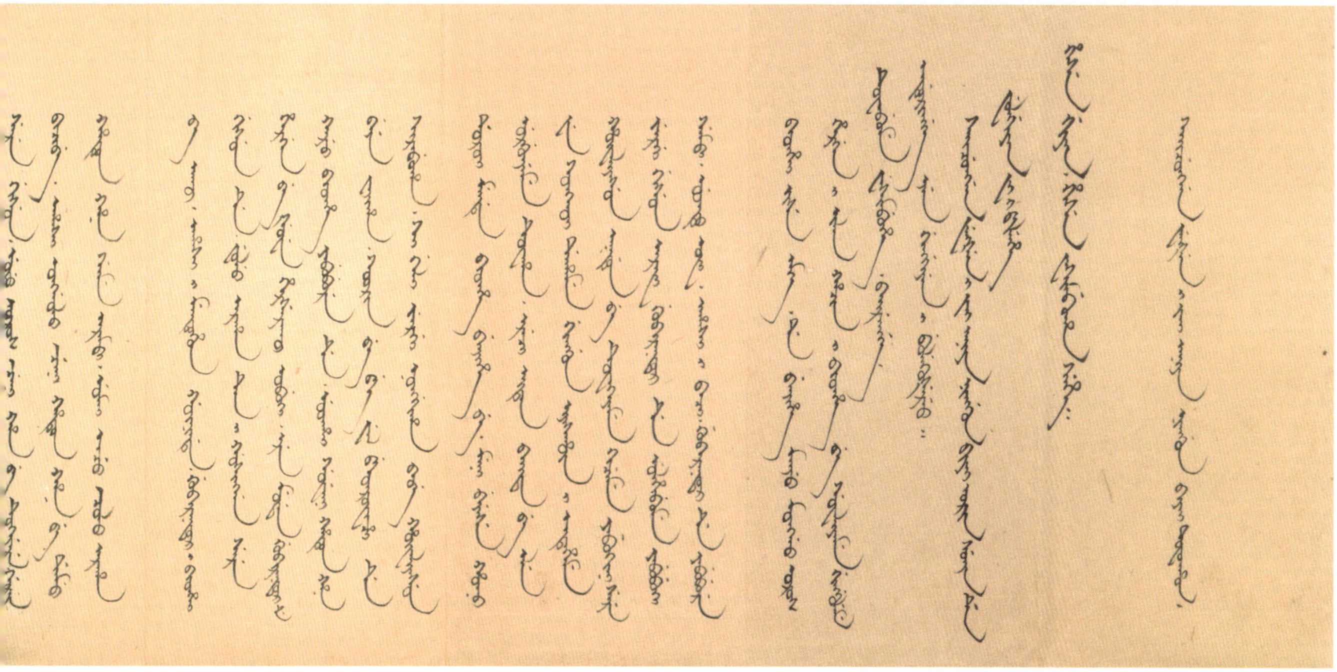

蕴端多尔济等奏折（嘉庆二年六月十五日）

叶卡捷琳娜二世肖像

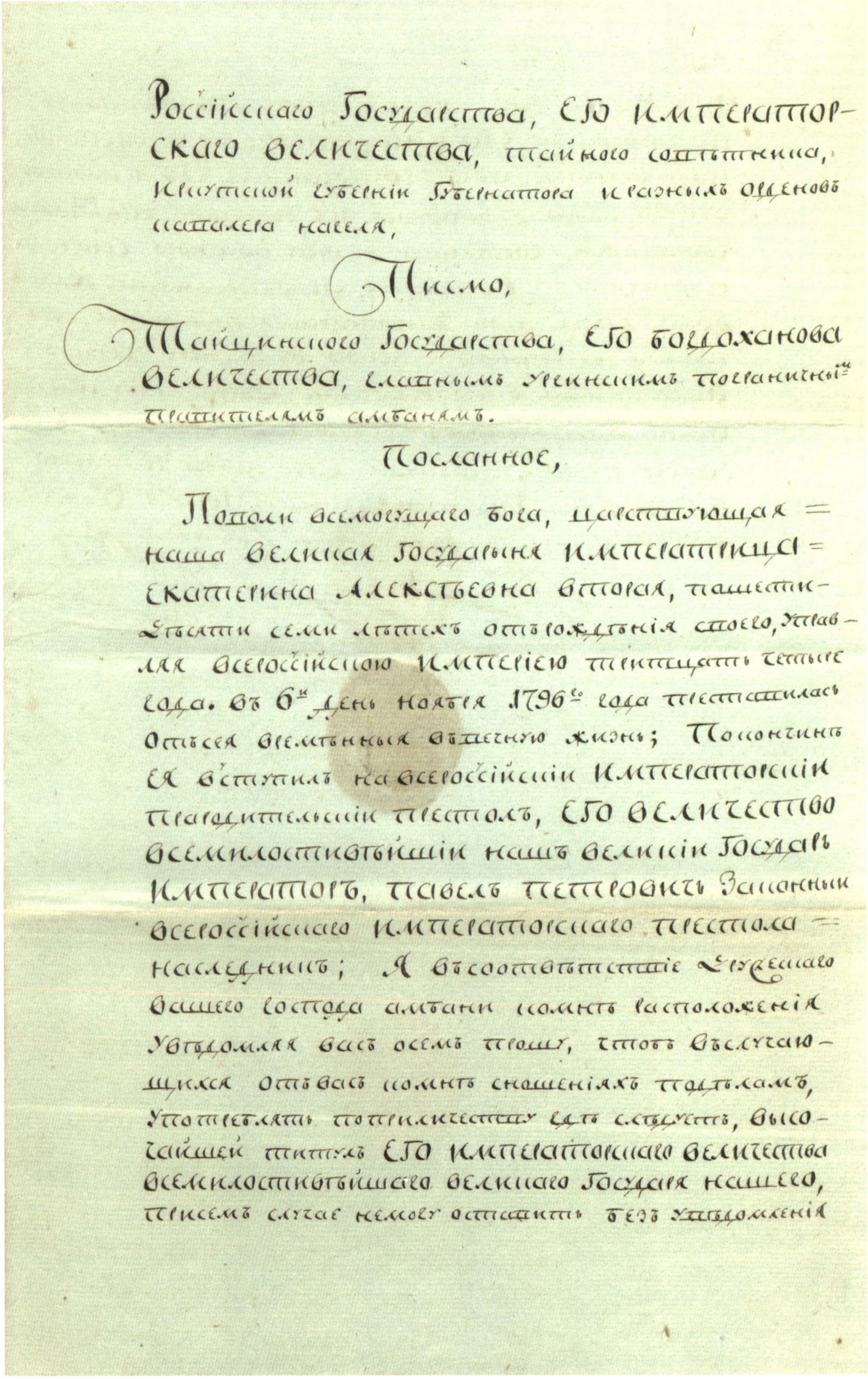
Россійскаго Государства, ЕГО ИМПЕРАТОР-
СКАГО ВЕЛИЧЕСТВА, тайного советника,
Иркутской губерніи Губернатора и разныхъ орденовъ
кавалера Нагеля,

Писмо,

Тайцинского Государства, ЕГО богдохонова
ВЕЛИЧЕСТВА, славнымъ Ургинскимъ пограничны[мъ]
правителямъ амбанамъ.

Посланное,

По воли всемогущаго бога, царствующая =
наша великая Государыня ИМПЕРАТРИЦА =
Екатерина Алексѣевна вторая, шестиде-
сяти семи лѣтехъ отъ рожденія своего, управ-
ляя Всероссійскою Имперіею тридцать четыре
года. Въ 6й день Ноября 1796го года преставилась
отъ сея временныя въ вѣчную жизнь; По кончинѣ
ея вступилъ на Всероссійскій Императорскій
прародительскій престолъ, ЕГО ВЕЛИЧЕСТВО
всемилостивѣйшій нашъ великій Государь
Императоръ, Павелъ Петровичъ законный
Всероссійскаго Императорскаго престола =
наслѣдникъ; Я въ соотвѣтствіе дружескаго
вашего господа амбани ко мнѣ расположенія
увѣдомляя васъ о семъ прошу, чтобъ въ случаю-
щихся отъ васъ ко мнѣ сношеніяхъ по дѣламъ,
употреблять по приличеству гдѣ слѣдуетъ, высо-
чайшей титулъ ЕГО ИМПЕРАТОРСКАГО ВЕЛИЧЕСТВА
всемилостивѣйшаго великаго Государя нашего,
при семъ случаѣ не могу оставить безъ увѣдомленія

女皇叶卡捷琳娜二世逝世新皇保罗一世即位事来文之一

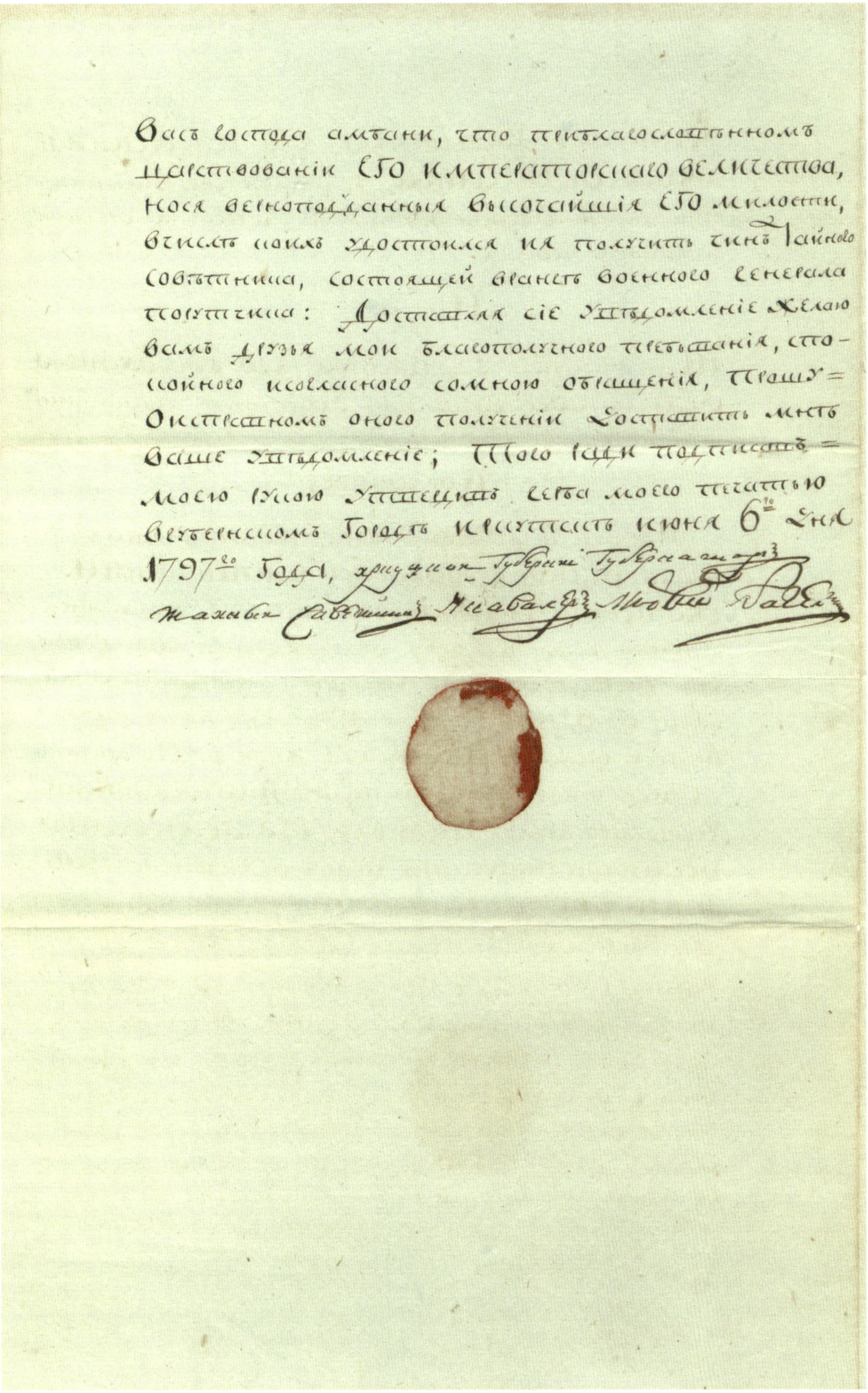

Васъ господа амбани, что при благословенномъ
царствованіи ЕГО ИМПЕРАТОРСКАГО ВЕЛИЧЕСТВА,
нося верноподданныя высочайшія ЕГО милости,
в числе коихъ удостоился и я получить чинъ Тайнаго
Советника, состоящей в ранге военного генерала
поручика: Доставляя сіе уведомленіе желаю
вамъ друзья мои благополучного пребыванія, спо-
койного и согласного со мною общенія, прошу =
о скоромъ онаго полученіи доставить мне
ваше уведомленіе; Того ради подписавъ =
моею рукою утвердилъ герба моего печатью
в Губернскомъ Городе Иркутске Іюня 6го дня
1797го Года, Иркутской Губерніи Губернаторъ
Тайный Советникъ и Кавалеръ Людвигъ Нагель

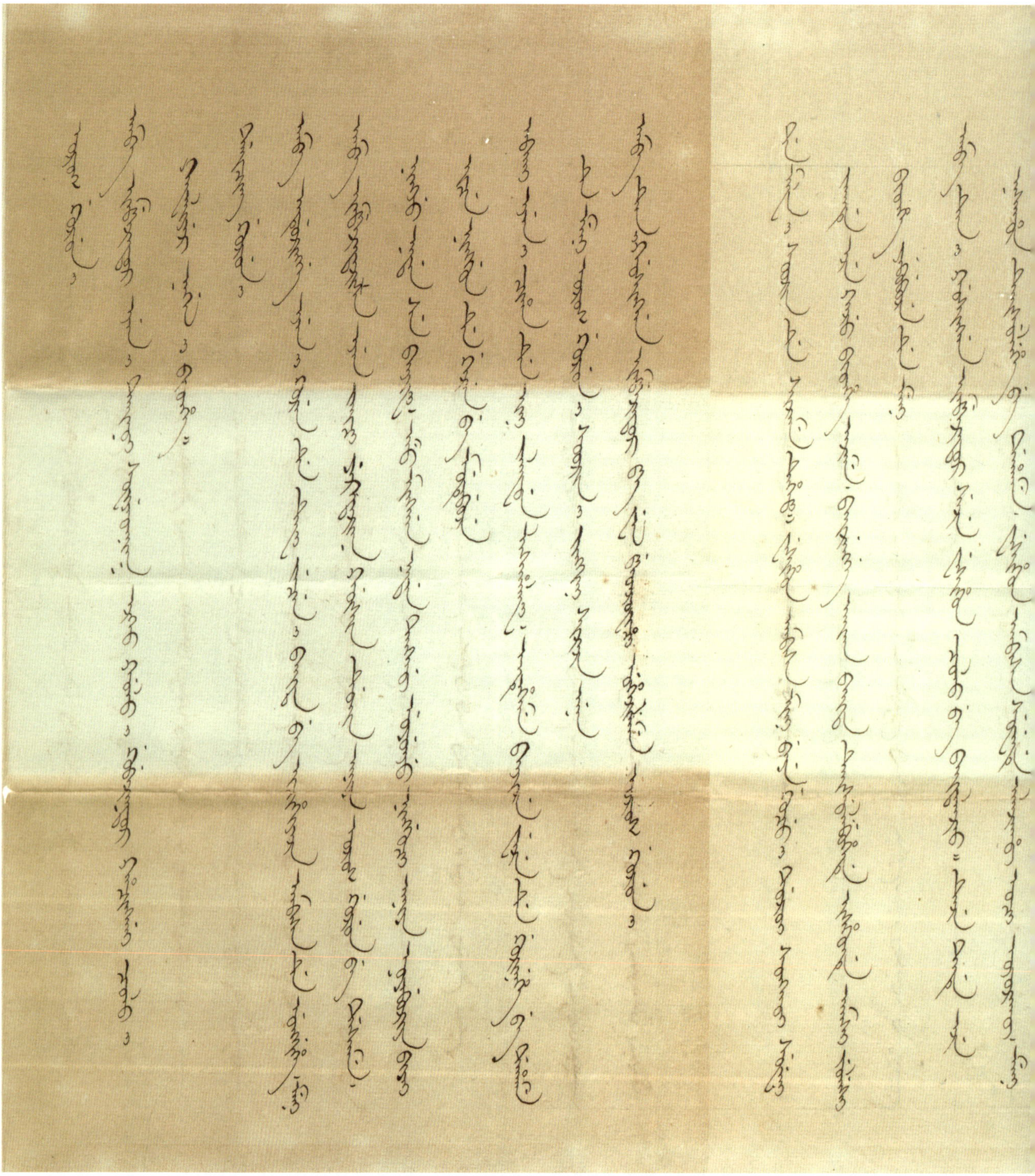

女皇叶卡捷琳娜二世逝世新皇保罗一世即位事来文之二

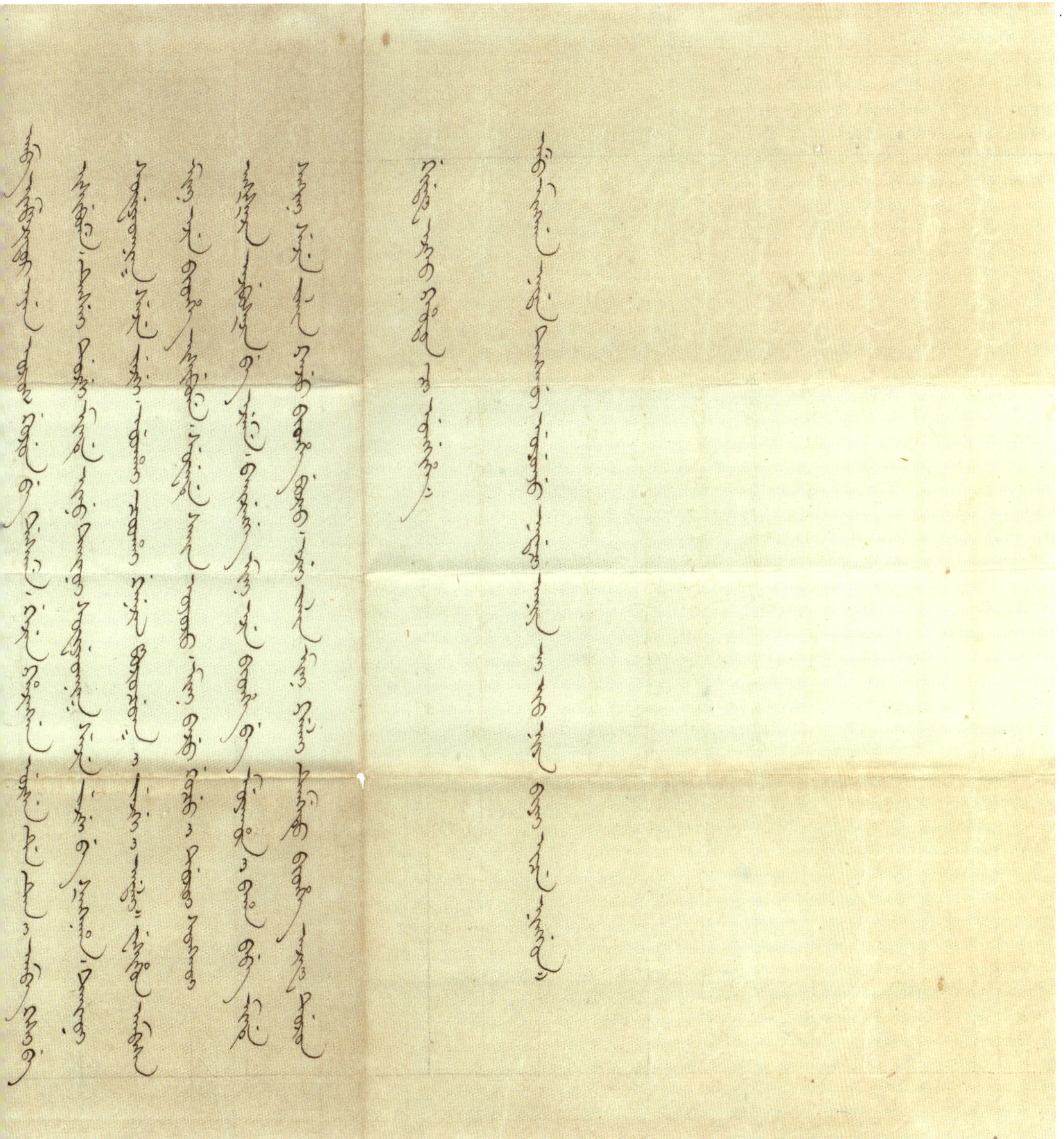

女皇叶卡捷琳娜二世逝世新皇保罗一世即位事来文之三

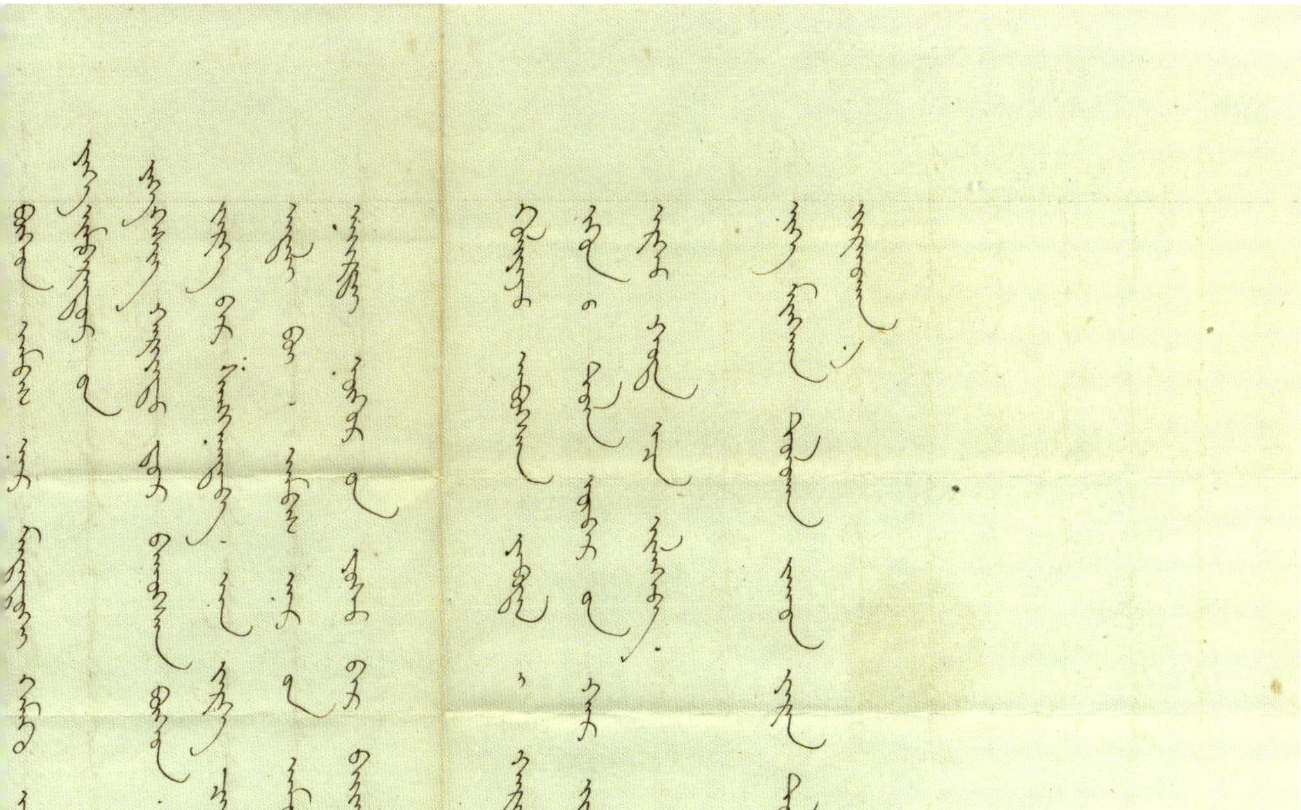

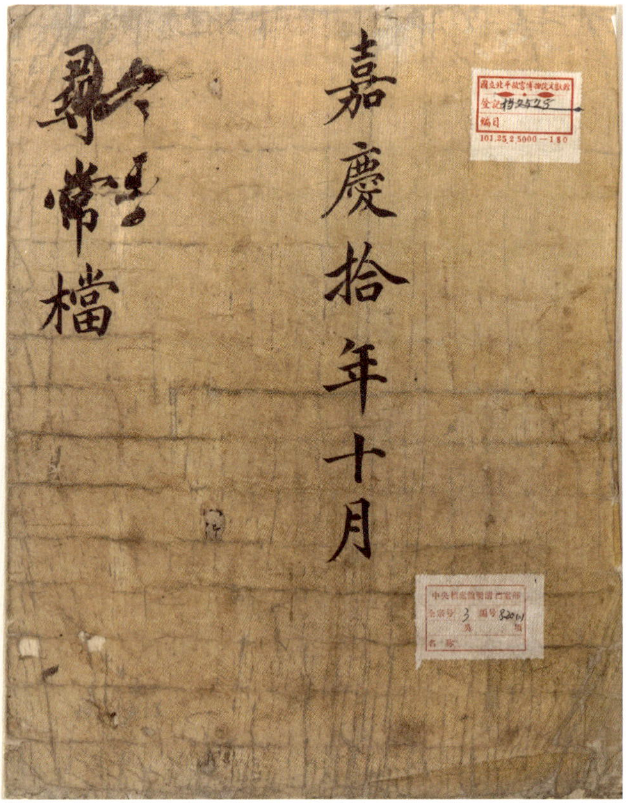

嘉庆帝上谕：

着令派员接应俄罗斯贡使由库伦至张家口

嘉庆十年十月二十五日（1805年12月15日）

署直隶总督裘行简奏折：

为遵旨酌筹照料入境俄罗斯使臣事

嘉庆十年十月二十六日（1805年12月16日）

俄罗斯与中国通商、通使虽然早在顺治、康熙、雍正时期就已发端并形成定例，但每次贡使入华，清廷从路线、接待、保卫等方面做出诸多安排，保证使团的顺利抵达。档案中提到的库伦（今蒙古国首都乌兰巴托）位于色楞格河上游的图拉河北岸，隶属于土谢图汗部。康熙年间，俄罗斯商队不走尼布楚经齐齐哈尔至京师的路线，改走从色楞格至库伦进张家口入京的路线。嘉庆十年俄罗斯遣使入贡，嘉庆帝为此谕令地方官员，对使团给予优渥的供应和接待。直隶总督裘行简上奏具体安排，俄方使团共124人，用车80辆。可以看出是使节和商队一起前来，规模庞大，中方接待靡费巨大。

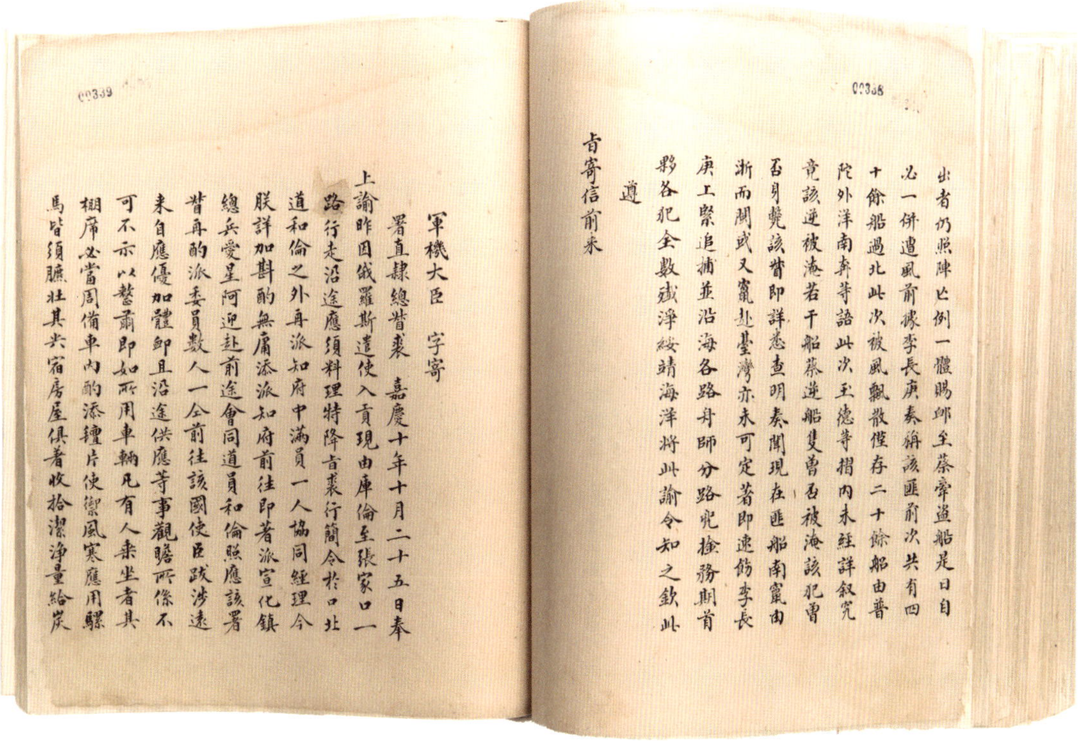

00338

出者仍照陣亡例一體賜卹至蔡牽盜船是日自
北一併遣風前據李長庚奏稱該匪前次共有四
十餘船過北此次被風飄散僅存二十餘船由普
陀外洋南竄等語此次王德等摺内未經詳敘究
竟該逆被淹若干船蔡逆船隻曾否被淹該犯曾
否身斃該督即詳悉查明奏聞現在匪船南竄由
浙而閩或又竄赴臺灣亦未可定著即速飭李長
庚上緊追捕並沿海各路舟師分路兜擒務期首
夥各犯全數殲淨綏靖海洋將此諭令知之欽此
遵
旨寄信前來

00339

軍機大臣 字寄
署直隸總督裘 嘉慶十年十月二十五日奉
上諭昨因俄羅斯遣使入貢現由庫倫至張家口一
路行走沿途應須料理特降旨裘行簡令於口北
道和倫之外再派知府中滿員一人協同經理今
朕詳加斟酌無庸添派知府前往即著派宣化鎮
總兵愛星阿迎赴前途會同道員和倫照應該署
督再酌派委員數人一仝前往該國使臣跋涉遠
來自應優加體卹且沿途供應等事觀瞻所係不
可不示以整肅即如所用車輛凡有人乘坐者其
棚席必當周備車内酌添氊片使禦風寒應用騾
馬皆須膘壯其尖宿房屋俱著收拾潔淨量給炭

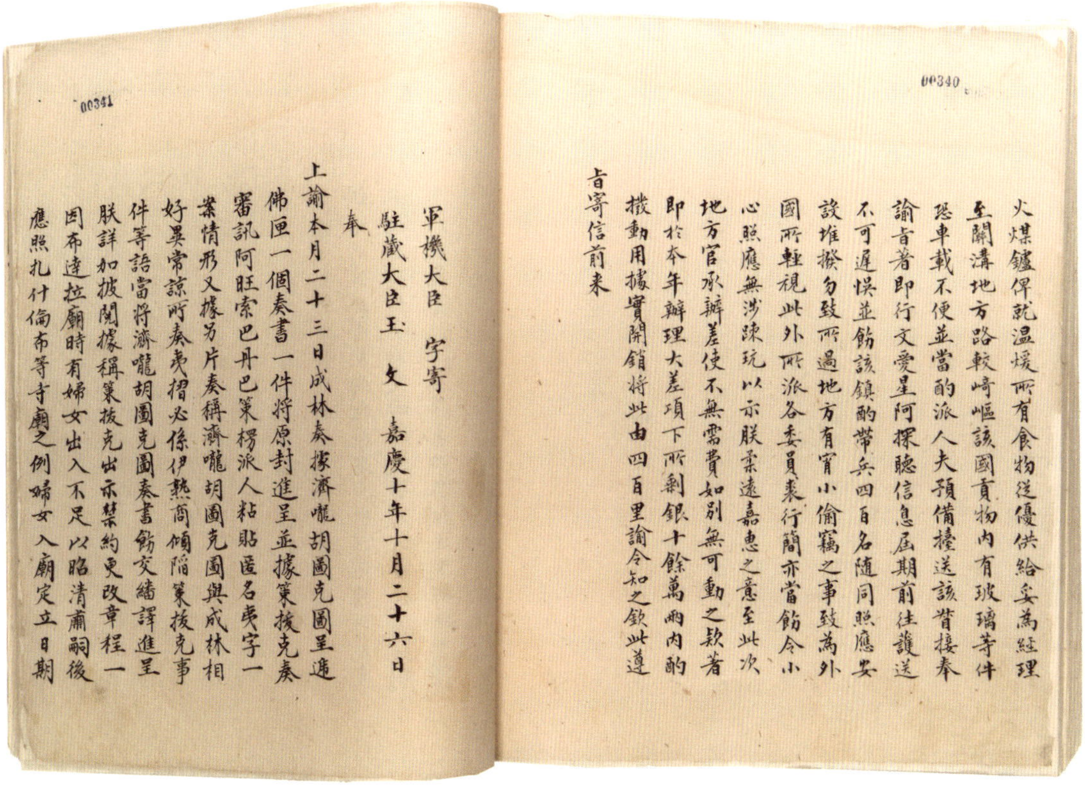

00340

火煤鑪俾就溫煖所有食物從優供給妥為經理
至閘溝地方路較崎嶇該國貢物内有玻璃等件
恐車載不便並當酌派人夫預備擡送該督接奉
諭旨著即行文愛星阿探聽信息屆期前往護送
不可遲悞並飭該鎮酌帶兵四百名隨同照應安
設堆撥勿致所過地方有宵小偷竊之事致為外
國所輕視此外所派各委員裘行簡亦當飭令小
心照應無涉踈玩以示朕柔遠嘉惠之意至此次
地方官承辦差使不無需費如別無可動之款著
即於本年辦理大差項下所剩銀十餘萬兩内酌
撥動用據實開銷將此由四百里諭令知之欽此遵
旨寄信前來

00341

軍機大臣 字寄
駐藏大臣玉 文 嘉慶十年十月二十六日
奉
上諭本月二十三日成林奏據濟嚨胡圖克圖呈進
佛匣一個奏書一件將原封進呈並據策拔克奏
審訊阿旺索巴丹巴策楞派人粘貼匿名夷字一
案情形又據另片奏稱濟嚨胡圖克圖與成林相
好異常諒所奏夷摺必係伊熟商傾陷策拔克事
件等語當將濟嚨胡圖克圖奏書飭交繙譯進呈
朕詳加披閱據稱策拔克出示禁約更改章程一
因布達拉廟時有婦女出入不足以昭清肅嗣後
應照扎什倫布等寺廟之例婦女入廟定立日期

嘉庆帝上谕（嘉庆十年十月二十五日）

欽差兵愛星阿迎赴前途會同道員和綸照應該
署督再酌派委員數人一同前往該國使臣跋涉
遠來自應優加體卹且沿途供應等事觀瞻所係
不可不示以整肅即如所用車輛凡有人乘坐者
其棚蓆必當周備車內酌添毡片使禦風寒應用
騾馬皆須膘壯其尖宿房屋俱著収拾潔淨量給
炭火煤爐俾就溫煖所有食物從優供給妥為經
理至關溝地方路較崎嶇該國貢物內有玻璃等
件恐車載不便並當酌派人夫預備擡送該署督
接奉諭旨著即行文愛星阿探聽信息屆期前往
護送不可遲悞並飭該鎮酌帶兵四百名隨同照
應妥設堆撥勿致所過地方有宵小偷竊之事致
為外國輕視此外所派各委員裒行簡亦當飭令
小心照應無涉疎玩以示朕柔遠嘉惠之意至此
次地方官承辦差使不無需費如別無可動之欵
著即於本年辦理大差項下所剩銀十餘萬兩內
酌撥動用據實開銷將此由四百里諭令知之欽
此臣查俄羅斯屬在外藩久未賓服此次望風
歸化實仰
聖德遠敷初入中華凡經過地方照料一切自應周
備至觀瞻所係尤應嚴肅整齊方足以示懷柔
而昭體制節奉
聖諭指示周詳曷勝欽佩伏查此次該藩入
覲於入宣化縣境後即係從前班禪額爾德呢經行
之路凡尖宿處所皆有舊定程途可以仿照關
溝路逕崎嶇現復氷雪在途自應畧為平治臣
現已派委同知隆起潘仁二員馳赴關溝勘明
道路督令該地方官趕緊平墊俾利遄行其沿
途尖宿房屋或從前舊館尚存或須租賃店房
亦令該同知等順道查看酌定該藩使臣所住

星阿口北道和綸霸昌道那祥一同護送進京
其宣化鎮所帶兵丁四百名擬於該藩使臣進
京後即將兵丁撤至昌平州居住由該鎮派員
彈壓其應需日食口糧即由霸昌道庫內支給
俟該藩使臣回時以便護送出境至宣化府知
府蘇勒通阿於照料使臣入居庸關後即可回
至宣化一帶督率所屬將該使臣回程事宜妥
為預備該府毋庸進京至此次承辦差事需費
銀兩若由省撥給未免徒糜運費臣查口北道
庫貯備項下現存銀尚有三萬五千四百餘兩
擬飭令該道即於此項內酌帶銀一萬兩以資
沿途應用凡支發一切皆由該道經手事竣核
實報銷將來即於該道請領兵餉之便由司庫
撥還道庫歸欵似較省便所有遵
旨籌辦事宜並將該使臣尖宿程站開單呈
覽是否有當理合恭摺具
奏伏乞
皇上睿鑒訓示遵行謹
奏
所辦俱妥知道了

嘉慶十年十月　二十六　日

奏

署直隸總督臣裘行簡跪

奏為遵

旨酌籌照料外藩入境事宜仰祈

聖鑒事本月二十六日丑刻接奉

上諭現在俄羅斯遣使入貢其使臣及隨從人等共
一百二十四人約用車八十輛自庫倫起程由張
家口一路行走已有旨諭知蘊端多爾濟及佛爾
卿額沿途伴送至進口以後並派侍郎瑚素通阿
前往協同照料令其扣算日期於十二月二十五
六日到京若不能如期趕到即令於正月初四五
及初十等日到京以便宴賚所有該國呈貢方物
及該使臣等應需車輛馬匹並尖宿房屋著裘行
簡即查照所開人數及車輛馬匹寬為預備此事
關係外國觀瞻該署督務須經理周妥不可稍有
缺悞為所輕視並派口北道和綸暨知府滿員一
人先於直隸交界處所督率辦理即一路隨同護
送來京其關溝一帶道路崎嶇雖不能大加修整
亦須畧為平治以便行走裘行簡即遵諭妥協籌
辦可也將此由三百里諭令知之欽此復於巳刻

接奉

上諭昨因俄羅斯遣使入貢現由庫倫至張家口一
路行走沿途應派員料理特降旨裘行簡令於口
北道和綸之外再派知府中滿員一人協同經理
令㑹洋加料酌無庸派知府前往即著派宣化

並隨從之一百二十餘人分住之處約計需房
屋若干處飭令該地方官寬為預備至該使臣
等經過之萬全宣化保安懷來延慶等州縣皆
係宣化府所屬查該府蘇勒通阿平日辦事詳
慎結實所有來使及隨從人等乘坐車輛應添
棚蓆毡片並収拾尖宿房屋應給炭火煤爐並
供應飯食從優給與等事皆責成該府蘇勒通
阿親督所屬妥為經理至宣化府屬為商賈輻
輳之所向來雇用大車即百數十輛亦尚易於
湊集驛站馬匹亦較他處為多均敷調用惟該
藩貢物若用車馬馱載誠覺不便查該府各屬
向有喂養官駝五百餘隻用以載送似較穩妥
此次呈進貢品或用駝隻裝載或用人夫扛送
亦飭令該府蘇勒通阿酌量情形與應備之車
輛馬匹一體先期預備毋致臨事周章至宣化
鎮總兵愛星阿口北道和綸臣已欽遵

諭旨飛速行知該鎮道等探聽該藩使臣入境信息
前赴直隸交界之大境門先期等候以便沿途
照料其愛星阿所帶兵丁四百名臣並行令該
鎮酌帶帳房日間護送隨行夜間分設卡帳更
番廵邏以防宵小偷竊之事至兵丁等每日每
名應需口糧臣並令口北道和綸核定數目按
日給領俾資餬口仍令該鎮留心管束毋許該
兵丁等藉端滋事以昭嚴肅臣仍於在省佐雜
內遴選勤幹者數員飭令速赴宣化交口北道
和綸派委隨同護送於尖宿處所分投照料毋
涉疎玩至該藩使臣入居庸關後即係順天府
之昌平州所屬查該處距京僅及百里不過一
尖一宿臣並一體行知霸昌道那祥接至交界
[illegible]

署直隶总督裘行简奏折（嘉庆十年十月二十六日）

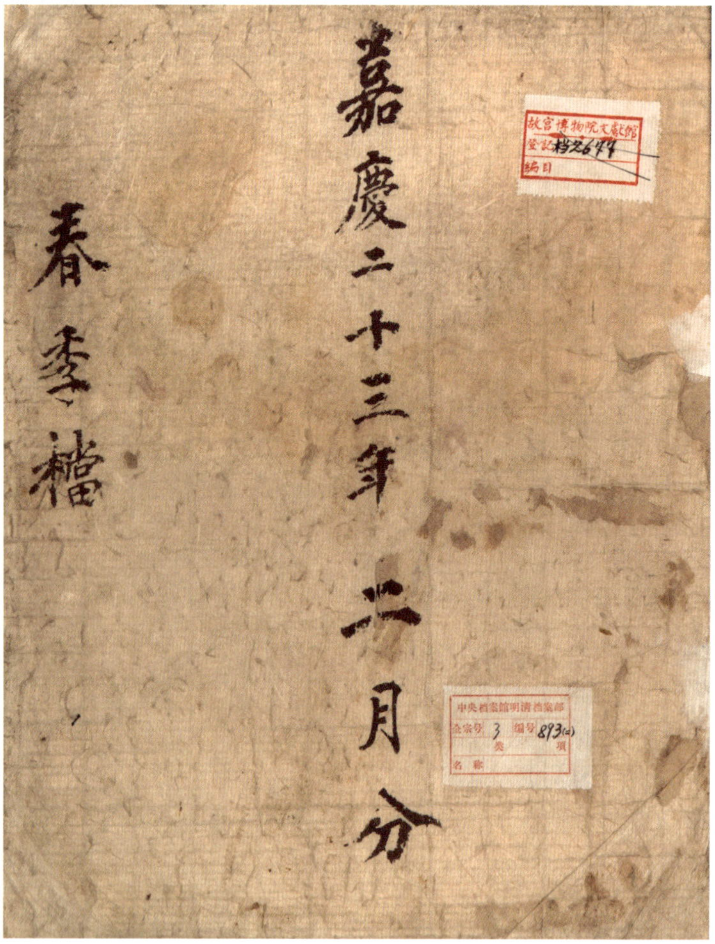

嘉庆帝谕旨：
着令稽查商户自蒙古地方换回马匹以防牧场马匹调换盗卖

嘉庆二十三年二月二十四日（1818 年 3 月 30 日）

张家口是清代北方重要的商品中转站。落户此地的商铺长期以内地茶布赴各蒙古地方换马，再赶回内地售卖。档案中所载的张家口上堡丰玉成号铺商，便是贩运烟茶布匹到库伦、乌里雅苏台各蒙古地方，换回马匹后，卖给陕西回民商人妥文兴 235 匹，由其运往河南进行贩卖。如此往来的马贩商人在当时络绎不绝。嘉庆帝谕令察哈尔都统地方官员留心稽查各商铺马贩，防止他们通过赶马途经察哈尔各牧场时，调换盗卖烙有官印的马匹，以生弊端。

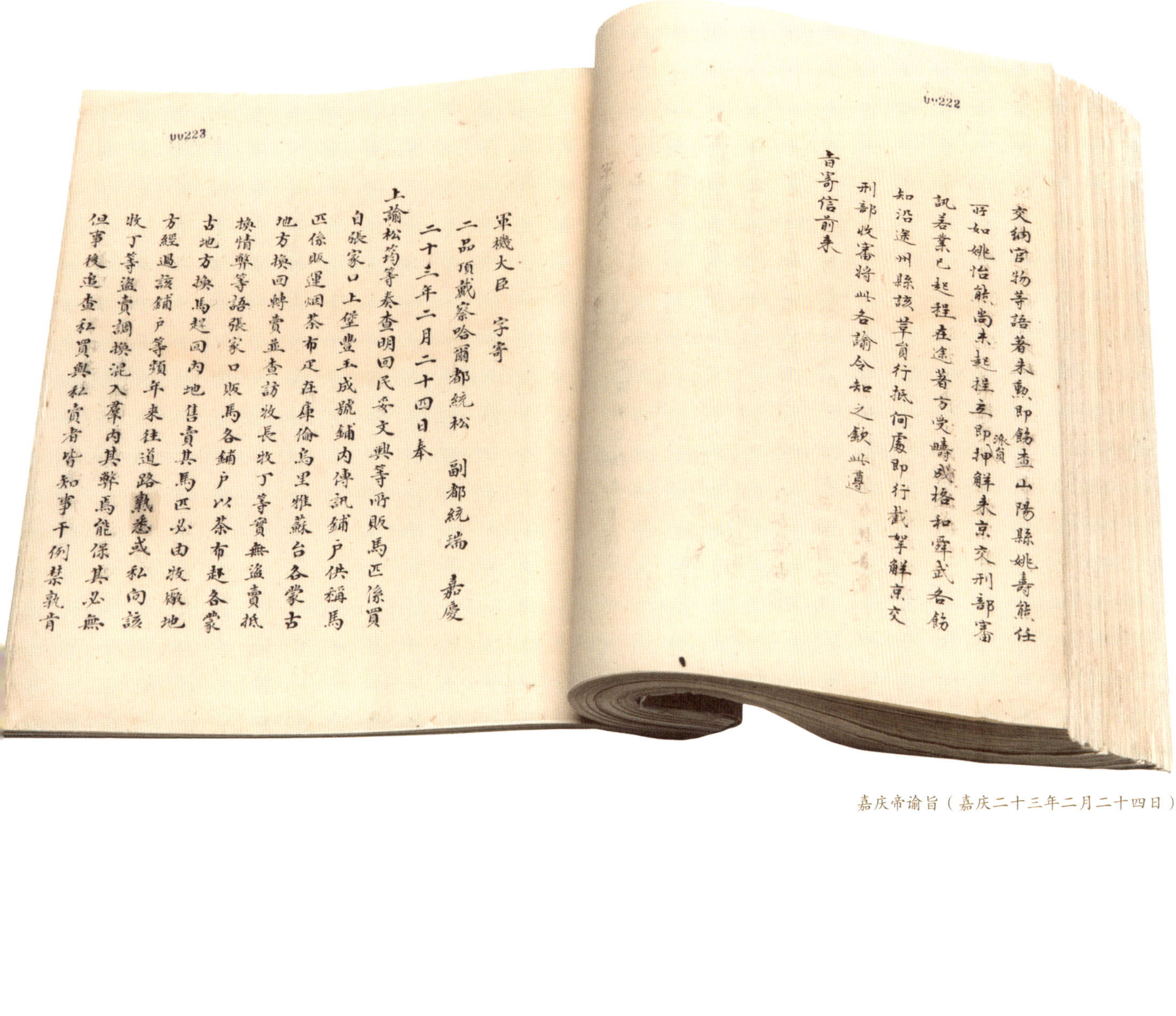
交納官物等語著未勲即飭查山陽縣姚壽熊任
所如姚怡熊尚未起程立即派員押解來京交刑部審
訊若業已起程在途著方受疇成格和舜武各飭
知沿途州縣該革員行抵何處即行截拏解京交
刑部收審將此各諭令知之欽此遵
旨寄信前來

軍機大臣 字寄
二品頂戴察哈爾都統松 副都統瑞 嘉慶
二十三年二月二十四日奉
上諭松筠等奏查明回民安文興等所販馬匹係買
自張家口上堡豐玉成號鋪內傳訊鋪戶供稱馬
匹係販運烟茶布疋在庫倫烏里雅蘇台各蒙古
地方換回轉賣並查訪牧長牧丁等實無盜賣抵
換情弊等語張家口販馬各鋪戶以茶布赴各蒙
古地方換馬趕回內地售賣其馬匹必由牧廠地
方經過該鋪戶等頻年來往道路熟悉或私向該
牧丁等盜賣調換混入羣內其弊焉能保其必無
但事後追查私買與私賣者皆知事干例禁孰肯

嘉庆帝谕旨（嘉庆二十三年二月二十四日）

道光帝谕旨：

着准发给商民部票予以登记并与科布多蒙古各部公平交易

道光三年三月初六日（1823年4月16日）

贸易的开展，促进了蒙古地区与内地间的生活交往，粮烟茶布逐渐成为蒙古牧民生活日用的必需，牲畜皮毛得以大量向内地输入，贸易得到进一步繁荣。内地商民不断赊给蒙古货物，造成科布多所属各蒙古部落负欠银两渐多，虽然官方曾禁止贸易，但民间交易仍长期开展。档案记载，道光帝谕准内地商民与蒙古民人公平交易，不得重利盘剥，发给部票，注明商民籍贯、人数及携带货物等信息，以便稽查。乌梁海蒙古只准到科布多城交易，禁止商民携货前往。

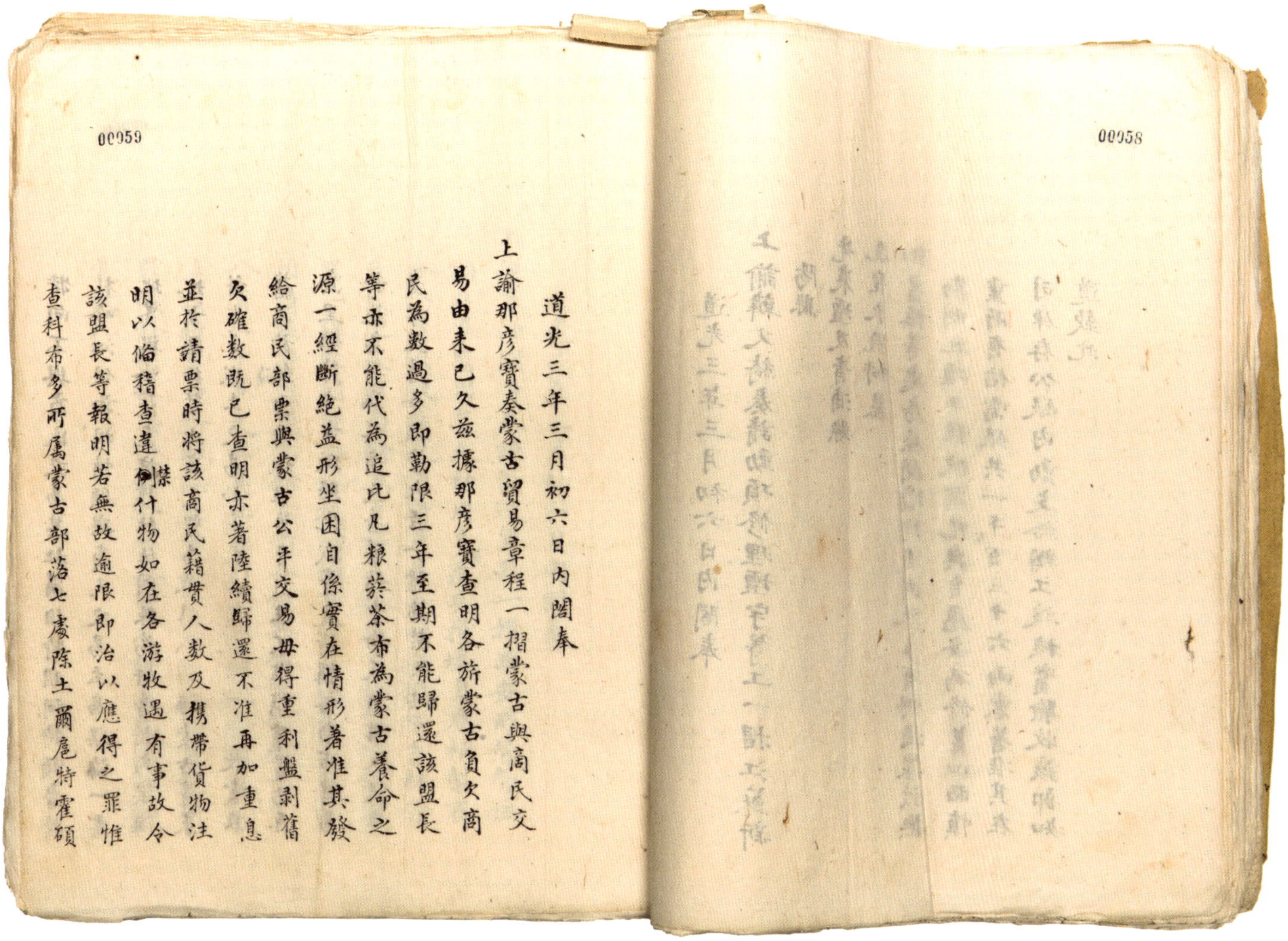
00059

道光三年三月初六日内閣奉
上
諭那彥寶奏蒙古貿易章程一摺蒙古與商民交
易由來已久茲據那彥寶查明各旂蒙古負欠商
民為數過多即勒限三年至期不能歸還該盟長
等亦不能代為追比凡粮菸茶布為蒙古養命之
源一經斷絕益形坐困自係實在情形着准其發
給商民部票興蒙古公平交易毋得重利盤剥舊
欠確數既已查明亦著陸續歸還不准再加重息
並於請票時將該商民籍貫人數及攜帶貨物注
明以備稽查違例禁什物如在各游牧遇有事故令
該盟長等報明若無故逾限即治以應得之罪惟
查科布多所屬蒙古部落七處除土爾扈特霍碩

00058

道光帝谕旨（道光三年三月初六日）

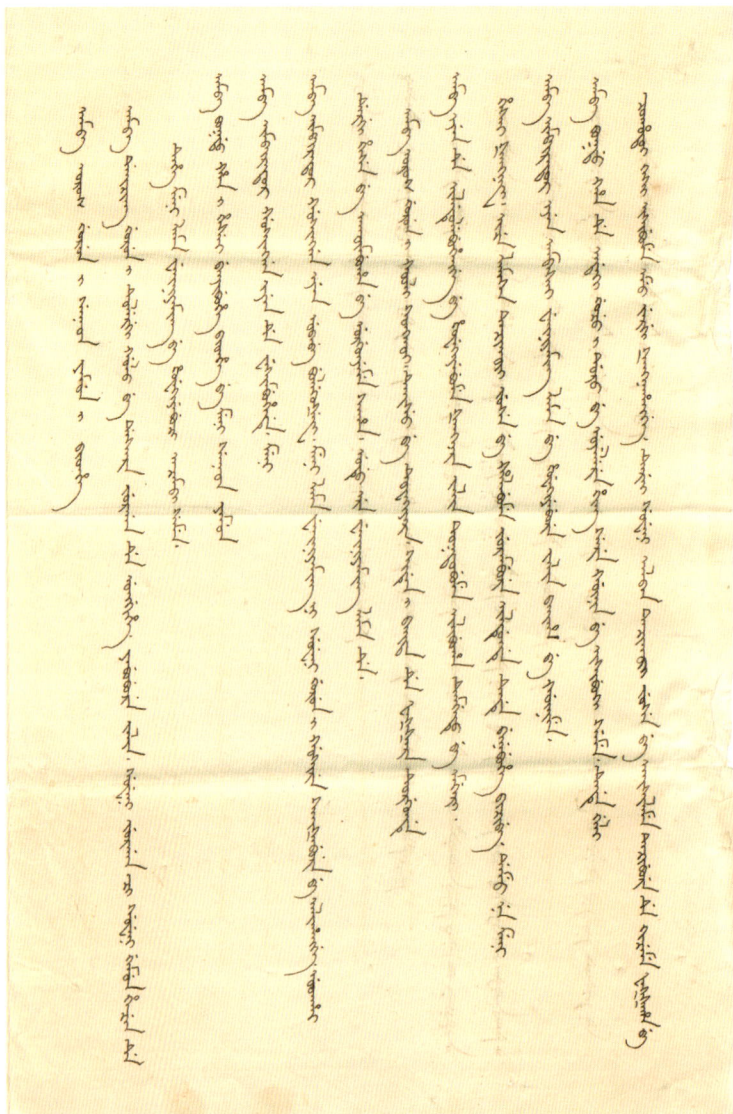

俄罗斯萨纳特衙门致理藩院来文：

为沙皇业已嘉奖北京俄罗斯东正教布道团员维尼阿明事

道光十年十二月初七日（1831年1月20日）

常驻北京俄罗斯馆内的俄罗斯东正教布道团成员会定期换班，由俄罗斯国内拣选喇嘛、学生前来替换。清人何秋涛的《朔方备乘》内就有“驻京俄罗斯之达喇嘛、学生等，每届十年换班”的记载。但具体到年限上，根据清宫档案的记载，或逾十年，或不及十年，或正好十年，并不固定。随班的学生回国后多数充任了俄罗斯的商队专员、领事、翻译官等外交职务，因此为了适应俄罗斯日益扩大的对华外交事务需要，沙皇政府加速了换班频率，

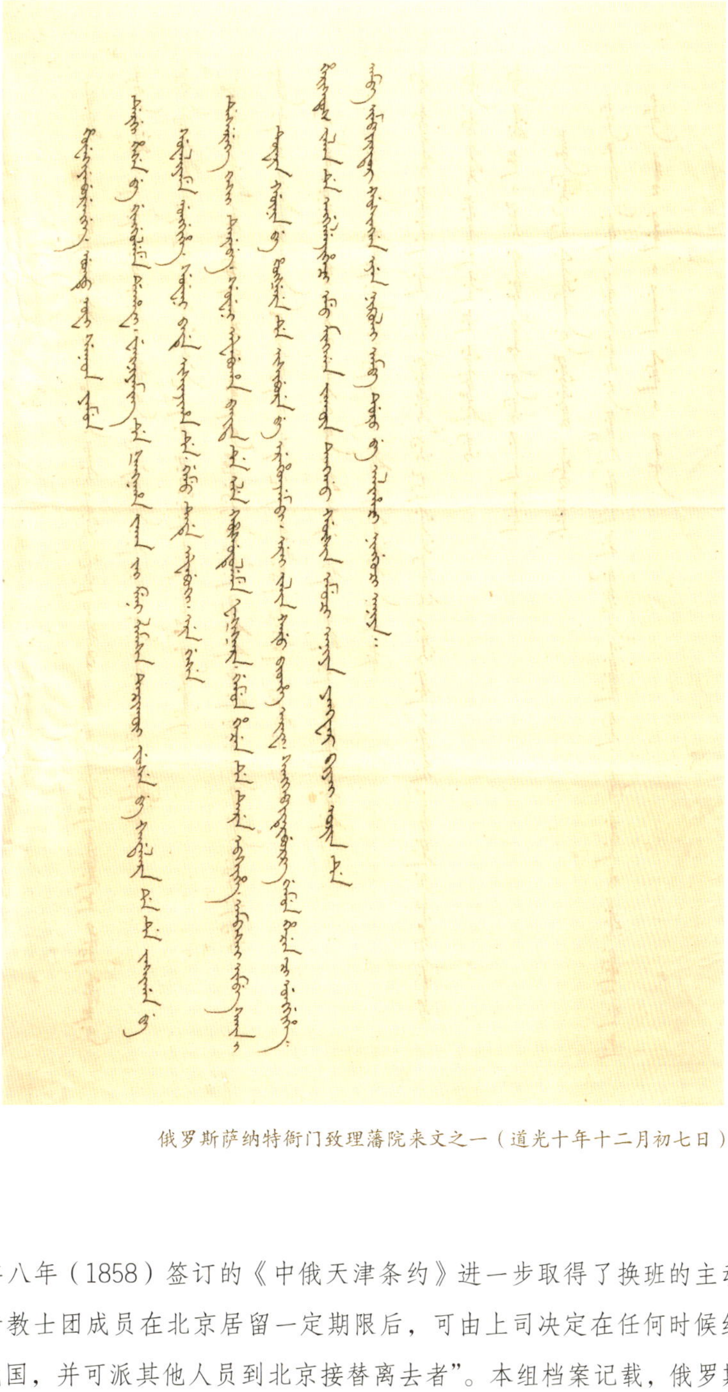

俄罗斯萨纳特衙门致理藩院来文之一（道光十年十二月初七日）

并最终通过咸丰八年（1858）签订的《中俄天津条约》进一步取得了换班的主动权，该条约规定“俄国传教士团成员在北京居留一定期限后，可由上司决定在任何时候经恰克图或其他途径返回俄国，并可派其他人员到北京接替离去者”。本组档案记载，俄罗斯驻北京的喇嘛到期回国后，理藩院行文至萨纳特衙门，称驻京的俄罗斯正教布道团员维尼阿明在京期间公务认真，应当得到奖赏。俄萨纳特衙门为此知照理藩院，称他们已经将赏给维尼阿明的一等奖赏物品由换班学生喇嘛带来，与写给管理官学生的驻京俄国官员信件一并寄出。俄罗斯派遣到华的传教士在俄罗斯馆内进行的布道和教育活动，其服务范围不仅限于俄罗斯人，已经编入清朝俄罗斯佐领下的华籍俄罗斯人也参与到了礼拜活动之中。本件档案为当时的俄文及满文文书原件。

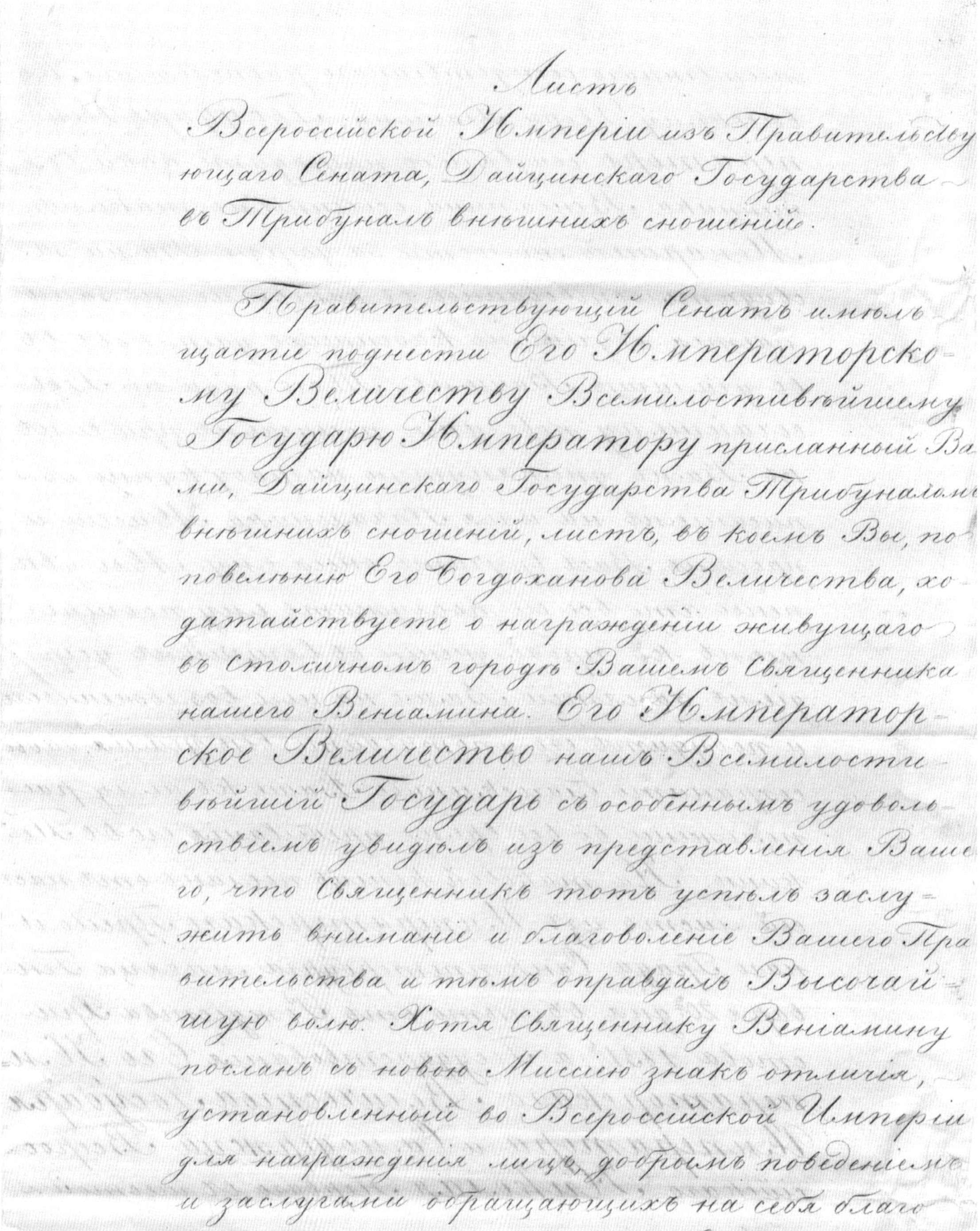

Листъ
Всероссійской Имперіи изъ Правительству-
ющаго Сената, Дайцинскаго Государства
въ Трибуналъ внѣшнихъ сношеній.

Правительствующій Сенатъ имѣлъ
щастіе поднести Его Императорско-
му Величеству Всемилостивѣйшему
Государю Императору присланный Ва-
ми, Дайцинскаго Государства Трибуналомъ
внѣшнихъ сношеній, листъ, въ коемъ Вы, по
повелѣнію Его Богдоханова Величества, хо-
датайствуете о награжденіи живущаго
въ столичномъ городѣ Вашемъ Священника
нашего Веніамина. Его Император-
ское Величество нашъ Всемилости-
вѣйшій Государь съ особеннымъ удоволь-
ствіемъ увидѣлъ изъ представленія Ваше-
го, что Священникъ тотъ успѣлъ заслу-
жить вниманіе и благоволеніе Вашего Пра-
вительства и тѣмъ оправдалъ Высочай-
шую волю. Хотя Священнику Веніамину
посланъ съ новою Миссіею знакъ отличія,
установленный во Всероссійской Имперіи
для награжденія лицъ, добрымъ поведеніемъ
и заслугами обращающихъ на себя благо-
склонное воззрѣніе нашего Самодержца;
во вниманіи однако къ представленію Ва-
шему и желая явить новый опытъ дру-

俄罗斯萨纳特衙门致理藩院来文之二（道光十年十二月初七日）

жественнаго сосѣдственнаго расположенія къ
высокому Двору Вашему, Государь Им-
ператоръ соизволилъ наградить паки Свя-
щенника Веніамина особеннымъ знакомъ
Монаршей милости за усердіе, Вами за-
свидѣтельствованное, съ каковымъ онъ зани-
мается обученіемъ казенныхъ учениковъ въ
во училищѣ Вашемъ. Того ради по Вы-
сочайшему повелѣнію посылаемъ при семъ
къ Вамъ упомянутую награду купно съ
описаніемъ на имя Начальника Миссіи и
просимъ Васъ вручить оныя ему. Мы увѣ-
рены что все сіе послужитъ ему поощре-
ніемъ къ продолженію съ вящшимъ усер-
діемъ занятій Вами на него возложенныхъ
и побудитъ его употребить всѣ усилія, дабы
сохранить благосклонное Ваше къ нему рас-
положеніе во все время пребыванія его въ Пе-
кинѣ. На таковой конецъ посланъ отъ насъ
сей листъ изъ Императорскаго Престоль-
наго Града Санктпетербурга мѣсяца Ген-
варя 20го дня въ лѣто отъ Рождества Хри-
стова 1831г, а Государствованія Его Им-
ператорскаго Величества Государя
Императора и Самодержца Всерос-
сійскаго Николая Перваго въ шестой
годъ.

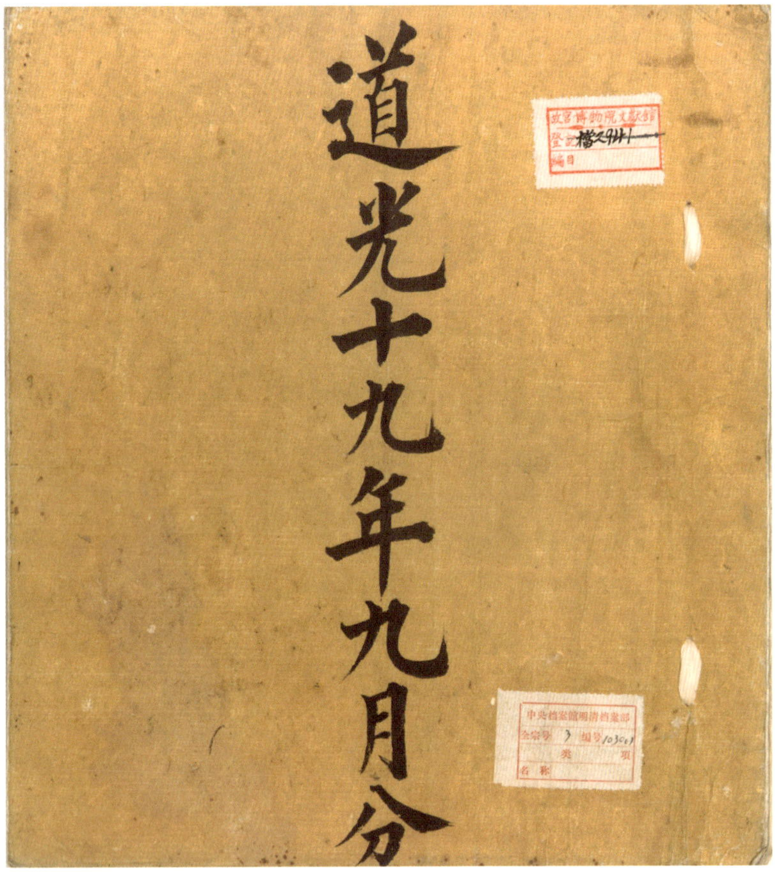

道光帝谕旨：

着令处分失察恰克图部院章京向商人索物之库伦办事大臣

道光十九年九月初五日（1839 年 10 月 11 日）

恰克图位于色楞格河东岸，属于喀尔喀蒙古土谢图汗中左翼末旗辖内，距离库伦 800 里。清代在恰克图设有官员，监督和管理商人的贸易活动。《理藩院则例》内载："喀尔喀恰克图地方，设立互市，通鄂罗斯贸易，设监视官一人，由本院司官内简选，二年一次更换。雍正十年议准，驻扎喀尔喀库伦、恰克图两处照看贸易之司官，二年一次更替，自备盘费。驻扎库伦、恰克图两处监看贸易之司官，每日各折廪给银一两。"

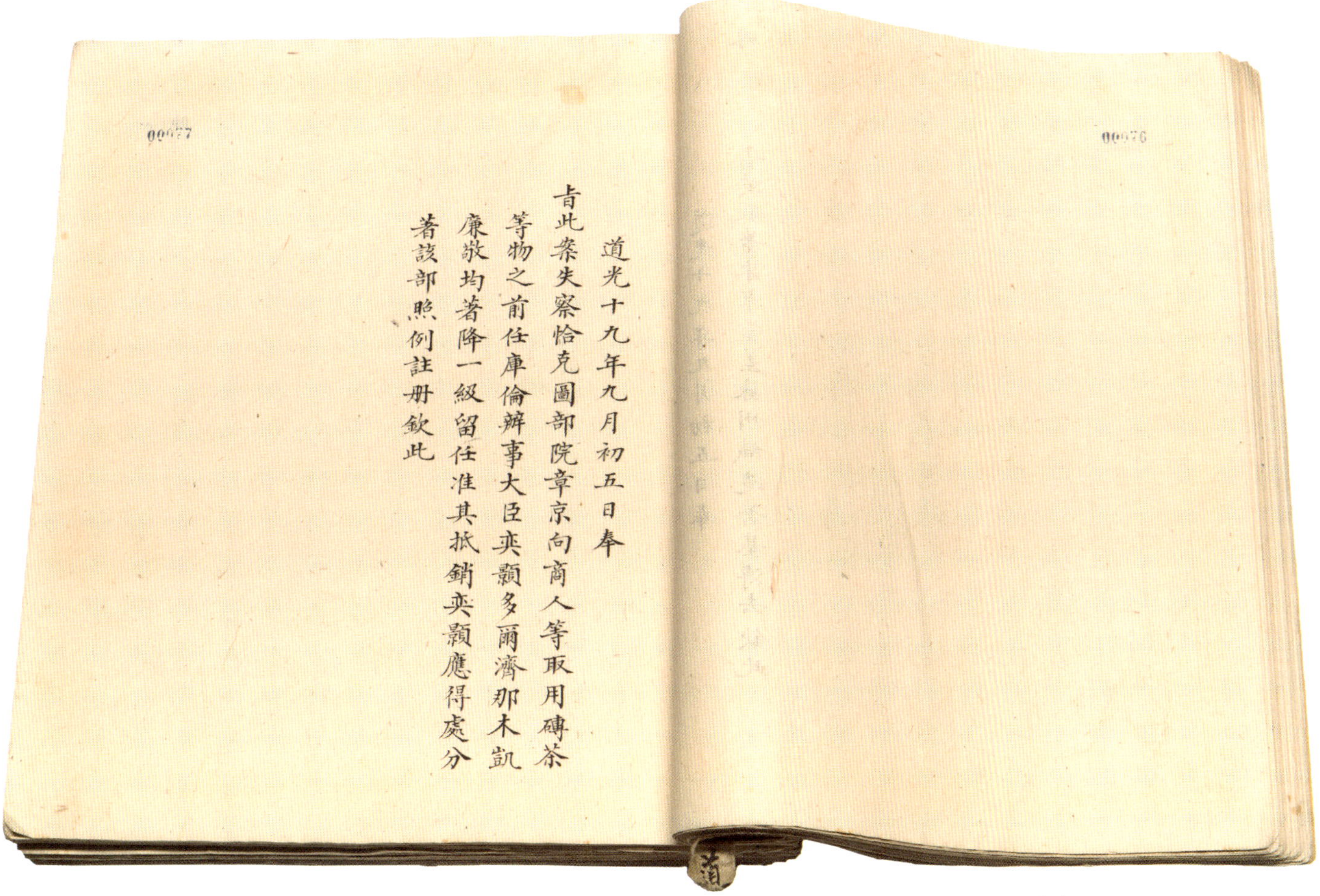
00077

道光十九年九月初五日奉
旨此案失察恰克圖部院章京向商人等取用磚茶
等物之前任庫倫辦事大臣奕顥多爾濟那木凱
廉敬均著降一級留任准其抵銷奕顥應得處分
著該部照例註册欽此

00076

道光帝谕旨（道光十九年九月初五日）

派往恰克图的部员由理藩院派任，称为“恰克图部院章京理藩院郎中”或“恰克图部院章京理藩院员外郎”。因与俄罗斯贸易，民人丛集，难以稽查，所以清政府规定，汉商贸易必须由地方官出具印文，将货物、人数、出口地等一一开明，报送理藩院，领取执照，经守口官弁验明，才能放行。档案记载，道光十九年恰克图部院章京向商人等取用砖茶等物，失察此案的库伦办事大臣奕颢等均因此被降一级处分。

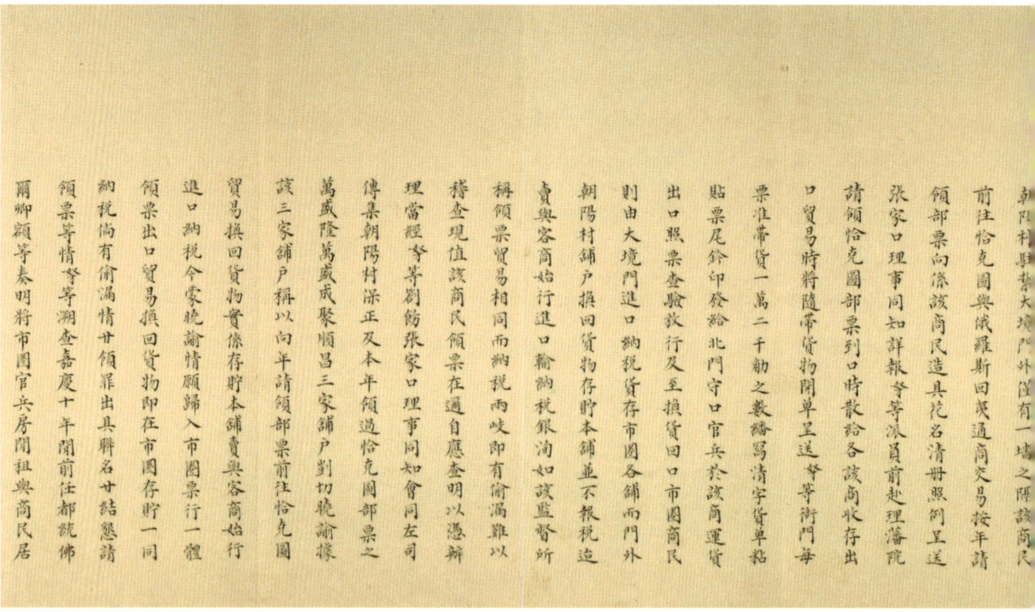

朝陽村駐紮大境門外僅有一墻之隔該商民
前往恰克圖與俄羅斯回夷交易按年請
領部票向係該商民造具花名清册照例呈送
張家口理事同知詳報奴才等派員前赴理藩院
請領恰克圖部票到口時散給各該商收存出
口貿易時將隨帶貨物開单呈送奴才等衙門每
票准帶貨一萬二千觔之數繕寫清字貨单粘
貼票尾鈐印發給北門守口官兵於該商運貨
出口照票查驗放行及至换貨回口市圈商民
則由大境門進口納税貨存市圈各鋪而門外
朝陽村鋪户换回貨物存貯本鋪並不報税迨
賣與客商始行進口輸納税銀洵如該監督所
稱領票貿易相同而納税兩歧即有偷漏難以
稽查現值該商民領票在邇自應查明以憑辦
理當經奴才等劄飭張家口理事同知會同左司
傳集朝陽村深正及本年領過恰克圖部票之
萬盛隆萬盛成聚順昌三家鋪户剴切曉諭據
該三家鋪户稱以向年請領部票前往恰克圖
貿易换回貨物實係存貯本鋪賣與客商始行
進口納税今蒙曉諭情願歸入市圈一體
領票出口貿易换回貨物即在市圈存貯一同
納税倘有偷漏情甘領罪出具聨名甘結懇請
領票等情奴才等溯查嘉慶十年間前任都統佛
爾卿額等奏明將市圈官兵房間租與商民居

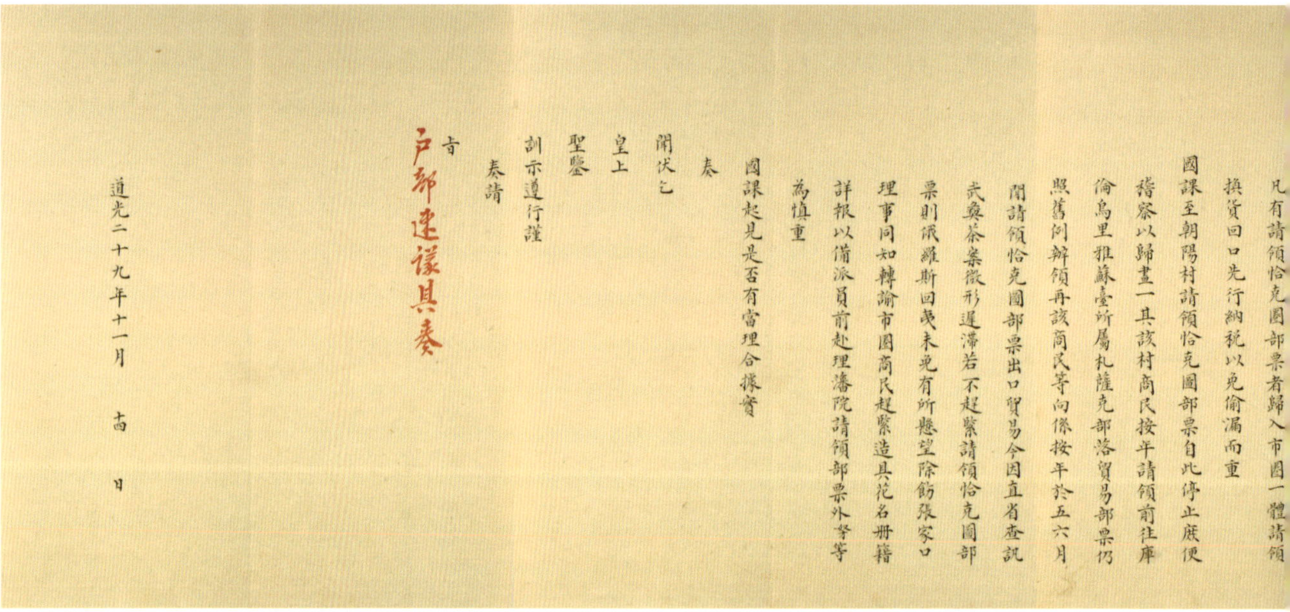

凡有請領恰克圖部票者歸入市圈一體請領
换貨回口先行納税以免偷漏而重
國課至朝陽村請領恰克圖部票自此停止庶便
稽察以歸畫一其該村商民按年請領前往庫
倫烏里雅蘇臺所屬札薩克部落貿易部票仍
照舊例辦領再該商民等向係按年於五六月
間請領恰克圖部票出口貿易今因直省查訊
武彝茶案微形遲滯若不趕緊請領恰克圖部
票則俄羅斯回夷未免有所懸望除飭張家口
理事同知轉諭市圈商民趕緊造具花名册籍
詳報以備派員前赴理藩院請領部票外奴才等
為慎重
國課起見是否有當理合據實
奏
聞伏乞
皇上
聖鑒
訓示遵行謹
奏請
旨
户部速議具奏
道光二十九年十一月　十四　日

察哈尔都统双德等奏折（道光二十九年十一月十四日）

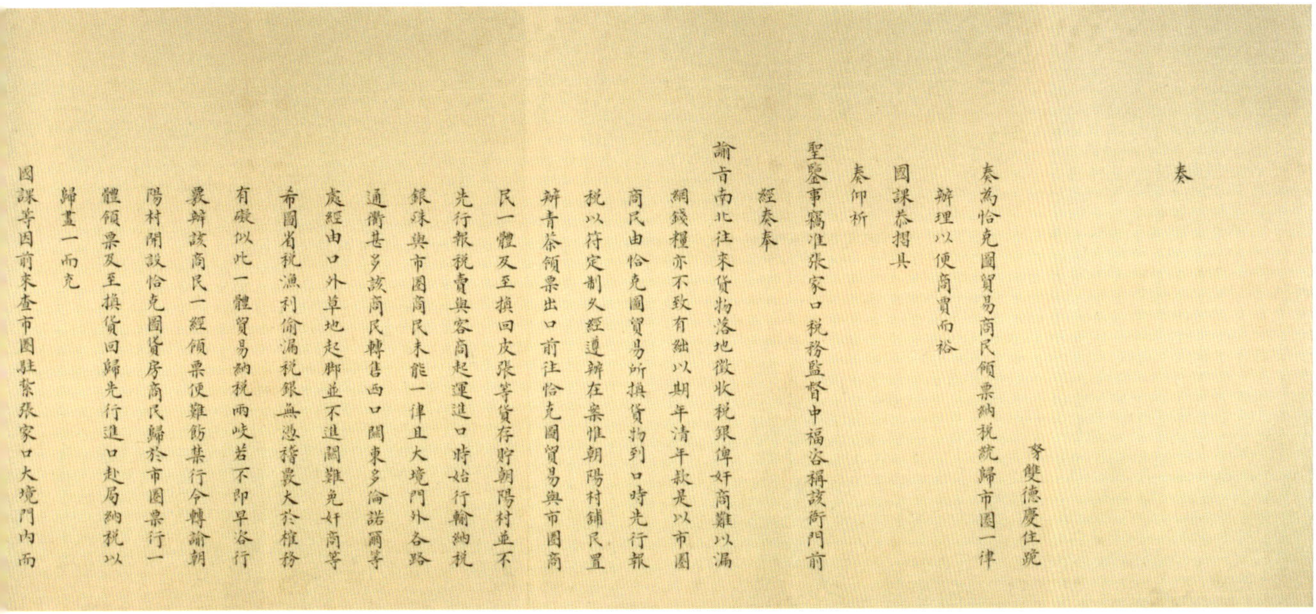
奏
雙德慶住跪
奏為恰克圖貿易商民領票納稅統歸市圈一律
辦理以便商賈而裕
國課恭摺具
奏仰祈
聖鑒事竊准張家口稅務監督中福咨稱該衙門前
經奏奉
諭旨南北往來貨物落地徵收稅銀俾奸商難以漏
網錢糧亦不致有絀以期年清年款是以市圈
商民由恰克圖貿易所換貨物到口時先行報
稅以符定制久經遵辦在案惟朝陽村鋪民置
辦青茶領票出口前往恰克圖貿易與市圈商
民一體及至換回皮張等貨存貯朝陽村並不
先行報稅賣與客商起運進口時始行輸納稅
銀殊與市圈商民未能一律且大境門外各路
通衢甚多該商民轉售西口關東多倫諾爾等
處經由口外草地起腳並不進關難免奸商等
希圖省稅漁利偷漏稅銀無憑稽覈大於榷務
有礙似此一體貿易納稅兩歧若不即早咨行
覈辦該商民一經領票便難飭禁行令轉諭朝
陽村開設恰克圖貨房商民歸於市圈票行一
體領票及至換貨回歸先行進口赴局納稅以
歸畫一而免
國課等因前來查市圈駐紮張家口大境門內而

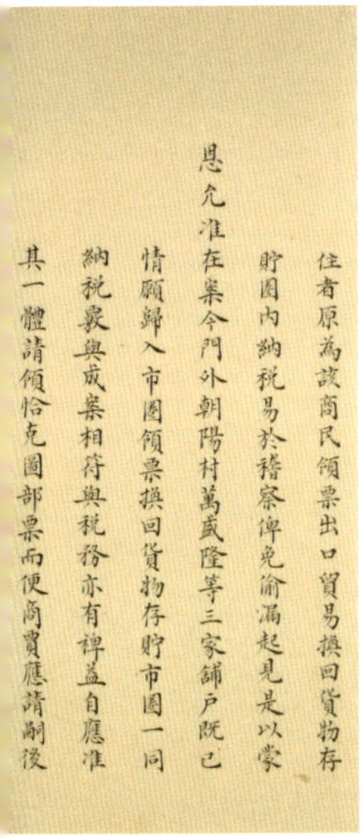
住者原為該商民領票出口貿易換回貨物存
貯圈內納稅易於稽察俾免偷漏起見是以蒙
恩允准在案今門外朝陽村萬盛隆等三家鋪戶既已
情願歸入市圈領票換回貨物存貯市圈一同
納稅覈與成案相符與稅務亦有裨益自應准
其一體請領恰克圖部票而便商賈應請嗣後

察哈尔都统双德等奏折：

为恰克图贸易商民领票纳税统归市圈办理以便划一事

道光二十九年十一月十四日（1849 年 12 月 27 日）

恰克图的边关贸易从嘉庆朝开始实行部票制度，部票相当于贸易营业执照。商民置办茶叶等货物到达张家口市圈时，要先行征税。商户由张家口理事同知上报察哈尔都统，赴理藩院请领恰克图部票后，呈报随带货物，每票准带货一万二千斤，在票尾粘贴钤印货单，查验后方可前往恰克图贸易，换回皮张等货物进口时，再行报税。档案中的朝阳村地处张家口大境门外，万盛隆、万盛成、聚顺昌等商户在此设铺房，换回货物后，就地卖与客商，难免偷漏税银。察哈尔都统双德等就此上奏道光帝，请求今后将所有前往恰克图贸易者一体纳入市圈管理，“以免偷漏而重国课”。

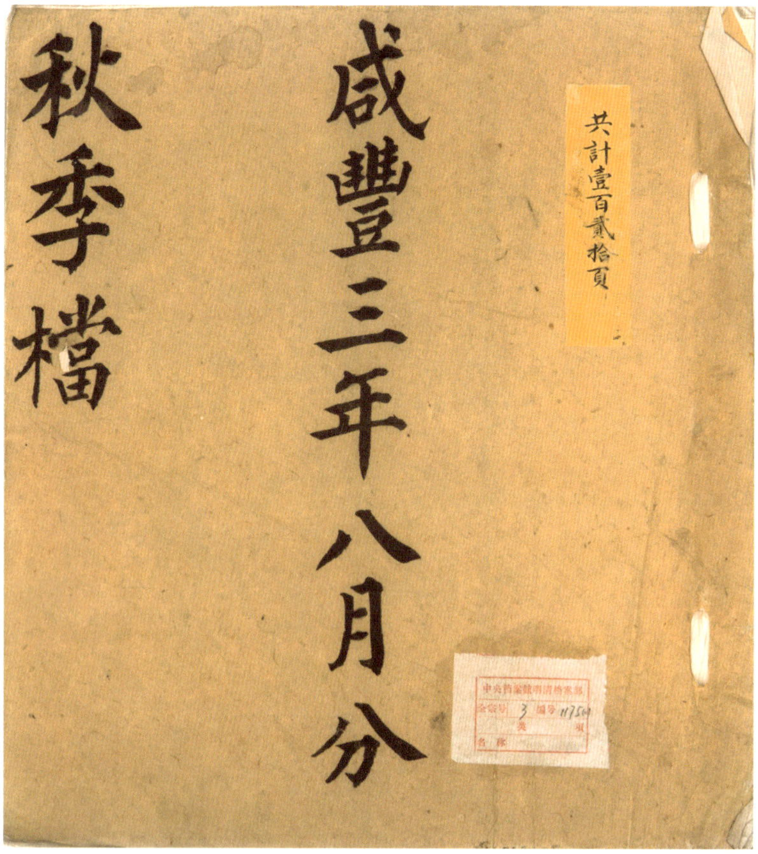

理藩院致俄罗斯萨纳特衙门咨复：

为俄住京喇嘛学生照常优待及恰克图贸易并无阻碍事

咸丰三年八月二十二日（1853年9月24日）

咸丰三年，清政府与太平天国之间的战火在江南、华中一带蔓延，俄罗斯担心来往于恰克图的商人及货物的安全等会受到影响，加之许久未能收到在北京学习的俄罗斯学生的消息，遂发函询问清政府。理藩院回复称“匪徒滋事”所涉地区“离京尚远，……京城人心极为安静”，俄罗斯学生等“在馆学艺，仍照常优待供给，平安之至”，而“蒙古地方并无事故，恰克图贸易商人往返并无阻碍，无须多虑也”。

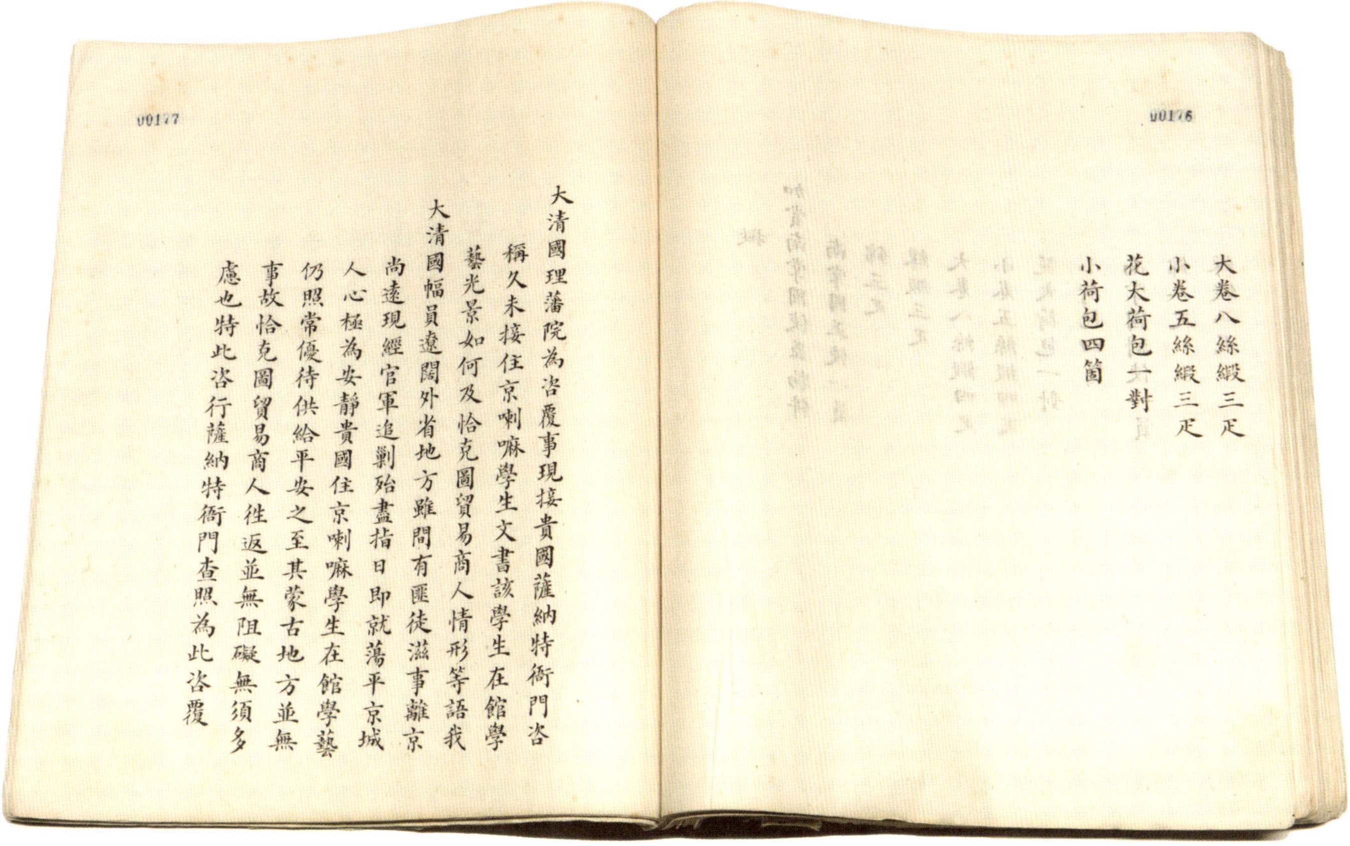

00176

大卷八絲緞三疋
小卷五絲緞三疋
花大荷包廿對
小荷包四箇

00177

大清國理藩院為咨覆事現接貴國薩納特衙門咨
稱久未接住京喇嘛學生文書該學生在館學
藝光景如何及恰克圖貿易商人情形等語我
大清國幅員遼闊外省地方雖間有匪徒滋事離京
尚遠現經官軍追剿殆盡指日即就蕩平京城
人心極為安靜貴國住京喇嘛學生在館學藝
仍照常優待供給平安之至其蒙古地方並無
事故恰克圖貿易商人往返並無阻礙無須多
慮也特此咨行薩納特衙門查照為此咨覆

理藩院致俄罗斯萨纳特衙门咨复（咸丰三年八月二十二日）

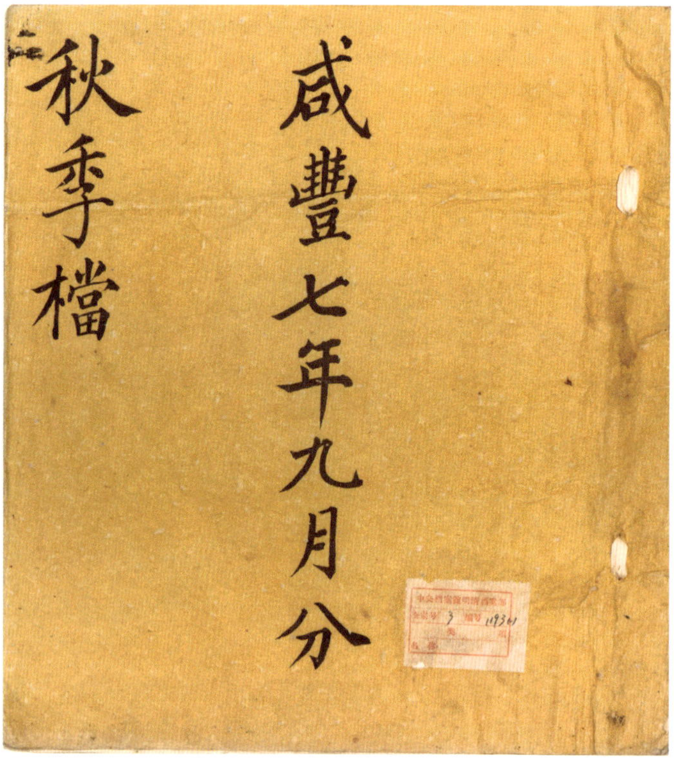

咸丰帝谕旨：

着令不理会俄罗斯换班学生停止来京一事并照旧例处理恰克图贸易问题

咸丰七年九月十六日（1857年11月2日）

自咸丰三年始，俄罗斯便急于与清政府就远东地区的边境、航运等问题展开会商，但其遣使来华的要求均被咸丰帝拒绝。咸丰七年，俄罗斯在没有得到咸丰帝同意的情况下，派出普提雅廷使团于五月初五从恰克图出发，前往北京。咸丰帝知道后再次下旨拒绝。俄罗斯不愿罢休，一面停止了该年的换班学生来京，一面让普提雅廷使团继续前行，于七月间到达天津。九月十六日，咸丰帝针对俄罗斯的做法下发谕旨，称换班学生是否来华一事听其自由，边界问题则应由双方在当地解决。至于俄罗斯萨纳特衙门来文内援引《恰克图条约》第九条，仍请令普提雅廷使团入京一事，咸丰帝指出该条例仅指使臣到边界，且专指贸易活动，因此仍然不允许普提雅廷使团入京。

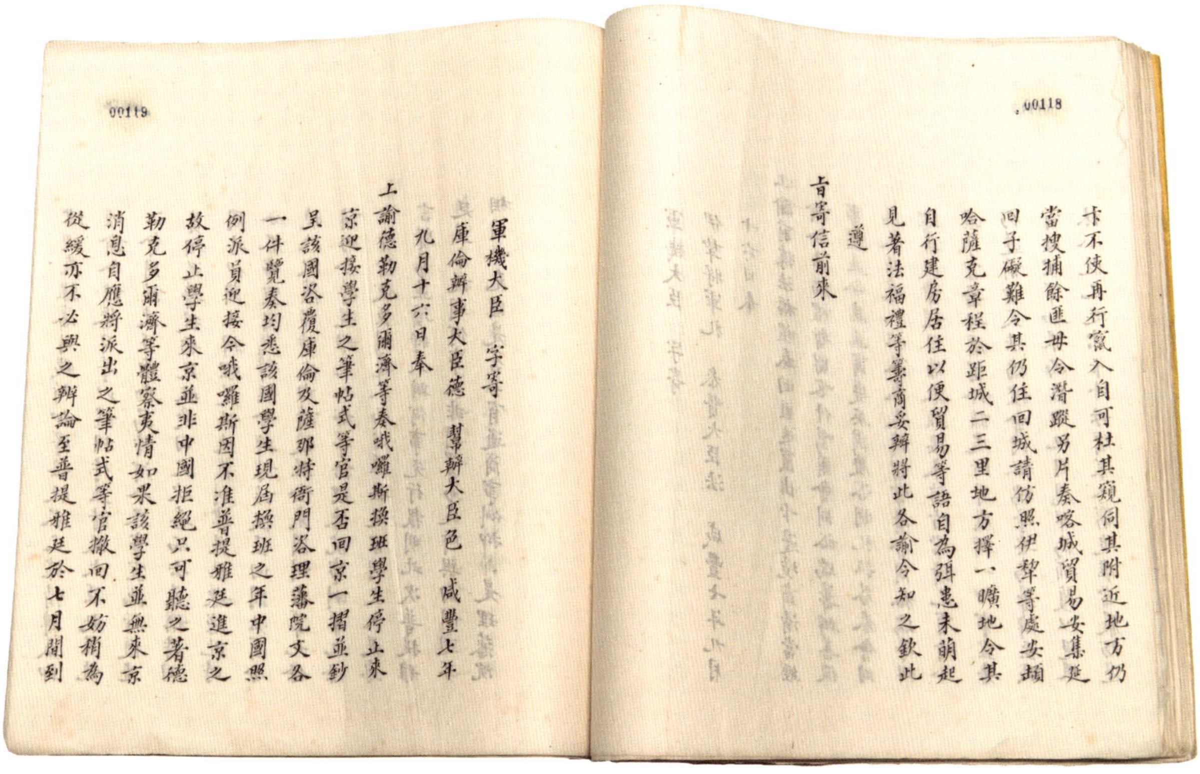
00118

卡不使再行竄入自可杜其窺伺其附近地方仍
當搜捕餘匪毋令潛蹤另片奏喀城貿易安集延
回子礙難令其仍住回城請仿照伊犂等處安頓
哈薩克章程於距城二三里地方擇一曠地令其
自行建房居住以便貿易等語自為弭患未萌起
見著法福禮等籌商妥辦將此各諭令知之欽此
遵
旨寄信前來

00119

軍機大臣　字寄
庫倫辦事大臣德　幫辦大臣色　咸豐七年
九月十六日奉
上諭德勒克多爾濟等奏哦囉斯換班學生停止來
京迎接學生之筆帖式等官是否回京一摺並鈔
呈該國咨覆庫倫及薩那特衙門咨理藩院文各
一件覽奏均悉該國學生現屆換班之年中國照
例派員迎接今哦囉斯因不准普提雅廷進京之
故停止學生來京並非中國拒絕只可聽之著德
勒克多爾濟等體察夷情如果該學生並無來京
消息自應將派出之筆帖式等官撤回不妨稍為
從緩亦不必與之辦論至普提雅廷於七月間到

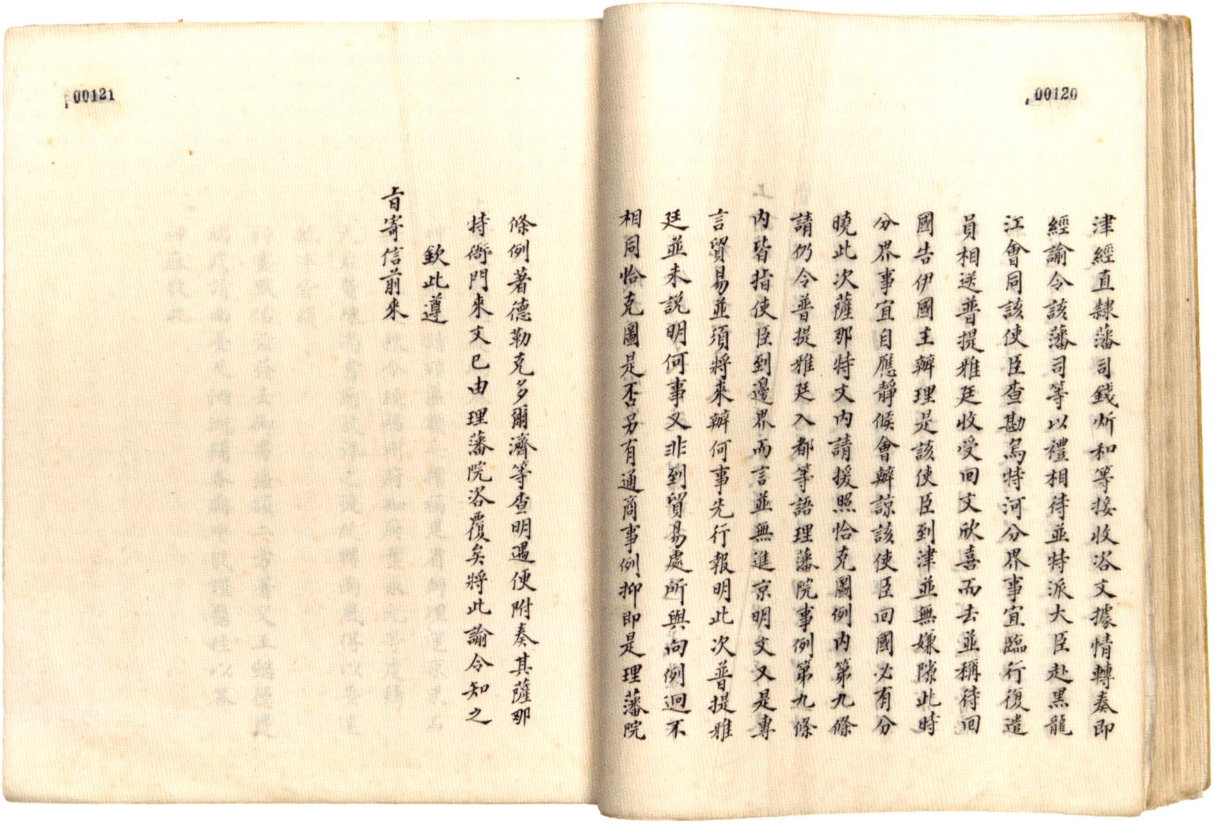
00120

津經直隸藩司錢炘和等接收咨文據情轉奏即
經諭令該藩司等以禮相待並特派大臣赴黑龍
江會同該使臣查勘烏特河分界事宜臨行復遣
員相送普提雅廷收受回文欣喜而去並稱待回
國告伊國主辦理是該使臣到津並無嫌隙此時
分界事宜自應靜候會辦諒該使臣回國必有分
曉此次薩那特文內請援照恰克圖例內第九條
請仍令普提雅廷入都等語理藩院事例第九條
內皆指使臣到邊界而言並無進京明文又是專
言貿易並須將來辦何事先行報明此次普提雅
廷並未說明何事又非到貿易處所與向例迴不
相同恰克圖是否另有通商事例抑即是理藩院

00121

條例著德勒克多爾濟等查明遇便附奏其薩那
特衙門來文已由理藩院咨覆矣將此諭令知之
欽此遵
旨寄信前來

咸丰帝谕旨（咸丰七年九月十六日）

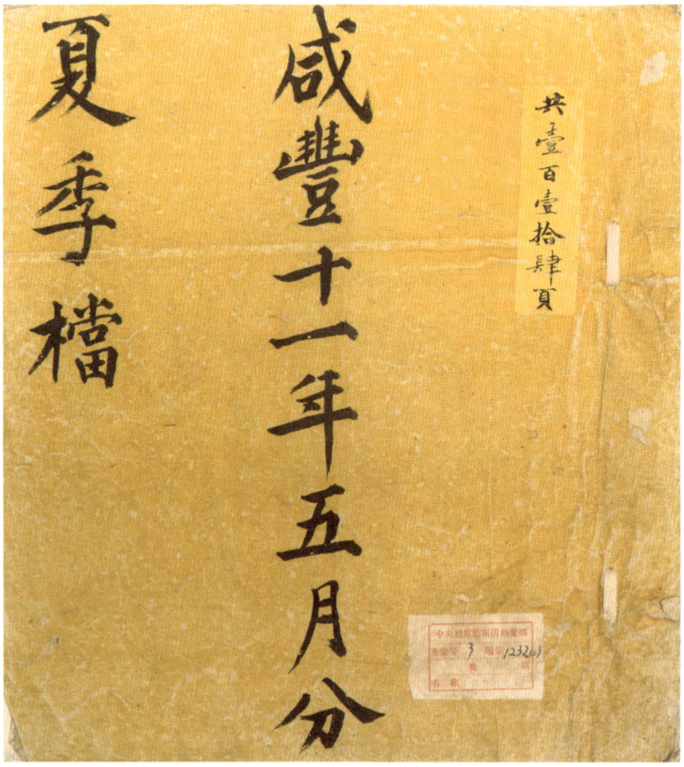

咸丰帝谕旨：

着令只许俄罗斯在库伦销售零星货物不准在库伦通商贸易

咸丰十一年五月二十七日（1861年7月4日）

咸丰十一年正月，库伦办事大臣色克通额接到恭亲王奕䜣发来设立总理各国事务衙门的拟定章程，其中关于俄罗斯在华贸易一节，章程内载“除俄国条约内第一条所载乌苏里绥芬河等处不纳税外，其余各贸易处所如旧有税课，应令悉心经理，据实奏报”等语。五月，色克通额发现俄罗斯商人欲在库伦常川贸易销售货物，便依据章程阻止并上奏咸丰帝。五月二十七日，咸丰帝下旨，指出与俄罗斯签订的《北京续增条约》中虽然准许俄罗斯商人经过库伦等地时行销零星货物，但“并无准在库伦常川通商之语”，命恭亲王奕䜣等谕知修士固理，行文给俄罗斯使者伊格那提业幅，表示准许俄罗斯商人经过库伦时照约行销零星货物，但“倘欲设立行栈，永远在该处贸易，则是显背合约，中国碍难允准”。

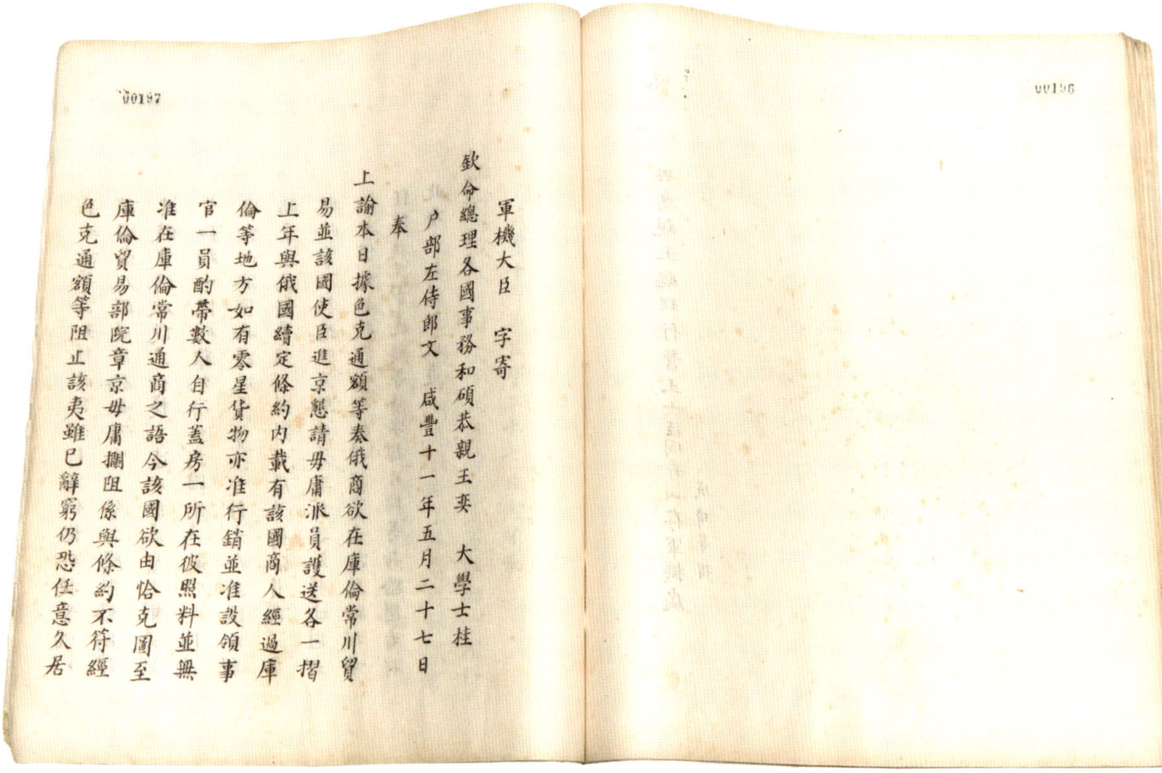

00196

00197

軍機大臣　字寄
欽命總理各國事務和碩恭親王奕　大學士桂
戶部左侍郎文　咸豐十一年五月二十七日
奉
上諭本日據色克通額等奏俄商欲在庫倫常川貿
易並該國使臣進京懇請毋庸派員護送各一摺
上年與俄國續定條約內載有該國商人經過庫
倫等地方如有零星貨物亦准行銷並准設領事
官一員酌帶數人自行蓋房一所在彼照料並無
准在庫倫常川通商之語今該國欲由恰克圖至
庫倫貿易部院章京毋庸攔阻係與條約不符經
色克通額等阻止該夷雖已辭窮仍恐任意久居

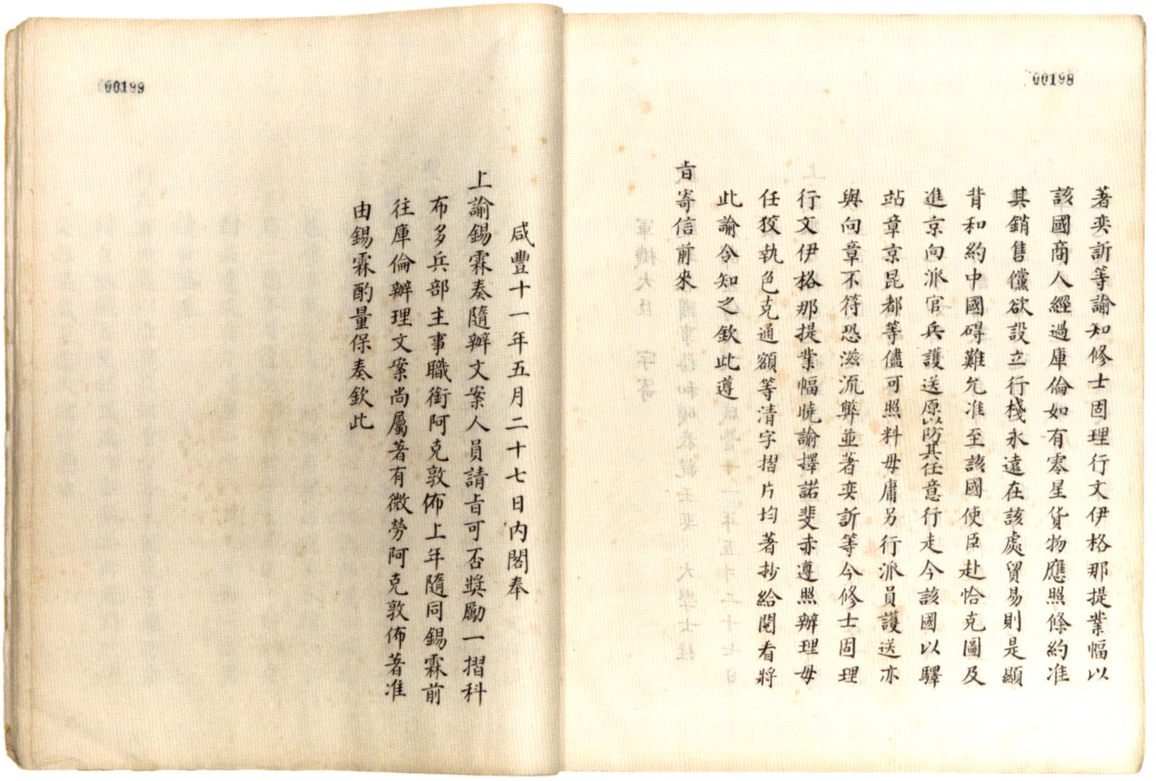

00198

著奕訢等諭知修士固理行文伊格那提業幅以
該國商人經過庫倫如有零星貨物應照條約准
其銷售儻欲設立行棧永遠在該處貿易則是顯
背和約中國礙難允准至該國使臣赴恰克圖及
進京向派官兵護送原防其任意行走今該國以驛
站章京昆都等儀可照料毋庸另行派員護送亦
與向章不符恐滋流弊並著奕訢等令修士固理
行文伊格那提業幅曉諭擇諾斐赤遵照辦理毋
任狡執色克通額等清字摺片均著抄給閱看將
此諭令知之欽此遵
旨寄信前來

00199

咸豐十一年五月二十七日內閣奉
上諭錫霖奏隨辦文案人員請旨可否獎勵一摺科
布多兵部主事職銜阿克敦佈上年隨同錫霖前
往庫倫辦理文案尚屬著有微勞阿克敦佈著准
由錫霖酌量保奏欽此

咸丰帝谕旨（咸丰十一年五月二十七日）

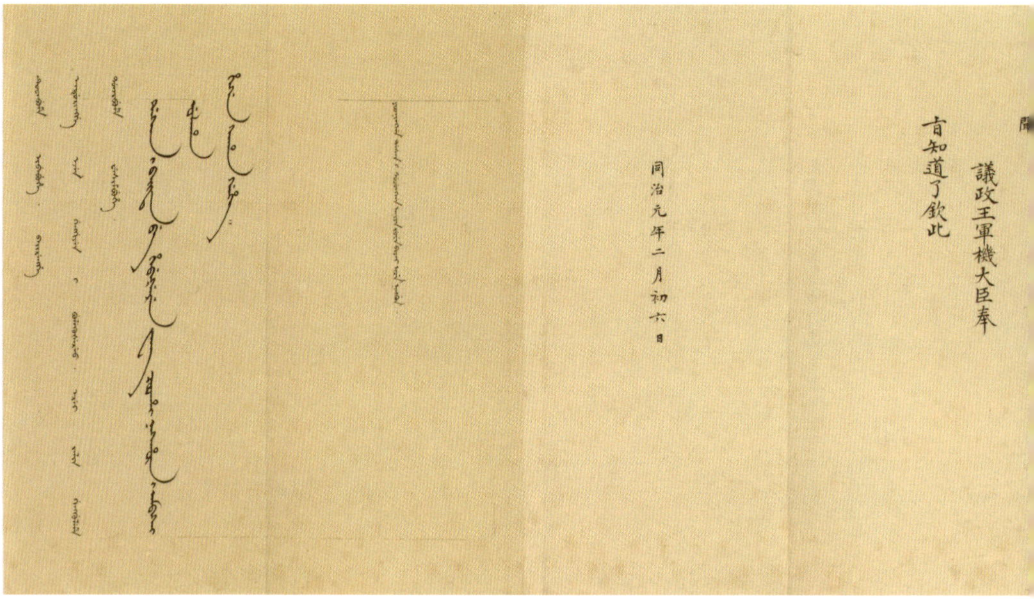
議政王軍機大臣奉
旨知道了欽此
同治元年二月初六日

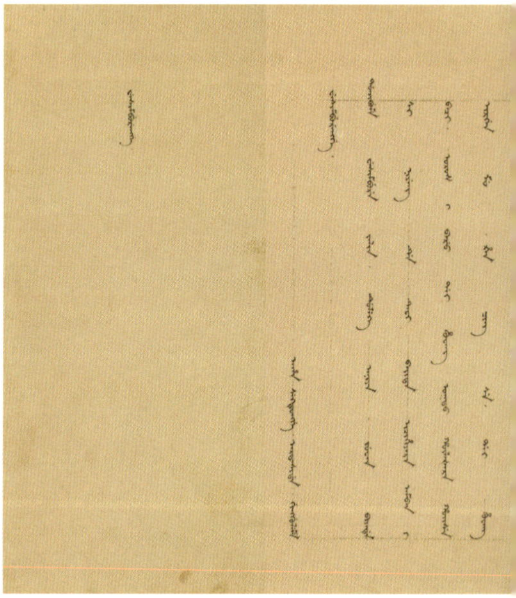

库伦办事大臣色克通额等奏折：

为与俄罗斯兑换大黄之穆汉清等未至库伦事

同治元年二月初六日（1862年3月6日）

咸丰十一年（1861）十月，西宁办事大臣致信给库伦办事大臣色克通额，称穆汉清等人负责贩运大黄前往库伦，准备与俄罗斯商人兑换事宜，已于当年八月二十五日起程。色克通额接信后转饬恰克图部员阿克丹布记

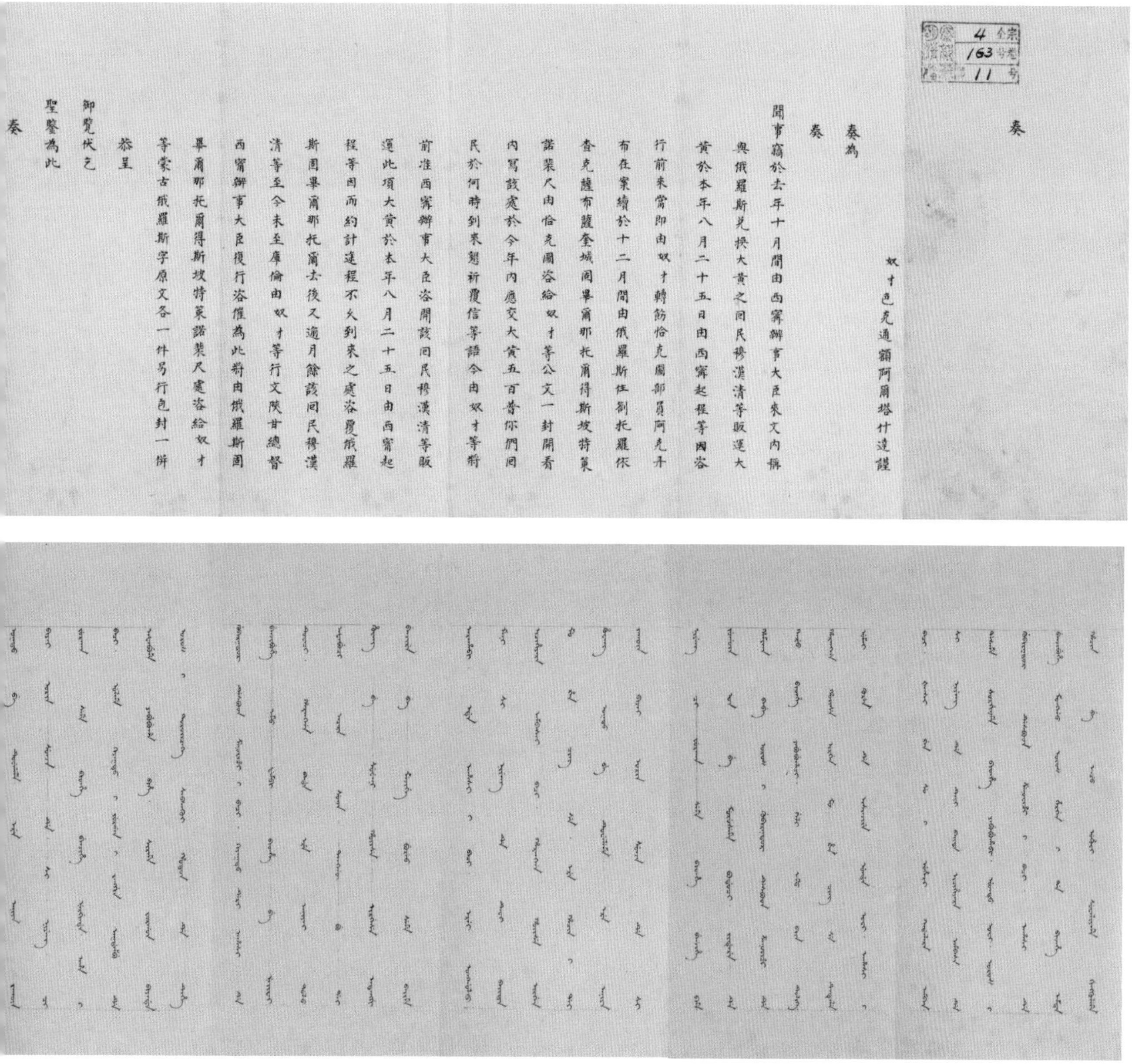
奏
奴才色克通額阿爾塔什達謹
奏為
奏
聞事竊於去年十月間由西寧辦事大臣來文內稱
與俄羅斯兑換大黃之回民穆漢清等販運大
黃於本年八月二十五日由西寧起程等因咨
行前來當即由奴才轉飭恰克圖部員阿克丹
布在案續於十二月間由俄羅斯住劄托羅伱
查克薩布薩奎城固畢爾那托爾得斯坡特莫
諾裝尺由恰克圖咨給奴才等公文一封開看
內寫該處於今年內應交大黃五百普你們回
民於何時到來懇祈覆信等語今由奴才等將
前准西寧辦事大臣咨開該回民穆漢清等販
運此項大黃於本年八月二十五日由西寧起
程等因而約計途程不久到來之處咨覆俄羅
斯固畢爾那托爾去後又逾月餘該回民穆漢
清等至今未至庫倫由奴才等行文陝甘總督
西寧辦事大臣復行咨催為此將由俄羅斯固
畢爾那托爾得斯坡特莫諾裝尺處咨給奴才
等蒙古俄羅斯字原文各一件另行包封一併
恭呈
御覽伏乞
聖鑒為此
奏

库伦办事大臣色克通额等奏折（同治元年二月初六日）

录在案。十二月间，色克通额续收到俄罗斯咨文，内称本年应交大黄五百普，询问穆汉清等人何时能将大黄运送前来。色克通额回复称根据路程计算，不久之后便能运到。但直到同治元年一月，色克通额仍未见穆汉清等人踪迹，遂行文陕甘总督等，催促查清穆汉清行踪，并速将大黄运送至库伦。由于此事涉及与俄罗斯贸易事宜，色克通额不敢私瞒，于二月初六日将事情原委上奏同治帝，并将俄罗斯咨文原件一并呈览。

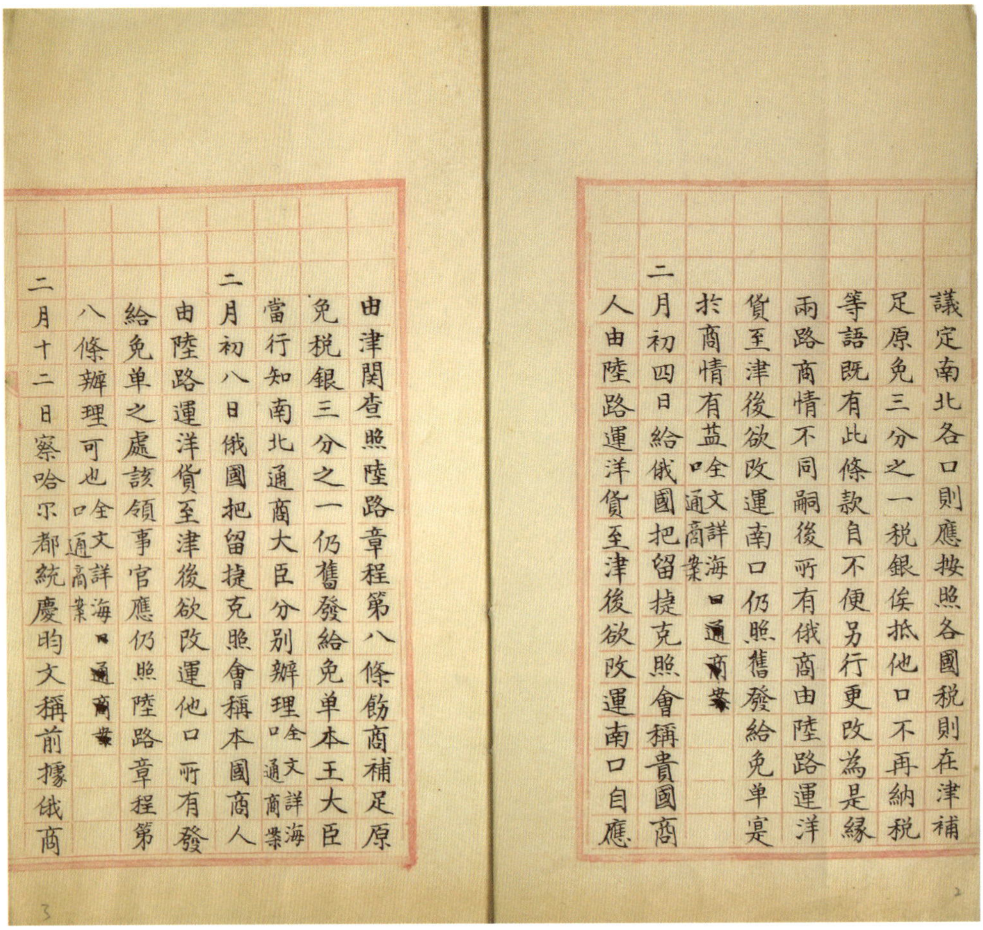
議定南北各口則應按照各國稅則在津補
足原免三分之一稅銀俟抵他口不再納稅
等語既有此條款自不便另行更改為是緣
兩路商情不同嗣後所有俄商由陸路運洋
貨至津後欲改運南口仍照舊發給免单寔
於商情有益口全文詳海口通商案
二月初四日給俄國把留捷克照會稱貴國商
人由陸路運洋貨至津後欲改運南口自應
由津關查照陸路章程第八條飭商補足原
免稅銀三分之一仍舊發給免单本王大臣
當行知南北通商大臣分別辦理口全文詳海口通商案
二月初八日俄國把留捷克照會稱本國商人
由陸路運洋貨至津後欲改運他口所有發
給免单之處該領事官應仍照陸路章程第
八條辦理可也口全文詳海口通商案
二月十二日察哈尔都統慶昀文稱前據俄商

总理各国事务衙门陆路通商清册

同治二年（1863）

总理各国事务衙门陆路通商清册

同治四年（1865）

本组档案包括同治二年到同治四年间有关与俄罗斯陆路通商的文件。第二次鸦片战争后，俄罗斯通过《中俄北京条约》进一步向清政府索求贸易特权。在中俄谈判陆路通商过程中，他们要求比照沿海各通商口岸的有关规定，将原来陆路通商的有关各口转化为海路各口的同等地位，并提出“蒙古地方随意行走”“纳税从轻”“经过关隘处免其稽查”等居心叵测的要求。此时的清政府对开征俄商贸

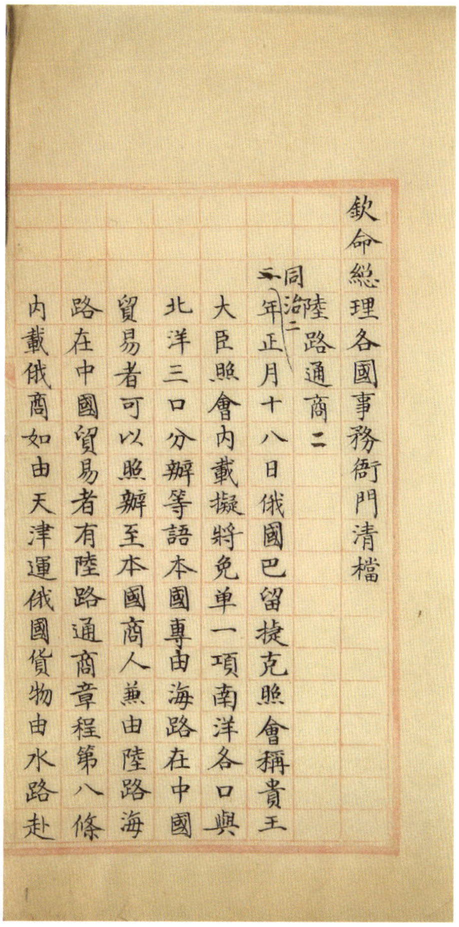

欽命總理各國事務衙門清檔

陸路通商二

同治二年正月十八日俄國巴留捷克照會稱貴王大臣照會內載擬將免单一項南洋各口與北洋三口分辦等語本國專由海路在中國貿易者可以照辦至本國商人兼由陸路海路在中國貿易者有陸路通商章程第八條內載俄商如由天津運俄國貨物由水路赴

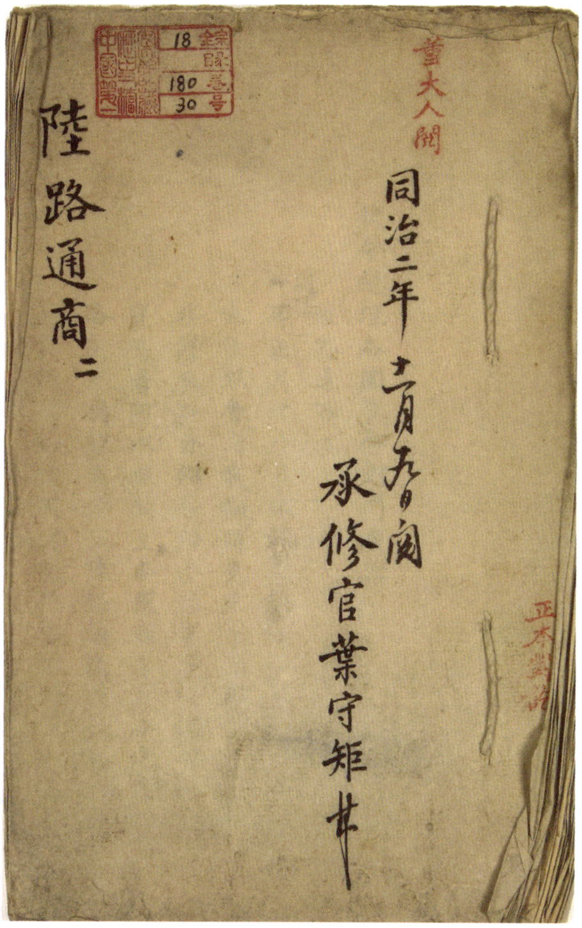

陸路通商二

同治二年

承修官葉守矩

总理各国事务衙门陆路通商清册（同治二年）

易税收的重要性已经有所认识，谈判方案原计划“征税从重”，但在谈判中，俄方强横要挟，同时以用军火助清军镇压太平天国运动为诱饵，与总理各国事务衙门交涉数月，几至决裂，清政府不得不在坚持对内陆近畿要区张家口等地俄商贸易加强管理及征税的前提下，被迫在沿边俄商贸易税收方面做出让步，被迫签订了《中俄陆路通商章程》，允许“两国边界贸易在百里内均不纳税”，“俄商小本营生，准许前往中国所属设官之蒙古各处及该官所属之各盟贸易亦不纳税。其不设官之蒙古地方，如该商欲前往贸易，中国亦断不拦阻”。这些条款的执行与《伊犁塔尔巴哈台通商章程》相同，所谓的两国商人“均不纳税”，实际上都只是进入中国沿边贸易的俄罗斯商人单方面享有的特权，于是自东北至西北中俄陆路沿边万余公里及蒙古地方均成为了俄商免税贸易的开放地，俄罗斯进一步垄断了蒙古、新疆地区的贸易往来。

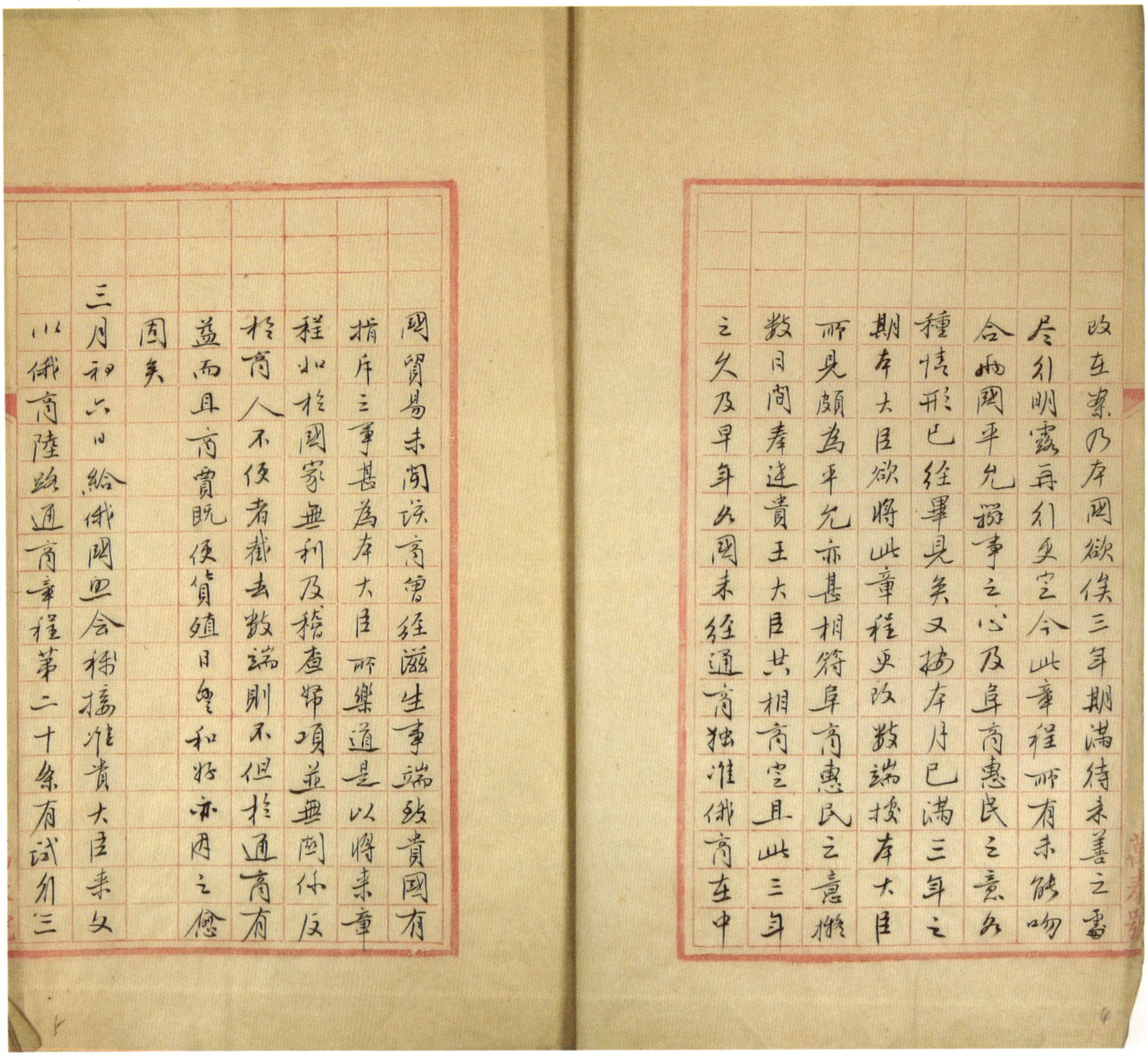

改在案乃本國欲俟三年期滿待未善之處盡行明露再行更定今此章程所有未能吻合兩國平允辦事之心及阜商惠民之意各種情形已经畢見矣又按本月已滿三年之期本大臣欲將此章程更改數端按本大臣所見頗為平允亦甚相符阜商惠民之意擬數月間奉達貴王大臣共相商定且此三年之久及早年各國未经通商獨准俄商在中國貿易未聞該商曾经滋生事端致貴國有損失之事甚為本大臣所樂道是以將來章程如於國家無利及稽查歸項並無關係反於商人不便者裁去數端則不但於通商有益而且商賈既便貨殖日盛和好亦因之愈固矣

三月初六日給俄國照會稿據准貴大臣來文以俄商陸路通商章程第二十條有試行三

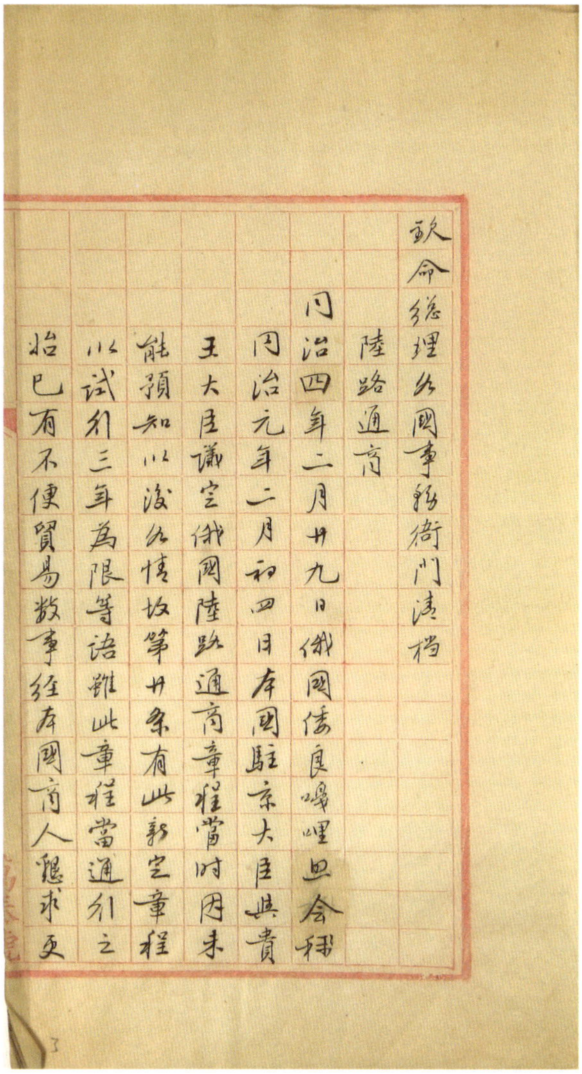
欽命總理各國事務衙門清檔

陸路通商

同治四年二月廿九日俄國倭良嘎哩照會稱

同治元年二月初四日本國駐京大臣與貴

王大臣議定俄國陸路通商章程當時因未

能預知以後各情故第廿条有此新定章程

以試行三年為限等語雖此章程當通行之

始已有不便貿易數事經本國商人懇求更

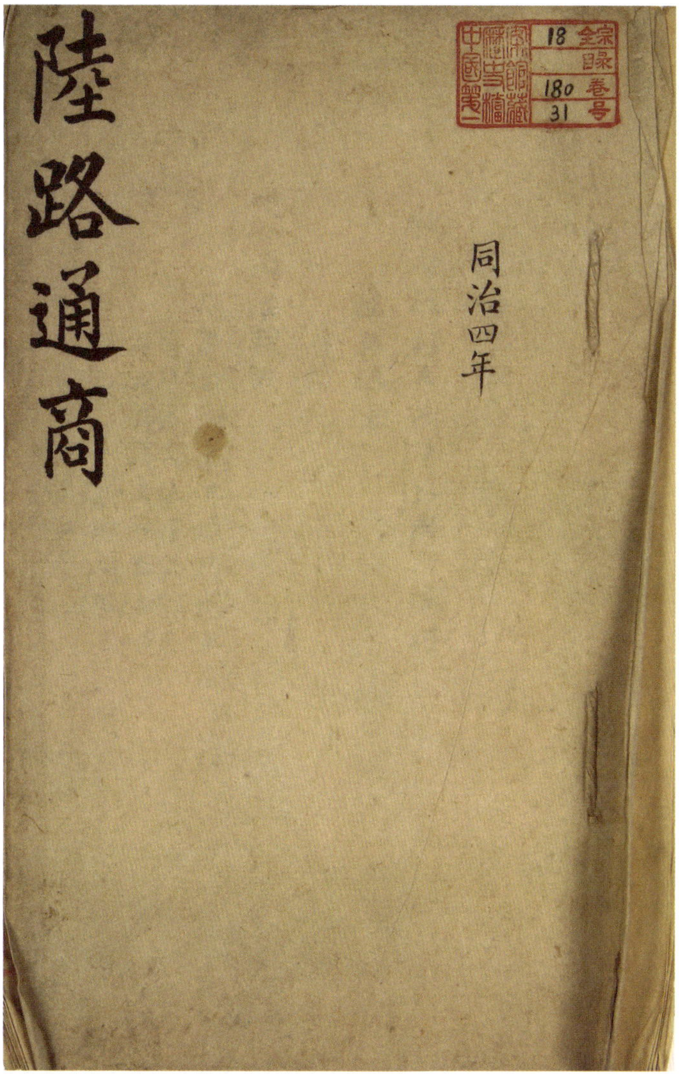
陸路通商

同治四年

总理各国事务衙门陆路通商清册（同治四年）

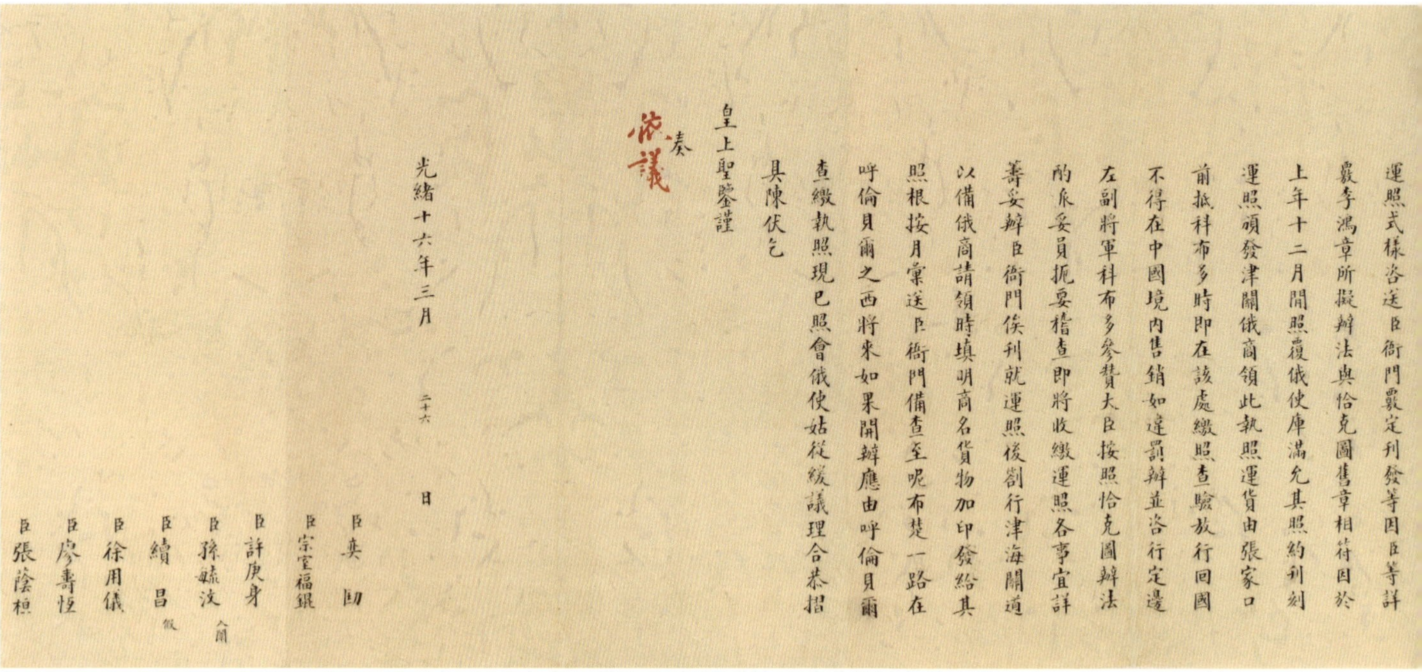

運照式樣咨送臣衙門覈定刊發等因臣等詳
覈李鴻章所擬辦法與恰克圖舊章相符因於
上年十二月間照覆俄使庫滿允其照約刊刻
運照頒發津關俄商領此執照運貨由張家口
前抵科布多時即在該處繳照查驗放行回國
不得在中國境内售銷如違罰辦並咨行定邊
左副將軍科布多參贊大臣按照恰克圖辦法
酌派妥員扼要稽查即將收繳運照各事宜詳
籌妥辦臣衙門俟刊就運照後劄行津海關道
以備俄商請領時填明商名貨物加印發給其
照根按月彙送臣衙門備查至呢布楚一路在
呼倫貝爾之西將來如果開辦應由呼倫貝爾
查繳執照現已照會俄使姑從緩議理合恭摺
具陳伏乞
皇上聖鑒謹
奏
依議
光緒十六年三月二十六日
臣奕劻
臣宗室福錕
臣許庚身
臣孫毓汶 入闈
臣續昌 假
臣徐用儀
臣廖壽恒
臣張蔭桓

总理各国事务王大臣奕劻等奏折：

为俄商由科布多运货回国现拟照约开办事

光绪十六年三月二十六日（1890 年 5 月 14 日）

总理各国事务王大臣奕劻等奏折：

为遵旨议复前任科布多参赞大臣沙克都林札布等奏俄商运货回国拟设委员稽查一折事

光绪十七年五月十五日（1891 年 6 月 21 日）

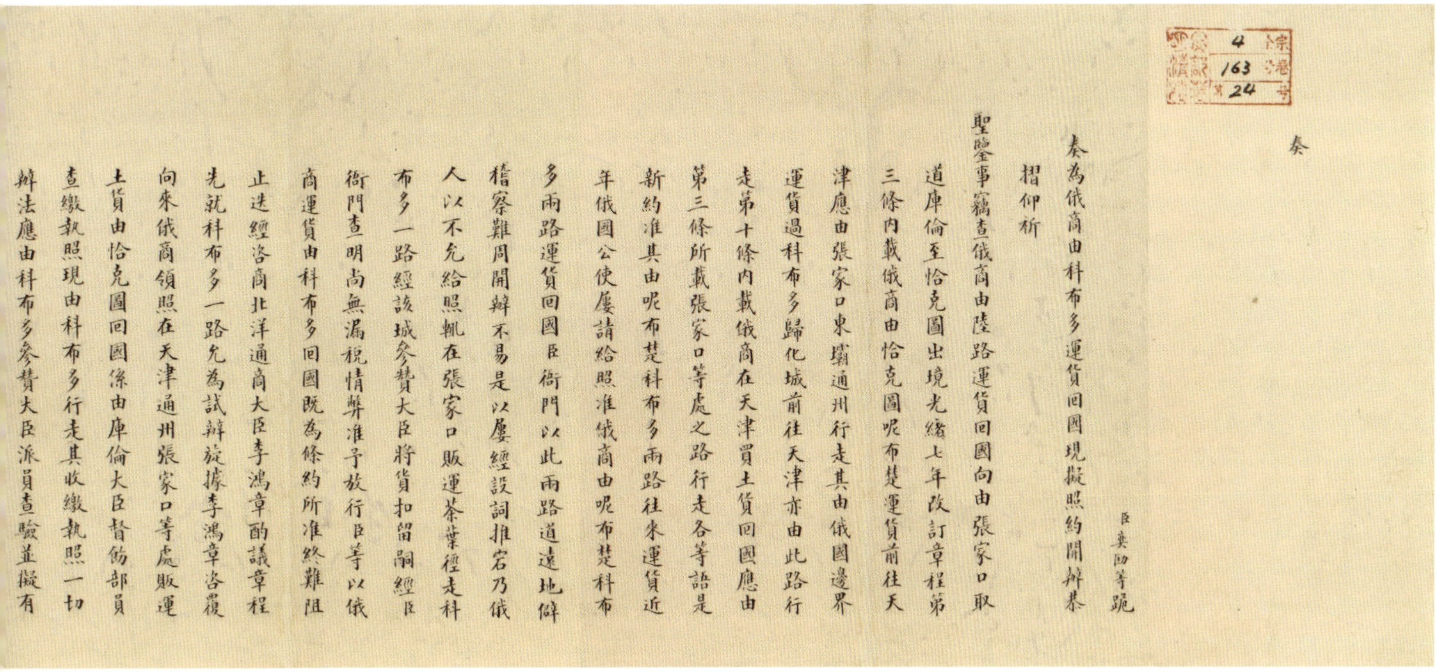
奏

臣奕劻等跪

奏為俄商由科布多運貨回國現擬照約開辦恭

摺仰祈

聖鑒事竊查俄商由陸路運貨回國向由張家口取
道庫倫至恰克圖出境光緒七年改訂章程第
三條內載俄商由恰克圖呢布楚運貨前往天
津應由張家口東壩通州行走其由俄國邊界
運貨過科布多歸化城前往天津亦由此路行
走第十條內載俄商在天津買土貨回國應由
第三條所載張家口等處之路行走各等語是
新約准其由呢布楚科布多兩路往來運貨近
年俄國公使屢請給照准俄商由呢布楚科布
多兩路運貨回國臣衙門以此兩路道遠地僻
稽察難周開辦不易是以屢經設詞推宕乃俄
人以不允給照輒在張家口販運茶葉徑走科
布多一路經該城參贊大臣將貨扣留嗣經臣
衙門查明尚無漏稅情弊准予放行臣等以俄
商運貨由科布多回國既為條約所准終難阻
止迭經咨商北洋通商大臣李鴻章酌議章程
先就科布多一路允為試辦旋據李鴻章咨覆
向來俄商領照在天津通州張家口等處販運
土貨由恰克圖回國係由庫倫大臣督飭部員
查繳執照現由科布多行走其收繳執照一切
辦法應由科布多參贊大臣派員查驗並擬有

总理各国事务王大臣奕劻等奏折（光绪十六年三月二十六日）

从19世纪50年代起，俄罗斯逼迫清政府签订了一系列不平等条约，获得许多贸易特权，中俄贸易越来越明显地呈现出不平等性。光绪七年，中俄两国再次改订《陆路通商章程》，俄罗斯进一步扩大了俄商在中国内地行销货物免税的范围，划定了从中国东北（尼布楚）、北部（恰克图）和西北（科布多）前往天津并继续深入内地的商路，以及由中国内地总汇于天津再转赴东北、漠北、西北出境的道路。从而使得天津成为近代史上中俄贸易商路上的一个重要中转站。恰克图经张家口转通州达天津的商路上，以及由内地总汇天津返回恰克图之过程中，各种货物云集津门。本组档案反映了这一时期由于改订章程引起的一系列问题的处置经过。由此可以看出传统丝绸之路贸易与交流向近代西方殖民主义贸易体系转化的过程，是明清丝绸之路向近代西方贸易秩序转化的关键点。

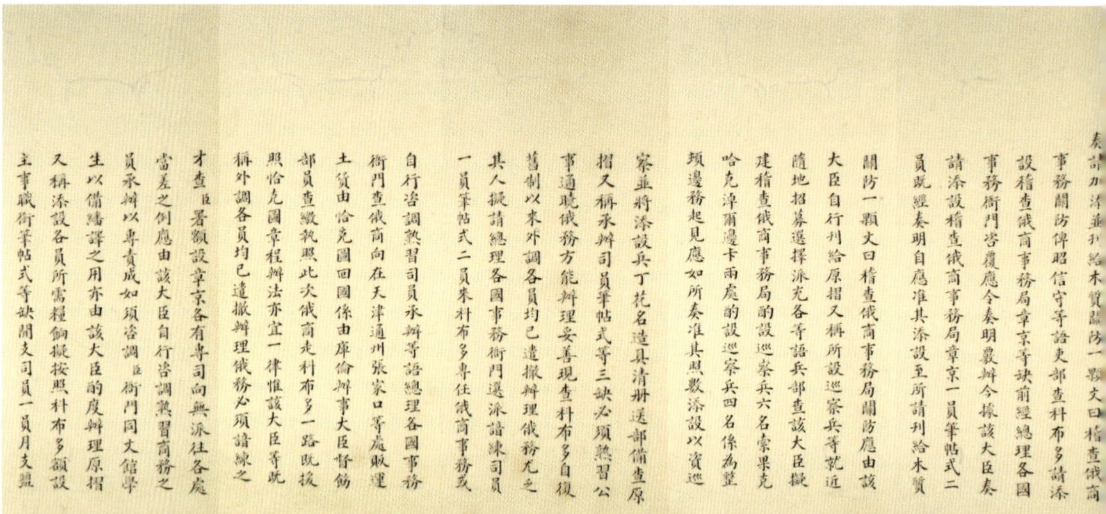

奏請加添並刊給木質關防一顆文曰稽查俄商
事務關防俾昭信守等語吏部查科布多請添
設稽查俄商事務局章京等缺前經總理各國
事務衙門咨覆應令奏明覈辦今據該大臣奏
請添設稽查俄商事務局章京一員筆帖式二
員既經奏明自應准其添設至所請刊給木質
關防一顆文曰稽查俄商事務局關防應由該
大臣自行刊給原摺又稱所設巡察兵等就近
隨地招募選擇派充各等語兵部查該大臣擬
建稽查俄商事務局酌設巡察兵六名索果克
哈克淖爾邊卡兩處酌設巡察兵四名係為整
頓邊務起見應如所奏准其照數添設以資巡
察並將添設兵丁花名造具清册送部備查原
摺又稱承辦司員筆帖式等三缺必須熟習公
事通曉俄務方能辦理妥善現查科布多自復
舊制以來外調各員均已遣撤辦理俄務尤乏
其人擬請總理各國事務衙門遴派諳練司員
一員筆帖式二員來科布多專任俄商事務或
自行咨調熟習司員承辦等語總理各國事務
衙門查俄商向在天津通州張家口等處販運
土貨由恰克圖回國係由庫倫辦事大臣督飭
部員查繳執照此次俄商走科布多一路既援
照恰克圖章程辦法亦宜一律惟該大臣等既
稱外調各員均已遣撤辦理俄務必須諳練之
才查臣署額設章京各有專司向無派往各處
當差之例應由該大臣自行咨調熟習商務之
員承辦以專責成如須咨調臣衙門同文館學
生以備繙譯之用亦由該大臣酌度辦理原摺
又稱添設各員所需糧餉擬按照科布多額設
主事職銜筆帖式等缺開支司員一員月支鹽

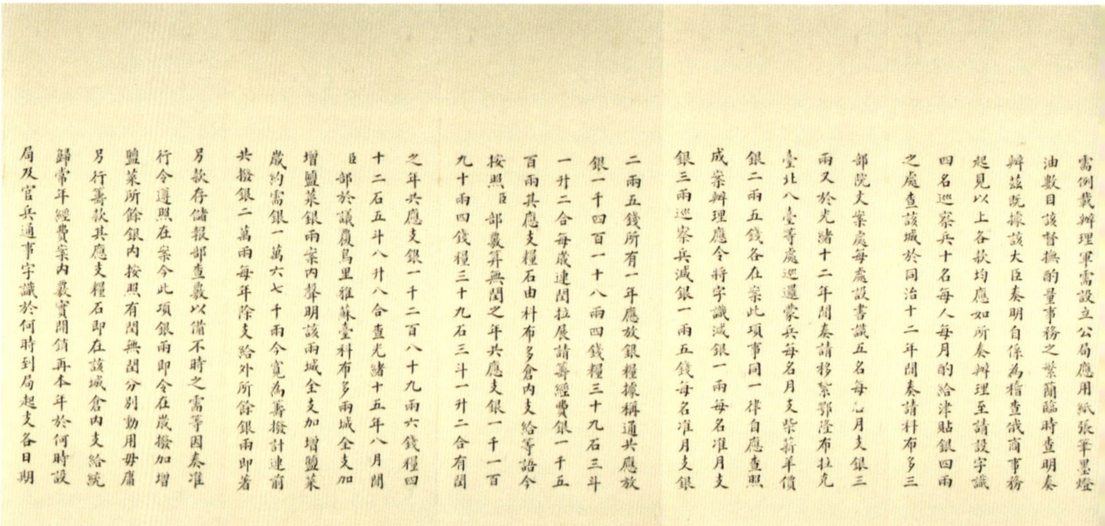

需例截辦理軍需設立公局應用紙張筆墨燈
油數目該督撫酌量事務之繁簡臨時查明奏
辦茲既據該大臣奏明自係為稽查俄商事務
起見以上各款均應如所奏辦理至請設字識
四名巡察兵十名每人每月酌給津貼銀四兩
之處查該城於同治十二年間奏請科布多三
部院文案處每處設書識五名每名月支銀三
兩又於光緒十二年間奏請移紮鄂隆布拉克
臺北八臺等處巡邏蒙兵每名月支柴薪羊價
銀二兩五錢各在案此項事同一律自應查照
成案辦理應令將字識減銀一兩每名准月支
銀三兩巡察兵減銀一兩五錢每名准月支銀
二兩五錢所有一年應放銀糧據稱通共應放
銀一千四百一十八兩四錢糧三十九石三斗
一升二合每歲連閏拉展請籌經費銀一千五
百兩其應支糧石由科布多倉內支給等語今
按照臣部覈算無閏之年共應支銀一千一百
九十兩四錢糧三十九石三斗一升二合有閏
之年共應支銀一千二百八十九兩六錢糧四
十二石五斗八升八合查光緒十五年八月間
臣部於議覆烏里雅蘇臺科布多兩城全支加
增鹽菜銀兩案內聲明該兩城全支加增鹽菜
歲約需銀一萬六七千兩今寬為籌撥計連前
共撥銀二萬兩每年除支給外所餘銀兩即着
另款存儲報部查覈以備不時之需等因奏准
行令遵照在案今此項銀兩即令在歲撥加增
鹽菜所餘銀內按照有閏無閏分別動用毋庸
另行籌款其應支糧石即在該城倉內支給統
歸常年經費案內覈實開銷再本年於何時設
局及官兵通事字識於何時到局起支各日期

兵部左侍郎臣洪鈞
兵部右侍郎臣巴克坦布
兵部右侍郎臣白桓 假

总理各国事务王大臣奕劻等奏折（光绪十七年五月十五日）

總理各國事務多羅慶郡王臣奕劻等跪
奏為遵
旨議覆俄商由科布多運貨回國請添派委員一摺
恭摺具陳仰祈
聖鑒事竊上年十二月二十九日准軍機處鈔出前
任科布多參贊大臣吉林副都統沙克都林札
布等具奏俄商運貨由科布多回國擬設委員
稽查一摺奉
硃批該衙門議奏欽此臣等查改訂陸路通商章程
准俄商在科布多往來運貨上年三月間由總
理各國事務衙門詳擬章程具
奏聞辦並咨行科布多參贊大臣在案旋據該大
臣復稱科布多向設三部院每衙門僅有承辦
章京筆帖式二員已覺事浮於人實難分辦俄
務現既允其行走斯路自應添設司員專司其
事並詳議辦法等因復經總理各國事務衙門
以事隸吏戶兵等部應
奏明覆辦咨覆亦在案茲據原摺內稱俄務係屬
創辦庫款現當支絀再四熟商正宜從減籌覆
擬建稽查俄商事務局一所酌設承辦司員一
員筆帖式一員巡察兵六名字識三名通事一
名索果克哈克淖爾邊卡兩處擬設筆帖式一
員巡察兵四名字識一名通事一名暫行試辦
俟俄務較繁再行

菜加增等銀二十四兩二錢糧一石七斗六升
四合筆帖式二員每員月支鹽菜加增等銀十
兩糧七斗五升六合其巡察兵以及字識通事
等十六名每人每月酌給津貼銀四兩每月酌
提辦公局費銀十兩綜計一年通共應放銀一
千四百一十八兩四錢糧三十九石三斗一升
二合每歲連閏拉展請籌經費銀一千五百兩
其應支糧石由科布多倉內支給等語戶部查
該大臣奏請添設司員一員筆帖式二員巡察
兵十名既據吏兵二部議准其月支銀糧自應
由臣部覈議查臣部例載新疆額支加增鹽菜
口糧司員月支本身鹽菜銀四兩二錢加增銀
十兩跟役六名鹽菜銀三兩筆帖式月支本身
鹽菜銀二兩加增銀四兩跟役二名鹽菜銀一
兩官及跟役各月支羊價銀一兩米一斗八升
所支口糧如支給四色粗糧者以一斗四升抵
米一斗各等語查科布多向照新疆例辦理計
司員月支鹽菜銀四兩二錢加增銀十兩跟役
六名月支鹽菜銀三兩官役七員名月支羊價
銀七兩共月支銀二十四兩二錢筆帖式月支
鹽菜銀二兩加增銀四兩跟役二名月支鹽菜
銀一兩官役三員名月支羊價銀三兩共月支
銀十兩又官役各月支米一斗八升按照粗糧
加四覈算計官役各月支米二斗五升二合司
員官役七員名共月支米一石七斗六升四合
筆帖式官役三員名共月支米七斗五升六合
今該大臣請將司員筆帖式月支銀糧照例開
支臣部覈與例案均屬相符其通事二名據稱
每人每月酌給銀四兩覈與該城辦過軍需銷
案相符辦公局費據稱按月酌支銀十兩查軍

應令隨時報部以憑查覈所有臣等遵議科布
多添設司員稽查俄商運貨緣由理合恭摺覆
陳伏乞
皇上聖鑒再此摺由總理各國事務衙門主稿會同
吏戶兵三部辦理合併聲明謹
奏
依議
光緒十七年五月　十五　日
總理各國事務多羅慶郡王臣奕劻
協辦大學士戶部尚書臣宗室福錕
軍機大臣兵部尚書臣許庚身
軍機大臣刑部尚書臣孫毓汶
戶部左侍郎臣續昌
戶部左侍郎署兵部左侍郎臣廖壽恒
戶部右侍郎署刑部右侍郎臣徐用儀
署都察院左副都御史大理寺卿臣張蔭桓
吏部尚書臣宗室麟書
協辦大學士吏部尚書臣徐桐
吏部左侍郎臣松桂
尚書銜吏部左侍郎臣譚鍾麟
吏部右侍郎臣宗室敬信
吏部右侍郎臣徐郙
大學士管理戶部事務臣張之萬
戶部尚書臣翁同龢
戶部右侍郎臣崇禮　假
大學士管理兵部事務臣額勒和布
兵部尚書臣烏拉喜崇阿　假
兵部左侍郎臣師曾

北洋大臣袁世凯致外务部咨呈：

为呈送津海关本年二月截留俄商运货三联照根请查销事（附照根）

光绪三十二年三月十八日（1906 年 4 月 11 日）

库伦办事大臣延祉缴销俄商运货执照：

光绪三十二年九月初十日（1906 年 10 月 27 日）

张家口税务监督文绶致外务部咨呈：

为俄商璧光洋行所呈执照与定章未符呈请查核事（附执照）

光绪三十三年十一月初四日（1907 年 12 月 8 日）

张家口税务监督文绶致外务部咨呈：

为呈送俄商隆昌行天津关执照事（附执照）

宣统元年十月初七日（1909 年 11 月 19 日）

按照同治元年（1862）中俄《陆路通商章程》的规定，俄商运货至天津，应由俄罗斯边境官员出具照票，用两国文字书写，载明商队队长姓名、商人姓名、货物数量、种类及箱包数量等，以便沿途中国官员查验；俄商从天津运货回国，亦须由俄国领事发给两国文字书写的照票，加盖天津海关印鉴，注明商人姓名、货物数量、箱包数等。此四组档案反映了中俄贸易中的照票情况。

第一组档案为北洋大臣袁世凯为呈送俄商三联照根事至外务部的咨呈。档案记载，津海关呈报光绪三十二年二月内经手俄商陆运恰克图的货物两起，根据俄罗斯领事官发来执照，均为俄商阜昌行由天津起运货物，分别为外洋运来洋货和复进口土货，经查验货照相符，纳税完讫，遵照总理各国事务衙门前定章程，加入三联执照，将货色名目及收税银数开清粘于原照之右，加盖骑缝印信，并将第一联截存天津关作为照根，按月呈送外务部查核咨销。

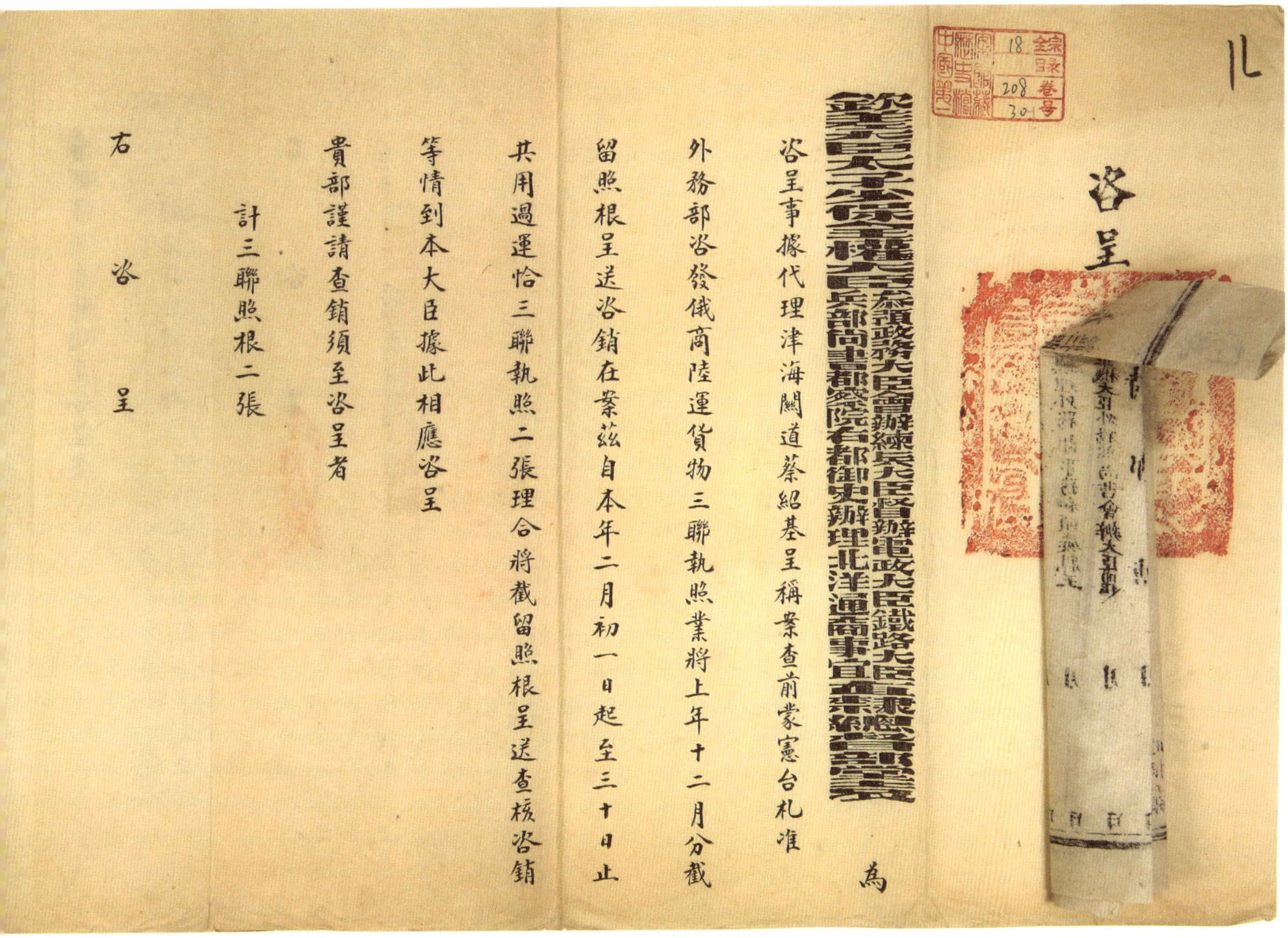
咨呈

欽差大臣太子少保頭品頂戴軍機大臣參預政務大臣會辦練兵大臣督辦電政大臣鐵路大臣直隸總督部堂兵部尚書都察院右都御史辦理北洋通商事宜 為

咨呈事據代理津海關道蔡紹基呈稱案查前蒙憲台札准

外務部咨發俄商陸運貨物三聯執照業將上年十二月分截

留照根呈送咨銷在案茲自本年二月初一日起至三十日止

共用過運恰三聯執照二張理合將截留照根呈送查核咨銷

等情到本大臣據此相應咨呈

貴部謹請查銷須至咨呈者

計三聯照根二張

右咨呈

北洋大臣袁世凯致外务部咨呈（光绪三十二年三月十八日）

第二组档案为库伦办事大臣延祉缴销的俄商运货执照两份，均包含俄罗斯驻天津领事官发给俄商阜昌行的中文、俄文执照各一张，及天津关发给照尾一张。按照章程，俄商须在领照后六个月内到达恰克图缴销执照，运货回国。恰克图官员按照查验，货照相符，才可放行。所缴收的执照呈交库伦办事大臣按月汇送外务部查核。

第三组档案为张家口税务监督文绥致外务部咨呈，称俄商璧光洋行运送獭皮 76600 张赴天津，随带驻扎库伦俄领事执照并无俄国边界官及恰克图部员盖印，与定例不符，遂在为俄商办理手续赴津的同时，将该商行所呈执照原文及抄录文件呈送外务部查核。

第四组档案为张家口税务监督文绥为呈送天津关执照事致外务部咨呈。阜昌行由天津起运货物，经津海关发给三联执照，由陆路运至张家口，将执照及货物呈验。截留的执照按月汇送外务部备查。

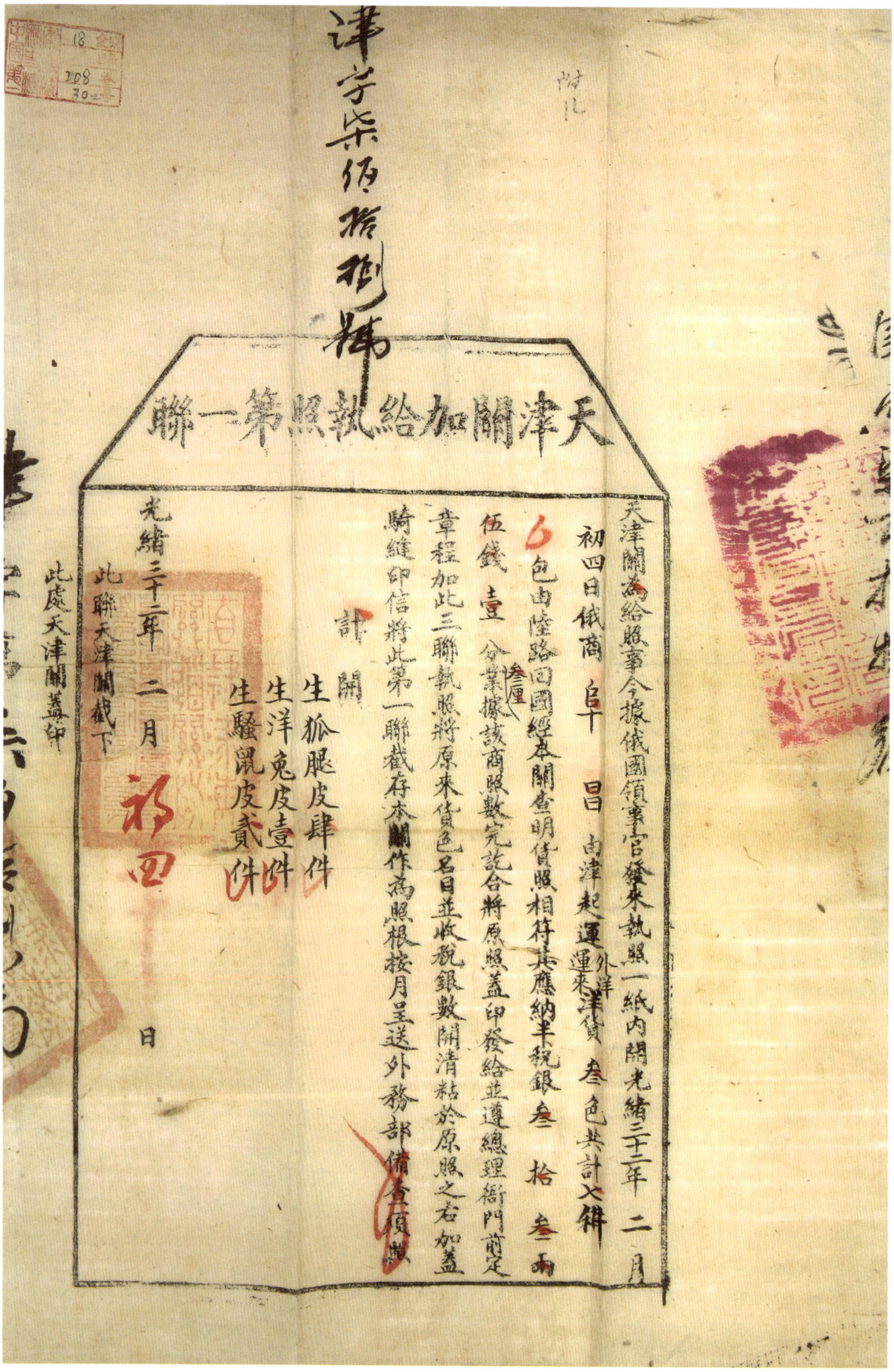

天津關加給執照第一聯

天津關為給照事今據俄國領事官發來執照一紙内開光緒三十二年二月

初四日俄商阜昌由津起運運來外洋洋貨叁色共計七件

色由陸路回國經本關查明貨照相符其應納半稅銀叁拾叁兩

伍錢壹分叁厘業據該商照數完訖合將原照蓋印發給並遵總理衙門前定

章程加此三聯執照將原來貨色名目並收稅銀數開清粘於原照之右加蓋

騎縫印信將此第一聯截存本關作為照根按月呈送外務部備查須照

計開

生狐腿皮肆件

生洋兔皮壹件

生騷鼠皮貳件

光緒三十二年二月初四日

此聯天津關截下

此處天津關蓋印

北洋大臣袁世凯缴销俄商运货三联执照照根之一

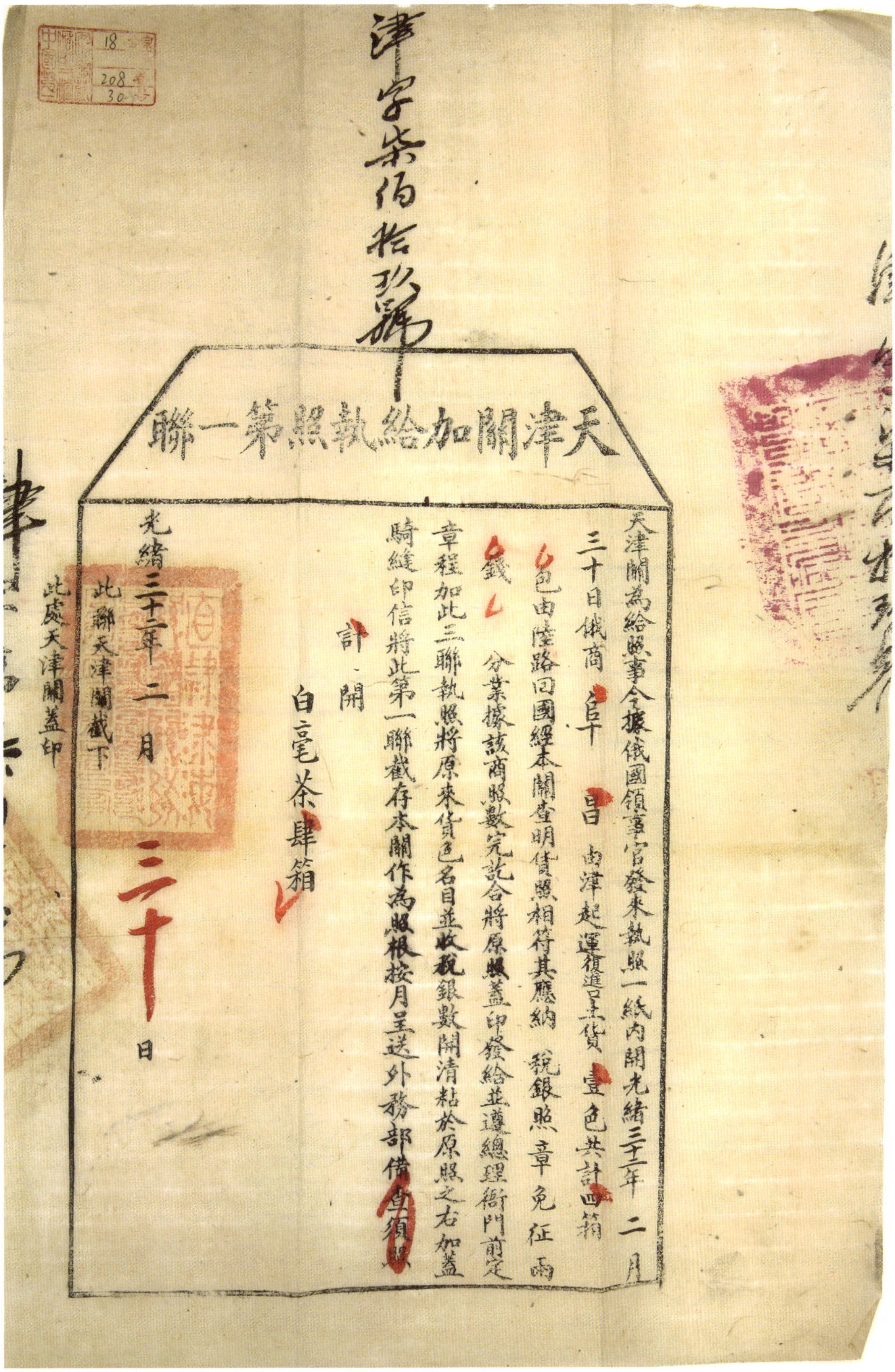
津字柒佰拾玖號

天津關加給執照第一聯

天津關為給照事今據俄國領事官發來執照一紙内開光緒三十二年二月三十日俄商 [illegible] 自由津起運復進口之貨壹色共計四箱色由陸路回國經本關查明貨照相符其應納稅銀照章免征兩錢分業據該商照數完訖合將原照蓋印發給並遵總理衙門前定章程加此三聯執照將原來貨色名目並收稅銀數開清粘於原照之右加蓋騎縫印信將此第一聯截存本關作為照根按月呈送外務部備查須至

計開

白毫茶肆箱

光緒三十二年二月三十日

此聯天津關截下

此處天津關蓋印

北洋大臣袁世凯缴销俄商运货三联执照照根之二

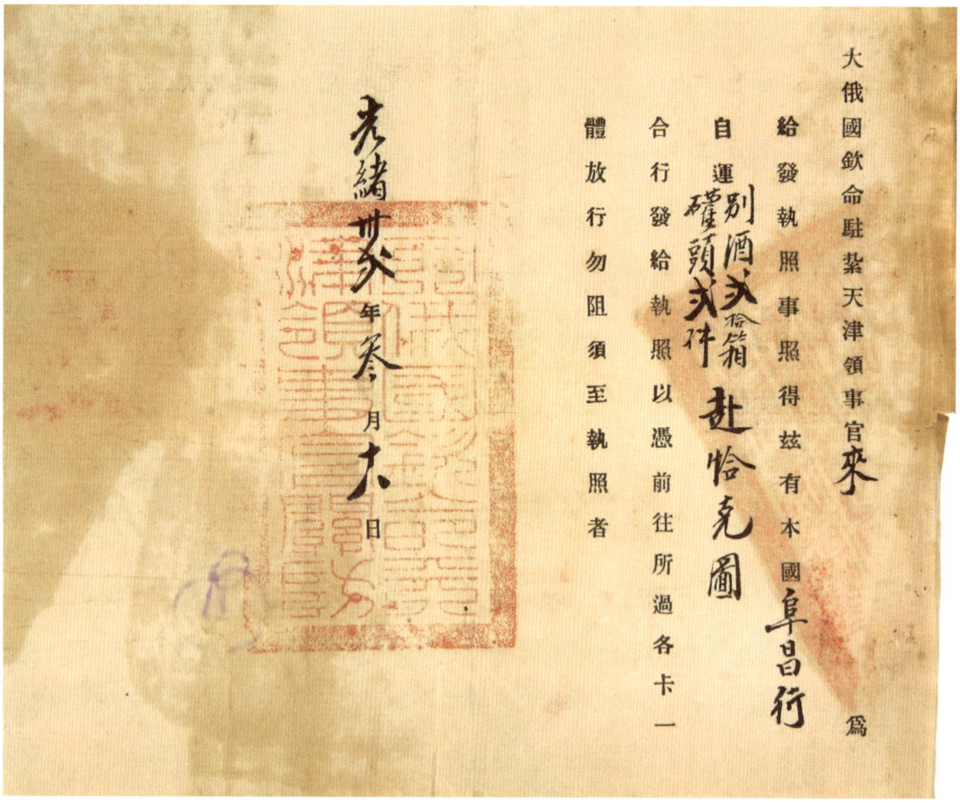
大俄國欽命駐紮天津領事官來

給發執照事照得玆有本國阜昌行爲

自運別酒貳拾箱 礶頭貳件 赴恰克圖

合行發給執照以憑前往所過各卡一

體放行勿阻須至執照者

光緒卅叁年叁月十八日

ИМПЕРАТОРСКОЕ
Россійское Консульство
въ Тяньцзинъ.

Билетъ на провозъ товаровъ.

Данъ М. Д. Батуеву и Ко
на провозъ 20 ящиковъ пива
и 2 ящ. консервированныхъ плодовъ
изъ Тяньцзина
въ Кяхту
30 Марта 190б, №

Consulat Impérial de Russie
à Tientsin.

Permis de transit.

Délivré à M. D. Batouieff & Co
pour le transport de 20 caisses of be
& 2 caisses preserved fruits
en transit de Tientsin
à Kiachta

CUSTOMS
TIEN-TSIN

库伦办事大臣延祉缴销俄商运货执照之一

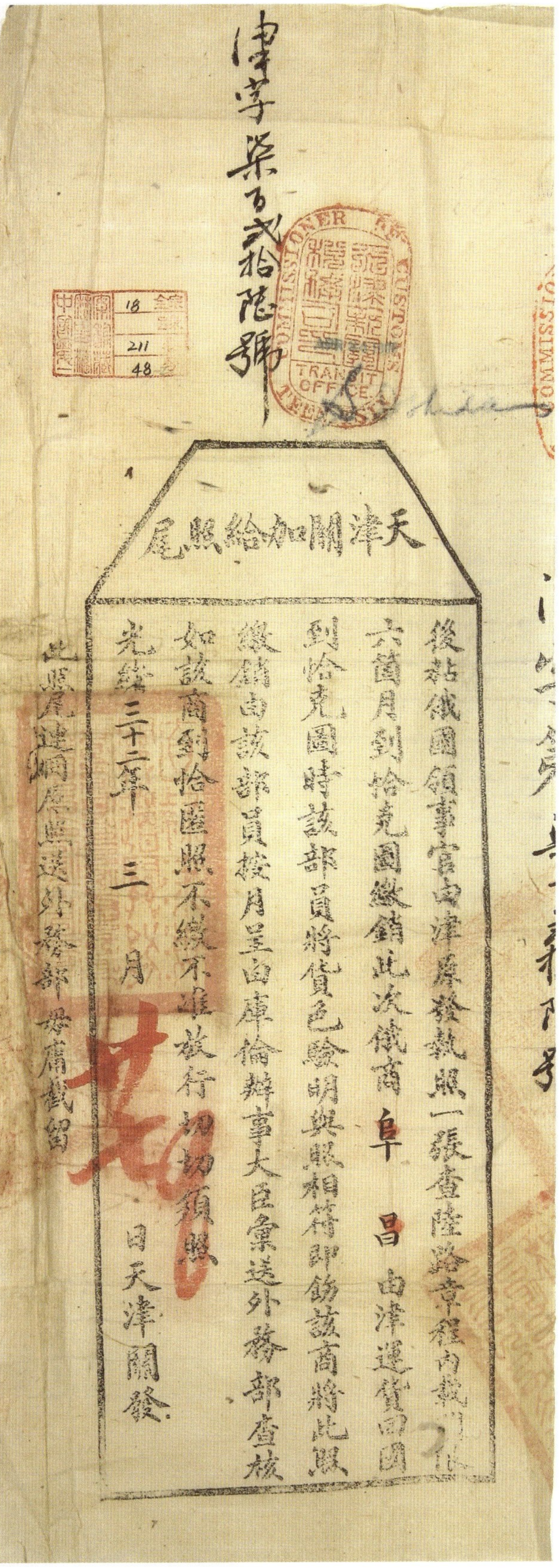

津字柒百貳拾陸號

天津關加給照尾

後站俄國領事官由津原發執照一張查陸路章程內載以
六個月到恰克圖繳銷此次俄商阜昌由津運貨回國
到恰克圖時該部員將貨色驗明與照相符即飭該商將此照
繳銷由該部員按月呈由庫倫辦事大臣彙送外務部查核
如該商到恰匿照不繳不准放行切切須照
光緒三十二年三月 日天津關發

此照尾連同原照送外務部備查截留

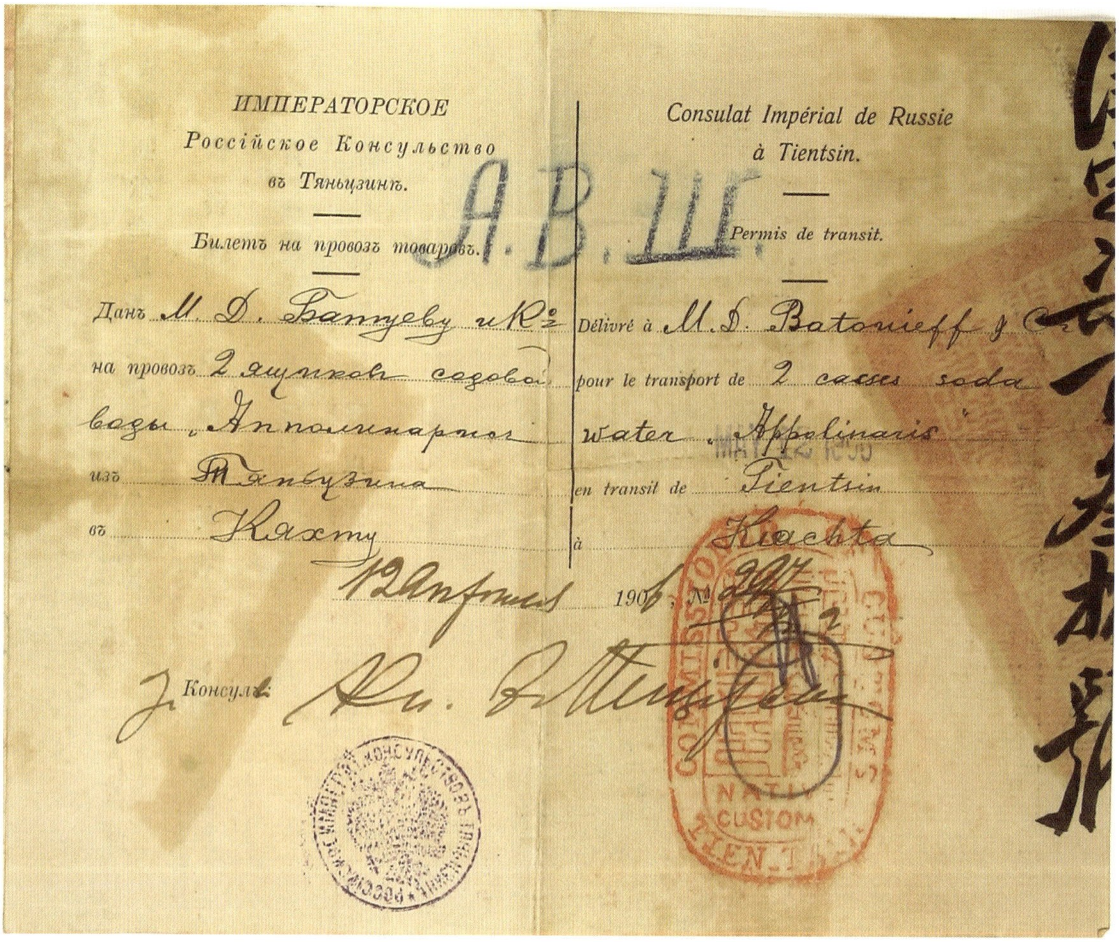
ИМПЕРАТОРСКОЕ
Россійское Консульство
въ Тяньцзинѣ.

Билетъ на провозъ товаровъ.

А. В. Ш.

Данъ М. Д. Батуеву и Ко
на провозъ 2 ящиков содовой
воды Аппонинарис
изъ Тяньцзина
въ Кяхту

12 Апреля 1906, №

Консул

Consulat Impérial de Russie
à Tientsin.

Permis de transit.

Délivré à M. D. Batonieff & Co
pour le transport de 2 cases soda
water Appolinaris
en transit de Tientsin
à Kiachta

NATIVE CUSTOM TIENTSIN

库伦办事大臣延祉缴销俄商运货执照之二

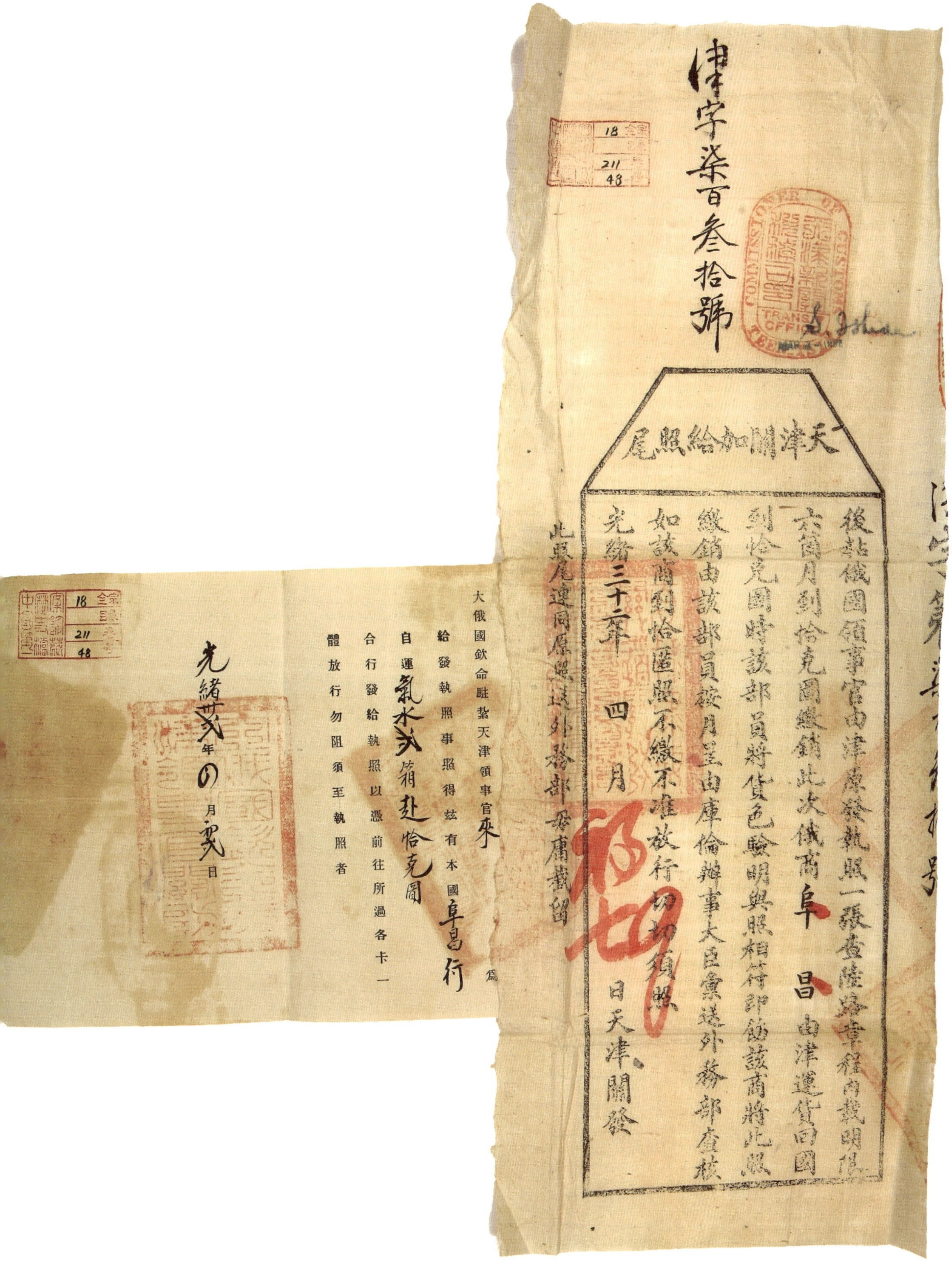
津字柒百叁拾號

18
211
48

COMMISSIONER OF CUSTOMS
TRANSIT OFFICE
TIENTSIN
MAR 4 1906

天津關加給照尾

後站俄國領事官由津海關發執照一張查陸路章程內載明限
六個月到恰克圖繳銷此次俄商阜　昌由津運貨回國
到恰克圖時該部員將貨色驗明與照相符即飭該商將此照
繳銷由該部員按月呈由庫倫辦事大臣彙送外務部查核
如該商到恰匿照不繳不准放行切切須照
光緒三十二年　四　月　　日天津關發

此照尾連同原照送外務部毋庸截留

大俄國欽命駐紮天津領事官來　為
給發執照事照得茲有本國阜昌行
自運氣水弍箱赴恰克圖
合行發給執照以憑前往所過各卡一
體放行勿阻須至執照者

光緒卅弍年四月卅日

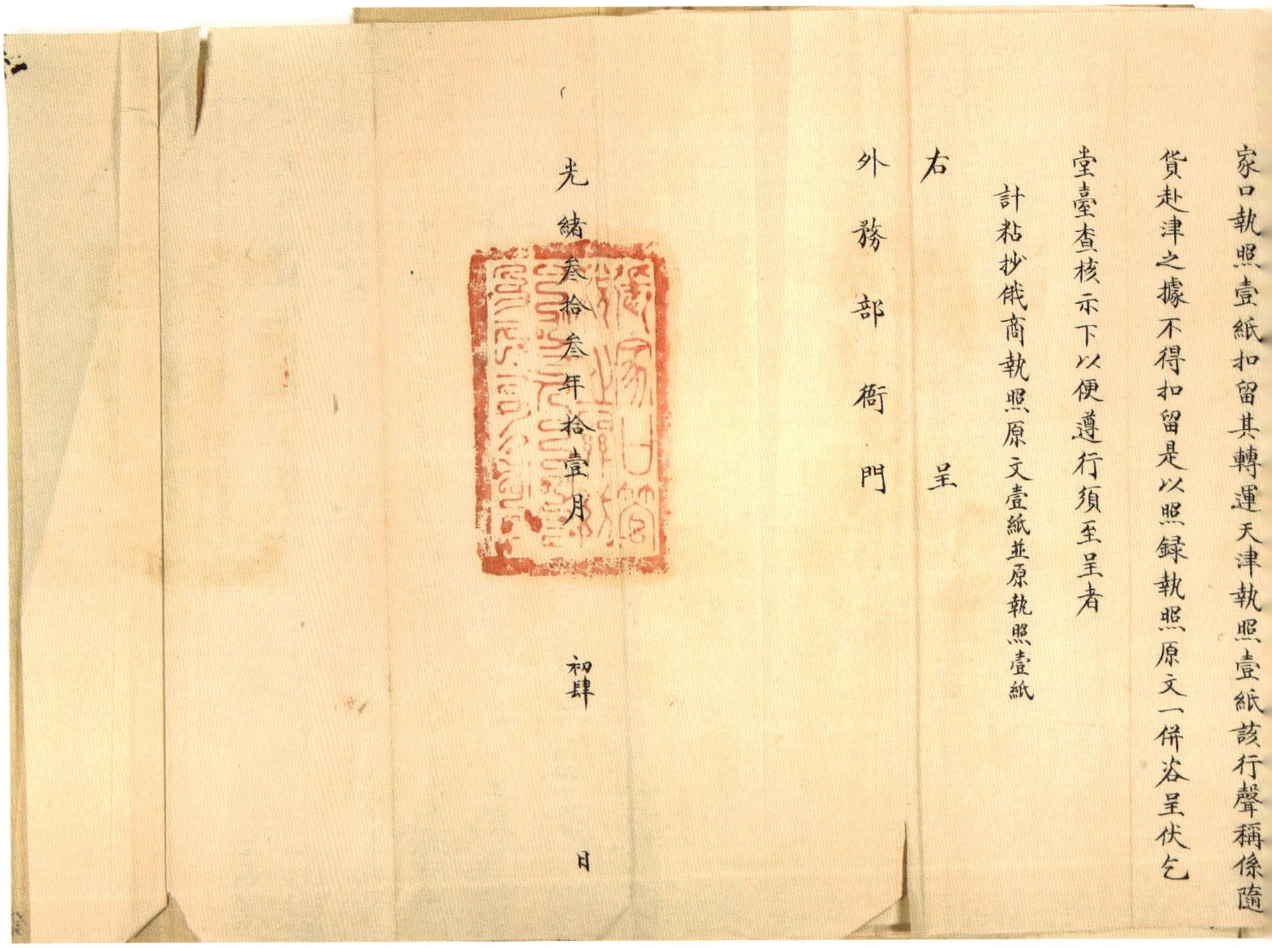

家口執照壹紙扣留其轉運天津執照壹紙該行聲稱係隨
貨赴津之據不得扣留是以照録執照原文一併咨呈伏乞
堂臺查核示下以便遵行須至呈者
計粘抄俄商執照原文壹紙並原執照壹紙
右　呈
外務部衙門
光緒叁拾叁年拾壹月　初肆　日

张家口税务监督文绶致外务部咨呈（光绪三十三年十一月初四日）

監督張家口居庸關等處稅務花翎三品頂戴度支部郎中文綬為
呈請查核示遵事光緒叁拾叁年拾月貳拾柒日據俄商璧光
洋行呈稱今因俄商路什泥克福自庫倫發往張家口由口轉運
天津交俄商八徒月福洋行獺皮壹百叁拾肆件共數柒萬陸千
陸百張照約到津納稅領有駐庫俄領事執照貳紙原照未
蓋中國官印信仰祈監督衙門查驗並懇發給印文以備自行
赴津海關道衙門投稅如有沿途拆賣及私漏等弊惟璧光
洋行是問等情據此查俄國陸路通商章程第三款內載俄商運
俄國貨物前往天津應有俄國邊界官並恰克圖部員蓋印
執照內用兩國文字註商人或隨人姓名貨色包件數目此項
貨幫止准由張家口東霸通州直抵天津任憑沿途各關口中國官
迅速點數抽查驗照蓋戳放行等語此次俄商璧光洋行呈出
隨帶駐紮庫倫俄領事執照貳紙雖係兩國文字並無俄國
邊界官及恰克圖部員蓋印執照似與定章稍有未符竊恐
該洋行華夥藉此執照影射貨物在所不免既據俄商璧光
洋行稟請發給印文以便迅速運貨赴津否則貨物運遲諸多
未便司員不得不權宜辦理除先行備具印文發交該行隨貨
赴津以憑自行投稅外並將該行所呈執照貳紙內將運抵張

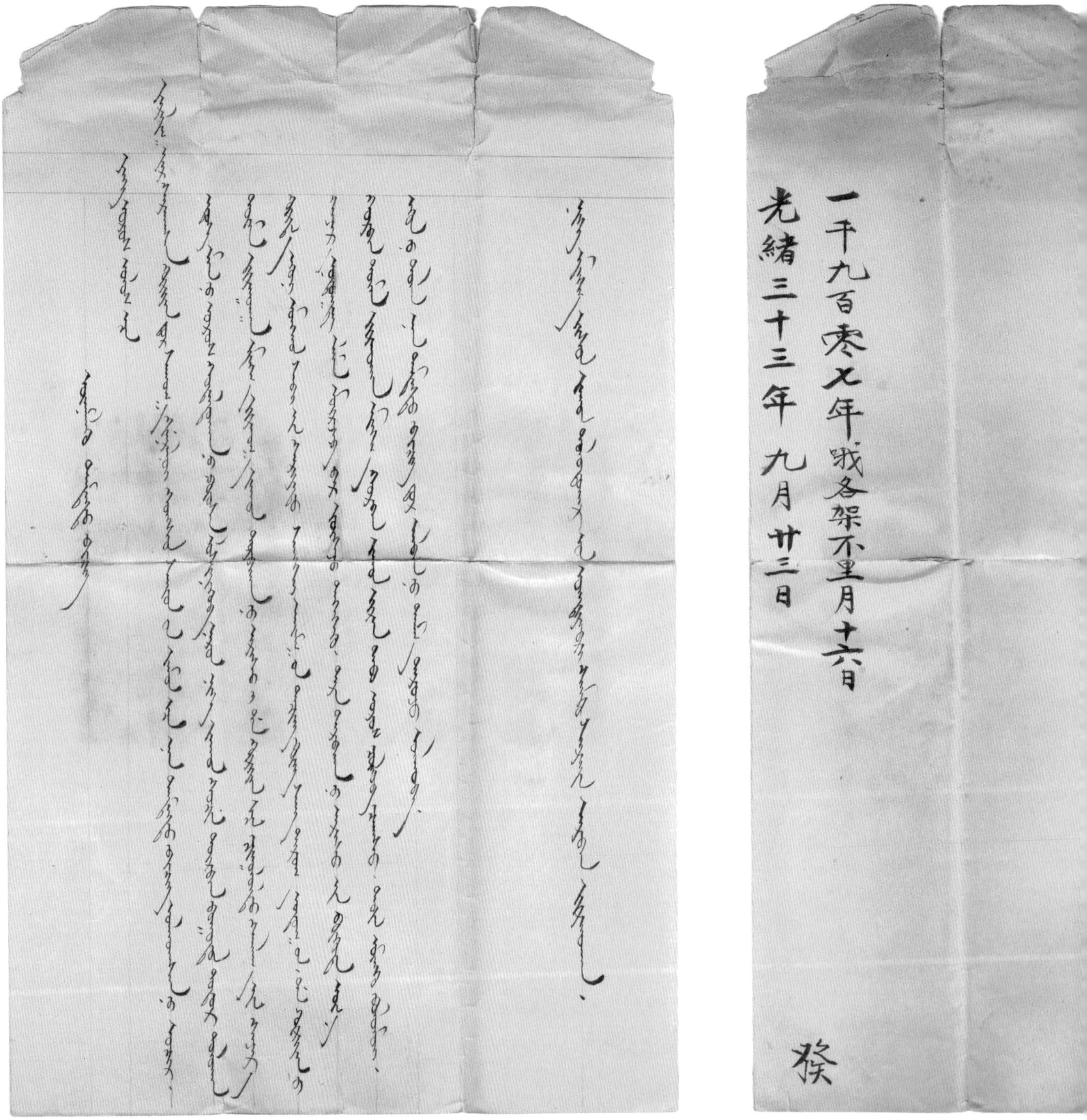

张家口税务监督文绶呈送俄商执照原件

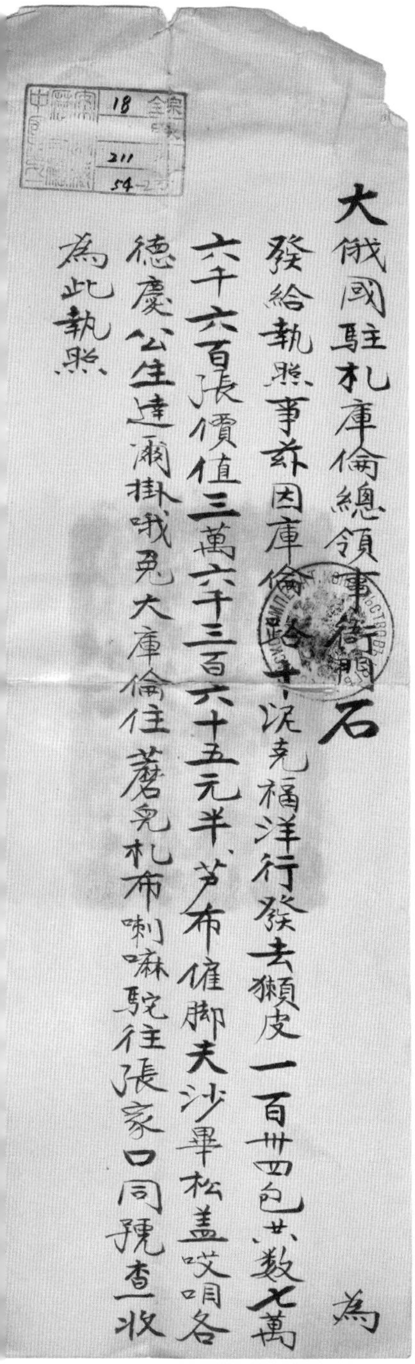

18 全宗
211 目錄
54 卷号

大俄國駐札庫倫總領事衙門石　為
發給執照事茲因庫倫路十泥克福洋行發去獺皮一百卅四包共數七萬
六千六百張價值三萬六千三百六十五元半、芍布僱脚夫沙畢松蓋哎唱各
德慶公生達爾掛哦兎大庫倫住蘑兎札布喇嘛駝往張家口同硯查一收
為此執照、

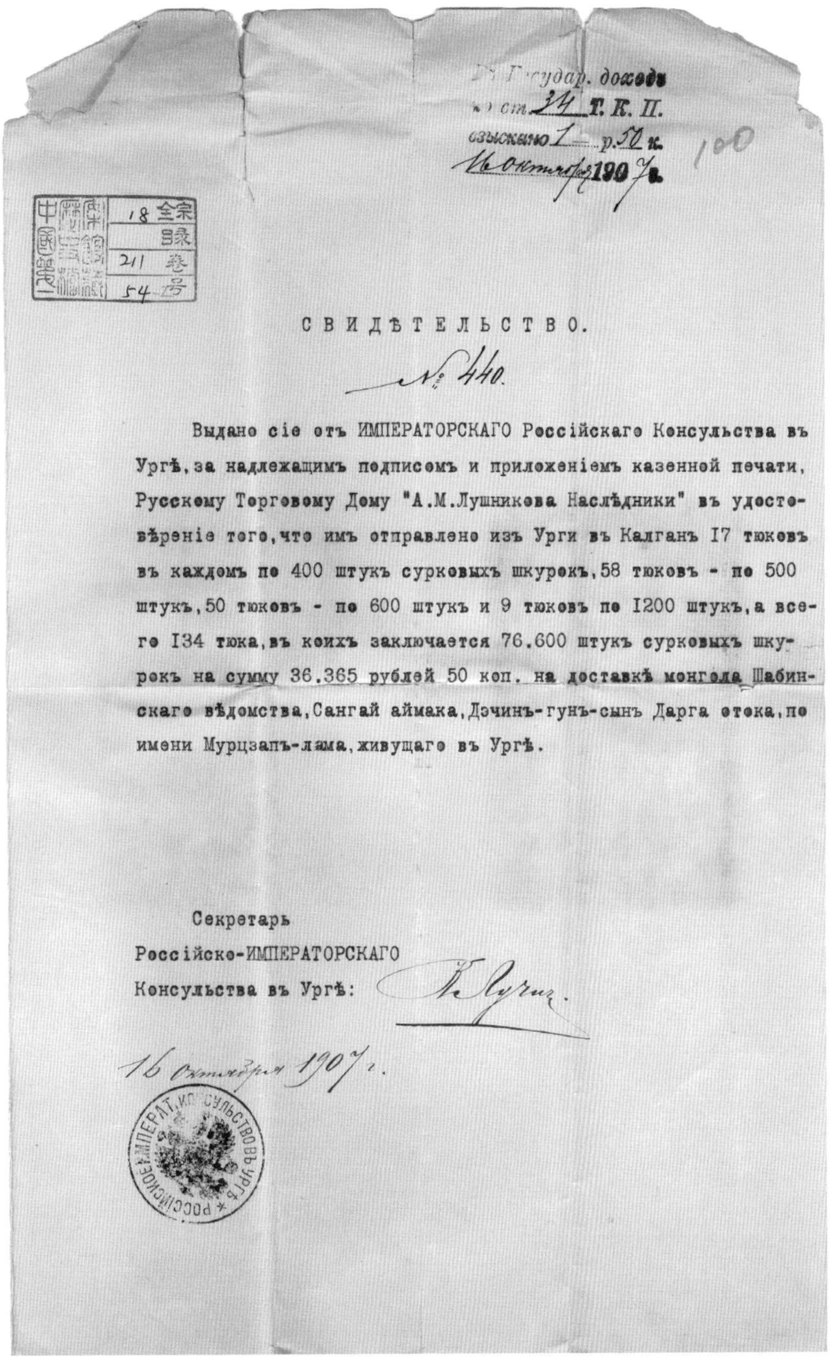

Въ Государ. доходъ по ст. 34 Т. К. II. взыскано 1 р. 50 к. 16 Октября 190 7 г.

100

18 全宗
211 目錄
54 卷号

СВИДѢТЕЛЬСТВО.

№ 440.

Выдано сіе отъ ИМПЕРАТОРСКАГО Россійскаго Консульства въ Ургѣ, за надлежащимъ подписомъ и приложеніемъ казенной печати, Русскому Торговому Дому "А.М.Лушникова Наслѣдники" въ удостовѣреніе того, что имъ отправлено изъ Урги въ Калганъ I7 тюковъ въ каждомъ по 400 штукъ сурковыхъ шкурокъ, 58 тюковъ - по 500 штукъ, 50 тюковъ - по 600 штукъ и 9 тюковъ по I200 штукъ, а всего I34 тюка, въ коихъ заключается 76.600 штукъ сурковыхъ шкурокъ на сумму 36.365 рублей 50 коп. на доставкѣ монгола Шабинскаго вѣдомства, Сангай аймака, Дэчинъ-гунъ-сынъ Дарга отока, по имени Мурцзапъ-лама, живущаго въ Ургѣ.

Секретарь
Россійско-ИМПЕРАТОРСКАГО
Консульства въ Ургѣ: [signature]

16 Октября 1907 г.

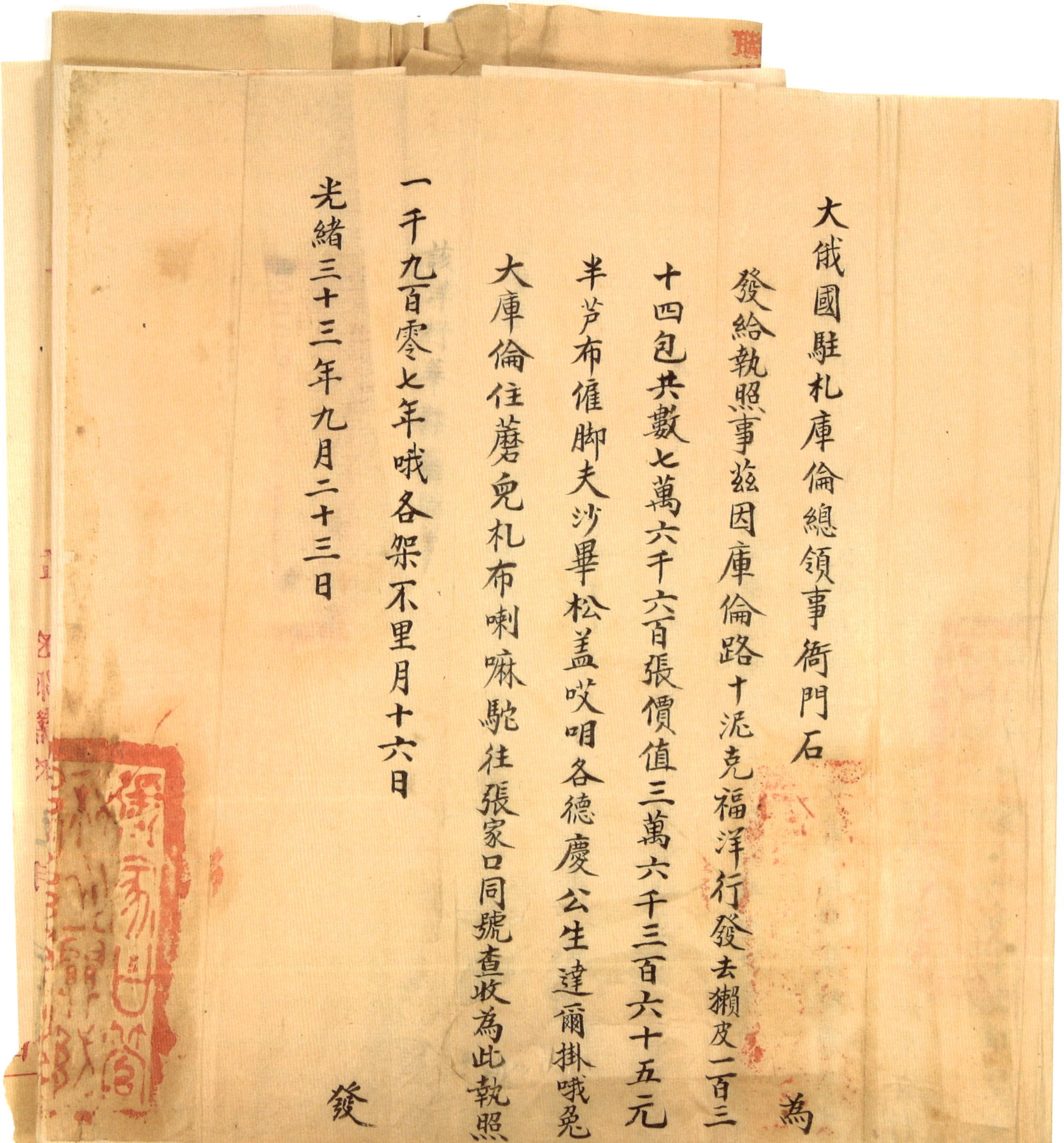
大俄國駐札庫倫總領事衙門石 為
發給執照事兹因庫倫路十泥克福洋行發去獺皮一百三
十四包共數七萬六千六百張價值三萬六千三百六十五元
半芦布僱脚夫沙畢松盖哎咀各德慶公生達爾掛哦兔
大庫倫住蘑兔札布喇嘛駝往張家口同號查收為此執照
一千九百零七年哦各架不里月十六日
光緒三十三年九月二十三日 發

张家口税务监督文绶照录俄商执照

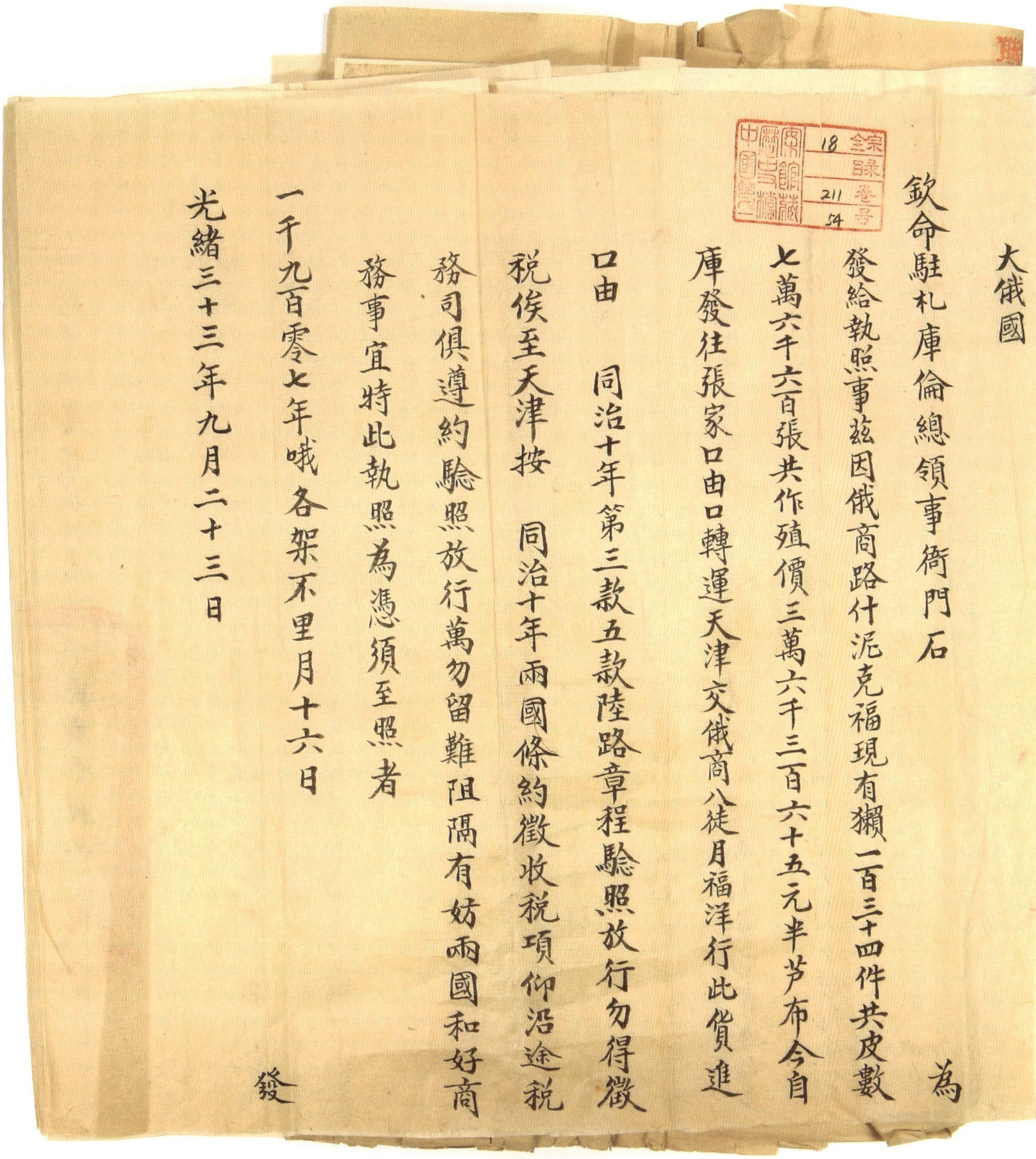

大俄國

欽命駐札庫倫總領事衙門石　　　　為

發給執照事茲因俄商路什泥克福現有獺一百三十四件共皮數

七萬六千六百張共作殖價三萬六千三百六十五元半芦布今自

庫發往張家口由口轉運天津交俄商八徒月福洋行此貨進

口由　同治十年第三款五款陸路章程驗照放行勿得徵

稅俟至天津按　同治十年兩國條約徵收稅項仰沿途稅

務司俱遵約驗照放行萬勿留難阻隔有妨兩國和好商

務事宜特此執照為憑須至照者

一千九百零七年哦各架不里月十六日　　發

光緒三十三年九月二十三日

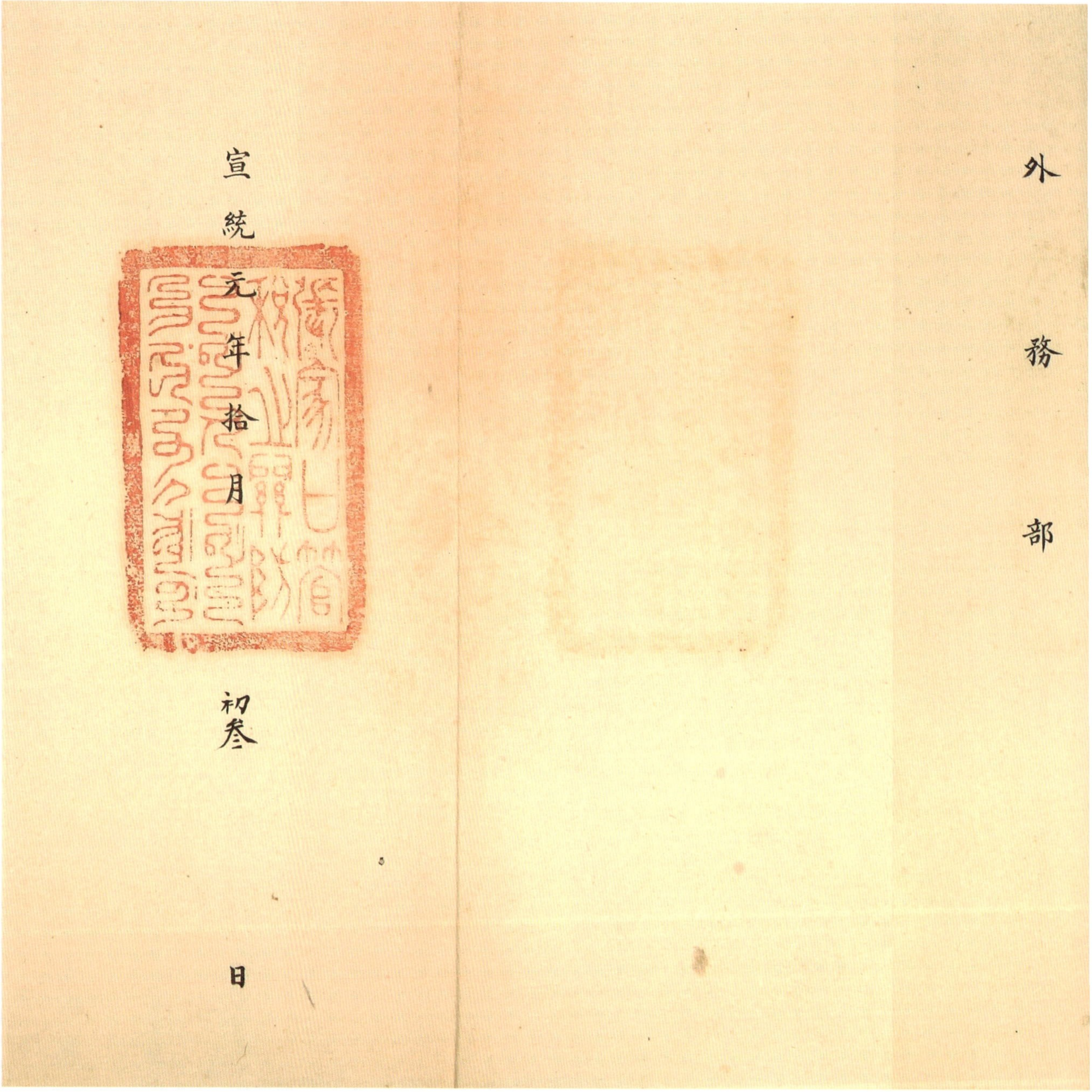

外務部

宣統元年拾月初叁日

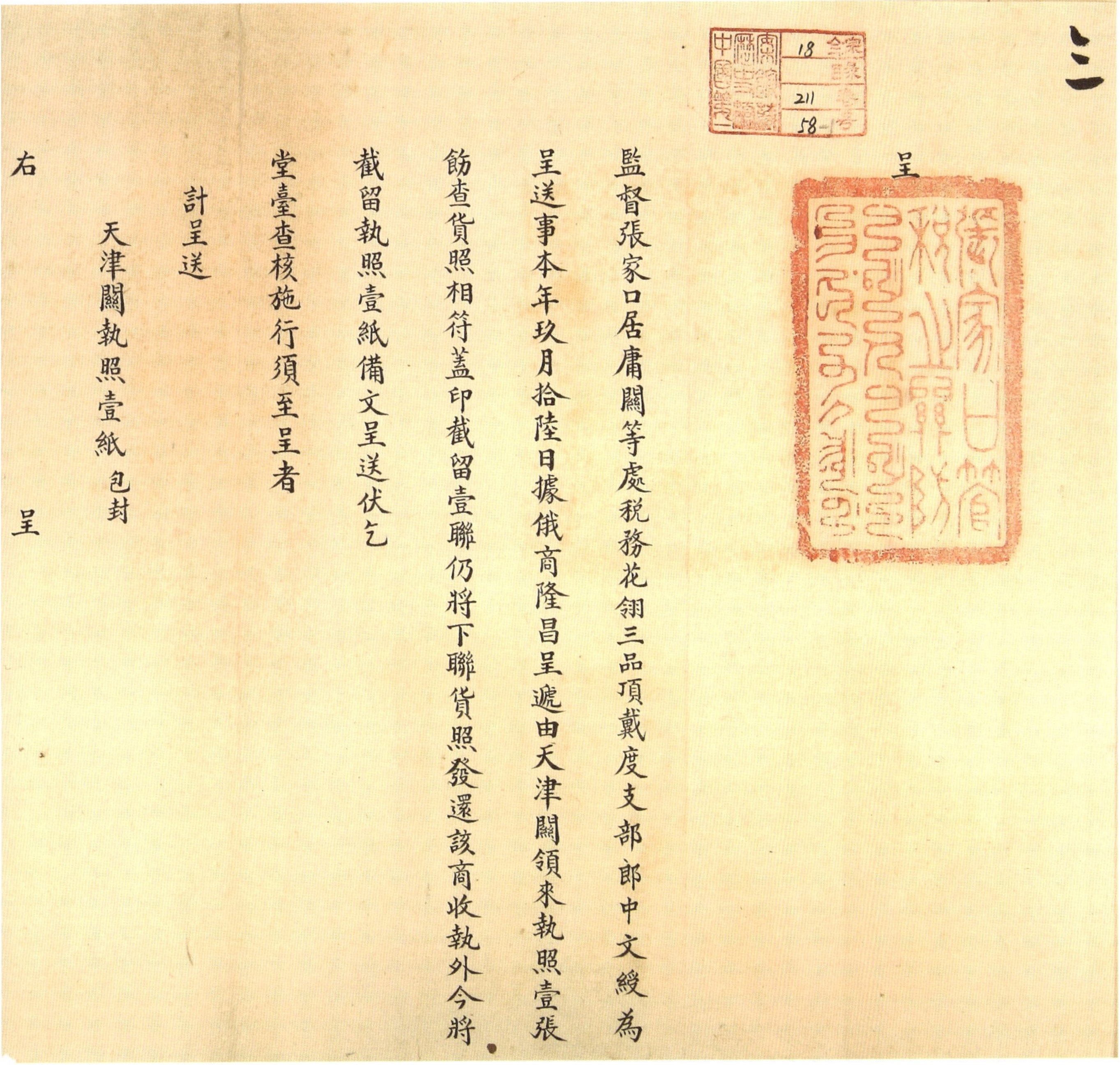

三

呈

監督張家口居庸關等處稅務花翎三品頂戴度支部郎中文綬為
呈送事本年玖月拾陸日據俄商隆昌呈遞由天津關領來執照壹張
飭查貨照相符蓋印截留壹聯仍將下聯貨照發還該商收執外今將
截留執照壹紙備文呈送伏乞
堂臺查核施行須至呈者

計呈送
天津關執照壹紙 包封

右

呈

张家口税务监督文绶致外务部咨呈（宣统元年十月初七日）

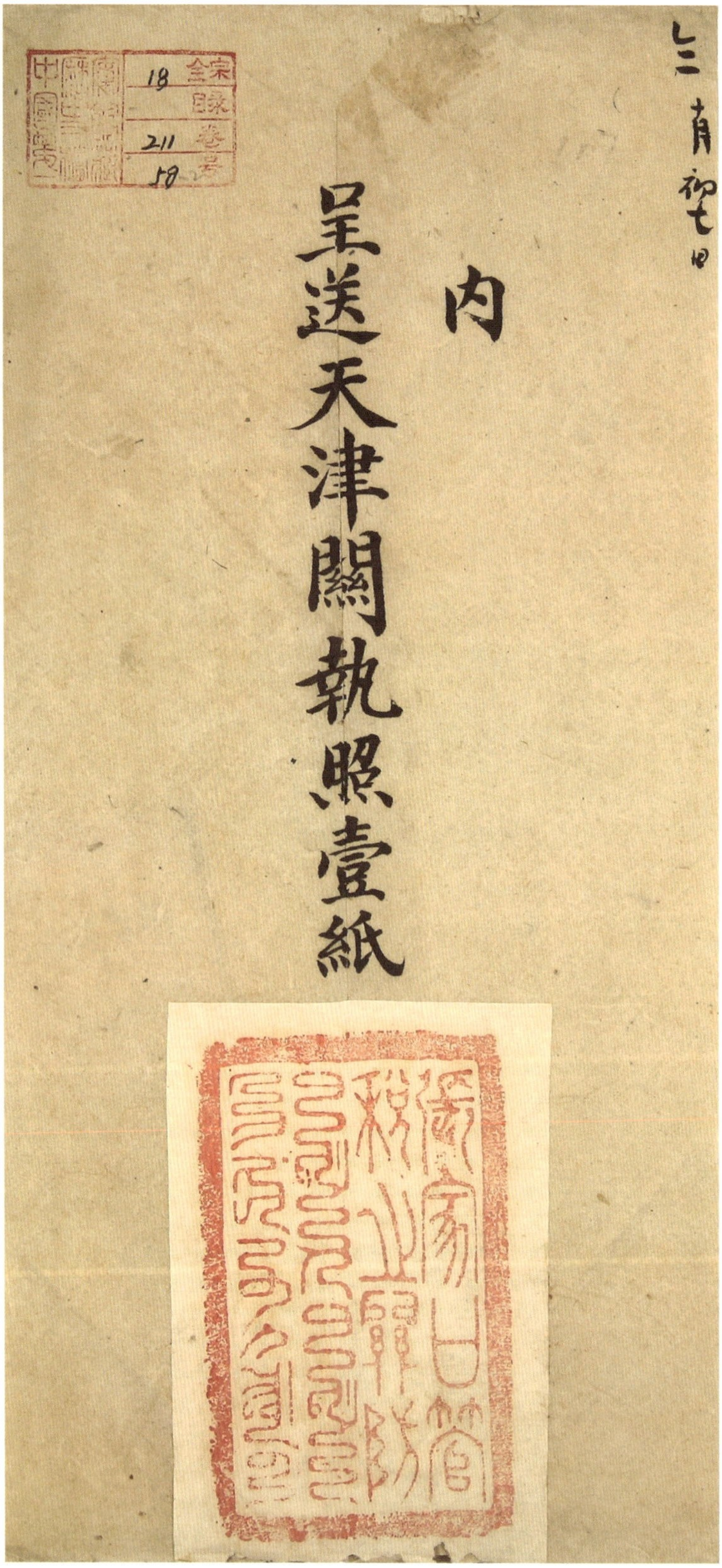

张家口税务监督文绶呈送天津关执照

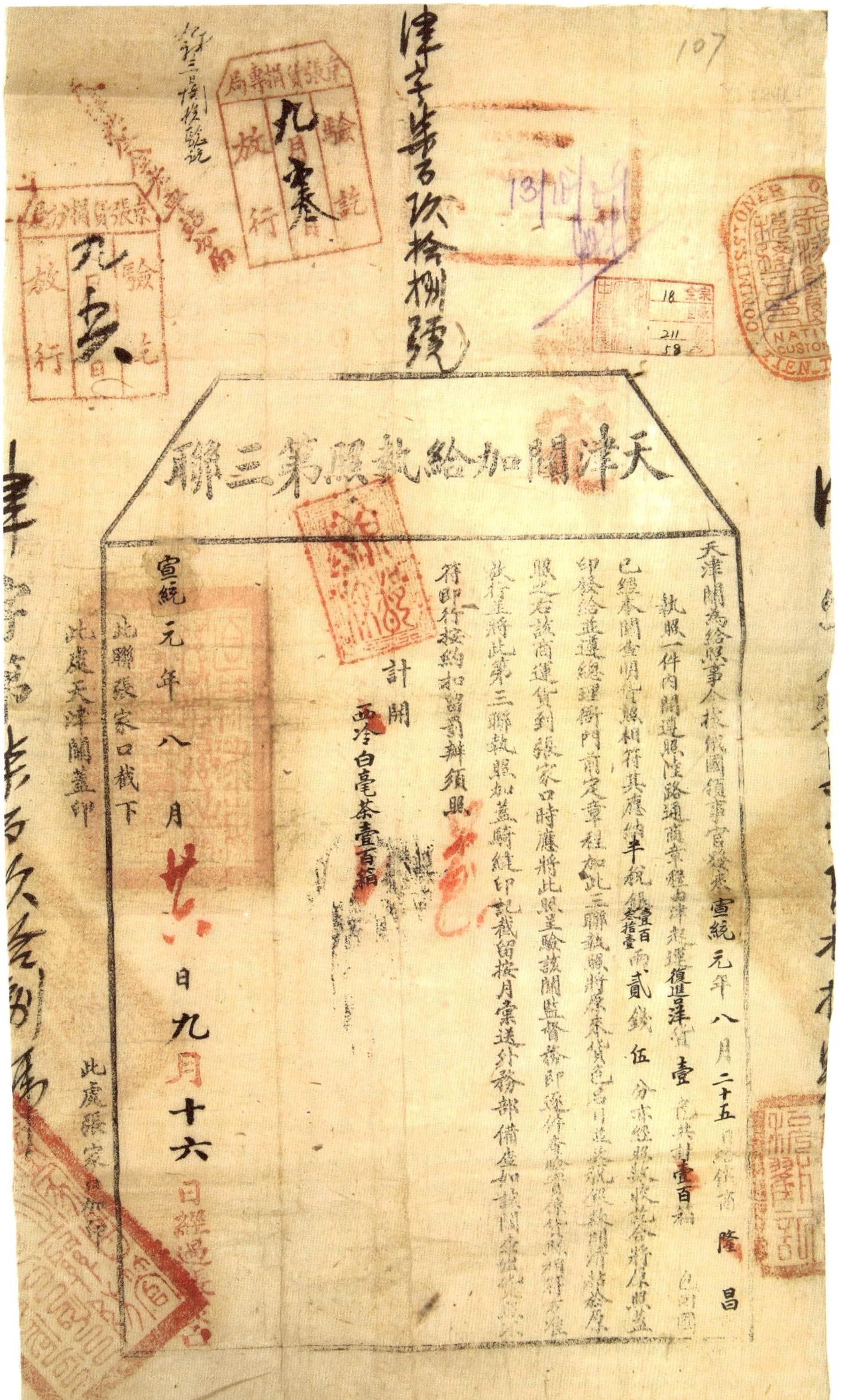

天津關加給執照第三聯

天津關為給照事今據俄國領事官發來宣統元年八月二十五日[illegible]商 隆昌

執照一件內開遵照陸路通商章程由津起運復進口洋貨壹[illegible]共計壹百箱[illegible]

已經本關查明貨照相符其應納半稅銀壹百叁拾壹兩貳錢伍分亦經照數收訖[illegible]

印發給並遵總理衙門前定章程加此三聯執照將原來貨色[illegible]

照之右該商運貨到張家口時應將此照呈驗該關監督務即[illegible]

該行並將此第三聯執照加蓋騎縫印記截留按月彙送外務部備查如該[illegible]

符即行按約扣留罰辦須照

計開

西冷白毫茶壹百箱

宣統元年八月 日

此聯張家口截下

此處天津關蓋印

此處張家口[illegible]

九月十六日經過

孙宝琦进呈彩色照片影集：

俄罗斯国胜景图

光绪朝（1875—1908）

孙宝琦，字慕韩，晚年自署孟晋老人，浙江杭州人。晚清多次出任驻外使臣，民国两任外交总长，并曾出任内阁总理。他出生于官宦之家，其父孙诒经光绪时曾官至内阁学士，礼、工、刑、户等部侍郎。其弟孙宝瑄以文才出名，著有《忘山庐日记》。父子三人成就各异，皆属当时的风云人物。孙宝琦以恩荫入仕，初授刑部主事，后改为直隶道员，庚子之乱时随慈禧太后奔往西安，由于通晓英文、法文，熟谙电码，负责掌理军机处外文电报。后经袁世凯保荐出任驻法国公使、驻日斯巴尼亚（即今西班牙）公使。孙中山在巴黎时曾遭叛徒告密，孙宝琦义救孙中山于危难之中。卸任回国后，孙宝琦改迁顺天府府尹，后又被派为驻德公使。在国外担任公使期间，孙宝琦潜心考察欧洲各国政情，参观兵工厂及各种机器厂，思想渐趋维新，后率先上书朝廷请求立宪，为时人所称颂。在清宫档案中收藏有孙宝琦进呈给光绪帝的彩色照片影集，其中收录了包括法国、英国、意大利、荷兰、奥地利、德国、希腊、西班牙、土耳其、俄罗斯、瑞士、比利时等 12 个国家的风景名胜，各成 1 册，均称“胜景图”，疑为其出任晚清驻外公使期间所呈，总称为《欧洲名都胜景图》。此为《俄罗斯国胜景图》册内页，其中包含有圣彼得堡斯莫尔尼教堂、亚历山大纪念柱等名胜。

8929. P. Z. - ST. PETERSBOURG.
LA COLONNE ALEXANDRE.

8929. С.-ПЕТЕРБУРГЪ.
[illegible] Александра.

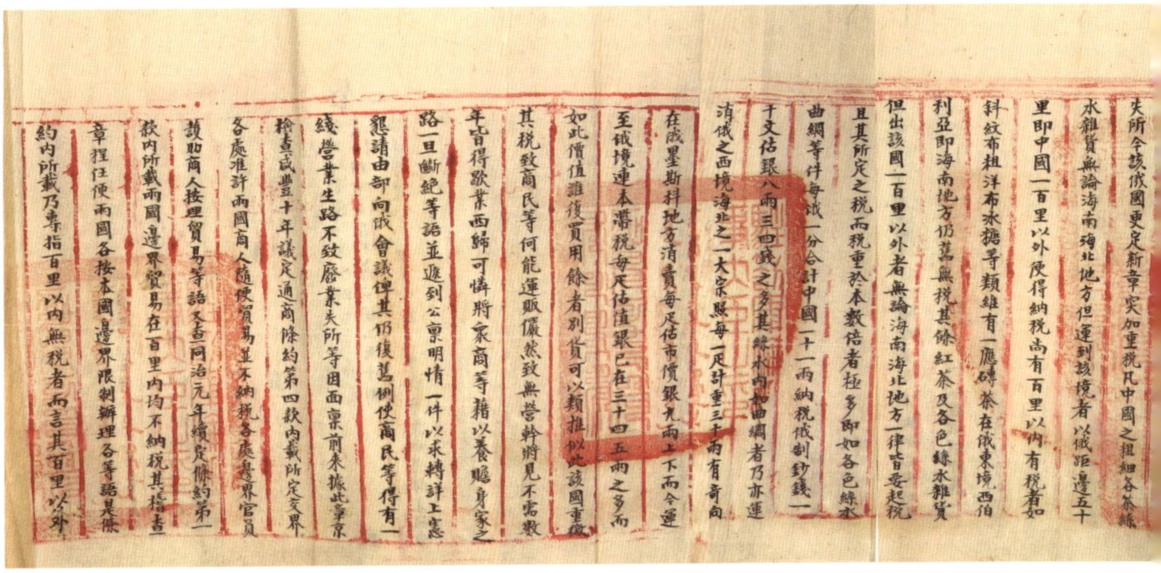

失所今該俄國更定新章实加重稅凡中國之粗細各茶絲
水雜貨無論海南海北地方但運到該境者以俄距邊五十
里即中國一百里以外便得納稅尚有百里以內有稅者如
斜紋布粗洋布冰糖等類雖有一應磚茶在俄東境西伯
利亞即海南地方仍舊無稅其餘紅茶及各色絲水雜貨
但出該國一百里以外者無論海南海北地方一律皆要起稅
且其所定之稅而稅重於本數倍者極多即如各色絲水
曲綢等件每俄一分合計中國一十一兩納稅俄制鈔錢一
千文估銀八兩三四錢之多其絲水內如曲綢者乃亦運
消俄之西境海北之一大宗照每一疋計重三十兩有奇向
在俄墨斯科地方消賣每疋估市價銀九兩上下而今運
至俄境連本帶稅每疋估值銀已在三十四五兩之多而
如此價值誰復買用餘者則貨可以類推似此該國重徵
其稅致商民等何能運販儼然致無營幹將見不需數
年皆得歇業西歸可憐將衆商等藉以養贍身家之
路一旦斷絕等語並遞到公稟明情一件以求轉詳上憲
懇請由部向俄會議俾其仍復舊例使商民等得有一
綫營業生路不致廢業失所等因面稟前來據此章京
檢查咸豐十年議定通商條約第四款內載所定交界
各處准許兩國商人隨便貿易並不納稅各處邊界官員
護助商人按理貿易等語又查同治元年續定條約第一
款內所載兩國邊界貿易在百里內均不納稅其稽查
章程任便兩國各按本國邊界限制辦理各等語是條
約內所載乃專指百里以內無稅者而言其百里以外

库伦办事大臣延祉致外务部咨呈：

为俄人突征重税抵制华货恰克图商民行销困难情形事

宣统元年闰二月二十三日（1909 年 4 月 13 日）

西方列强通过一系列不平等条约获取的贸易特权，短期上看似乎促进了贸易的扩大与繁荣，但长期来看，对中国商品的输出带来困难。从长远来看，是对双方贸易关系的一种损害。中俄贸易的主要口岸恰克图，主要输出商品为茶叶、冰糖、棉布等，由于受到印度茶低价倾销的冲击，中国茶叶在对俄贸易中本来就大幅下降；俄罗斯驻恰克图边界官玛雨尔斌巴约福于 1909 年突然宣布俄政府对中国出口商品征收重税，违背双方签订的《中俄陆路通商章程》，给中国商品的出口带来严重困难。本件档案即为库伦办事大臣延祉上报外务部汇报此案的经过，并附有《俄国新定税则》全文。由此可以看出草原丝绸之路在不平等条约保护下的不平等贸易中逐渐衰落的历史过程。

8808. С.-ПЕТЕРБУРГЪ. Маріинская площадь

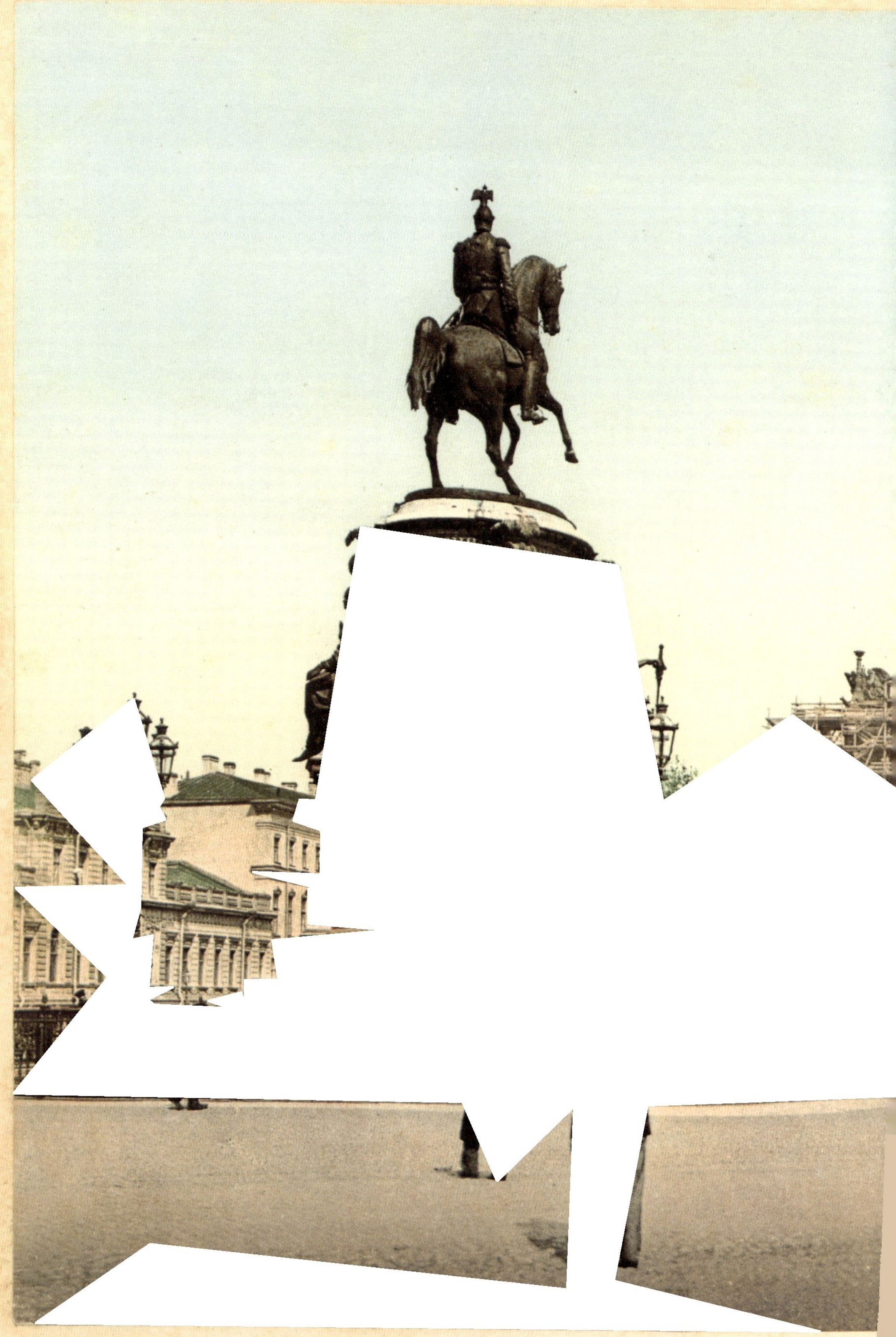

КОФЕ ЯВА CAFE
АГАЗИНЪ МЕБЕЛИ
ВИХЪ СТОЛЯРОВЪ

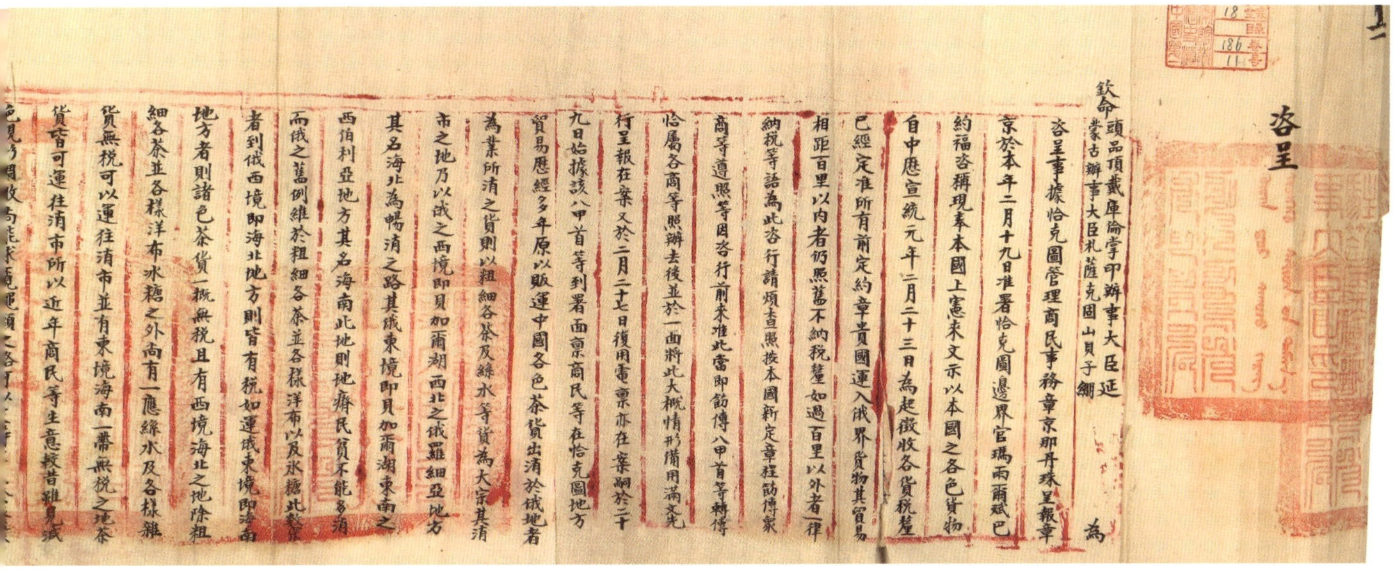
咨呈

欽命頭品頂戴庫倫掌印辦事大臣延
蒙古辦事大臣札薩克固山貝子綳　為
咨呈事據恰克圖管理商民事務章京那丹珠呈報章
京於本年二月十九日准署恰克圖邊界官瑪爾爾斌巴
約福咨稱現奉本國上憲來文示以本國之各色貨物
自中歷宣統元年二月二十三日為起徵收各貨稅釐
已經定准所有前定約章貴國運入俄界貨物其貿易
相距百里以内者仍照舊不納稅釐如過百里以外者一律
納稅等語為此咨行請煩查照按本國新定章程飭傳眾
商等遵照等因咨行前來准此當即飭傳八甲首等轉傳
恰屬各商等照辦去後並於一面將此大概情形備用滿文先
行呈報在案又於二月二十七日復用電禀亦在案嗣於二十
九日始據該八甲首等到署面禀商民等在恰克圖地方
貿易歷經多年原以販運中國各色茶貨出消於俄地者
為業所消之貨則以粗細各茶及絲水等貨為大宗其消
市之地乃以俄之西境即貝加爾湖西北之俄羅細亞地方
其名海北為暢消之路其俄東境即貝加爾湖東南之
西伯利亞地方其名海南此地則地瘠民貧不能多消
而俄之舊例維於粗細各茶並各樣洋布以及冰糖此數
者到俄西境即海北地方則皆有稅如運俄東境即海南
地方者則諸色茶貨一概無稅且有西境海北之地除粗
細各茶並各樣洋布冰糖之外尚有一應絲水及各樣雜
貨無稅可以運往消市並有東境海南一帶無稅之地茶
貨皆可運往消市所以近年商民等生意較昔雖見減

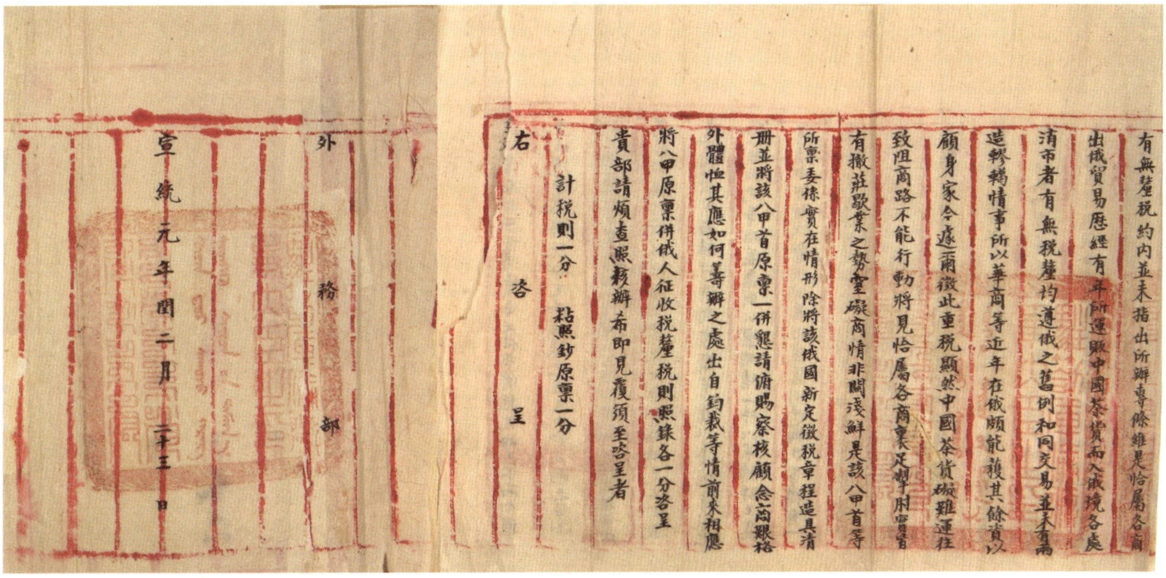
有無釐稅約内並未指出所辦專條雖是恰屬各商
出俄貿易歷經有年所運販中國茶貨而入俄境各處
消市者有無稅釐均遵俄之舊例和同交易並未有兩
造轇轕情事所以華商等近年在俄頗能獲其餘資以
顧身家今遽爾徵此重稅顯然中國茶貨礙難運往
致阻商路不能行動將見恰屬各商業足掣肘[illegible]
有撤莊歇業之勢窒礙商情非關淺鮮是該八甲首等
所禀委係實在情形除將該俄國新定徵稅章程造具清
冊並將該八甲首原禀一併懇請俯賜察核顧念商艱格
外體恤其應如何籌辦之處出自鈞裁等情前來相應
將八甲原禀併俄人征收稅釐稅則照錄各一分咨呈
貴部請煩查照核辦希即見覆須至咨呈者
計稅則一分　粘照鈔原禀一分
右　咨　呈
外務部
宣統元年閏二月二十三日

库伦办事大臣延祉致外务部咨呈（宣统元年闰二月二十三日）

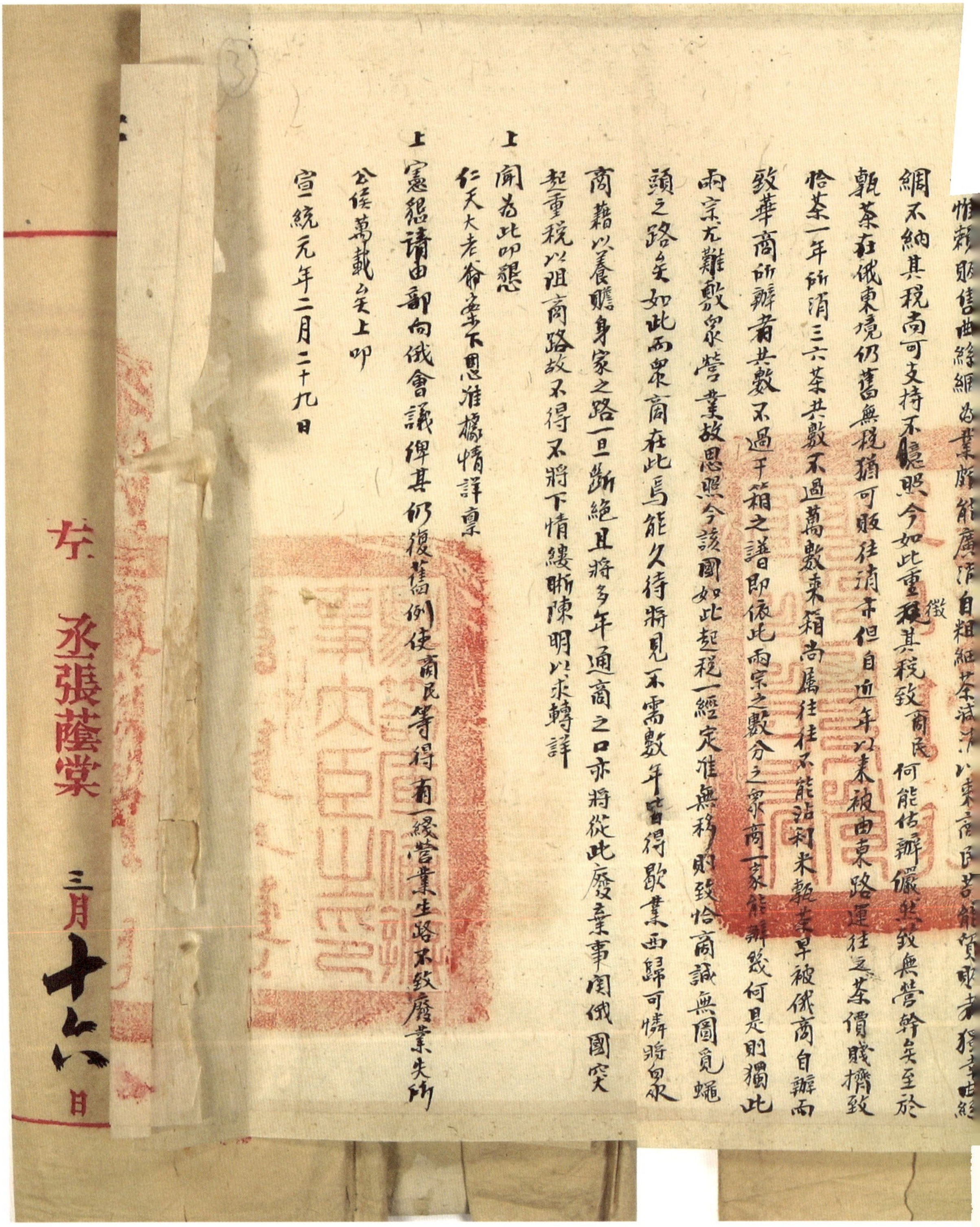
惟藉販售曲絲綢為業所能廣消自粗紬茶減以來商民昔能貿取者將……絲
綢不納其稅尚可支持不隱照今如此重[徵]其稅致商民何能估辦儼然致無營幹矣至於
甎茶在俄東境仍舊無稅猶可販往消售但自近年以來被由東路運往之茶價賤擠致
恰茶一年所消三六茶共數不過萬數來箱尚屬往往不能沾利米甎茶早被俄商自辦而
致華商所辦者共數不過千箱之譜即依此兩宗之數分之衆商一家能辦幾何是則獨此
兩宗尤難敷衆營業故恩照今該國如此起稅一經定准無移則致恰商誠無圖覓蠅
頭之路矣如此而衆商在此焉能久待將見不需數年皆得歇業西歸可憐將與衆
商藉以養贍身家之路一旦斷絕且將多年通商之口亦將從此廢棄事闗俄國突
起重稅以阻商路故不得不將下情縷晰陳明以求轉詳
上
聞為此叩懇
仁天大老爺案下恩准據情詳禀
上憲懇請由部向俄會議俾其仍復舊例使商民等得有一綫營業生路不致廢業失所
公侯萬載矣上叩
宣統元年二月二十九日
存
丞張蔭棠
三月十六日

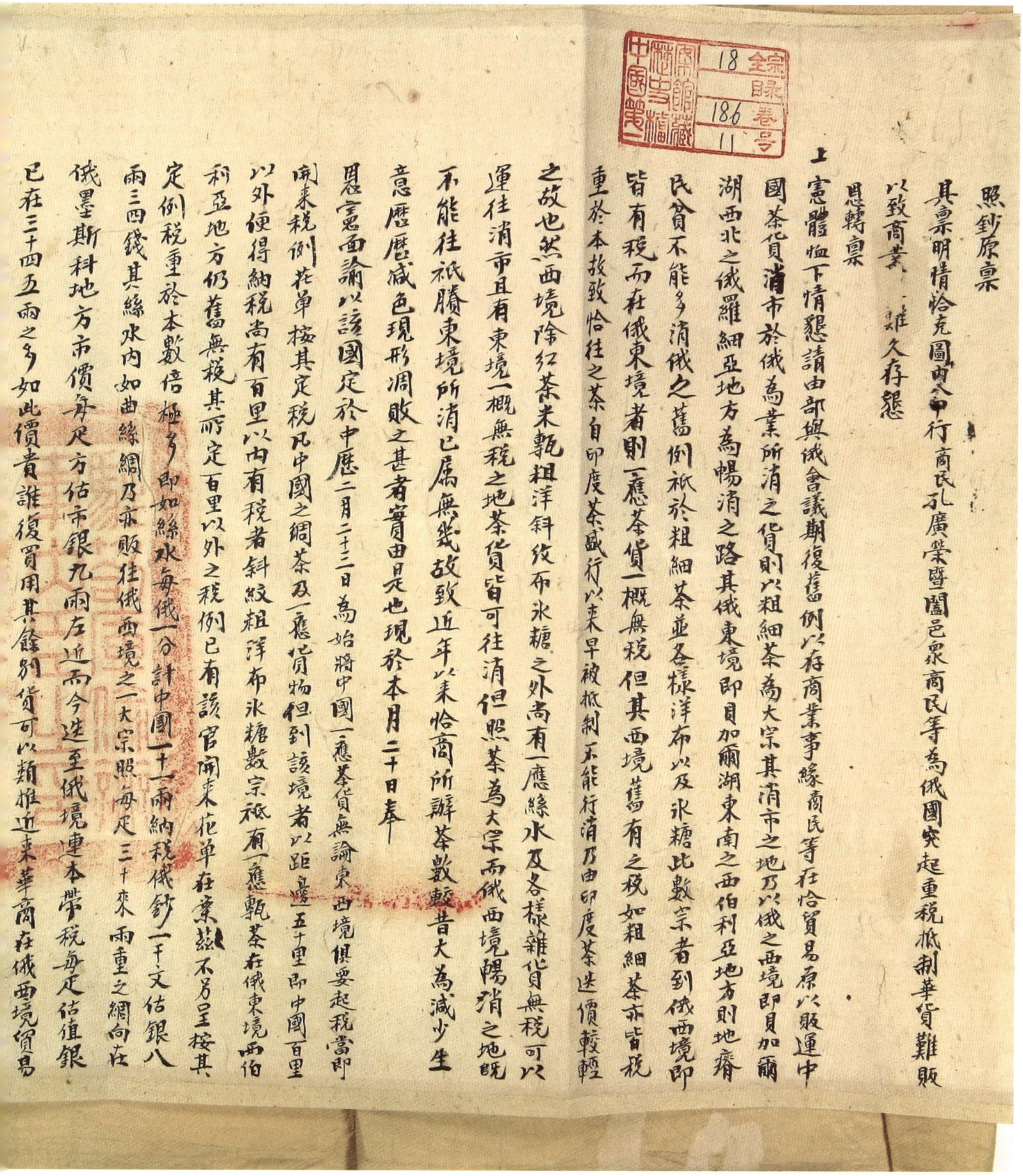
中國第一歷史檔案館藏
全宗 18
目錄 186
卷號 11
照鈔原稟
具稟明情恰克圖中行商民孔廣榮暨闔邑眾商民等為俄國突起重稅抵制華貨難販
以致商業難久存懇
恩轉稟
上
憲體恤下情懇請由部與俄會議期復舊例以存商業事緣商民等在恰貿易原以販運中
國茶貨消市於俄為業所消之貨則以粗細茶為大宗其消市之地乃以俄之西境即貝加爾
湖西北之俄羅細亞地方為暢消之路其俄東境即貝加爾湖東南之西伯利亞地方則地瘠
民貧不能多消俄之舊例祇於粗細茶並各樣洋布以及冰糖此數宗者到俄西境即
皆有稅而在俄東境者則一應茶貨一概無稅但其西境舊有之稅如粗細茶亦皆稅
重於本故致恰往之茶自印度茶盛行以來早被抵制不能行消乃由印度茶迭價較輕
之故也然西境除紅茶米甎粗洋斜紋布冰糖之外尚有一應絲水及各樣雜貨無稅可以
運往消市且有東境一概無稅之地茶貨皆可往消但照茶為大宗而俄西境暢消之地既
不能往祇賸東境所消已屬無幾故致近年以來恰商所辦茶數較昔大為減少生
意歷歷減色現形凋敗之甚者實由是也現於本月二十日奉
恩憲函諭以該國定於中歷二月二十三日為始將中國一應茶貨無論東西境俱要起稅當即
閱來稅例花單按其定稅凡中國之綢茶及一應貨物但到該境者以距邊五十里即中國百里
以外便得納稅尚有百里以內有稅者斜紋粗洋布冰糖數宗祇有一應甎茶在俄東境西伯
利亞地方仍舊無稅其所定百里以外之稅例已有該官閱來花單在案茲不另呈按其
定例稅重於本數倍極多即如絲水每俄一分計中國一十一兩納稅俄鈔一千文估銀八
兩三四錢其絲水內如曲絲綢乃亦販往俄西境之一大宗照每尺三十來兩重之綢向在
俄墨斯科地方市價每尺方估市銀九兩左近而今迭至俄境連本帶稅每尺估值銀
已在三十四五兩之多如此價貴誰復買用其餘別貨可以類推近來華商在俄西境貿易

恰克图商民为俄国突征重税事禀文（宣统元年二月二十九日）

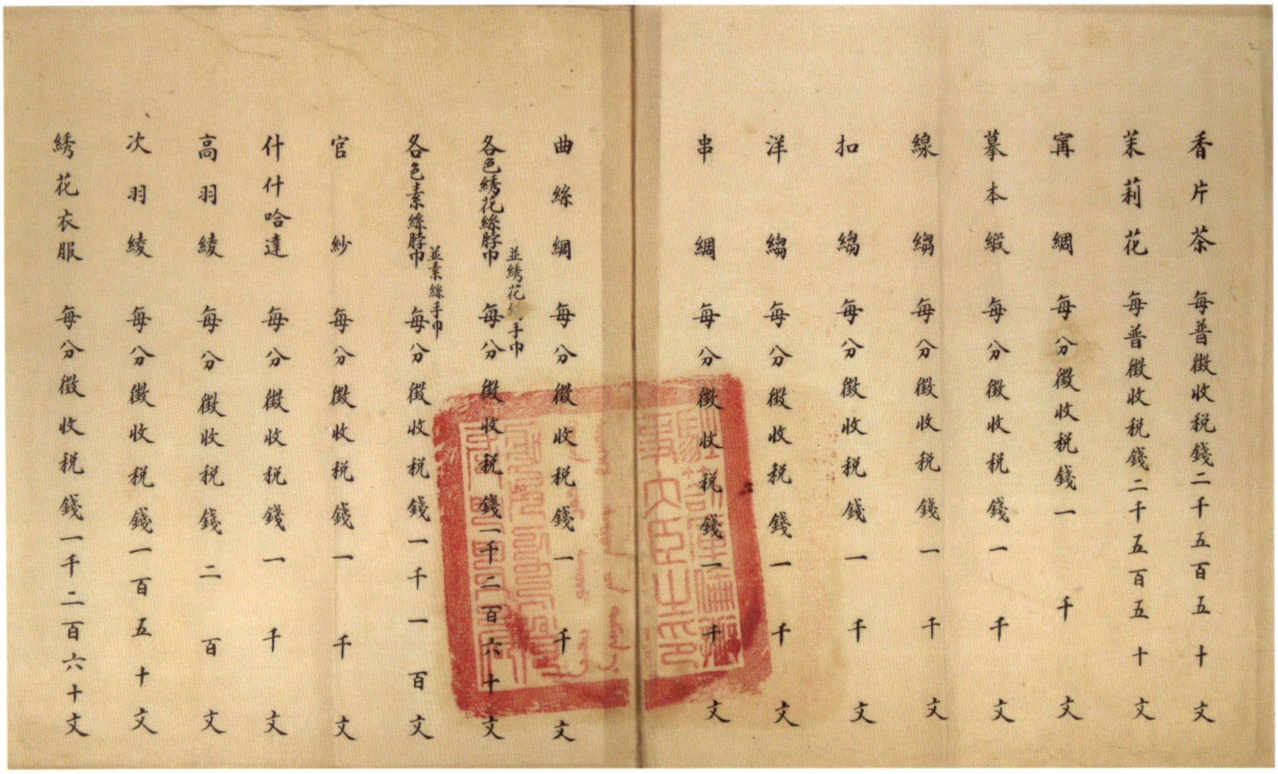
香片茶　每普徵收稅錢二千五百五十文
茉莉花　每普徵收稅錢二千五百五十文
寧綢　每分徵收稅錢一千文
摹本緞　每分徵收稅錢一千文
線縐　每分徵收稅錢一千文
扣縐　每分徵收稅錢一千文
洋縐　每分徵收稅錢一千文
串綢　每分徵收稅錢一千文
曲絲綢　每分徵收稅錢一千文
各色綉花絲脖巾並綉花綢手巾　每分徵收稅錢一千二百六十文
各色素絲脖巾並素絲手巾　每分徵收稅錢一千一百文
官紗　每分徵收稅錢一千文
什什哈達　每分徵收稅錢一千文
高羽綾　每分徵收稅錢二百文
次羽綾　每分徵收稅錢一百五十文
綉花衣服　每分徵收稅錢一千二百六十文

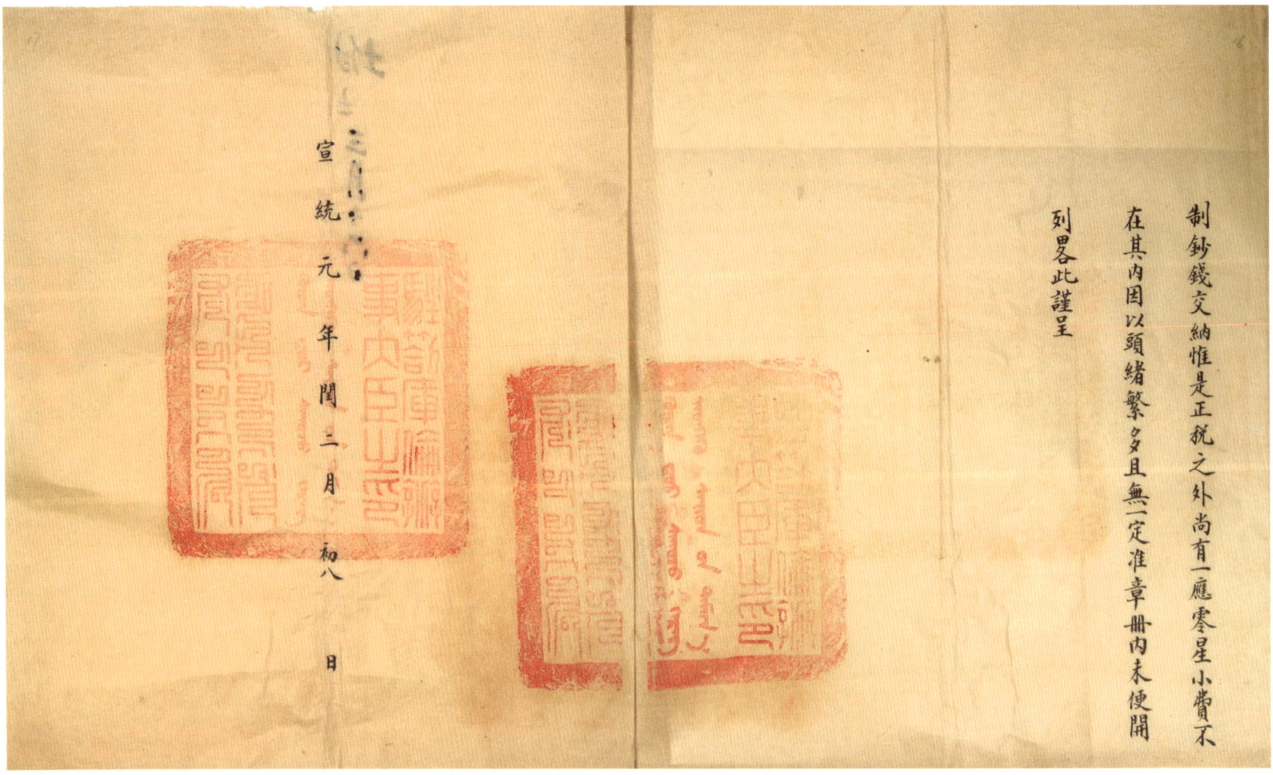
制鈔錢交納惟是正稅之外尚有一應零星小費不
在其內因以頭緒繁多且無一定准章冊內未便開
列畧此謹呈

宣統元年閏二月初八日

照抄俄国新定税则（宣统元年闰二月初八日）

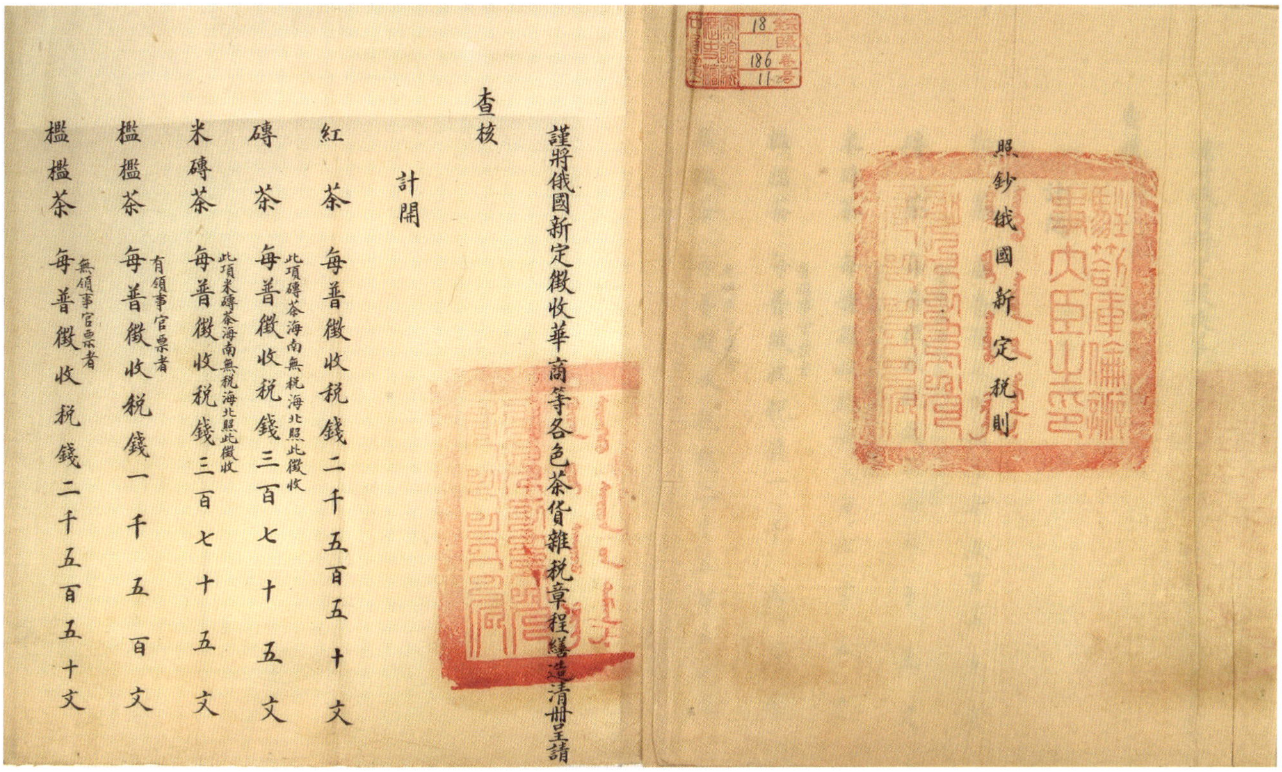
18
186
11

照鈔俄國新定稅則

謹將俄國新定徵收華商等各色茶貨雜稅章程繕造清冊呈請
查核
計開
紅　茶　每普徵收稅錢二千五百五十文
磚　茶　此項磚茶海南無稅海北照此徵收　每普徵收稅錢三百七十五文
米磚茶　此項米磚茶海南無稅海北照此徵收　每普徵收稅錢三百七十五文
檻檻茶　有領事官票者　每普徵收稅錢一千五百文
檻檻茶　無領事官票者　每普徵收稅錢二千五百五十文

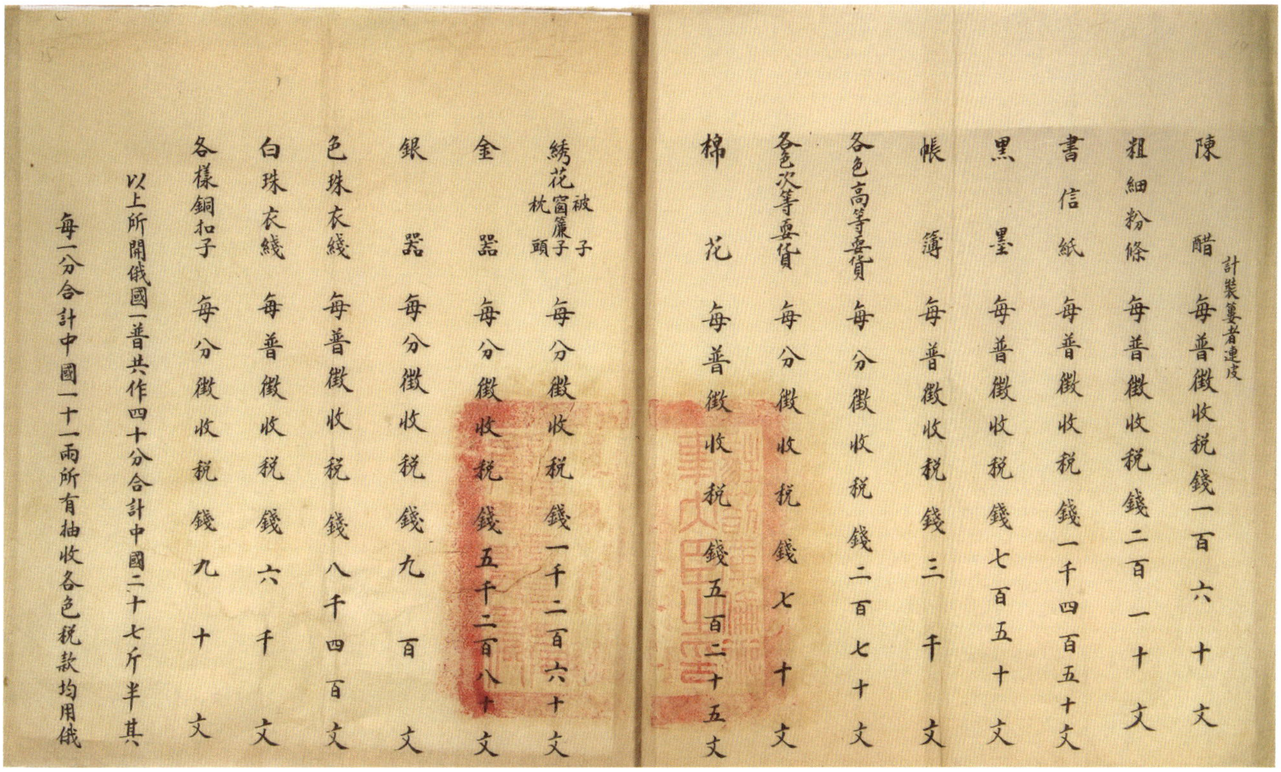
陳　醋　計裝簍者連皮　每普徵收稅錢一百六十文
粗細粉條　每普徵收稅錢二百一十文
書信紙　每普徵收稅錢一千四百五十文
黑　墨　每普徵收稅錢七百五十文
帳　簿　每普徵收稅錢三千文
各色高等耍貨　每分徵收稅錢二百七十文
各色次等耍貨　每分徵收稅錢七十文
棉　花　每普徵收稅錢五百二十五文
綉花被子窗簾子枕頭　每分徵收稅錢一千二百六十文
金　器　每分徵收稅錢五千二百八十文
銀　器　每分徵收稅錢九百文
色珠衣綫　每普徵收稅錢八千四百文
白珠衣綫　每普徵收稅錢六千文
各樣銅扣子　每分徵收稅錢九十文
以上所開俄國一普共作四十分合計中國二十七斤半其
每一分合計中國一十一兩所有抽收各色稅款均用俄

俄罗斯马戏园主尼古拉巴劳斯基致外务部禀文：

为在京师崇文门内大街法国公地开设马戏请派警弹压保护事

宣统元年六月初八日（1909年7月24日）

马戏是19世纪欧洲盛行之娱乐活动。晚清派驻欧洲的使节在其出使日记(如张德彝《随时日记》、王之春《使俄草》等)中多有记述。如第二次鸦片战争后上海已经有外国马戏团表演。到清末马戏表演已经遍及全国。此件为宣统元年俄罗斯马戏园主尼古拉巴劳斯基呈文外务部要求地方警察维护观看马戏表演秩序的档案，可反映清末中外社会生活之一斑。

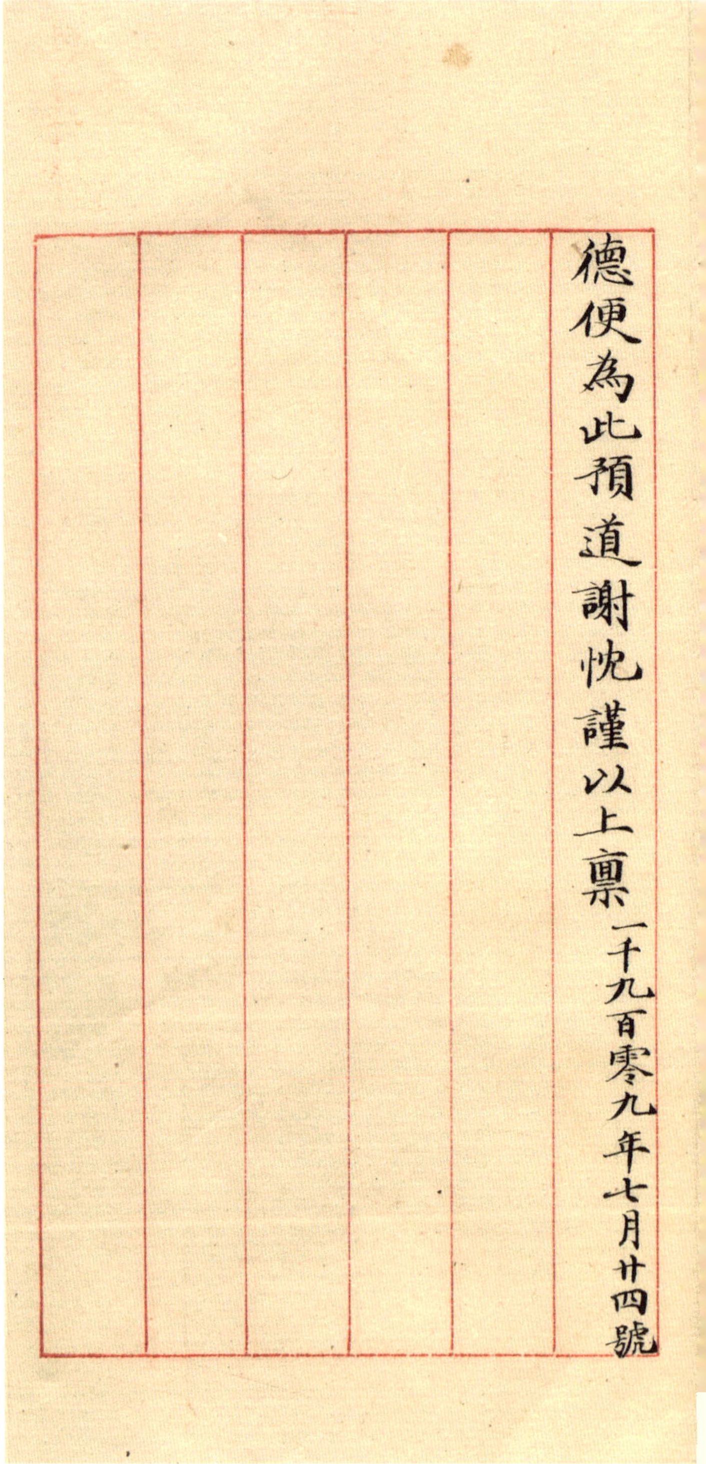

德便為此預道謝忱謹以上禀

一千九百零九年七月廿四號

馬戲園主尼古拉巴劳斯基敬禀

總理外務部大臣鈞前竊 商人奉各國駐京使臣

全體允准在法國空場上開設馬戲園一所兹

特仰乞

恩施俯賜轉飭管理崇文門地界之警官在本馬

戲園酌派警兵多方彈壓俾保平安實為

俄罗斯马戏园主尼古拉巴劳斯基致外务部禀文（宣统元年六月初八日）

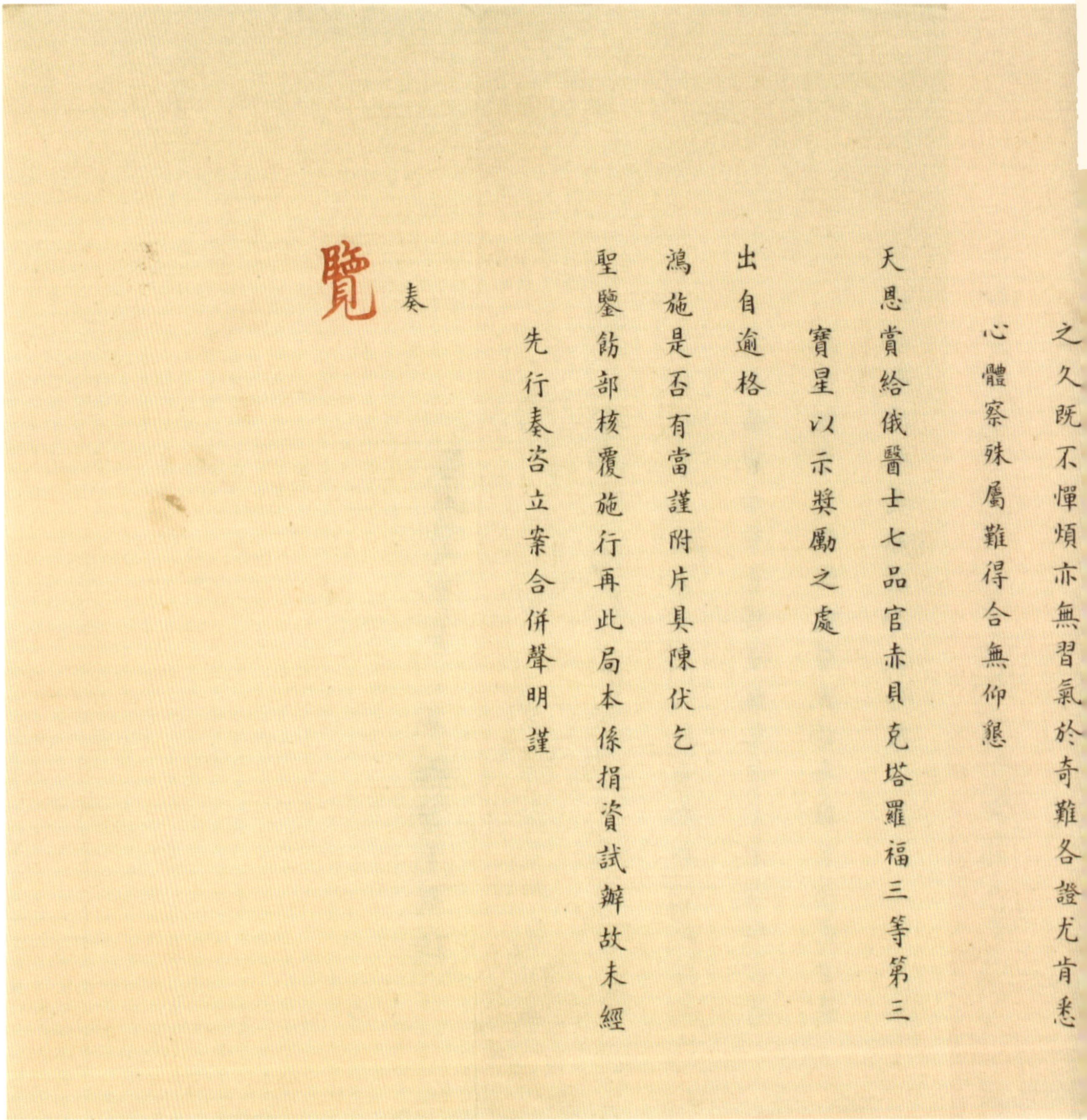
之久既不憚煩亦無習氣於奇難各證尤肯悉
心體察殊屬難得合無仰懇
天恩賞給俄醫士七品官赤貝克塔羅福三等第三
寶星以示獎勵之處
出自逾格
鴻施是否有當謹附片具陳伏乞
聖鑒飭部核覆施行再此局本係捐資試辦故未經
先行奏咨立案合併聲明謹
奏
覽

库伦办事大臣三多奏片：

为俄罗斯医士赤贝克塔罗福在库伦地方种痘治病请赏给宝星事

宣统二年三月初九日（1910年4月18日）

中医对于天花的诊治向无比较有效的办法。清代初年，虽然经汤若望等西方传教士传入了种痘技术来诊治天花，但在民间不能得到有效推广，晚清时期，各地人民尚罹其患。此件档案记录了库伦办事大臣三多用自己的薪俸聘请俄罗斯医生赤贝克塔罗福为库伦等地人民种痘以及治

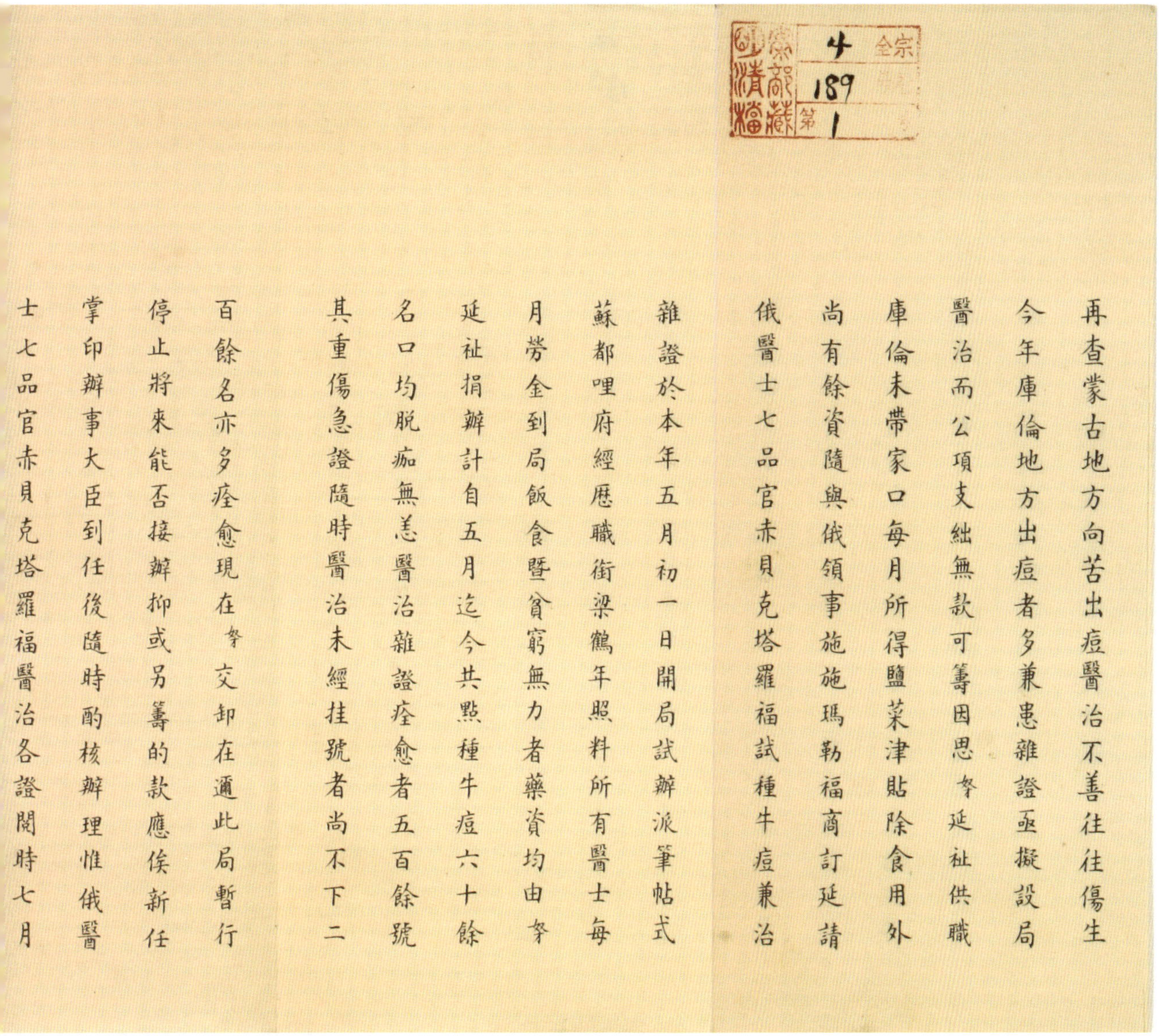
再查蒙古地方向苦出痘醫治不善往往傷生
今年庫倫地方出痘者多兼患雜證亟擬設局
醫治而公項支絀無款可籌因思奴才延祉供職
庫倫未帶家口每月所得鹽菜津貼除食用外
尚有餘資隨與俄領事施施瑪勒福商訂延請
俄醫士七品官赤貝克塔羅福試種牛痘兼治
雜證於本年五月初一日開局試辦派筆帖式
蘇都哩府經歷職銜梁鶴年照料所有醫士每
月勞金到局飯食暨貧窮無力者藥資均由奴才
延祉捐辦計自五月迄今共點種牛痘六十餘
名口均脱痂無恙醫治雜證痊愈者五百餘號
其重傷急證隨時醫治未經掛號者尚不下二
百餘名亦多痊愈現在奴才交卸在邇此局暫行
停止將來能否接辦抑或另籌的款應俟新任
掌印辦事大臣到任後隨時酌核辦理惟俄醫
士七品官赤貝克塔羅福醫治各證閱時七月

库伦办事大臣三多奏片（宣统二年三月初九日）

病事，并上奏请赏赐俄罗斯医生宝星等事，对其为中国老百姓诊治疾病表示嘉奖。宝星制度来自14世纪的西方，又称勋章。同治二年（1863）为嘉奖戈登助清政府镇压太平天国的战功，清廷初次颁发宝星，以后逐渐形成定制。光绪七年（1881）总理各国事务衙门制定《奖给洋员宝星章程》，作为清政府对外籍人员的荣誉奖励形式之一。从此件档案可以看出晚清时期中外文化、技术交流的另一面。

伍拾玖年玖月初貳日奏奉
旨依議欽此臣等查此項工程銀數係在數百兩以
上隨經臣金簡遵
旨督率臣部郎中岳山等支領錢糧照估修理今據
該員等呈報修理完竣復經工科陝西道按冊
查驗俱屬相符移覆臣部前來所有用過物料
銀伍百拾兩柒錢貳分捌釐工價銀叁百貳拾
壹兩柒錢陸分伍釐均屬與例相符並無浮冒
應准照數開銷理合將修過處所丈尺做法並

題爲題銷用過錢糧事先經臣部具奏准理藩院
奏明俄羅斯館房墻柵欄倒壞如不修理日久
倒壞益多奏請交部估修等因奏准移咨臣部
查辦臣等隨派委郎中文光查勘將應修處所
丈尺做法造冊呈遞按例核算共需物料銀伍
百拾兩柒錢貳分捌釐工價銀叁百貳拾壹兩
柒錢陸分伍釐奏明揀派司員將所需銀兩在
於臣部節慎庫動撥給發照估興修統俟工竣
將用過工料銀兩核明造冊題銷等因於乾隆